时尚管理

方刚　杨洁　孙逊◎著

中国纺织出版社有限公司

内 容 提 要

时尚是当代经济和文化的重要组成部分，具有重大的经济价值和深远的文化意义。时尚产品、时尚理念、时尚生活方式已经深入社会的各个方面，对人类的物质生活和精神生活都有重大影响。时尚带动了时尚产业和时尚企业的发展，时尚管理成为新兴的管理概念和重要的管理行动。本书从时尚管理基础、时尚企业管理、时尚商业与零售、时尚买手四个方面，全面地阐述了时尚管理的范畴、内涵和价值等，建立了时尚管理的分析框架。同时，本书用大量的案例，对时尚管理进行了更具实践性的解读。本书可作为时尚教育领域的专业教材，也可供时尚领域从业者借鉴参考。

图书在版编目（CIP）数据

时尚管理 / 方刚，杨洁，孙逊著.––北京：中国纺织出版社有限公司，2021.11（2023.1重印）

ISBN 978-7-5180-9039-6

Ⅰ．①时… Ⅱ．①方… ②杨… ③孙… Ⅲ．①社会生活—研究 Ⅳ．①C913.3

中国版本图书馆CIP数据核字（2021）第213261号

策划编辑：于磊岚 责任校对：楼旭红 责任印制：储志伟

中国纺织出版社有限公司出版发行
地址：北京市朝阳区百子湾东里 A407 号楼 邮政编码：100124
销售电话：010—67004422 传真：010—87155801
http://www.c-textilep.com
中国纺织出版社天猫旗舰店
官方微博 http://weibo.com/2119887771
三河市宏盛印务有限公司印刷 各地新华书店经销
2021 年 11 月第 1 版 2023 年 1 月第 2 次印刷
开本：787×1092 1/16 印张：18.5
字数：359 千字 定价：88.00 元

前 言

　　时尚是社会文化中的客观现象，是社会发展程度的具体呈现方式。当今，时尚观念得到了更大范围的理解，时尚流行受到了更大程度的关注。时尚经济成为全球经济前行的关键驱动力量，时尚文化成为世界文化的重要组成部分。时尚产业具有巨大的发展空间，时尚企业具有广阔的发展前景，时尚管理成为重要的管理构念。

　　目前，在实践和学术领域，时尚管理越来越受到关注。借鉴已有的学术内容和时尚发展实践，本书构建了时尚管理的基本框架，力求对时尚管理进行全面的解读。本书由四篇组成，第一篇和第二篇由方刚老师撰写完成，第三篇由孙逊老师撰写完成，第四篇由杨洁老师撰写完成。

　　本书系北京服装学院创新团队建设计划（BIFTTD201901）的项目成果，感谢各位教师、专业人士和研究生对本书的撰写工作提供的巨大帮助，特别向刘小元、金媛媛、程广林、张振兴、朱蓉、王闪、马畅、师佳、韩知雨、王雅利、王岩岩致以衷心的感谢。

　　由于作者水平有限，本书不足之处在所难免，欢迎读者指正并提出宝贵意见。

方刚

2021 年 9 月

目 录

第三篇　时尚商业与零售

第一篇
时尚管理基础

时尚是社会文化中的客观现象，是社会发展程度的具体呈现方式。当今，时尚观念得到了更大范围的理解，时尚流行受到了更大程度的关注。时尚经济成为全球经济前行的关键驱动力量，时尚文化成为世界文化的重要组成部分。时尚产业具有巨大的发展空间，时尚企业具有广阔的发展前景，时尚管理成为重要的管理构念。

第一章　时尚管理的内涵

时尚与人们的生活紧密相连，与社会进步随影同行。时尚表现出一定时期内社会上或一个群体中普遍流行的，并为大多数人所效仿的事务、方式和模式等，呈现出社会一时的普遍倾向，既包括物质生活方面的倾向，也包括精神生活方面的倾向。时尚促进了一致的行为特征，具有巨大的社会影响力。

第一节　时尚管理的概念

时尚具有宽广的内涵，可以是具体的，也可以是抽象的。时尚可以是人们一时崇尚的某项事务，也可以是被普遍认可和接受的生活习惯。时尚可以带给人们实在的物质感受，也可以赋予人们愉悦和优雅的心情。时尚可以体现高质量的生活方式，也可以展露独特的个性气质。时尚可以反映经济的变化，也可以反映文化的内涵。

一、时尚

时尚概念可以应用至生活的衣、食、住、行、用等各个方面，时尚观念在社会空间的各个场景都普遍存在。在人类社会发展历史上，时尚的认知源远流长。从古至今，时尚一直存在，成为当时的社会取向、审美风潮和价值标杆。在中国和世界文化历史中，早就有关于时尚的记载和表述。

（一）中国的时尚概念

时尚是时与尚的结合体，时就是时间，即一个时间阶段；尚就是崇尚，即追求、推崇和领先。古人根据太阳的方位来确定早晚，产生了"时"字。后来时的本义指春、夏、秋、冬，也泛指时间，又引申为一定时间内才会出现的机会和时机。尚是"窗"和"囱"的本字，表示古人在茅草屋顶的开口，这个开口实现透光和排气的功能。尚后来也成为"上"或"向"的雅字，既表明方向，也表明向上的特征。因此，时尚就是当时的风尚、一时的崇尚，既体现了时间长度，也蕴含了价值高度。

在古汉语中，"时尚"一词就有应用。清钱泳的《履园丛话艺能成衣》有"今之成衣者，辄以旧衣定尺寸，以新样为时尚，不知短长之理"。这里的"时尚"就有时兴的含义。同时，与"时尚"较相近的词汇还有"风尚""时髦"和"入时"。清恽敬的

《南田先生家传》有"后南田先生负重名，羣从子弟皆作画，遂成风尚"。此处"风尚"有风气之意。战国至秦、汉年间的《礼记·曲礼》记载"乘髦马"，此处"髦"意为长且密的马鬃。两晋时期文学家郭璞在《尔雅注》中记载"士中之俊，犹毛中之髦"。此处将"髦"的原意进行拓展，引申为才俊或杰出之士。"时髦"出自南北朝刘宋时期历史学家范晔的《后汉书·顺帝纪赞》，原文记载为"孝顺初立，时髦允集"。此处"时髦"意为一时的俊杰。因此在古汉语情境中，"时髦"是用于形容一个时代的俊杰之士。"入时"出自唐代朱庆馀的《近试上张籍水部》，原文记载为"妆罢低声问夫婿，画眉深浅入时无？"此处"入时"意为符合时俗风尚。

在现实生活中，与时尚相近的概念是流行风尚。流行是一种普遍的社会心理现象，指社会上一段时间内出现的或某权威性人物倡导的事物、观念、行为方式被人们接受、采用，进而迅速推广以致最后消失的过程。流行的事物、观念、行为方式等不一定是新出现的，有的可以是在以前就出现或已经流行过的，只是在新的一段时间又流行起来。流行涉及社会生活各个领域，包括衣饰、音乐、美术、娱乐、建筑、语言等。风尚是指在一定时期中社会上流行的风气和习惯，风尚的触角深入生活的方方面面，会带给人们愉悦的心情和优雅的感受，赋予人们独特的气质和神韵，体现不凡的生活品位。流行风尚是流行和风尚的结合体，强调流行的风尚。另外，从现代时尚角度，美是时尚的重要内涵，既体现外在美，又体现内在美；既蕴含物质美，又蕴含精神美。

《辞海》中将"时尚"定义为"一种外表行为模式的流传现象"。时尚属于人类行为文化模式的范畴，其不仅可以反映人们对美的向往与欣赏，也映射出了人们的情绪特征。20世纪40年代我国社会学家孙本文在《社会心理学》中提出，时尚就是一时受崇尚的式样，式样就是事物所展现的形式。时尚可以是任何形式的事物和观点，时尚的发展历程会受到人的行为模式和物的形状模式的共同影响。

（二）国外的时尚概念

时尚一词在世界上也广为应用，常用的英文为"Fashion"，此外还有"Style""Vogue""Fad""Mode"和"Trend"等与时尚相关的词汇。最常用、最接近的时尚一词是"Fashion"，意为能够较长持久的时尚。"Fashion"同时也是时装的英文单词，因此也可以看出时装在时尚中的重要地位，是最初的时尚范畴。"Style"意为风格、风度，更指时尚风格。"Vogue"意为时髦、流行和风行，更指时尚流行。"Fad"意为一时流行狂热、一时的爱好，更指短期的时尚。"Mode"意为模式，更指时尚方式。"Trend"意为趋势和倾向，更指时尚趋势。

世界时尚经济起源于欧洲，因此在欧美国家中，关于时尚的记载和评论都很多。18世纪的英国经济学家和伦理学家亚当·斯密（Adam Smith）在《道德情操论》中指出："习惯和时尚支配着人们对各种美的判断，影响着人们对事物的见解。更精确地讲，时尚由身份地位高或品格素质高的人的言行举止和穿着打扮所体现，并持续地吸引着人们对其产生想象和向往。"19 世纪的德国哲学家和社会学家齐奥尔格·西美尔（Georg Simmel）指出："时尚是既定模式的模仿，它在满足社会调适需要的同时，还把个人引向大众行进的道路上。时尚既提供了把个人行为变成样板行为的普遍准则，又满足了对差异性和个性化的要求。"美国经济学家托斯丹·邦德·凡勃伦（Thorstein Bunde Veblen）于 1899 年在《有闲阶级论》中指出，时尚是区分不同个体的社会身份与地位的重要标志。较高经济阶层的群体对服饰产品的精神需求远大于物质需求，这时服饰的价值主要表现为时尚性和象征性。法国社会学家和心理学家加布里尔·塔尔德（Gabriel Tarde）认为模仿是人类的本能行为，大众阶层为了追求时尚往往会模仿精英阶层的行为举止，模仿行为一旦开始便会爆发式增加。

美国社会心理学家爱德华·阿尔斯沃思·罗斯（Edward Ulsworth Rose）在 1908 年发表的《社会心理学》中，从心理学角度界定了时尚。他认为时尚是一种动态的社会心理现象，是在某一个人类群体中某种现象周而复始的变化，与时尚有关的社会行为是人们对时尚的内心想法的反映。英国曼彻斯特城市大学的学者大卫·泰勒（David Taylor）等在 2006 年研究中认为："时尚起源于社会文化中的精神诉求，通过物质载体传播，与个体生活息息相关。"巴西巴西利亚大学的学者瓦特·阿丰索·维埃拉（Watt avonso Vieira）在 2009 年的研究中提出："时尚是在一定时期和特定社会文化背景下，流传较广的一种生活习惯、行为模式及文化理念，包括了服饰、消费习惯和生活方式等个人或社会生活等多个领域的内容域。"

（三）时尚概念的理解

现在，时尚的概念不断发展，时尚的范围不断扩大，时尚的边界也不断延展。时尚涉及生活的方方面面，时尚元素越来越多，人们对时尚的认识也更加多元。时尚就其本质而言是人们追求美的一种表现形式，在这个过程中，时尚体现出了历史性、时代性、经济性、社会性、文化性和科学性等各方面的特征。

从时尚的历史看，时尚不是简单的流行、前卫和时髦，真正的时尚要具有价值高度和正向精神。一方面，时尚可以反映时间，代表了每个时代和时间段的流行元素以及人们追求美的意识，反映了社会政治、经济和文化发展的整体水平。时尚是表达社会文明进步的标志，这是时尚的价值高度所在。另一方面，时尚是人类文明和社会前进的表现，蕴含了衣、食、住、行、用等方面舒适性和幸福感，源自人们对美好生活的信心和理解。人类对时尚的追求促进了社会物质生活和精神生活的进步，这是时尚的正向精神所在。

从时尚的形态看，时尚既可以是物质范畴，也可以是精神范畴，还可以是物质范畴和精神范畴的结合。首先，时尚可以是产品，具有实体物质的指代性。时装就是最核心的时尚，目前生活中许多产品都可归为时尚范畴。其次，时尚可以是理念，具有思想和知识层面的含义。这个层面是美的感受和传达，是价值观的体现，是对科学、艺术、文化的理解。最后，时尚是一种生活方式。这种生活方式是物质产品和精神理念相结合的生活选择，是更高的物质追求和精神追求的融合，是消费理念和消费行为的结合。

从时尚的现象看，时尚表现出社会性、阶层性、融合性。首先，时尚具有群体特性，是一种社会心理现象，经过模仿、感染和从众等大众连锁反应，形成一定范围内众人一致的行为模式。其次，时尚是内心与世界的链接，每种时尚流行于不同的社会阶层中，体现了这个阶层的本质与特性，符合这个阶层普遍向往的生活方式，因此理解阶层才能更好地理解每种时尚的魅力。最后，时尚是兼容艺术、文化、科学等的综合形态，包含着富有创意性和创造力的灵感，这种灵感可能来源于生物、地理，也可能来源于音乐、绘画、建筑、科技，具有很大的融合性，一种时尚风格可能跨界多个领域，这也是时尚哲理所在。

因此，可以说，时尚是在一定时期和特定经济和文化背景下，流传较广的物质产品、精神理念和行为模式，体现在衣、食、住、行、用等方面的价值取向。它往往由思想意识起步，以各种形式来表达，是一种与现实生活紧密联系的社会现象，是包容科学、艺术、文化的流行风尚。

二、时尚流行

时尚形态可以是产品、理念和生活方式，这是时尚的静态表象。时尚的动态表象就是时尚流行，可以是时尚产品流行、时尚理念流行和时尚生活方式流行。流行是时尚的社会响应，是时尚形成的基础。每个时尚流行都具有生命周期性特征，在流行开始前，进行流行趋势分析和引导是当前时尚领域中的重要行动。

（一）时尚流行的含义

流行就是广泛传播和盛行，是时尚构成的重要标志，在时尚的本质中具有重要的意义。早在 19 世纪末期，法国社会学家加布里埃尔·塔尔德（Gabrief Tarde）在《模仿的定律》（*The Law of Imitation*）一书中就对流行现象做过解释。美国社会学家托斯丹·邦德·凡勃伦（Thorstein Bunde Veblen）在《有闲阶级论》（*The Theory of the Leisure Class*）一书中，也对流行现象做过阐述。美国社会学家爱德华·阿尔斯沃思·罗斯（Edward Alsworth Ross）在《社会心理学》（*Thought on Social Psychology*）一书中，把流行列为社会心理现象之一。

齐奥尔格·西美尔（Georg Simmel）认为流行是时尚的建构因素之一，缺了它就不可能有时尚。他说："据说大约 1390 年代的佛罗伦萨在男士服饰方面没有流行的时尚，因为那里的每个男人都希望用自己独有的方式来展现自己。"有发起、有跟随才能形成流行，也才能形成真正意义的时尚。时尚流行揭示了时尚的更深层逻辑，即从"个性"发起，以"共性"完成，体现了个性和共性的统一。同时，流行的时尚不一定是新出现的，有的可以是在以前就出现或已经流行过的，只是在新的一段时间又流行起来。另外，由于真正的时尚需要具有一定的价值高度和正向精神，所以不是所有的流行都能称为时尚，时尚流行是时尚和流行的统一体。

早期的时尚流行受特定思想文化和社会发展的影响较大，很多流行是自发产生的。欧洲中世纪晚期，个体主义美学和诱惑美学的出现催生了崇尚新奇和变化的时尚。同期宫廷贵族的政权开始走向衰退，社会的中上层阶层渴望自身地位的提升，开始在服饰上展现自身的独特性。从而，哥特式服饰在社会中出现了。哥特式服饰良好延续了古希腊和罗马已有的美学基础，又富有浪漫主义色彩，自然形成了现代西方服饰的萌芽。在第一次世界大战期间，西方国家妇女开始参加工作，在此期间女装变得瘦而短，开始向男性制装的设计样式靠近。第一次世界大战结束后，女性社会地位上升，女式长裤逐渐受到认可并且成为重要的流行元素。

现代社会中，时尚流行由创意设计、技术能力和消费者意识等共同促进而成。例如，1921 年创建于意大利佛罗伦萨的古驰（Gucci）一直坚持着"艺术即时尚"的理念，其产品设计里面渗透着对文艺复兴、宗教神学的思考与探究，设计的背后蕴含了大量的古籍文献、古老传说与典故隐喻，巧妙地融合了艺术内容，传递着多样、包容与自由的美感。而在 1913 年于意大利米兰创立的普拉达（Prada）则给人另一种截然不同的感觉，承载着"创造兼具经典色彩和创新精神的时尚"的理念，普拉达（Prada）极其善于将当代艺术融入产品设计当中，将建筑和哲学的灵感带到服装里。艺术一直是普拉达（Prada）的铠甲，是获取消费者意识认同的重要纽带。现代服饰发展阶段，可可·香奈儿（Gabrielle Coco Chanel）和克里斯汀·迪奥（Christian Dior）的创新性设计使得服饰发生了翻天覆地的变化，香奈儿（Chanel）的小黑裙、小白裙和迪奥（Dior）"New Look"系列服饰一直流行至今。

（二）时尚流行周期

时尚的本质和流行性质说明了时尚具有生命周期，每个时尚流行都有一定的时间性。齐奥尔格·西美尔（Georg Simmel）认为："一旦一种时尚被广泛地接受，我们就不再把它叫作时尚了。时尚的变化反映了人们对强烈刺激的迟钝程度，越是容易激动的年代，时尚的变化就越迅速。"社会生产力水平的高低会直接影响每个时尚流行的长短，生产力越发达，每个时尚周期越短。而且生产力发达的社会中，参与时尚活动的个体也更多，时尚影响力也更强。反之，则参与的个体比较少，影响力也相对有限。20 世纪 60 年代至今，每个流行的时间不断变短，流行的元素不断被丰富。

每个时尚流行都包含着生命周期的四个阶段，即萌芽、发展、主流和衰退阶段。在萌芽阶段，创新需求和创新设计开始出现。具有个性需求的消费者成为创新需求的推动者，具有前瞻性的时尚设计师成为创新设计的主导者。当前，设计师就对时尚流行有着极大的影响力，知名设计师的设计产品对大众审美产生了巨大的影响。设计师在进行创作时，既要考虑到当前时尚流行元素所带来的影响，也要考虑到未来流行的走向。在发展阶段，创新设计开始被个性需求者和更多喜欢此产品的消费者认识和接受。随着更多人群的接受，该流行开始得到更大推广。喜欢紧跟时尚的企业和零售商开始设计及制造具备该流行元素特征的产品，投入市场并测试市场反馈。原创者通过创新推出新颖的设计，模仿者通过追随模仿同类的风格，二者共同推动时尚流行的发展。在主流阶段，普通消费者开始加入该流行行列，此流行元素大规模普及。企业开始加大该类产品的市场投入，具备该流行元素的产品成为市场的主流产品。在这个阶段，消费者成为最重要的决定力量。只有当消费者对时尚产品发生购买行为，时尚产品才能在社会中形成主流趋势，这意味着时尚产品的开发与设计必须最终与消费需求相匹配。在衰退阶段，该类时尚品的社会关注度不断下降，消费者的注意力也开始转向其他产品，该流行逐渐消退甚至消失。同时，时尚创新者会在某种时尚流行衰退之前寻找新的流行元素，从而带动新的流行。

詹姆斯·拉韦尔（James Lavell）在《品味时尚》（*In Taste and Fashion*）中提出莱佛定律，即时尚存在周期性循环。每种时尚流行都会有相应的生命周期，每一种时尚流行在经历完生命周期后就会过时。但经过数十年的社会发展变化，之前过时的时尚元素会被赋予新的活力再次流行。当下兴盛的复古风格就是这种周期性循环的印证，设计师们将以往某个时期的服饰色彩、图案、剪裁等运用在现代服饰设计之中，既继承了传统服饰的优点，又丰富了现代审美的视角。

（三）时尚流行趋势

随着社会生产力发展水平的提高，时尚设计与生产的技术条件更加先进，时尚信息的传播速度更加迅猛。尤其在全球化的进程中，时尚流行已经突破了国家和地区的边界，呈现全球流行的状态。因此，时尚流行的受众更加广泛，时尚流行的类别更加多元，时尚流行的变换更加频繁，每年每季都会产生新的流行。在经济社会，时尚流行的商业价值更加显著，时尚设计师、时尚企业、消费者、媒体和服务机构等对时尚流行的关注度和重视程度更加强烈。因此，时尚流行开始前的趋向就成为了大众关注的最前沿焦点，这个趋向就是时尚流行趋势。时尚流行趋势对时尚流行具有极大的引领作用，已成为时尚领域的重要概念。当前，时尚设计师对时尚流行趋势有着极大的影响力，知名设计师的设计对大众审美具有重大的引导。引领型设计师对于时尚流行趋势拥有较高的话语权，能结合特定时期的社会需求发布新的流行趋势。在传统时尚信息传播方式下，时装周是设计师向外界展示自身时尚理念的重要平台，大众通过时装周的新品发布会了解最新的时尚流行趋势。

时尚产品的色彩、材质、结构和形态等都决定着其是否会成为主流趋势。尤其，色彩对于服饰行业十分关键，是服饰产品成为经典的重要因素。颜色能够直接为产品带来视觉体验，同时可以为服饰增加独特的艺术性。色彩取于自然万物之中，又赋予万千事物以活力。另外，色彩的丰富程度由纺织工艺等技术的成熟程度所决定，色彩也反映了时代的科学技术水平。在以往的颜色流行中，黑白配色表现为永久经典，其他色彩则遵守循环重生的流行规律。因此，色彩趋势与时尚流行趋势紧密相关，并与形状、结构、材质等要素共同影响流行趋势。

由于时尚流行趋势的作用更加显著，流行趋势预测就成为了时尚领域里的重要行动。以法国和意大利为代表的西方国家在工业革命时期就出现了纺织服装产业的集群现象，是时尚产业早期萌芽发展的体现。随后，专业时尚流行趋势预测的服务机构出现，这些机构致力于搜集整理分析全球时尚信息，为时尚从业者和关注时尚的群体提供流行趋势分析等专业服务。现在，从事流行趋势分析的机构已经形成规模，具有很大的话语权和影响力。时尚流行趋势预测需要在每季市场投放时间前完成，这样才能达到引领和指导作用。一般地，色彩的预测提前 24 个月，纤维的预测提前 18 个月，面料的预测提前 12 个月，款式设计的预测提前 6—12 个月，零售业的预测提前 3—6 个月。

时尚流行趋势的分析与预测是一个系统性的工程，特定的时尚流行趋势需要考虑具体的地理位置、经济水平、社会文化、审美标准、政治、宗教信仰等因素，比较历史潮流与实际潮流的异同点。时尚流行趋势不能只追求艺术价值而完全脱离实用性，应该满足消费者的基本需求，需要在生活与艺术之间做到平衡。消费者是形成流行趋势的重要因素，消费行为偏好说明了顾客需求水平，间接表明了此种流行趋势是否具有相当的商业价值。

三、时尚管理的含义

现在，时尚成为人们的重要观念，时尚流行成为了社会的客观规律。时尚是当代经济和文化的重要成分，表现出了重大的经济价值和深远的文化意义。时尚产品、时尚理念、时尚生活方式已经深入社会的各个方面，对人类的物质生活和精神生活都形成了重大影响。时尚带动了时尚产业和时尚企业的发展，时尚管理的概念进而形成。

（一）时尚管理的内容

首先，时尚是人类文明的成果，蕴含着历史脉络和社会进程。时尚是一种民族与文化的表达，每个国家都积淀了各自的时尚基础，呈现出了不同的时尚文化氛围。欧洲是现代时尚经济的起源地，欧美的历史文化对时尚形成了重要影响。东方文化源远流长，越来越多的东方元素融入到了全球时尚概念中，为时尚增加了新的内涵。时尚流行的历史也是社会发展和变迁的历史，时尚流行趋势体现了时代性的观念。时尚在流行的过程中，不断从艺术、文化和科技等方面汲取精华，形成了一些典型的时尚风格和庞大的美学体系，对人类审美认知具有强大的启示性，对知识和学科的发展都起到了推动作用。所以，时尚概念的研究与运用是时尚管理的基础内容。

其次，时尚流行带动了时尚产品交易，推动了消费，最后促成了全球时尚经济的产生。当前，时尚经济已经成为了具有深厚潜力的全新经济形态，是国家经济高质量发展的巨大动能。时尚经济内含了时尚产业、时尚企业和时尚产品等关键性经济要素，是涵盖多层时尚内容的经济体系。时尚产业是制造业和服务业的结合，产业内的制造和服务活动构建了时尚产业链。时尚产业链的强化和延伸离不开时尚消费，时尚消费者是大众时尚形成的基础。在时尚产业内，时尚企业表现出了区别于一般企业的特征，时尚产品也表现出了区别于一般产品的特性。所以，利用和促进时尚经济的发展也是时尚管理的重要内容。

再次，时尚流行是经济现象，也是文化现象。时尚从本质上和概念上就有文化的内涵，不仅满足人们的物质需求，而且满足人们的精神需求。随着全球时尚经济的发展，时尚文化也在全球范围内广泛传播。同时，时尚文化与时尚经济相辅相成，文化是以经济为依托的文化，经济是文化引导下的经济。在当今时代，时尚文化已经成为了文化范畴的重要组成部分，承载着时代精神的要义和人文思想的精髓，体现出了审美、情感和科学的文化特征，是人类文明进步的重要表征。所以，利用和促进时尚文化的发展也是时尚管理的重要内容。

最后，时尚企业是时尚经济中最微观的经济单元，是时尚文化的载体。时尚产业的发展直接源自时尚企业的发展，时尚企业是经济繁荣的动力源、科技创新的助推器、大众审美的领路者。因此，时尚企业的使命和战略决定了企业的方向，时尚设计师和企业家等是时尚产业的重要创新者。时尚创意、时尚设计、时尚生产、时尚营销和推广都是重要的时尚企业管理职能，也是整个时尚产业运行的基础、时尚经济运转的动力。同时，时尚传播和时尚服务是时尚流行的重要推力，时尚传播企业和时尚服务企业也是时尚企业的重要形式。因此，时尚企业管理是时尚管理的核心内容。

（二）时尚管理的概念理解

在欧美的时尚高校中，时尚管理（Fashion Management）的概念已经出现，也成为了时尚领域中的重要管理内容和学科专业。借鉴已有的学术内容和时尚发展实践，基本的时尚管理可以理解为：在时尚经济与时尚文化的基础上，进行的时尚概念的研究与运用，从而对时尚企业进行管理。这也是狭义的时尚管理，其中，时尚经济与时尚文化是基础，时尚概念是基本点，时尚企业是核心。

随着时尚企业管理的深入和时尚产业的发展，一些企业管理职能逐渐发展成为时尚领域中的焦点内容，并独立成为时尚产业中的重要概念，例如时尚零售和时尚买手。这些概念彰显了时尚产业的特色，含有时尚商务的内涵，与狭义的时尚管理一起构成了广义的时尚管理内容。

第二节　时尚管理的基础

时尚是人类文明的成果，蕴含着历史脉络和社会进程。时尚是一种民族与文化的表达，是一个民族时代风貌的展示，是一幅历史的画卷。几乎是从服饰起源的那天起，人们就已将生活习俗、审美情趣、色彩爱好、文化心态积淀于服饰之中，构筑成了时尚文化的内涵。纵观世界每个国家都有着自己独特的文化基因、价值理念和生活方式，因此世界各国和各地都积淀了不同的时尚基础，渲染了不同的时尚氛围。

一、西方时尚历史

文明的前行、技术的进步和历史的发展等对时尚影响巨大，在独特条件下，形成了一些具有代表性和影响力的时尚文化，形成了有关时尚风格的不成文规范。现代时尚经济起源于西方，但各国的时尚文化又必然蕴含着本国的历史文化印记。巴黎的浪漫优雅、伦敦的绅士风度、罗马的气势恢宏等，均在其国家的时尚文化中一览无余。

（一）法国

法国是一个具有悠久历史和灿烂文化的国度，查理大帝、圣路易九世、拿破仑等一大批杰出的英雄式人物缔造了法兰西民族的辉煌历史，奥古斯特·罗丹（Auguste Rodin）、维克多·雨果（Victor Hugo）、伏尔泰（Voltaire）等一大批伟大的文学家和思想家积淀了浓厚的法国文化，印象派艺术家克劳德·莫奈（Claude Monet）、阿尔弗雷德·西斯莱（Alfred Sisley）等建立了独有的艺术风格。法国的绘画、音乐、建筑、雕塑、哲学、美学和文学都是其浪漫风情文化的组成部分。

17世纪路易十三执政时期出现了一种法式的服饰风格，仅限于皇宫以内以及一小部分资产阶级，这可以说是法国时尚的开端。路易十三大刀阔斧地改变了穿衣的方式，在当时的宫廷里，不仅女人浓施粉黛，男人也使用化妆品。这些历史也成为法国时尚产业发展兴盛的先天条件。在接下来的路易十四时代，法国服饰中出现了与巴洛克艺术相呼应的巴洛克服饰，即为一种以男性为中心的宫廷服饰文化。这种以极度奢华为特色的巴洛克服饰在17世纪的宫廷中达到历史高峰，服饰十分华丽并且多用珠宝进行装饰点缀。受巴洛克风格影响，法国女性服饰再次流行紧身胸衣，整体装饰重心后移。在路易十四时代末期，洛可可服饰开始出现，并在路易十五时代流行。洛可可服饰继承了巴洛克服饰夸张、奢华的基调，服装颜色鲜艳且做工繁杂。两种风格的服装相比，巴洛克服饰以男性为中心，而洛可可服饰以女性为中心。路易十四时代巴洛克艺术多用于庄严场合，整体气氛沉闷，洛可可服饰则更加温柔和雅致。洛可可的女性服饰多采用质地细软的原材料，流行小碎花的花纹样式。洛可可风格的主要推动者为蓬巴杜夫人（Madame de Pompadour）和路易十六皇后玛丽·安托瓦内特（Marie Antoinette）。同时，人文和健康等思想在18世纪影响着法国女性的生活，女性社会地位的提升在18世纪的女性服饰中得以体现。

18世纪末的法国大革命改变了社会形态和社会结构，以往的宫廷时尚风格失去了支撑基础。资产阶级成为新时尚风格的制造者和传播者，法国出现了新古典主义风格，新古典主义表现为庄严肃穆的特征。法国人民思想受到了新古典主义的思潮影响，黑色成为正式社交场合的服饰颜色。同时，浪漫主义风格也在动荡和变革的社会中应运而生，浪漫主义追求自由的意志和张扬的个性，推崇反理性精神和唯心主义。浪漫主义风格服饰体现了浪漫主义的核心思想，造型夸张和奔放。19 世纪中期到 20 世纪 60 年代，法国的时尚业进入改革的顶峰阶段，时尚产业链开始形成，涉及服饰、香水、皮具、化妆品等各个方面，涉及原料、设计、生产到销售等各个环节。

（二）意大利

意大利具有悠久的历史文化，从古罗马帝国的兴衰到中世纪时期的交融，到文艺复兴的洗礼，到意大利王国的形成，再到后来的意大利共和国的建立，深厚多元的时尚文化慢慢积淀而成。意大利地域悠久的工匠精神、独特的设计风格、一流的工业基础启发了意大利人民丰富的想象力，塑造了独特的时尚基调。古罗马服饰是古典主义时尚风格之源，强调对人体自然美好的推崇。当时的服饰都比较遵循比例均匀、平衡和谐的形式法则，讲究整体效果，摒弃繁杂的装饰。文艺复兴从 14 世纪的意大利发端，于 16 世纪达到高潮，是一场遍布欧洲的资产阶级文化运动。在文艺复兴运动之前，意大利已经积累了成熟的工业基础和雄厚的古典文化基础，这为文艺复兴提供了天然条件。

以新兴资产阶级为经济背景，以文艺复兴为文化背景，意大利风的时尚风格于 1450—1510 年间在当地流行开来。面料是意大利风的基础，这个时期的服饰大量地使用天鹅绒、织锦缎、织金锦等华贵面料，并搭配白色亚麻内衣。为了方便日常活动，服饰采用上下分裁的设计方式，袖子等局部与服饰主体设计分离。由于女性的裙子越来越宽大，为了获得视觉上的协调，高底鞋开始流行。在两次世界大战期间，意大利的时尚建设得益于当时特殊的经济条件，获得了独有的发展。同时，意大利时尚传媒业迅速发展，并且成功摆脱了欧洲其他国家的时尚趋势的影响。与法国时尚发展路径不一样，意大利时尚注重工艺技术的研究与创新，在原材料的研究与应用上也十分用心。

（三）英国

18 世纪后半叶率先在英国发起的工业革命为英国奠定了工业基础，19 世纪初期英国形成了独具一格的城市化社会。随着工业革命的深化，到 19 世纪末年，英国进入了最为繁荣的维多利亚时期，同时"英伦风"开始形成。"英伦风"融合了特有的城市气息，将有形的和无形的社会内容进行加工重现。"英伦风"以自然、优雅、含蓄、高贵为特点，运用苏格兰格子、良好的剪裁以及简洁修身的设计，体现绅士风度与贵族气质。"英伦风"起始于维多利亚风格，即 1837—1901 年间英国维多利亚女王在位期间的服饰风格。该时代女性的服饰大量运用蕾丝、细纱、荷叶边、缎带、蝴蝶结、多层次的蛋糕裁剪、折皱、抽褶等元素，以及立领、高腰、公主袖、羊腿袖等宫廷款式。其中最著名的是维多利亚风格的蛋糕裙，无论是搭配休闲服饰的膝上蛋糕裙，还是出席酒会的长蛋糕裙，都十分受欢迎，凸现了维多利亚式的华丽典雅精神。同时，格子图案具有悠久历史，是"英伦风"中经常出现的元素。无论格子的大衣，还是格子的斗篷，都能尽显典雅与高贵。另外，受英伦三岛多雨天气的影响，风衣这种防水的面料受到人们的喜爱，再加上皇室的宠爱，让风衣成为了英伦时尚的重要名片。同时，英国对时尚风格进行创新性变革，开始扮演服饰产业变革者的角色。英伦时尚经历了从贵族高级定制到大众街头时尚的发展历程，社会变迁和历史人文为英伦时尚增添了光环，同时也让各个阶层对此产生了共鸣。

（四）美国

19世纪下半叶，美国的服饰就已利用机械化生产的纺织产品来进行制作，这使得低布料成本成为现实。开始时这种大批量生产的服饰几乎只面向男性售卖，女性的需求并未受到关注。直到20世纪20年代初，美国都没有形成本土的与女性相关时尚产业。女性若想购置服饰，只能购买法国进口的时装或者购买法国时装的仿制品。第二次世界大战前，美国并未形成独立的时尚风格，一直热衷于追随巴黎的时尚风格。第二次世界大战期间法国被占领，巴黎的时尚活动中止让美国不得不摸索独立的时尚风格。美国从自身具备的当代艺术出发，成功找到了契合美国社会文化环境的时尚风格。第二次世界大战结束后，美国的时尚产业成功转型，并且将工业化大规模生产的概念引入时尚产业。这在一定程度上打破了欧洲已有的时尚体系，将时尚产品的受众群体拓宽。尤其是美国成衣制造商实现了时装工业化生产，改变了以往精英时装的旧模式，时尚开始走向多元化，并且在规模化生产的低成本驱动下时尚产品开始面向社会底层。美国纽约在20世纪60年代成为新的时尚焦点，新锐的美国时尚品牌成为新晋潮流引领者。起始于20世纪70年代的美国街头风格也成为了美国时尚风格的重要组成部分，这种风格与日常生活场景紧密相关，也更加贴合实际生活需求。美国的"潮牌"就起源于街头文化，设计比较大胆，能够将个性自由的特点变现出来。

（五）其他欧洲国家

除了法国、英国和意大利，欧洲许多国家在历史上也表现了突出的时尚风格。15—16世纪，德国经济有显著的发展，棉、麻、丝织业能制造精细织品。1510—1550年间的文艺复兴时期出现了德意志风的时尚风格，织物材质、刺绣纹样、表面装饰等特征突出，斯拉修切口装饰尤为明显。男装衣领很高，并饰有普利兹褶；女装裙子部分增加普利兹褶，再在裙子表面系上有普利兹褶的围裙。男、女装重心相反，男装重心在上半身且廓型宽松，女装重心在下半身且廓型紧实。在配饰中，男女都佩戴宽檐大帽子，并且常在腰间佩带匕首。

15世纪中期西班牙航海家哥伦布（Christopher Columbus）沿大西洋向西行驶发现了新大陆，这条航线让西班牙迅速积累原始资本，给国家带来了巨额财富。同时新航路的开辟使人类第一次建立起跨越大陆和海洋的全球性联系，各个大洲之间的相对孤立状态被打破，世界开始连为一个整体。伴随着新航路的开辟，东西方之间的文化、贸易交流开始大量增加。16世纪中期，西班牙逐渐成为欧洲的时尚流行中心。1550—1620年间的文艺复兴时期出现了西班牙风的时尚风格，服饰内部增加填充物，裙撑被发明并广泛使用。褶饰领拉夫受到男女的喜爱，形状大小不一，具体式样则根据当下的流行趋势而变化。女装中腰部成为重点强调的部位，紧身胸衣应运而生。

17 世纪初期荷兰崛起成为海上强国，不断进行海外殖民使得荷兰经济迅速发展，制造业和外贸业均处于发达地位。同时，荷兰还是最早建立资本主义制度的国家，1602 年荷兰联合东印度公司成立，1609 年世界上第一所证券交易所在荷兰阿姆斯特丹成立。从西班牙获取独立后，荷兰对西班牙的服饰风格进行了颠覆。1620—1650 年间出现了荷兰特点的巴洛克服饰风格，长发、蕾丝和皮革是风格的三要素。男装与女装相似，均采用高腰身，追求自然和舒适。

二、东方时尚历史

人类创造的文明或文化从世界范围来说可分为东方文化和西方文化两大体系，东西方处于不同的文化圈，具有不同的文化特征。即使同在亚洲文化圈，各个国家和地区也有不同的文化基础。20 世纪下半叶，现代时尚文化进入亚洲地区，越来越多的东方元素融入到了全球时尚行业之中。

（一）中国

中国服饰的历史源远流长，可以上溯至原始社会。"中国有礼仪之大，故称夏；有服章之美，谓之华。"我们的祖先自古以来就以衣冠礼仪的美誉"华夏"作为族称，这既有重视仪容的文明，也是衣冠之治的传统，这是中国服饰制度的特色。商、周、春秋战国、秦汉、魏晋南北朝、隋唐、宋、元、明、清，到近现代，华夏服饰都以鲜明特色为世界所瞩目。

中国古代服饰制作工艺复杂，注重面料质感，服饰图案多样且看重图案寓意。在 7 世纪，中国就是世界上服饰最精美的国家之一。此时的中国已经有几百年的养蚕经验了，缫丝和纺织技术在当时也相当成熟，此时的提花织机已经能够编织出复杂的彩色图案。唐朝时期中国女性的服装穿着自由度达到了前所未有的高度。19 世纪中期，西方服饰进入中国，中国传统服饰受到西方现代服饰的影响，开始出现改良和变革。民国初期，中国的男女服饰已经出现明显变化，尤其中山服融合了西式服装和中式服装的优点，形成了具有代表性的时尚风格，具有革命与立国的含义。女性除了模仿西方生活方式外，满族旗袍在不断改良后也受到广泛青睐。20 世纪 40 年代起旗袍开始趋向于降低领高、缩短裙身长度、取消袖子和开后背，女装开始追求曲线型。

新中国成立后的一段时期，中国服饰风格变化不大，形成了比较固定的特征。改革开放之后，中国服饰产业才开始正式进入现代化发展阶段。时尚文化于 20 世纪 90 年代在中国社会开始大范围传播，这一时期人们的思想开始解放，对新事物的接受能力增强。时尚文化逐渐在中国社会生根发芽，日常消费对象从日化产品延伸至知识、艺术等方面的产品或服务。20 世纪 90 年代在中国扎根的这种消费文化就是最初的时尚文化，社会商品经济的快速发展使得时尚消费开始面向普通大众。时尚文化在 20 世纪末的中国得到了空前的发展。中国时尚风格的服饰融入了东方美学理念和中国民族元素，在世界时尚风格中独树一帜。中国时尚风格是建立在中国传统文化基础之上，对中国优秀传统文化的继承与弘扬，具有中国特色的现代时尚体系。21 世纪初，随着中国国力的增强，人们开始审视自己传统文化中的优秀部分。一些人通过考据汉服并取其精华去其糟粕，复原了汉族传统服饰，另外，以中国传统元素为代表的东方元素在西方时尚设计中也应用已久，这些元素以图案和图形为主，受到西方国家设计师的认可与喜爱。西方时尚设计师在接触中国文化和物品后，在自有时尚设计基础上衍生出了中国风这一时尚风格。

（二）日本

7 世纪初，日本开始与中国唐朝建立友好交流关系，学习当时中国的文化。日本早期的服饰在吸收了中国古代服饰优点的基础上，融入本国文化的特点。日本服饰在 17 世纪的江户时代初步形成了现代日本和服的样式。和服在德川幕府以前称作"着物"，用高级纺织品缝制的衣服则称作"吴服"。和服是在德川幕府之后，与西洋文化接触中产生的概念。和服属于平面裁剪，几乎全部由直线构成，即以直线创造和服的美感。和服裁剪几乎没有曲线，只是在领窝处开有一个 20 厘米的口子，上领时将多余的部分叠在一起。如将和服拆开，人们可以看到，用以制作和服的面料，仍然是一个完整的长方形。由于和服的裁剪制作具有上述特点，所以在量体裁衣方面比较自由。

到 20 世纪 60 年代，日本才开始出现具有本国特色的现代服饰。这些服饰的设计师基本都拥有欧洲留学背景，接受过良好的设计教育。日本设计师们在学习西方时尚设计的基础上，将东方元素、日式美学融入现代服饰设计中，形成了独具特色的日本时尚品牌。20 世纪 80 年代，日本东京与巴黎、伦敦、米兰和纽约并称为国际五大时尚之都，日本的时尚产业建设成为亚洲国家的重要参考对象。在 90 年代之前，西方电影明星成为日本的时尚引领者，战后成长起来的年轻一代深受西方时尚文化的影响。90 年代，日本房产经济泡沫破灭，中学女生以低消费创造出具有日本社会审美特色的时尚美感，这种时尚群体被称为酷族。酷族现象冲击了传统的时尚理论，表明以追求差异为旨趣的时尚观念正成为现代社会的一个特点，也反映出日本社会的审美视角的独特性。同时，日本是亚太地区高街时尚文化发展最强盛的国家，也是亚太地区对高街时尚文化输出最多的国家。另外，日本具有发达的动漫产业，是"二次元"文化的发源地。大批设计师将动漫元素用于服饰设计之中，形成了一种文化气息浓烈但又亲切舒适的街头风格。

（三）韩国

韩国民族服饰历史悠久，韩服最初主要受中国唐代服饰的影响。唐代时，新罗与唐朝交往非常密切，服饰特点几乎与唐朝相差无几。韩服的个性发展开始于李氏朝鲜中期。从那以后，韩服特别是女装，逐渐向高腰、襦裙发展，与中国服饰的区别逐渐增大，但官服、朝服等重要礼服仍一直延续着较多的中国特色。韩国服饰文化包括传统韩服和现代韩服，传统韩服是从古代演变到现代的韩民族的传统服饰，也是韩国优秀的传统文化特征。传统韩服以白色为主色调，包含青、紫、黄、黑等的色彩概念，形成了两种基本格调。一种是以白色为重要位置的淡雅基调，另一种是多种色彩巧妙组合的炫目基调。传统韩服的线条兼具曲线和直线之美，尤其女式韩服的短上衣和长裙上薄下厚、端庄娴雅，男士韩服以短上衣、背心、马甲显示独特的品位。20 世纪 90 年代中后期，韩国的流行歌曲、影视作品等向外输出，韩国时尚业搭乘韩剧快线，中国媒体称之为"韩流"。"韩流"作为文化现象，扩大了韩国文化的影响力，也促进了韩国品牌服饰和化妆品的走俏等，对韩国旅游业的发展产生了巨大的影响。同时，现代韩国文化受欧美影响较大，盛行欧美的嘻哈风也在韩国盛行。作为一种文化载体，韩国服饰向世人展示了韩国文化的独特魅力。韩国服饰中简洁淡雅的色彩运用体现了韩国文化的含蓄性，表达了韩民族纯洁朴素，崇尚自然的审美观，现代韩国服饰的多元化映射了现代生活中韩国人随性、追求现代生活的心理特征。

（四）其他国家

东方的其他国家都有各自灿烂的文化，并反映到服饰中，如纱丽、奥黛、卡巴雅等。纱丽是印度、孟加拉国、巴基斯坦、尼泊尔、斯里兰卡等国妇女的一种传统服饰，是一种以丝绸为主要材料制作而成的衣服。纱丽一般长 5.5 米，宽 1.25 米，两侧有滚边，上面有刺绣。纱丽通常围在长及足踝的衬裙上，从腰部围到脚跟成筒裙状，然后将末端下摆披搭在左肩或右肩。纱丽有五千多年的历史，在古印度古代雕刻和壁画中就常见身披纱丽的妇女形象。最早的纱丽只是在举行宗教仪式时穿，后来逐渐演变为妇女的普通装束。

奥黛是越南的国服，由上衣和裤子组成。上衣的上半段酷似中国的旗袍，长及脚踝，只是胸部勒紧，两侧腰收紧，从腰部开叉，有一定的收腰效果。上衣的下半段分前后两片裙摆，走路时前后两片裙摆随风而动，奥黛里面配一条白色或是同花色的长达腰际的阔脚长裤。以前的奥黛只是权贵阶层的专有服饰，在现代社会，奥黛已成为所有阶层和各个年龄段的越南女性在节庆庙会和日常生活中普遍使用的穿着服饰。奥黛在越南社会生活中不断地确立自己的地位，并进入了越南的诗歌、音乐和绘画等艺术中，成为了国际友人眼中越南文化形象的代表。

卡巴雅是一种传统的连衣裙，在印度尼西亚、马来西亚、新加坡、文莱、泰国南部、柬埔寨和菲律宾南部都有妇女穿着。在 1600 年以前，卡巴雅是只供王室和少数贵族穿着的衣服。卡巴雅是上身收腰的长衫配下身过膝的直筒长裙，显得十分婉约。上身的长衫，可以由各种布料做成，包括棉、丝绸、锦缎、天鹅绒等；下身的直筒长裙配上一条起装饰作用的腰带。热播电视剧《小娘惹》的娘惹装就是卡巴雅，卡巴雅也是印度尼西亚国家航空公司、新加坡航空公司等空乘人员的制服，尽显高贵典雅、亲切随和的气质。

第三节　典型的时尚风格

时尚风格有多种起源，每种风格都有特定的背景含义。经典的时尚风格大多数并非来自时尚领域自身，而是从其他行业的风格衍化而来。其他行业的发展能够给时尚带来启示和灵感，对当前的时尚流行产生影响，建筑、诗歌、文学和绘画等行业都对时尚发展有益，能够为时尚风格提供参考。

一、欧洲古代的时尚风格

时尚风格是社会发展的标志之一，欧洲古代的典型时尚风格最具有历史代表性，反映着一个时代人们的生活状态和心理特点，也影响了一代又一代的审美风格。在中世纪的欧洲，时尚风格体现为简洁朴素、色彩简单。随着工业的进步、思想的解放，时尚风格也慢慢发生了改变，先后出现了哥特式、巴洛克和洛可可等典型的时尚风格，并一直影响至今。

（一）哥特式

哥特的英文是 Goth，本身蕴含着厄运、灾难、恐怖、野蛮以及超自然的意味，同时也是中世纪的一种建筑风格。哥特式的英文是 Gothic，这个词汇出现在意大利文艺复兴时期，主要用于艺术家们讽刺一些野蛮的、黑暗的、毫无意义的建筑作品，甚至在一段时间里被视为一种宗教迷信。随着文艺复兴的火苗绵延至整个欧洲，在 13—15 世纪哥特式进入兴盛时期。哥特式时尚延续了在建筑上的阴森、诡异、神秘、恐怖的风格，服饰造型上突出暗黑元素，苍白的皮肤加上黑白风格的眼妆再搭配具有宗教色彩的银饰，给人强烈的视觉冲击。正是这种神秘、夸张的艺术风格吸引了人们的目光，鼓励着设计师进一步探索这一神秘的风格。

时尚风格的演变往往伴随着时代文化的更替，哥特式时尚也是如此。最早期的哥特式服饰要追溯到中世纪，13—15 世纪哥特式服饰开始走"省"的理念，裁剪方式有了划时代的突破。女装多呈现出曲线美，上半身紧贴衣物，裙子下摆宽大，再搭配收腰的风格，极具装饰性与美感。男装则是出现普尔波万（Pourpoint）、肖斯（Chausses）组合的二部式，这使得从服饰上明确区分出性别。这期间，安妮帽、夏普仑帽子、尖头鞋、里里佩普帽子以及汉宁均为风格突出的哥特式饰品。

16 世纪哥特式风格逐渐被文艺复兴风格取代，直到 1980 年代受到哥特摇滚音乐的影响再次受到人们的追捧。现代哥特式更注重细节的协调性，主要时装元素表现为黑色蕾丝、束腰、暗色调搭配以及银饰点缀，突出浪漫主义气息。风格也不再是单一的暗黑女王形象，而是融入了更加多元化的元素，当下流行的哥特洛丽塔服饰便很好地诠释了这一点。当哥特式服饰的阴暗神秘与洛丽塔服饰的甜美俏皮相碰撞，将哥特式主基调的黑、白、灰配色与洛丽塔惯用的粉、白色相融合，营造出天使与恶魔的结合体的神秘感。

随着对哥特式艺术的崇高追求，许多设计师在对时装呈现时会着重注意整体画面表现的协调性，从服饰、灯光、场景等多方面来展现浪漫主义色彩。迪奥（Dior）2021秋冬女装时装秀选择凡尔赛宫举办，服饰、场景、灯光的整体融合将暗黑童话风格的诡魅氛围渲染至高潮，给人以强烈的视觉冲击。罗克（Rokh）2021春夏系列，类似其他星球表面的荒凉背景搭配上暗黑女战士形象踏破长夜，从硝烟中缓缓走出，勾勒出神秘的故事，呈现出多视角下的暗黑哥特式美学。瑞克·欧文斯（Rick Owens）2020春夏在巴黎东宫的时装秀，诡异的女祭司形象配合着古朴的宫殿，大胆的配色融入建筑几何美学，独特的暗黑哥特式美学展现得淋漓尽致。

（二）巴洛克

巴洛克是脱胎于文艺复兴时期艺术形式的一种独特风格，17世纪，在建筑、美术、文学、音乐及服饰等各个领域，具有十分重要且广泛的影响。巴洛克一词源于葡萄牙语Barroco，本意"变形的珍珠"，特指各种外形有瑕疵的珍珠。巴洛克的法语为Baroque，是"俗丽凌乱"的意思，引申为各种畸形的、不合常规的事物。到18世纪则用来指缺乏古典主义均衡性，并且违反自然规律的作品。后来随着巴洛克在欧洲慢慢风行才逐渐褪去这种不良色彩，如今变成了华贵与繁盛的代名词，指17世纪起源于欧洲的一种艺术风格。

巴洛克诞生期间刚好是伽利略（Galileo Galilei）、哥白尼（Mikołaj Kopernik）等科学家的研究获得卓越成果的时期，在此背景下，巴洛克不管在建筑、平面或者雕塑上，都强调光的使用，并且善于运用光与节奏制造动态感。另外，音乐剧的舞台元素也成为当时巴洛克艺术家借鉴的灵感，因此巴洛克作品多具有丰富并且浮夸的装饰细节。

延伸至服饰领域，巴洛克则将浪漫主义色彩完美体现。尤其在男装上，巴洛克更是集夸张和繁复雕琢于一身。巴洛克时期划分为两个阶段，第一个是荷兰风格阶段。随着荷兰建立了第一个资本主义国家，经济得到空前发展，使其牢牢掌握了时尚流行的话语权。该阶段也被称作"三L"时代，即长发（Longlook）、蕾丝（Lace）、皮革（Leather）三者流行的时代。整体服装肥大宽松，色彩以暗色调为主，普遍配以白色花边和袖口。而第二阶段则是法国风格阶段。17世纪中后叶，随着路易十四推行的一系列经济政策，制造业生产方式普及，法国逐渐取代荷兰，成为了欧洲商业中心，法国最新的时装信息通过杂志、铜版画等传向世界。此时期巴洛克服饰极具法国宫廷风与艳丽奢华的色彩。

源于17世纪的巴洛克风格，之所以在之后的时代引起巨大反响，受到人们追捧，最大原因在于其非常自由。之前的古典主义太过于严谨，在艺术方面有很多束缚。而神秘自由、浪漫奔放的巴洛克风格则正中人们内心，非常具有吸引力。巴洛克从17世纪跨越至今，已成为众多品牌和设计师钟爱的风格。从20世纪80年代开始，詹尼·范思哲（Gianni Versace）就把自己对上流社会的享乐主义与巴洛克那种离经叛道的边缘美相结合，运用浮夸到极致的色彩和丰沛的图案花纹制造强烈的视觉冲击，把百年前的巴洛克风格表现得淋漓尽致。直到现在范思哲那些绚丽丝质印花衬衫都是市场的抢手货。在2018年米兰时装周秀场上，凭借明黄色、豹纹、印花等最为经典的元素，再结合当下流行的牛仔、波普艺术等活力休闲元素，无比闪耀的巴洛克印花再次在T台上绽放耀眼的光芒，为巴洛克风格注入了新鲜的活力。

（三）洛可可

洛可可在英文里由词汇"Rocaille"和"Barocco"合并而来形成Rococo，意指岩状的小巧事物，又指建筑装饰中一种贝壳形的图案。它最早出现于装饰艺术与室内设计之中。如果说巴洛克风格像一名粗犷的男士，那么洛可可风格则更像一位优雅的女士，总体风格上洛可可更偏向轻盈、华丽、细腻。它缘起于18世纪的法国，随后风靡整个欧洲，是奢华与实力的代名词，是法国资产阶级的文化艺术。在17世纪末至18世纪初，巴黎精致的私邸代替宫殿和教堂成为了潮流的领导者，沙龙在洛可可产生和发展的过程中起到了主导作用。洛可可更加崇尚自然，呼吁活出自我与个性的权利。

洛可可艺术表现在服饰方面，主要是受到了蓬巴杜夫人（Madame de Pompadour）的影响。她不仅参与军事外交事务，还以文化保护人的身份，左右着当时的艺术风格。她不仅拥有干练果决的政治手段，更具有独到犀利的艺术眼光。她指导了整体凡尔赛宫、爱丽舍宫、小特里阿农宫的系列改造，可以称得上是洛可可风格的总设计师。洛可可服饰多采用质感温软、精致优雅的面料，透明感的缎子、绡纱和蕾丝花边华贵又浪漫。洛可可服饰常用金色、象牙白、粉红、粉绿和淡黄等娇嫩的颜色，追求柔媚细腻，设计中往往会加入花环、花束等纯天然元素，并且多采用不对称性设计，多用C形、S形曲线的旋涡状花纹及反曲线，使洛可可风格充满了女性惬意的轻松感。除此之外，洛可可风格中还融合了不少的东方元素。其从中国瓷器、建筑中汲取灵感，强调轻快纤细的曲线，会使用陶瓷、花鸟纹样、扇面等元素。

洛可可风格在欧洲盛行了一个多世纪，它所演绎的精致、华丽、优雅的性感，夸张的造型始终是时装设计的灵感源泉，其流畅的裁剪、夸张的造型和精湛的工艺技术都是现代立体裁剪制作的始祖，极大地影响着现代时装的款式设计、结构设计及制作工艺。随着时代的推进，洛可可风格并没有被时代淹没，反而在近年来频频出现在各种秀场上，被众多时尚设计师重新推上国际舞台。古驰（Gucci）2020秋冬大秀大量运用蕾丝、褶皱、蝴蝶结等元素，凭借高饱和度的色彩、极繁主义的表现手法，打造了一场华丽而又充满童趣的洛可可盛宴。莫斯奇诺（Moschino）2020秋冬女装系列则将高耸夸张的头饰、蛋糕裙、庞大的裙撑与糖果色搭配起来，不同面料和廓型的混搭形成了充满童趣的洛可可风。2021 年，在艾莉·萨博（Elie Saab）T 台秀场上，羽毛元素极尽奢华，钉珠工艺尽显别致，奢华的金色系面料，甜美的少女粉高级定制礼服，将洛可可式浪漫展现得淋漓尽致。

二、近代和现代的时尚风格

随着社会的发展、科技的进步和大众传播的普及，绘画、音乐与文学等形式也在不断改变与发展。在近代和现代，时尚流行发生了各种变化，形成了一些颇具影响力的时尚风格。有的具有历史渊源、有的具有地域渊源、有的具有文化渊源，体现了不同的社会特征，也体现了不同的精神内涵。

（一）波西米亚风

波西米亚的英语是 Bohemian，最早不是一种时尚风格，不是一群人，而是一个地名。波西米亚是古中欧地名，占据了古捷克地区西部三分之二的区域。现在位于包括布拉格在内的捷克共和国中西部地区。波西米亚也意指豪放的吉卜赛人和慵懒派的文化人。在《牛津简明字典》中，波西米亚人被定义为"不受社会习俗约束的人，尤以艺术家或作家为甚"。在《美国大学辞典》中，其定义为"具有艺术或思维倾向的人，他们的生活和行动都不受传统行为准则的影响"。从长相到性格再到生活方式都绝对与众不同的波西米亚人，一直以来都是文学艺术家们乐此不疲描绘的对象。我们耳熟能详的有贾科莫·普契尼（Giacomo Puccini）的经典歌剧《波西米亚人》、普罗斯佩·梅里美（Prosper Merimee）的《卡门》。

波西米亚风格出现在 19 世纪初的法国，指一种保留着某种游牧民族特色的服饰风格。因为波西米亚人行走世界，服饰自然就混杂了所经之地各民族的影子。印度的刺绣亮片、西班牙的层叠波浪裙、摩洛哥的露肩肚兜皮流苏、北非的串珠全都熔为一炉。令人耳目一新的异域感也正符合了当代时装把各种元素混搭的潮流。

早期因贫穷而衣衫褴褛的自然简朴成了波西米亚的意识。到 20 世纪时，波西米亚风开始作为独特的风格进入时尚、音乐及电影领域。设计师开始将其带入时尚中，融入各种民族元素，创造了各种复杂且极具装饰性的图案。20 世纪 60 年代，波西米亚风一度成为欧洲青年向循规蹈矩的中产阶级主流生活挑战的招牌。波西米亚风格在这里被解释成追求自我、实现心灵满足的生活态度。到了 21 世纪，波西米亚风格代表着一种前所未有的浪漫化、民俗化、自由化，也代表了一种艺术家气质、一种时尚潮流、一种反传统的生活模式。层叠蕾丝、蜡染印花、皮质流苏、手工细绳结、刺绣和珠串，都是波西米亚风格的经典元素。

波西米亚风格常表现为鲜艳的手工装饰、极具民族风的花草或几何图形的印花图案、颇具设计感的涡旋花纹。艾绰（Etro）2021 年春季系列就主打浪漫迷人的佩里斯印花，充满了异域情调，增加了休闲活力，完美演绎出复古嬉皮浪漫的波西米亚风。

波西米亚风也常采用返璞归真的面料，如棉麻、麂皮和透气的雪纺。凡妮莎·布鲁诺（Vanessa bruno）2021 年春夏时装秀就展现了极具波西米亚风的雪纺长裙，清爽动人、清新可人、自由随性。

（二）极简主义

1908 年奥地利建筑师阿道夫·卢斯（Adolf Loos）在《装饰与罪恶》（*Ornament and Crime*）中明确表示装饰不具备实用性，这为极简主义风格奠定了基础。极简主义的雏形为 20 世纪 30 年代著名德国建筑师密斯·凡德罗（Ludwig Mies Van der Rohe）提出的"少即是多（Less is more）"的设计理念。第二次世界大战结束后，工业文化迅速发展，机械化和工业化进一步刺激着艺术家和设计师们的审美感受。20 世纪 60 年代，极简主义正式被提出，并被视为一种全新的艺术流派。与以往其他风格不同的是，极简主义注重事物原始形态带来的美感，追求以足够简洁的设计语言来最大化地表现设计内涵。此外，极简主义在实现功能主义的同时充分利用事物的原始形态来完成设计，这与可持续发展理念不谋而合。与巴洛克风格的繁重截然相反，极简主义反对一切多余的装饰，追求最简洁的外观设计。至今，极简主义的核心思想仍为密斯·凡德罗所提出的"少即是多"，该类风格仍盛行在德国、日本和以芬兰为代表的北欧地区，应用于建筑、绘画和设计等多个领域。但由于各个国家和地区的历史文化背景存在较大差异，所以极简主义在不同的国家和地区所表现出的风格也会存在差异。德国作为极简主义风格的萌芽地，其极简主义风格以严谨、朴素和简洁著称，最大限度地展现着事物本身的功能。日本的极简主义风格独具东方哲学思想，强调物质与精神之间的联系，为受众提供了无限的想象空间。北欧地区的极简主义风格兼具功能主义与人文关怀，以更加温和的方式展示着设计的内涵意义与事物的形式美感。

极简主义风格从建筑、绘画等领域延伸至时尚领域，并促成了一种独特的设计趋势和审美标准，至今仍对时尚设计理念有着较大影响。与在其他领域的应用相似，极简主义风格注重原材料所带来的美感，不在服饰上添加额外的装饰。著名日本时装设计师三宅一生（Issey Miyake）就一直坚持极简主义风格，执着于"少即是多"的设计理念。三宅一生推翻了以往西方服装设计的既定模式，追求无结构模式的设计，其设计的时装以简洁利落的剪裁和形态多变的褶皱著称。与三宅一生同时期出现的德国设计师吉尔·桑达（Jil Sander）也是一位坚定的极简主义者，其设计以节俭美学和简洁线条闻名。国内时尚品牌 less 也秉承着"少即是多"的设计理念，致力于以自然材质提供精致耐久的时装。由于极简主义风格强调剪裁利落且不加装饰，因此，极简主义风格服装的颜色多为白、黑、灰、棕、绿和青等中性色系和冷色系颜色。

（三）朋克风

朋克的英文是 Punk，朋克风是朋克音乐影响下的产物，一种新兴的亚文化时尚。20 世纪 70 年代朋克音乐席卷英国，同时这种前卫的文化透过音乐渗透到时尚领域，刮起了别具一格的时尚风暴。朋克时尚发展到现在融合了许多元素，最具代表性的元素是金属、皮革、破洞、渔网以及骷髅。早期的朋克服饰主要是对日常物件进行装饰，赋予一定美学意义的同时彰显个性特征。主要表现在将衣服撕裂后用别针装饰，皮制的衣物以及破洞、裂缝风格的服饰等。朋克服饰发展到中期开始融入更多的元素，不再只有以往的暗黑风，在色彩使用上更加大胆。鲜艳、夸张，充满金属元素以及富有戏剧性等特点使得朋克服饰开始在时尚圈崭露头角。朋克服饰发展到后期，不再一味地充斥着街头和金属风格，开始发展成为新奇另类又极富设计美感的艺术创作。

朋克从地下时尚发展到街头时尚再进入主流时尚成为大众流行的风潮，时尚界的"朋克教母"维维安·韦斯特伍德（Vivienne Westwood）功不可没。20 世纪 70 年代她所经营的时装店可以说是英国朋克时尚的中心地，服饰尽显撕裂、破洞、裸露的风格，很大程度上冲击了传统时尚。她喜欢用不对称的剪裁，粗糙缝纫线，凑不协调的色彩以及结构夸张繁复的穿着方式来表现自己的时尚理念，她引入苏格兰格纹将英国独特魅力发挥到极致。维维安·韦斯特伍德无疑是将朋克时尚引入潮流的先驱者，在时尚界留下了浓墨重彩的一笔。

随着全球化的加剧，朋克时尚也开始在亚洲悄然滋生，特别是在日本得到了热烈的响应。知名的日本设计师高桥盾（Jun Takahashi）、岩永光（Bounty Hunter）、川久保玲（Rei Kawakubo）、藤原浩（Hiroshi Fujiwara）都受到朋克风格的影响。近两年的大型时装秀上，不少着朋克时尚的作品相继展出。山本耀司（Yohji Yamamoto）发布的 2021 年秋冬时装秀，其复古风浪漫朋克，将黑色美学体现得淋漓尽致。2021 年伦敦春夏时装周，维维安·韦斯特伍德带着条纹风配上带有叛逆因子的不对称英式剪裁，彰显朋克特色。出生于 20 世纪 70 年代末的时尚设计师金·琼斯（Kim Jones）赶上了朋克文化从发展走向高潮的时段，抱着对朋克文化的共鸣感和深入了解的心态，十几岁开始就对朋克时尚痴迷。在迪奥（Dior）2020 秋冬系列时装秀上，金·琼斯一改往常邀请艺术家合作的模式，而是在细节上带入已故设计师朱迪·布莱姆（Judy Blame）的作品风格，对朋克文化致敬。

（四）街头服饰风

街头服饰风起源于 20 世纪 60—70 年代的美国，在 80 年代开始在年轻人中广泛流行。随着滑板运动和摇滚文化的兴起，年轻人似乎找到了一个活动的舞台。当时聚集在街头的年轻人除了在运动、音乐等领域寻求表达，他们的服饰也是个性表达的出口。年轻人将各种图案印在滑板和 T 恤上，街头服饰的萌芽也从中催生。肖恩·斯图西（Shawn Stussy）制作并销售带有涂鸦标志的 T 恤被认为是街头服饰的起源，现在街头服饰的代表品牌有美国的 Stussy、日本的 Bape、意大利的 Repaly 等。街头服饰的兴起是一种跨越时尚、艺术和音乐领域的时尚形式的转变。时尚行业倾向于自上而下的运作方式，业内人士掌握着最新的流行趋势，而街头服饰以一种更平易近人的方式改变了这种模式。在街头服饰领域，潮流引领者们不仅从街头路人的造型中汲取灵感，还直接着眼于从消费端寻找街头服饰的发展方向。

作为 21 世纪时尚的重头戏，街头服饰已成为全世界粉丝和卖家的狂热追捧品。街头服饰从滑板、冲浪、朋克音乐等亚文化，延伸至涂鸦艺术、嘻哈音乐，最后发展成为商业潮流。2017 年，Supreme 与路易威登（Louis Vuitton）的合作标志着时尚界对街头服饰的重视程度发生质的变化。2018 年，路易威登又任命了备受追捧的街头服饰设计师维吉尔·阿布洛（Virgil Abloh）担任其男装创意总监，奢侈街头服饰品牌成为当下一个热点。

街头服饰于 2017 年逐步走向主流，其中 T 恤、牛仔裤和运动鞋最具代表性。街头服饰之所以成为主流，一个重要的原因就是它很容易制作。街头服饰更多地依赖于图形和印刷，而不是剪裁，而且可以利用文化来做文章。这种亚文化服饰植根于年轻的都市审美观，集合了解构主义，借鉴了大量的工装、运动装元素，为时尚业从观念上、行业体制、生存状态上带来巨大的改变。

同时，街头服饰的兴起与社会规范结束相辅相成。在大多数行业，男性不再需要穿西装上班，女性也不再局限于穿高跟鞋或拘泥于传统的女性气质。年轻人开始崇拜自己欣赏的公众人物，在 2000 年代中期，许多潮流引领者把坎耶·韦斯特（Kanye West）这样的名人视为时尚偶像。街头服饰通过绕过传统的零售渠道，颠覆了时尚业长期以来对"酷"的定义，并重新诠释了"酷"是如何盈利的，真正创造了街头的文化价值。

（五）洛丽塔

洛丽塔一词的英文为 Lolita，洛丽塔最早源自俄裔美籍作家弗拉基米尔·纳博科（Vladimir Nabokov）于 1955 年出版的小说《洛丽塔》，之后该小说被两次改编成电影，在日本大受欢迎，从此洛丽塔风格服饰在原宿街头流行起来。

2005 年植田裕子所著的《洛丽塔服饰趣味》一书中将洛丽塔服饰分类整合为三大主要风格，即古典洛丽塔、哥特洛丽塔和甜美洛丽塔。古典洛丽塔风格大多采用米色、粉色、红酒色和墨绿色等色彩，并选用精致高雅的面料，很少使用蕾丝。在细节上，荷叶褶是其最大的特色，再加上袖带、暗花纹等衬托，表现出一种复古摩登的感觉。哥特洛丽塔风格色彩选用黑和白等无彩色系，有时选用芥末黄和墨绿色等中性色调，款式大多为迷你吊带衫、敞胸式样短外套等，表达神秘优雅与阴森诡异相结合的气息。甜美洛丽塔风格主色为粉红、粉紫、粉蓝等淡雅色系，面料大多选用全棉、塔夫绸、雪纺等，并以蕾丝、网纱、泡泡袖、荷叶边等为衬托，表达甜美可爱的风格特点。

日本最早的洛丽塔风格品牌 Milk 于 1970 年创立，1973 年 Pink House 创立，这两个品牌运用了洛丽塔风格特点，在少女群体中逐渐流行开来，并享有极高的人气。进入 20 世纪 80 年代，人们一度对于洛丽塔的认知存在负面评价，直到 1988 年其最知名的代表性品牌 Baby The Stars Shine Bright（简称 BABY）的前身设立，使得消费群体大幅增加，Leur Gette、Emily Temple Cute、Metamorphose、Atelier Boz、Millefleurs 等洛丽塔风格品牌也随之诞生。21 世纪之后，视觉系乐队"恶意与悲剧"的吉他手佐藤学（Mana）创立了"Moi-même-Moitié"品牌，该品牌主打哥特式洛丽塔风格，此后洛丽塔风格逐渐转变为正面形象，并以正面的时尚风格出现在时尚杂志中。

洛丽塔风格于 21 世纪初在中国广东开始流行，随着中国互联网的迅速发展，洛丽塔风格也迅速传播开来。2012 年日本洛丽塔品牌注意到了中国市场，开始在中国开设实体店推广。同时，中国本土品牌也迅速崛起，其中最受欢迎的为湖南品牌 Honey Honey Lolita 的"占星猫"系列，将可爱的小动物与宗教故事进行融合做成印花，受到大量爱好者的追捧，甚至出现二手高价的现象。截至 2021 年 8 月，在淘宝上搜索"Lolita"关键词，可找到 55436 家店铺，较 2019 年同期增长一倍多。可见中国洛丽塔服饰市场的繁荣。

随着洛丽塔风格的逐渐流行，其早已成为各大时装周的宠儿。爱马仕（Hermès）创意总监让·保罗·高提耶（Jean-Paul Gaultier）就曾将街头洛丽塔的风格带入秀场；在安娜·苏（Anna Sui）和克里斯汀·拉克鲁瓦（Christian Lacroix）的引领下，洛丽塔风格成为 2007 春夏时尚的热门主题之一；2008 年国际知名品牌 Galliano、Christopher Kane 等开展洛丽塔风格秀；在 2019 上海时装周中，中国独立设计师品牌 MINNANHUI 以"洛丽塔"为主题展开了一场时装盛宴。

（六）森系

2006 年日本社交网络出现一个新名词——"森女"，这来源于一位 20 多岁的日本女孩，这个女孩的穿衣风格好像从森林里走出来的一样，故而称之为"森林系女孩"（简称"森女"），这类穿衣风格就被称为森系风格，强调的是与大自然的和谐，在繁忙的都市中实现慢生活。

自 2006 年诞生以来，森系风格不断在日本传播，在 2009 年达到高潮。同时日本森系品牌 Earth Music & Ecology 进入中国香港、台湾等地区，2010 年森系风格正式进入中国大陆。随着我国互联网行业的飞速发展，森系风格也迅速传播开来，国内的森系品牌相继创立，线上森系品牌主要有森女部落、鹿与飞鸟、梅子熟了、对白等，线下品牌有飞鸟和新酒、谜底、W closet 等。虽然森系风格出现的时间不长，但在各大时装周上也不乏其身影。2018 东京时装周 HYKE 春夏女装采用森系极简主义，展现了素雅的风格；2019 春夏米兰时装周，意大利设计师安东尼奥·马拉斯（Antonio Marras）推出了自由森系主题的时装。

森系人群拥有着自然主义风格，在当下浮躁的社会环境中，他们仍能保持着简约的生活观，不追求过多物质层面的东西，拥有慢生活的心态，不断亲近自然、适应自然、享受自然，追求精神世界的丰富。因此，森系服饰的色彩大多选择大地色、裸色、温和色系等，主要表现温和舒适的感觉，偶尔也选择浆果色或阳光色作为点缀。森系服饰的面料讲究舒适自然，一般选用棉麻、雪纺等布料。棉麻作为天然材质有着舒适、透气的特点，是森系服饰的首选面料。雪纺面料的特性是清新飘逸，可以塑造出森系人群清新脱俗的气质。

森系风格的高级定制时装有三种搭配风格，即森林精灵般的梦幻风格、原始复古的混搭风格和童真清新的古朴风格。梦幻风格面料采用雪纺、轻薄或薄纱的棉质，展现轻盈的感觉。在色彩方面主要选择浅色系，大多以白色为主色，搭配一些淡紫色、鹅黄色等柔和的颜色，再用珠片、褶皱、镂空、蕾丝等加以衬托，更好地表达出梦幻的感觉。原始复古风格主要源于北欧、北亚、南洋、波西米亚地区的民族风格，融合了更具民族性的特征，面料以厚重的棉麻、毛呢、毛线为主，同时搭配纱质材料和蓬松的绒毛，颜色大多选用大地色和浆果色，各种风格相互碰撞，体现了对原始自然的热爱。古朴风格追求天然的材质和舒适的触感，大多使用棉麻布料，颜色选用大地色系等温和的色彩，这种风格的装饰较少，主要表现简洁舒适的感觉。

（七）国潮

国潮原指由中国本土设计师创立的潮牌风格，潮牌叫法源于英文 Trend，多指具有本土特色的潮流品牌，强调文化设计、原创和个性。潮牌风格始于 20 世纪 80 年代的美国，最初衍生于街头涂鸦和滑板文化。20 世纪 90 年代，日本设计师把潮牌概念带回了日本。20 世纪初，潮牌风格从日本传入中国的港澳台地区，并以此进入中国大陆。目前，中国的潮牌市场正在蓬勃发展，而明星影响力在这一过程中起着决定性的作用。中国市场上现有的以国潮为主题和背景的服装品牌，大多是由著名设计师或主理人创立的，例如李晨和潘玮柏的 NPC、余文乐的 Madness 等。

随着中国文化影响力的增强，新一代年轻人的文化消费也在不断升级，国潮风格已成为运动品牌不可或缺的主要系列。2018 年 6 月 21 日，李宁在巴黎时装周上举行 2019 春夏系列发布会，重新定义国潮，真正掀起了中国本土的国潮运动。作为最先改革的运动品牌先锋，其与年轻的设计师们合作推出了"悟道""凤舞""藏易"等充满中式韵味的主题产品，成为国潮的先锋。李宁品牌因此以国潮的名义重获新生，扭转了亏损的局面。2018 年也被媒体称为国潮元年。

进入国潮元年后，随着潮流文化逐渐被更多人接受，《潮流合伙人》等各种潮流综艺节目使得国潮开始大量出现在公众视野中。年轻人的消费观念也发生了变化，他们对民族和传统文化更加自信。中国特色的文化、艺术和美学等构成了国潮文化的基础，国潮强调传统文化与现代元素的碰撞与融合，将传统文化的优秀内容集中在服饰上，以创新独特的方式呈现出来。国潮作为现代社会的一种新兴产物，不仅反映了当代年轻人对待生活的态度和个性，也赋予了时代意义和价值，充分体现了当代年轻人对于传统文化的强烈认同和文化自信，进而引发了一股"国潮热"。

第二章　时尚经济

伴随着时尚认知和时尚产品交易的发展，时尚经济形态逐渐形成。当前，时尚经济已经成为了具有深厚潜力的全新经济形态。时尚产业是时尚经济的基础，与时尚产业发展相关的系列经济活动和经济形态就构成了时尚经济。时尚企业是时尚产业的基础，是时尚产业的活力表现。时尚产品连接时尚企业和消费者，是市场供求关系的最直接体现。

第一节　时尚产业

时尚产业包含了时尚企业、时尚产品、时尚设计师、时尚品牌和时尚商业等领域的系列经营活动，横跨设计、制造、服务和传播等多种产业形态。时尚产业发端于欧洲，现在我国的时尚产业也蓬勃发展，成为全球时尚产业的重要组成部分。时尚产业中的系列经营活动构成了时尚产业链，时尚消费是时尚产业发展的基础。

一、时尚产业的起源与发展

时尚产业的内涵非常宽泛，并不是一个独立的产业门类，有广义和狭义之分。狭义上，时尚产业是指服装和服饰的产业。而广义上的时尚产业不仅涵盖了与服装服饰行业相关的纺织业，而且还包括化妆品、运动产品、室内装饰、生活用品等消费品。现如今，时尚产业甚至包括休闲餐饮、交通通讯等产业。

（一）时尚产业起源

时尚产业发端于17世纪的欧洲，在路易十四的重商政策引导下，法国巴黎成为欧洲时尚产品贸易中心。路易十四痴迷于时尚享受，致力于为法国打造奢侈品贸易市场，推动社会上层享受时尚生活。他以独特的时尚视角制定了当时的时尚标准，促使其他国家和地区以巴黎为时尚标杆，巴黎对欧洲的时尚奢侈生活具有巨大的影响力。

在17世纪，时尚产业开始在法国巴黎显露出萌芽，设计师、制造商、零售商和消费者组成了最初的时装产业链，服饰产品开始按季节在市场上流行。在路易十四执政期间，法国新增了45家手工工厂，在国内修缮水陆交通和促进市场发展，在国外扩大海外殖民地和推广法国纺织品。17世纪中期，法国共有110家手工工厂，纺织品生产和贸易成为国家经济的主要来源。17世纪晚期，法国的时尚产业形成了一定的经济规模，时尚经济的特征开始显露。时尚产品不再是宫廷贵族的专利，而是社会的公众产品。时尚也从财富和社会地位的象征，变成了宣扬时尚个性的工具。

18世纪法国皇后玛丽·安托瓦内特（Marie Antoinette）使用御用裁缝为其制作衣物，这为高级定制时装开启了先河。高级定制时装承袭了传统宫廷时装绚丽奢华的风格，所有产品均采用手工制作的方式来生产。每一件产品都是独一无二的精品，最大限度地满足了较高阶层群体对时尚独特性的追求。

"巴黎时装之父"查尔斯·弗雷德里克·沃斯（Charles Frederick Worth）是现代意义上的第一个时装设计师，他是在法国巴黎开设高级时装店的第一人。19世纪50年代沃斯在巴黎开设了时装屋，开始设计和出售女装。沃斯以少女模特进行时装展示，在巴黎获得了不同凡响。他推出了"女装沙龙马车"，以真人模特在各地展示他的设计作品。沃斯在英美各国都开设有时装沙龙，吸引了欧洲各国的王公贵族前来消费。他设计的女装成为了欧美的潮流标杆，自此法国女装和高级定制时装都开启了辉煌历程，巴黎也被认为是高级定制时装的起源地。此外，沃斯还将戏剧元素引入时尚设计之中，用服装品牌名为香水命名，开启了高级时装附属产业的开发。

（二）时尚产业发展

时尚产业也是工业化与城市化成熟后的产物，工业发展和城市繁荣推动了时尚产业的发展。第二次工业革命后，时尚产业正式进入大规模生产时代。第一次世界大战期间，欧洲男性离开家乡走上战场，女性也开始走出家门参加工作。女性社会地位的变化带来了女性消费需求的变化，女装设计出现了诸多变化且开始注重实用性，以满足工作方便的需要。长裤取代长裙成为女性工作服装，参加工作的女性逐渐将长裤视为正式着装。一战之后，法国经济繁荣，法国高级定制时装业也迎来第一次繁荣。

第二次世界大战期间，为了首先供给战争物资需求，各国政府对纺织品的生产和供给进行了一定的管制，服饰产品在市场上一度十分匮乏。这促使人们对服装耐用性产生需求，人们开始意识到以往服装制造中的过度装饰问题，意识到服装纺织业对环境存在污染问题以及资源有限性问题。原材料的稀缺性激发了人们的创造性，推动利用有限资源来制作服装。二战期间全球时尚产业的发展基本处于停滞状态，人们进行衣着改变都是为了生存需求。

战争结束之后，美国纽约开始在全球时尚产业中崭露头角，先进的机械化生产能力让美国的大规模服装制造商获得了快速发展。1948年美国正式向欧洲实行马歇尔计划，西欧各国接受了包括金融、技术等各种形式的援助，西欧各国经济得到了快速恢复。20世纪60年代，美国纽约成为新的时尚焦点，美国时尚经济崛起。同时，西方国家开始重视建设自有的时尚产业，打造时尚之都。凭借原有的基础优势，巴黎、伦敦和米兰等城市成为全球时尚中心，影响着全球时尚趋势。20世纪70年代后，日本的时尚产业蓬勃发展，日本东京成为国际第五大时尚之都，亚洲在全球时尚产业中的地位开始显现。

在我国，1979 年开启的改革开放是中国时尚产业发展的新起点，海外各类时尚产品开始大量进入国内市场。改革开放之初，受经济水平限制，只有少数居民能负担得起时尚产品的购买，并且购买的大多是服装服饰等。随着改革开放的深入，人民消费能力的不断攀升，科技传媒的技术日益更新，我国各大城市都在逐渐进入消费社会。这些都为时尚产业的形成与发展创造了不可或缺的经济基础与技术保障。20 世纪 90 年代前后，更多国际时尚品牌进入中国市场，中国消费者也更多地熟知了国际时尚企业。2001年中国正式加入 WTO，中国经济迎来新一阶段的腾飞。国内消费者购买力逐年增强，国内时尚产业也随之增长。2008 年后，欧洲和美国的时尚经济增长乏力，中国成为世界时尚产业增长的重要地区。

二、时尚产业链

时尚产业具有产业集合的特性，是跨越先进制造业与现代服务业的综合化产业。时尚产业既服务于人，也服务于人所处的环境，又服务于人与环境的关系，这一系列活动组成了时尚产业链。时尚产业链中的各项活动之间彼此紧密相关，且参与相关活动的主体之间也相互关联。时尚产业链是集价值链、供应链、需求链和空间链等多个维度于一体的复合结构。

（一）时尚产业基础

首先，制造业是时尚产业发展的基础，时尚产业为消费者提供的产品或服务大多是由制造业提供的，时尚产业的兴盛得益于发达的制造业。时尚是文明进步的产物，受到社会生产力发展水平的影响，不同水平的社会生产力塑造出不同的时尚内涵。随着规模化生产模式兴起，时尚产业的竞争变得更加激烈，进而演化出快速时尚模式。即一种以奢侈品设计为参考，用低成本的原材料和人工进行生产制造的模式。同时，时尚生产企业为了扩大利润空间，逐渐将生产活动转向发展中国家和地区。20 世纪末开始，制造商尝试在时尚产品中提供数字服务，将时尚生产活动与科技技术结合，实现传统时尚功能的拓展。智能可穿戴设备出现在时尚领域中，以手环、手表为代表的时尚配饰是这种趋势的体现之一。与传统时尚产品不一样，与智能技术相结合的时尚产品多用于户外场景，为人们进行户外活动提供辅助。智能可穿戴技术增强了时尚产品的基础作用，使其能够为消费者提供有关生命的体征信息，改变了时尚产品的传统意义。

其次，服务业是时尚产业的重要组成部分。时尚也是社会关系的产物，体现了某个时期内社会成员共同认可的一种生活习惯和审美观念，具有人文、艺术和精神的内涵。时尚产业遵循着"以人为本"的原则在大众生活之中存在，为消费者提供符合审美标准的产品及服务。时尚现象在初始时会在不同社会阶层中制造差异性，却在周期性发展的过程中带来了一致性。时尚现象在初始时会促使人们追求彰显自身的个性化，却在整个社会范围内推动了特定风格的普遍化。时尚现象的本质是在满足人们对物质和精神需求的基础上，进一步刺激社会需求，以便能获取更多利润。基于这种特性，时尚概念进入社会空间内各个场景，根据不同的空间形态结构进行服务活动。时尚产业向大众传递了一种前行的生活观念，服务于社会文化的发展进程。因此，时尚产业是制造业与服务业的结合体，以越来越完美的方式满足人们的生活需求。

（二）时尚产业链发展

时尚产业在满足供需和增加价值的过程中，重点在于将知识文化在网络结构中进行有效转化。因此，时尚产业链包含了时尚知识输入、转化、传播和反馈这一系列步骤。产业链中涉及的生产要素众多，有关传统制造业的要素有资金、技术、生产资料、生产管理等，有关现代服务业的要素有创意、营销、舆情监测、人才培养等。时尚产业链以顾客需求为核心，以时尚流行趋势为指导，为顾客提供内在价值最大化的时尚相关产品或服务，并实现产业链内企业和机构的经济效益。

实际上，时尚产业链不断进行着动态演化，从最初只具备某几个环节演变成如今完整的结构体系。以法国和意大利为代表的西方国家在工业革命时期就出现了纺织服装产业的集群现象，是时尚产业链早期萌芽发展的体现。随后，专业时尚服务机构出现，这些机构致力于搜集整理分析全球时尚信息，为时尚从业者和关注时尚的群体提供时尚资讯、色彩流行趋势、创新技术分享、专业设计分析等服务。第二次世界大战结束后，时装周开始走向繁荣发展，与之相关的模特等时尚产业也迅速兴起。同期，快速时尚模式出现在了欧洲市场中，对传统时尚模式产生了冲击，时尚产业链中注入了新要素。此外，时尚产业链的包容性还体现在广泛的跨行业合作，合作的主体可能来自任何一个非时尚产业的行业。产生这种行为的原因在于，短周期之内的时尚创新不仅难度极大，而且需要耗费高昂的成本。为了在完成创新的同时节省成本，跨界合作成为时尚产业链延伸的途径之一。跨界合作便于时尚产业外的资源进入时尚产业内进行循环互动，催化时尚设计的融合与再次创新。

时尚产品的设计、制造、物流、营销、零售、推广和时尚信息的传播服务等都属于时尚产业的相关活动，企业与机构在时尚产业链中承担了一项或多项活动，并凭借自身实力持续向市场提供时尚产品或服务。20世纪以来，时尚产业的浪费问题、污染问题和健康问题一直都受到社会各界的广泛关注。尤其是近年来，公众环保意识逐渐被强化，是否足够环保已经从道德伦理问题上升为企业社会责任。企业是否践行绿色理念已经成为消费者评判企业产品的指标之一，大众对时尚产业有着较高的绿色环保消费期望。时尚产业为了迎合消费需求，保证自身的可持续性，必须在产业链中融入创新理念。时尚产业需要在技术和战略上寻找创新路径，研发绿色可循环原材料、避免浪费现象、建立经济且合理的生产方案等都是亟待创新突破的问题。

三、时尚消费

时尚产业的发展离不开时尚消费，消费是产业发展和持续的基础。时尚消费既是一种消费行为，也是一种流行的生活方式，体现了大众对某种物质或非物质对象的追随和模仿，也体现了个体的价值观和审美心理。最初的时尚消费几乎完全属于国王、王后和达官显贵等少数人，人类的进步和社会的发展推动了大众时尚消费的形成。

（一）时尚消费市场

市场消费需求对时尚产业愈发重要，消费者偏好说明了顾客的需求水平。因此，时尚设计师和生产者需要观察时尚消费行为和洞察时尚市场需求，竭力挖掘消费者的显性和隐性需求。时尚风格需要与消费群体的独特个性适配，需要成为消费者塑造身份的有力工具。普通消费群体已经对时尚表现出极高的热情，对时尚产品趋之若鹜。这种巨大的市场需求吸引了其他非时尚产业内的行业转型，将时尚概念融入行业的生产销售活动中，以此来引导公众消费。非时尚行业对时尚流行元素的引入，让消费者对于时尚更加敏感。时尚生产活动的范围也逐渐被扩大，从最初的服装服饰生产到现在手机等电子产品生产都属于时尚生产活动。传统产业引入时尚概念进行变革，提高了产品的附加价值。时尚经济也已经从卖方市场转变为买方市场，顾客对时尚产品的期望值日益增加，这使得如何向顾客提供更优质的产品或服务成为企业共同面对的商业挑战之一。

在当前的经济发展程度上，消费升级更是时尚经济发展的主推力，升级带来了新的社会需求并激发了巨大的市场潜力。社会大众置身于竞争激烈的时尚消费市场中，高频率的接触时尚资讯和时尚产品，人们会最大限度地将消费欲望转化为消费需求。消费需求作为推动经济增长的三大需求之一被激活，时尚消费带动经济增长的作用日益明显。时尚消费中的感性消费成分不断增加，时尚产品满足精神需求的作用不断增强。时尚创新能够刺激消费需求，消费需求能够带动经济增长，经济增长意味着顾客购买力上升，购买力上升后则会更高频次或更高数额地消费时尚产品，为社会发展带来良性循环。全球消费者对时尚商品的需求将进一步升级，有趣、随时可用、可持续且价格合理的时尚产品符合年轻的、具有全球视野的新一代消费者。他们将成为时尚商品购买的主力军，并且越来越多地依赖自己的购物习惯，看重商品、品牌与自己的价值观的一致性。社会着力发展时尚产业，就要从源头上扩大中高端时尚产品和高品质时尚服务的供给数量，满足消费需求升级。

（二）时尚消费者

目前的时尚消费市场中，消费者表现出了更大的话语权，市场表现出快速、分层、可持续性和颠覆性等新趋向。首先，潮流更替速度加快，时尚设计的周期变短，设计技术和生产技术加快了产品线更迭的频率。越来越多的平台便利了购物选择，越来越成熟的物流系统加快了运输速度。快速已经逐渐成为行业标准，从技术到服务，及时快速的购物体验正在成为全新的消费指标。其次，根据不同消费需求，时尚市场形成了层级效应，例如服装形成了高级定制、高级成衣、高街时尚等层级。高级定制时装由国际知名设计师设计和经营，他们每年至少展示两次。高级定制时装的顾客很少，但是它是时尚的风向标。高级成衣意味着更广泛的受众，设计并不是独一无二的，但生产的数量仍然有限。大多数人在高街时尚市场购买产品，新的时尚可以非常迅速地在各个城市的高街出现以供消费者选择。再次，公众环保意识高涨，可持续性消费、绿色消费和道德消费等理念等都被视为消费者应承担的社会责任，这些理念在消费过程中被高度强调。即可持续时尚是从消费倒逼生产的快速反应，所有的时尚设计和生产都应该使用对生态环境无害的材料和降低污染物排放，符合当前的社会价值观并与消费者拥有共同愿景。未来可能会有更多的可持续产品出现，销售可持续及环保产品的时尚企业将引起消费者的浓厚兴趣。最后，社交媒体和技术发展催生了大批新兴品牌和商业模式，这些角色正在挑战传统行业现状。为了迎合新一代的年轻消费者，越来越多的时尚品牌正在试图打造自己的全新品牌、产品和商业模式，进行自我颠覆。

目前在国内，消费升级是普遍现象，各个地区的人都对消费产品有着越来越高的要求。我国拥有优良的制造业基础，能够满足在短周期内高频率进行服装服饰新品的生产制造要求，及时在市场中推出时尚新品以供消费者选择。发展时尚经济需要坚实的工业、经济、文化和交通基础，推动时尚消费需要人们有一定的消费能力和相当的审美水平。国内一线城市和部分沿海城市成为发展时尚经济的主战场，这些城市地理位置优越、经济发达、工业基础优良、历史人文底蕴深厚，比较容易营造良好的时尚经济发展氛围并带动全国时尚产业的发展。我国正处于产业结构调整时期，在传统产业走向衰退的路上，时尚经济的崛起能为传统产业提供发展转机。同时，发展时尚经济应该立足于强有力的文化基础，注重塑造特有时尚文化，用自主创新和文化内涵来获取消费者的认可和青睐。

第二节　时尚企业

企业通过利用各类生产要素向市场提供产品或服务来实现盈利目的，是现代社会中典型的营利性组织，也是人类进行经济活动的产物之一。时尚企业建立在一般企业的基础上，融入了更多有关人文、历史、社会、文化、地理、风俗等因素进行价值创造活动，在衣、食、住、行、用各个方面为消费者提供优质产品和服务体验。

一、时尚企业类别

时尚产业为传统工业产品注入了现代化灵魂，消费市场为时尚产品的流通提供了条件，时尚文化向大众传播了时尚生活理念。时尚产业包括了制造时尚、服务时尚和传播时尚的重要环节，时尚制造性企业、时尚服务性企业、时尚传播性企业也就构成了时尚企业的主要类型。

（一）时尚制造性企业

首先，时尚制造性企业是时尚企业构成的主体。时尚制造性企业在经营过程中以提供时尚产品为重点业务，是时尚产业兼容制造业的核心体现。制造业是指机械工业时代利用物料、能源、设备、工具、资金、技术、信息和人力等资源，按照市场要求，通过制造过程，转化为可供人们使用和利用的大型工具、工业品与生活消费产品的行业。时尚产业的兴盛得益于发达的制造业，时尚制造内容包含了物质、文化、方式、趋势等，是传统产业的内涵升级和价值提升。时尚制造涵盖了时尚价值创造的各个方面，是所有包含在内环节的共同成果，而不仅仅是指有形产品的制造过程。许多时尚企业虽然并不直接参与时尚产品制造流程，但参与制造流程的外包和监控，所以也是时尚制造性企业。巴宝莉（Burberry）、范思哲（Versace）、杰尼亚（Zegna）、阿玛尼（Armani）、拉夫劳伦（Ralph Lauren）、路易威登（Louis Vuitton）、登喜路（Dunhill）、蔻驰（Coach）、劳力士（Rolex）、宝格丽（Bvlgari）、爱彼（Audemars Piguet）、香奈儿（Chanel）和纪梵希（Givenchy）等都是时尚制造性企业。例如，宝格丽（Bvlgari）制造珠宝、腕表、皮具、香水和配饰等有形产品，也制造度假村和酒店等休闲性的无形产品。当前，面对日益激烈的市场竞争，时尚制造性企业要实现全球资源优化配置，统筹协调价值链各个环节的工作。企业需要对自身竞争力有明确清晰的认识，并能够有效地提升自身竞争地位。时尚制造性企业的竞争能力可以从显性和隐性两个方面进行评价，显性指标有企业规模实力、企业盈利能力、市场拓展能力和企业经营能力，隐性指标有时尚组织力、时尚创新力、时尚环境支持度和时尚影响力。

（二）时尚服务性企业

时尚服务性企业是时尚企业构成的重要部分。时尚服务性企业在经营过程中以提供时尚服务、中介、研究、交易场所等为重点业务，是时尚产业兼容服务业的核心体现。服务业是指利用设备、工具、场所、信息或技能等为社会提供劳务、服务的行业。随着时尚产业的发展，现在时尚制造性企业的产品已经从时装和珠宝等扩展至香水和化妆品，再到各种配饰产品，再到生活方式等。时尚产品范围不断扩展，时尚品牌的内涵不断延伸，这些都加深了消费者与时尚经济的联系，时尚消费群体越来越庞大。同时时尚产品的更新频率也在加快，时尚流行的周期与早期相比明显缩短。因此，时尚服务性的企业规模也不断增长，类型不断增加。这些企业提供时尚零售、时尚研究、时尚咨询等服务，促进时尚产业的发展。例如，全球著名的时尚零售百货公司有哈罗德百货（Harrods）、布卢明代尔百货（Bloomingdale's）、德本汉姆百货（Debenhams）、帕拉西奥—德耶罗百货（El Palacio de Hierro）、梅西百货（Macy's）、罗德泰勒百货（Lord & Taylor）、玛莎百货（Marks & Spencer）、老佛爷（Galeries Lafayette）、马歇尔百货（Marshalls）、彭妮百货（J. C. Penney）、诺德斯特姆百货（Nordstrom）、巴黎春天百货（Printemps）、内曼·马库斯百货（Neiman Marcus）、弗里达·勒曼百货（Frieda Loehmann）、赛福尔里奇百货（Selfridges）、萨克斯第五大道百货（Saks Fifth Avenue）等。全球著名的时尚零售卖场、会员店、奥特莱斯有塔吉特（Target）、萨克斯第五大道的 OFF 5TH、沃尔玛（Wal-Mart）、好市多（Costco）、普尔斯马特会员店（PriceSmart）、山姆会员店（Sam's）、百万摩尔（Megamalls）、贝尔兹工厂直销世界（Belz Factory Outlet World）、丹吉尔工厂直销世界（Tanger Factory Outlet World）、柯林斯和桑德斯（Collins and Sanders）、西尔斯（Sears）、杰伊·斯坦（Stein Mart）、麦克斯（T.J. Maxx）、永旺（AEON）、瑞斯（Reiss）、英国宫（Ingles）、迅销（Fast Retailing）、米尔斯（Mills）等。

（三）时尚传播性企业

时尚传播性企业是新型的时尚企业形式。时尚传播性企业以报道时尚生活方式和时尚产品等为重点业务，是以时尚媒体等为代表的辅助性时尚企业。传播是指两个相互独立的系统之间，利用一定的媒介和途径所进行的有目的的信息传递活动。时尚传播可以理解为时尚产业过程中时尚符号及其意义的全球流动，即时尚及其符号、意义通过其各类参与主体（如设计师、商业机构、媒体、评论家、明星等）被生产、提升、神圣化，进而被社会群体竞争消费、体验和效仿的过程。从本质上来讲，时尚是传播的过程和结果，而传播是对时尚的追逐与创造。时尚传播性企业也可以视为时尚服务性企业的延展形式，因其更突出表现出现代的社会、经济、科技等特征，从而发挥着独特的影响力。伴随着时尚媒体、时装周以及模特产业的发展，时尚传播对时尚流行的影响作用逐渐显露出来。从 20 世纪 70 年代后期开始，媒体成为一种重要的影响力。人们对适合他们的东西变得更有选择性，时尚杂志和书籍传播专业时尚资讯，形形色色的时尚信息都可供消费者参考，时尚风格再也不像 20 世纪 60 年代那样都是由设计师决定了。这些时尚资讯类内容，既可以是媒体自身对时尚现象或产品的专业解读，也可以是品牌方与媒体的合作营销。数字化时代，时尚媒体更成为时尚推广的主战场。目前，时尚信息的传播渠道可分为线上和线下两类。线上传播渠道是指借助互联网平台、电视等将信息传递给受众的通道，线下传播渠道是指通过生活情境将信息传递给受众的途径。因此，时尚传播性企业可以是线上企业，也可以是线下企业。

二、时尚制造性企业的商业模式

在当前的市场环境下，时尚企业会坚持一定的商业模式。商业模式包括了产品和服务、市场概念、营销和运作概念等，体现了企业满足消费者和社会需求的价值主张，体现了企业配置资源的形态特征。商业模式的类型很多，每一种被采用的商业模式都有其优越性，目前快时尚、慢时尚和可持续时尚是比较典型的时尚制造性企业的商业模式。

（一）快时尚

快时尚是当今时尚产业中影响力很大的商业模式。20 世纪中期快速时尚企业在欧洲出现，打破了传统的时尚商业模式。快速是指时尚产品从创意到商店的迅速程度，打破了原本按季节上新的循环速度。快速时尚企业提供的产品满足了消费者以低价享受时尚的需求，这种模式通过充分刺激消费者的消费欲望来扩大市场规模。在产品设计与产品质量二者之间，快速时尚企业选择侧重产品设计。设计团队在全球范围内搜集、整合顶级时尚品牌的产品设计信息，然后在极短的时间内完成打样、量产、运输和上新等一系列工作。快速时尚模式之下，时尚品牌可以做到每周保持更新，并且能在足够短的时间内，依旧保持产品的设计感和新颖度。快速时尚模式能够高效运行得益于生产全球化，将各个生产环节转移至原材料或劳动力价格低廉的国家和地区进行。快速时尚的特点适合大规模生产、高周转率和使用寿命短的产品，并且多采用工业合成的原材料。快时尚鼓励人们将服装视为一次性用品，并以低廉的价格来刺激大众的消费需求。快时尚模式以"高速度、多样式、小批量"的模式，为消费者提供了价格低廉且款式多样的购买选择。产品价格不再是限制因素，消费者能同时购买多件喜爱的产品，这充分满足了消费者的购买欲望。快时尚产品兼具顶级时尚品牌的设计和相对低廉的价格的特点，因此具有广大的消费群体，尤其是年轻消费者。目前，全球知名的快时尚品牌主要有西班牙的扎拉（Zara）和芒果（Mango）、美国的盖璞（Gap）与永远二十一（Forever21）、荷兰的西雅衣家（C&A）和日本的优衣库（Uniqlo）等。

（二）慢时尚

慢时尚是时尚产业中传统的并再次回归的商业模式。慢时尚模式意味着设计和制造都需要更加细致和高质量的产品，表现形式就是过程的非快速性，产品价格相对较高。慢时尚可以理解为一种更理性，同时也更持久的时尚。它在某种程度上允许设计师们去表达他们所想，而不是一味地跟风轮回，在流行之间打转。慢时尚强调持久，风格永恒而有个性，慢出独特并且难以复制。面料上乘、款式经典、经久耐用是慢时尚的标志，每个细节都精雕细琢。手工工艺的独创性是慢时尚的一个标志，代表品牌多是时尚奢侈品牌和一线大牌如香奈儿、迪奥、巴宝莉、路易威登和爱马仕等。现在越来越多的品牌更加重视慢时尚，尤其以来源于欧洲的法国、意大利等传统手工艺箱包、皮具等知名品牌为代表。其属于高端的时尚消费，私人定制是慢时尚的另外一个标志。私人定制的人群基本上都是经济基础比较好的阶层，对于他们来说，私人定制是一种消费习惯，即使外部经济情况发生了改变，还是很难影响到他们的私人定制需求。显然，慢时尚消费者更多考虑的是商品的长期价值，而非短期的效用。这种慢时尚还辐射到生活的其他领域，比如数码产品、电器、家居等方面。对于消费者，慢时尚消费可能更多地关注以自身为出发点的核心需求，而不再盲从大流。可以说，从时尚的起源开始，慢时尚就是一种主要模式，体现着杰出的工匠精神和不朽的品质。随着工业化的进程不断深入，时尚流行的变化速度加快，快时尚兴起。现在，慢时尚重新回归，体现出新的优雅，是工业化社会跟工匠精神的重新建构。

（三）可持续时尚

可持续时尚是当前时尚产业中更具社会责任的商业模式。可持续时尚代表了可持续制造和消费的服装，同时保护环境和生产服装的人，反映了一种尊重人类生活条件、生态环境和全球稀缺资源的观念，现在被越来越多的时尚企业采纳。"可持续时尚"概念的提出，可以追溯到 1962 年美国生物学家雷切尔·卡森（Rachel Carson）出版的《寂静的春天》一书，她在书中揭露了农业化学品滥用所导致的严重和广泛的污染问题；1987 年，由挪威前首相布兰特朗夫人领导的世界环境与发展委员会的报告中，首次提出了"可持续发展"是既要满足当代人的需求，又不对后代人满足其需要的能力构成危害的发展；1992 年，在联合国环境与发展会议上，"绿色问题"正式进入了时尚和纺织品出版物之中。自 20 世纪 90 年代初以来，围绕可持续时尚的研究一直在发展和探讨，包括旨在提高现有业务资源效率的技术项目，以及从根本上重新构想时尚系统的方式等等。可持续时尚的商业模式体现在增加生产和产品的价值、延长材料的生命周期，增加耐穿服装的价值，减少浪费，通过利用再生材料制造服装，多使用天然纤维，包括棉花、麻、竹子、大豆等植物纤维以及羊毛、兔毛、鸭绒、蚕丝等动物纤维。加拿大的 Frank and Oak、美国的 Girlfriend Collective、法国的 Veja、西班牙的 Meer Goods、葡萄牙的 NAE Vegan Shoes、荷兰的 Mud Jeans 等时尚企业都宣称可持续发展的品牌理念。

三、时尚制造性企业创新

创新是时尚的基本属性，更是时尚企业创立、存续和发展的原动力。无论是历经百年的老牌时尚企业，还是锐气十足的新生时尚企业，都必须通过持续的创新来形成自己的存在理由，并赢得目标消费者的关注和喜爱。创新是时尚企业管理的一项重要内容，是决定企业发展方向、发展规模、发展速度的关键要素。

（一）产品创新

产品创新是时尚企业发展的基础。时尚的创造离不开产品，产品是时尚流行的主要载体。许多时尚企业的产品改变了当时的时尚风格，并成为了永恒的经典。一战期间，由于战时的原因，更多原来居家的欧洲女性走上职业岗位。女性的社会地位逐渐提升，职业女性特征的文化氛围越来越浓，女装也需要更适合这种工作场景。1916 年，香奈儿推出利用男士面料制作的女士长裙，将女性从紧身衣中释放出来。一战以后，香奈儿的服装就代表了新的着装方式和新的女性特质，没有紧身内衣，没有层层叠叠的衣服，没有繁复笨重的轮廓，取而代之的是简洁。1926 年，香奈儿推出了圆领开衫短外套和贴身齐膝短裙的女性套装，即香奈儿经典套装。此后，香奈儿不断进行大胆的产品创新，提出现代女性服饰观念。这些创新都紧紧依附于实用且自由的理念，顺应当时社会的发展需要，许多形象标志已经成为了永恒。香奈儿提供的正是适合新式女性的新式服饰，香奈儿服装满足了女性追求独立的需求，这种独立更多的是精神解放和文化自觉。除了服装，香奈儿在香水、珠宝等方面也不断进行创新，展现出了独有的美学文化理念，产品创新现在依旧是香奈儿不断前行的动力。

（二）技术创新

技术创新是时尚企业发展的牵引力。时尚的发展也是技术进步的结果，技术创新赋能时尚产品提质升级。1908 年劳力士（Rolex）的开创人，德国商人汉斯·威尔斯多夫（Hans Wilsdorf）在瑞士的拉夏德芬注册了劳力士商标，从此，世界钟表行业的一个卓著品牌踏上了它的漫漫征程。第一次世界大战后劳力士迁回日内瓦，在创始人的推动下，劳力士公司不断创新、创造，完善自己。它的研究方向有两个，即防水与自动。1926 年，劳力士创制了首款能防水、防尘的腕表，让制表技术迈步向前。这款名为"Oyster"的蚝式腕表配备密闭的表壳，为机芯提供最佳的保护。劳力士于 1931 年研发了全球首创的专利自动上链机制，即恒动摆铊。此独创系统是每枚现代自动腕表的基础设计。1945 年，劳力士推出了日志型腕表，这是世界上首款在表面上有日历显示的自动上链腕表。日志型腕表起先专为男士设计，十年后逐渐演变出丰富多彩的女装表款。20 世纪 50 年代初，劳力士凭着对精密时计精准度与防水性能的充分掌握，研发了一系列不止于纯计时功能的专业腕表。这些腕表均为专业活动而设，当中包括深海潜水、航空、攀山以及科学探索等。腕表一直广受青睐，并为杰出人士所拥戴。现在，劳力士品牌本身象征着一种至尊的身份，品质精良，工艺精湛，糅合尊贵、典雅和独特气质于一身，位列世界手表业之翘楚，被称为"精确"的代名词。

（三）管理创新

管理创新是时尚企业发展的推动力。时尚企业需要不断管理效益，管理创新能够加强企业的发展活力。1994 年之前，由于古驰（Gucci）家族的纷争，导致古驰的产品质量严重下降，古驰品牌的地位岌岌可危。在这个关键的时候，汤姆·福特（Tom Ford）的加入，改变了古驰的命运。汤姆·福特被任命为古驰集团全产品创意总监，大刀阔斧整顿古驰，将这一传统品牌改变为崭新的摩登代言者，使古驰成为年轻族的时尚代表。此后古驰便与迪奥、香奈儿以及普拉达（Prada）一样受到众多时尚人士的青睐，成了每季时尚潮流的风向标。在福特担任创意总监的 10 年间，古驰的年销售额上涨了十多倍，从 2.3 亿美元升至 30 亿美元。2004 年汤姆·福特完成了自己在古驰的谢幕作之后，古驰曾经沉寂了一段时间，2005 年起古驰的设计重新呈现了上升的状态，这与新任设计总监弗里达·贾娜妮（Frida Giannini）是密不可分的。弗里达·贾娜妮对古典的古驰图案和造型进行了重构，尤其是马蹄形的标志，她不仅让它变成了彩色蛇纹的变体书写形式，并且把这个标志放大到极致夸张，让人无法忽视。

第三节　时尚产品

时尚产品是时尚企业开发的对象和经营的目标，也是满足消费者时尚需求并反映消费者时尚理念的最直接产物。时尚产品是企业盈利的根本，时尚产品的范围随着消费者的需求增长而不断扩大。现在，时尚产品已形成了一定的共性特征，涵盖了更大的产品类别，更需要建立品牌效应。

一、时尚产品特征

时尚产品是特定社会产业和消费结构下的产品，包括人们生活的方方面面。时尚产品与普通产品一样具备一定的使用功能，拥有一定的消费群体。但与普通产品相比，时尚产品承载着更大的内涵，要能够引领消费、彰显美感、表达情感。这些既需要设计师的设计，也需要追随者的推崇。

（一）引领消费

时尚产品要能够引领消费。时尚产品本身就应该是在特定时间内率先由特定人群购买和使用，后来为社会大众所崇尚或仿效而争相购买的各种热销产品，是短时间里一些人为满足自我而崇尚使用的新兴产品，是引领潮流的商品。消费需求是时尚产品的核心价值，不同社会消费结构和消费文化下消费需求有着不同的诠释。在全球化背景下，时尚产品在各个国家和地区间流动，需要接受各类消费群体的审视。因此，时尚设计师要洞察社会消费结构和消费文化的变化，挖掘引领消费的时尚产品和风格。20 世纪 60 年代左右，西方各工业发达国家先后进入了后工业时代，伴随着生产力发展，相应的文化思潮也进入了后现代时期。各种文化现象层出不穷，而且相互之间矛盾纷杂，争论不休，各门各派各抒己见，形成了充满反差的时代。一方面，大西洋两岸的青少年对现存的社会制度以前所未有的激进态度进行着反抗和叛逆，创造出他们自己的音乐、服装准则和强悍的独立姿态；另一方面，根深蒂固、潜在的保守观念也开始崭露头角，试图重现古典服装风格，而巴黎时装设计师及时装店也重整旗鼓，东山再起。1960 年，玛丽·匡特（Mary Quant）来到美国，那里的环境激发了她的设计构想。1962 年，她设计的第一个系列刊登在美国的《时尚》（*Vogue*）杂志，立即受到了当地青年的欢迎。次年，玛丽·匡特的以迷你裙为代表的少女时装猛烈地冲击着世界时装舞台。这股被史学家称为"伦敦震荡"的新浪潮，伴随着皮靴、嬉皮士长发的流行，给时装界带来了全新的面貌。1965 年，迷你裙和太空时装以更加强劲之势风行天下，玛丽·匡特进一步把裙下摆提高，这种被誉为"伦敦造型"的小裙子终于成为国际性的流行样板，被青年人狂热追崇。

（二）彰显美感

时尚产品要能够彰显美感。时尚产品必须是有美感的商品，从外观上就能看到"可见价值"。时尚产品要带给购买者优质的生活感觉和审美体验，时尚产品设计要兼具实用性和艺术性。时尚设计师在实用性的基础之上为产品增添了艺术性，不仅体现了设计师的审美水平，更体现了设计师的理性智慧和直觉智慧。设计师通过产品视觉形象设计可以激发购买者和使用者的艺术共感，进而感受设计师传递的艺术价值。设计师结合多方面已有的理念进行艺术价值重塑，使得时尚产品既能符合当下的艺术价值和审美价值观，又能潜在地引领未来艺术发展趋势。百年以来，美誉为"皇帝的珠宝商，珠宝商的皇帝"的卡地亚（Cartier），一直以其非凡的创意和完美的工艺，为人类创制精美绝伦、无可比拟的旷世杰作。回顾卡地亚的历史，就是回顾现代珠宝百年变迁的历史。珠宝设计需要经典美学，但还要加上当代的精神演绎，作品才能更具时代感。20世纪初开始，路易斯·卡地亚（Louis Cartier）把来自埃及、波斯、远东和俄罗斯芭蕾的一些设计灵感和风格融入更富几何图案和抽象性的设计中。1906年，他带领设计师把浓郁的色彩和崭新的材料，如缟玛瑙、珊瑚等运用到设计中，并形成了一种新的艺术风格。这种风格在1925年巴黎举办的国际现代装饰及工艺艺术展览之后，被誉为"装饰艺术"，并引领了当代艺术及时尚的潮流。他革新了珠宝的设计风格，这对珠宝和腕表的发展具有巨大的贡献，为贵重货品市场出现的新形式奠定了良好的基础。在不断努力下，高级珠宝、钟表和配饰变成了一种由卡地亚家族所引导的艺术领域。

（三）表达情感

时尚产品要能够表达情感。情感表达是有效连接产品和购买者的重要方式，是购买者与设计师产生共情的手段。设计师的情感表达既可能是有意识的，也有可能是无意识的。有意识的情感表达通常都是为了达到某种目的，而无意识的情感表达往往来自设计师的潜意识。时尚产品在不同的社会大环境中具有不同的社会意义，其包含的情感价值不仅需要能与当下的消费者产生情感共鸣，还需要能经受时间的考验。时尚产品中的高情感表达符合消费者的精神和心理需求，消费者希望能通过时尚消费来获取愉悦的心情。时尚设计中大量要素都可以用来进行情感表达，小到某一个人物符号，大到某一个社会事件。情感表达是实现产品差异化的重要途径，如何在同质化的产品中完成差异化的蜕变，是时尚设计师需要完成的任务。梵克雅宝（Van Cleef & Arpels）的故事开始于一段美好的姻缘。19世纪末，梵克（Van Cleef）和雅宝（Arpels）的结合促成了梵克雅宝于1906年的诞生。那一年，他们在法国凡顿广场22号设立了梵克雅宝的第一家精品店。梵克雅宝自诞生以来，便一直是世界各国贵族和名流雅士所特别钟爱的顶级珠宝品牌。从温莎公爵夫人、摩纳哥王后、伊朗国王与皇后，到现今的好莱坞巨星无不选择梵克雅宝的珠宝，以展现他们尊贵的气质与风采。一百年后，梵克雅宝公司将这个发生在巴黎的故事搬到了高级钟表时计"情人桥"的设计中。2010年，梵克雅宝公司推出了第一枚情人桥腕表，就在当时引起了不俗的反响。人们第一次意识到，原来诠释时间还有如此诗意的方法，并且深深地被"情人桥"这个爱情故事所打动。

二、时尚产品类别

现在，时尚产品已经涵盖生活的许多方面。时尚产品的丰富是人类社会活动发展的必然要求，是社会和经济发展的必然趋势，是经济水平发展到一定阶段人类生活新的需要出现的必然结果。目前，关于时尚产品的分类还没有统一的标准。但从受众群体、生活方式和原产地角度，可以归纳一些时尚产品的分布规律。

（一）受众群体角度

从受众群体角度，时尚产品可以归为奢侈品、轻奢时尚品和大众时尚品等类别。时尚产业的发展经历了从精英时尚至大众时尚的转变，在这个过程中，时尚企业也在不断调整，新的时尚设计师不断出现，时尚的受众面更加广泛和多元。奢侈品由世界顶级时尚企业提供，具有高品质、高价格、稀缺性、象征性等特点，主要包括高档服装、珠宝首饰、顶级汽车、豪华游艇、私人飞机等。奢侈品保留着贵族时尚和精英时尚的文化基因，生产企业也基本是老牌的时尚企业，如路易威登（Louis Vuitton）、巴宝莉（Burberry）、古驰（Gucci）、爱马仕（Hermès）、普拉达（Prada）、范思哲（Versace）、江诗丹顿（Vacheron Constantin）、劳斯莱斯（Rolls-Royce）、豪客比奇（Hawker Beechcraft）、阿兹慕（Azimut）等。奢侈时尚的概念是不断延伸的，它随着时代的变化而变化，在不同的时期有着不同的代表产品。轻奢时尚品主要来自于两个方面，一方面是奢侈品推出的副线产品，是奢侈时尚的向下延伸，例如缪缪（Miu Miu）之于普拉达、Emporio Armani之于乔治·阿玛尼（Giorgio Armani）、DKNY之于唐娜凯伦（Donna Karan）等；另一方面是当代顶级时尚设计师的原创设计，是中高端时尚的体现，如马克雅可布（Marc Jacobs）、蔻驰（Coach）、迈克高仕（Michael Kors）、芙拉（Furla）、珑骧（Longchamp）、泰德贝克（Ted Baker）等。轻奢时尚品带给消费者一种既尊贵又实惠的时尚体验，是大众时尚时代的重要创新。而大众时尚品的范围更加广泛，既包括快时尚、时尚潮牌等产品，也包括更多的人们推崇的产品。许多企业参与到时尚品的开发设计中，或在现有产品中植入时尚元素。华为在2015年首次提出"科技拥抱时尚"的概念。华为手机Mate和P系列最先尝试变得时尚，华为Mate 9的设计灵感来源于保时捷911车型，而Nova现在已经时尚得很鲜明。大众时尚品具有更广泛的受众群体，是大众时尚的完美呈现。

（二）生活方式角度

从生活方式角度，时尚产品可以归结为衣、食、住、行、用方面的用品。"衣"包括了服装服饰、皮具、珠宝、手表、香水和化妆品等，这里"衣"的外延更广，既包括基本穿着，也包括一些美化个体形象的用品。例如，巴宝莉（Burberry）、范思哲（Versace）、杰尼亚（Zegna）、阿玛尼（Armani）和拉夫劳伦（Ralph Lauren）等服装，路易威登（Louis Vuitton）、登喜路（Dunhill）、蔻驰（Coach）等皮具，宝格丽（Bvlgari）、海瑞温斯顿（Harry Winston）等珠宝，劳力士（Rolex）、爱彼（Audemars Piguet）等腕表，香奈儿（Chanel）、纪梵希（Givenchy）、兰蔻（Lancome）等香水和化妆品。"食"包括了烟、酒等，比较代表性的是雪茄和洋酒。例如高斯巴（Cohiba）、丹那曼（Dannemann）等雪茄烟，伊夫·圣·洛朗（Yves Saint Laurent）香烟，芝华士（Chivas）、麦卡伦（Macallan）、尊尼获加（Johnnie Walker）等威士忌酒，酩悦香槟（Moet & Chandon）、路易王妃（Louis Roederer）、巴黎之花（Perrier Jouet）等香槟酒，马爹利（Martell）、轩尼诗（Hennessy）、人头马（Rémy Martin）和拿破仑（Courvoisier）等干邑白兰地，绝对伏特加（Absolut Vodka）、无极伏特加（Level Vodka）等伏特加酒，圣卡洛斯（San Carlos）、百加得（Bacardi）等朗姆酒。"住"包括了酒店、度假村服务，这些是服务性产品，是时尚生活的重要体现。例如，位于迪拜的伯瓷酒店（Burj Al-Arab）、位于阿布扎比的酋长宫殿酒店（Emirates Palace Hotel）、位于澳大利亚黄金海岸的范思哲（Versace）酒店、位于巴厘岛的宝格丽（Bvlgari）酒店、位于普吉的双棕榈酒店（Twin Palms）、位于巴黎的四季酒店（Four Seasons）等。"行"包括摩托车、汽车、私人游艇、私人飞机等，既是速度和舒适的体现，也是个性的体现。例如哈雷戴维森（Harley-Davidson）摩托，宾利（Bentley）、劳斯莱斯（Rolls-Royce）、迈巴赫（Maybach）、宝马（BMW）、奥迪（Audi）等豪华轿车，玛莎拉蒂（Maserati）、保时捷（Porsche）、兰博基尼（Lamborghini）、法拉利（Ferrari）、布加迪（Bugatti）等运动跑车，阿兹慕（Azimut）、公主（Princess）、丽娃（Riva）、法拉帝（Ferretti）、意达马（Itama）等豪华游艇，豪客比奇（Hawker Beechcraft）、庞巴迪（Bombardier）、达索猎鹰（Dassault）、湾流宇航（Gulfstream）等私人飞机。"用"包括了家居、电子和通讯产品等，例如家具、智能家居、笔记本电脑和手机等，这些产品既体现了物质的富足，也体现了科技的进步。

（三）原产地角度

从原产地角度，时尚产品体现了不同的国家或地区的特色。法国时尚起源于他们传统的人文主义与产业起源，时尚就是建立法国文化优势最有力的武器。在时装、香水和化妆品、葡萄酒方面，法国的产品具有很高的全球市场地位。尤其法国是世界女装的中心和高级定制的中心，著名香槟、干邑都起名于法国的地名。英国时尚产业有着坚实的工业根基、文化传承和教育规模，它是世界时装设计师的摇篮和新兴设计师品牌的发源地。在时装、威士忌、顶级轿车、游艇方面，英国的产品具有很高的全球市场地位。尤其英国是世界男装的中心，苏格兰地区被视为威士忌的发源地，威士忌酒在苏格兰地区的生产已经超过500年的历史。意大利具有悠久的文化和艺术传统，时尚产业体现了古典和现代融合、科技与传统融合的特点。在时装、珠宝、运动跑车、游艇方面，意大利的产品具有很高的全球市场地位。尤其意大利是新兴现代风格的男装和女装中心，世界顶级跑车和游艇都产自意大利。瑞士是全球制表业的中心，世界名表大都产自瑞士。德国以先进的机械、技术以及精工制作而闻名于世，工业品在世界享有盛誉。在高级轿车、跑车、化妆品和时装方面，德国的产品具有很高的全球市场地位。美国是一个高度发达的资本主义国家，在科技、工业、金融领域都处于世界领先地位。在时装、香水、汽车、私人飞机等方面，美国的产品具有很高的全球市场地位。此外，日本的时装和化妆品、俄罗斯的伏特加酒、古巴的朗姆酒和雪茄烟、西班牙的时装等都在全球时尚市场具有一席之地。

三、时尚品牌

时尚品牌是一系列时尚产品的共同称号，体现了共同的产品特征和市场形象，具有标识性作用。时尚品牌是消费者对时尚产品认知的基础，也是企业进行宣传和推广的目标。时尚品牌不是企业名称，但能够体现企业地位、价值和声誉。时尚品牌具有一般性品牌的共性，还具有时尚产业的特性。

（一）时尚品牌的属性

品牌的本质是品牌拥有者的产品、服务或其他优于竞争对手的优势能为目标受众带去同等或高于竞争对手的价值，其中价值包括功能性利益和情感性利益。广义的"品牌"是具有经济价值的无形资产，用抽象化的、特有的、能识别的心智概念来表现其差异性，从而在人们意识当中占据一定位置的综合反映。狭义的"品牌"是一种拥有对内对外两面性的"标准"或"规则"，是通过对理念、行为、视觉、听觉四方面进行标准化、规则化，使之具备特有性、价值性、长期性、认知性的一种识别系统总称。现代营销学之父科特勒定义品牌是销售者向购买者长期提供的一组特定的特点、利益和服务。品牌是给拥有者带来溢价、产生增值的一种无形的资产，它的载体是用于和其他竞争者的产品或劳务相区分的名称、术语、象征、记号或者设计及其组合，增值的源泉来自于消费者心智中形成的关于其载体的印象。品牌承载的更多是一部分人对其产品以及服务的认可，是一种品牌商与顾客购买行为间相互磨合衍生出的产物，是指消费者对产品及产品系列的认知程度。因此，品牌是一种识别标志、一种精神象征、一种价值理念，是品质程度的核心体现。

时尚品牌是时尚企业为消费者提供优质的个性化服务体验的载体，所以时尚企业需要设立时尚品牌，并对其进行精准的设计、定位与运营。消费者通过时尚企业传播的时尚理念和提供的服务来产生个人与品牌联结，对时尚品牌产生消费偏好。时尚品牌是时尚企业提升产品附加价值和实现盈利的重要工具，是时尚企业长期发展生存的核心要素。消费者在产生时尚消费行为时，直接接触的是品牌。时尚品牌在名称、标志、商标、设计和广告等方面组成了象征性意义，消费者通过判断品牌的象征性意义是否与自身定位相符，从而进行购买决策。时尚企业通过建立旗下时尚品牌与消费者的联结，来强化消费者对品牌的认知和喜爱程度。消费者对时尚品牌的购买意愿是提高市场占有率的关键，也是提高企业整体绩效的关键。

最早的时尚品牌起源于欧洲，品牌发展历史久远。19 世纪初，早期的时尚品牌诞生，其中包含了轩尼诗（Hennessy）、江诗丹顿（Vacheron Constantin）、尊尼获加（Johnnie Walker）、爱马仕（Hermès）、绰美（Chaumet）等现在的奢侈品牌。这些品牌在以宫廷、贵族和宗教为社会背景的早期时尚文化的滋养中成长起来，距今已有较悠久的发展历史。第二次工业革命后，工业化的品牌开始在市场中增多。机械化生产让时尚产品规模化生产成为现实，在工业技术和社会文化的支持下时尚企业数量越来越多。早期的时尚品牌与工业化时尚品牌成为共生状态，在 20 世纪前后早期品牌和工业化品牌都得到相应发展，香奈儿、普拉达、古驰等品牌在这一时期相继诞生。这些时尚企业都坚持传承与创新，如今这些企业基本都已成为世界范围内的奢侈品供应商。从这些时尚品牌的发展过程看，时尚品牌容纳了形象、感受、风格等内涵，而这些内涵最终是由消费者决定的，最终是日积月累形成的。

（二）时尚品牌效应

首先，时尚品牌需要形成固定形象效应。爱马仕是法国时尚品牌，1837 年由蒂埃里·爱马仕（Thierry Hermès）创立于法国巴黎。当时巴黎大部分居民都饲养马匹，他在繁华地区开设了马具工作坊，为马车制作各种精致的配件。爱马仕一直秉承着超凡卓越和极至绚烂的理念，以制造高级马具闻名于法国巴黎。在当时巴黎城里最漂亮的四轮马车上，都可以看到爱马仕马具的踪影。后来，爱马仕陆续推出了箱包、服装、丝巾、香水、珐琅、饰品及家居用品，大多数都是手工精心制作的。爱马仕品牌形象建立于高档、高质原则和独特的法兰西轻松风格。爱马仕的匠人们就像艺术家一样对每件产品精雕细刻，留下了许多传世之作。历经了 160 多年的风雨沧桑，爱马仕家族经过几代人的共同努力使其品牌声名远扬，成为了法国式奢华消费品的典型代表。

其次，时尚品牌需要形成心理感受效应。施华洛世奇（Swarovski）是世界上首屈一指的人造水晶制造商，每年为时装、首饰及水晶灯等工业提供大量优质的切割水晶石。同时施华洛世奇也是以优质、璀璨夺目和高度精确的人造水晶和相关产品闻名于世的人造水晶工艺品品牌。施华洛世奇一直是人们心中高贵、典雅、圣洁的美丽化身。它的每一件作品都是如此漂亮典雅、璀璨夺人。施华洛世奇水晶一直被视为最顶尖奢华的代表，水晶项链纯净、光彩动人，展现的是品位和高雅的美。

最后，时尚品牌需要形成独特风格效应。范思哲（Versace）代表着一个品牌家族，范思哲的时尚产品渗透了生活的每个领域。品牌标志是神话中的蛇发女妖美杜莎，代表着致命的吸引力。鲜明的设计风格、独特的美感、极强的先锋艺术表征令其风靡全球，其中魅力独具的是那些展示充满文艺复兴时期特色的华丽的具有丰富想象力的款式，既有歌剧式的超乎现实的华丽，又能充分考虑穿着舒适性及恰当地显示体型，这些都造就了范思哲独特的风格效应。

第三章　时尚文化

时尚流行是经济现象，也是文化现象，若经济是时尚的血肉和躯干，那么文化就是时尚的灵魂与精神。随着全球时尚经济的发展，时尚文化也在全球范围内广泛传播和交融。在当今时代，时尚文化已经成为文化范畴的重要组成部分，承载着时代精神的要义和人文思想的精髓，体现出了时尚审美文化、时尚情感文化和时尚科学文化等特征。

第一节　时尚审美文化

从时尚的本质看，时尚与美不可分割，美是时尚的基础，时尚是美好事物的结果。时尚风格在不断变迁，但是审美内涵却在不断传承。时尚文化的历史也是一部审美史，从古典主义到文艺复兴、从巴洛克到洛可可、从新古典主义到浪漫主义、从现代风格到后现代风格，时尚审美文化逐渐形成，体现了美学、艺术和哲学的内涵。

一、美学内涵

美学是从人对现实的审美关系出发，研究审美范畴和人的审美意识、美感经验、美的创造发展及其规律。时尚美学本身也是一门相对独立的学科，是美学的一门分支，探讨时尚美感的内涵、发展规律和未来趋势。许多时尚设计师运营尺寸、色彩、结构、造型和材料等要素来展示形态，形成了具有自然性、结构性和社会性等美学的时尚经典。

（一）自然性美感

自然性美感是具体的、直接引发的美感，是自然事物本质美感的感性显现。许多时尚设计师通过线条、面料和色彩等方面的设计，突出自然的形体之美。范思哲（Versace）表现了鲜明的设计风格，凭借独特的美感表达在当时风靡全球。范思哲品牌主要的服务对象是皇室贵族和明星，其中女晚装是范思哲的精髓和灵魂。他强调快乐与感性，领口常开到腰部以下，撷取了古典贵族风格的豪华和奢丽，又能充分考虑穿着舒适及恰当的显示体型。范思哲善于采用高贵豪华的面料，在生硬的几何线条与柔和的身体曲线间巧妙过渡，完美表达了女性的形体美感。范思哲的套装、裙子、大衣等都以线条为标志，来实现自然性美感的效果。可可·香奈儿（Gabrielle Coco Chanel）的各项设计也展示了如何去释放身体本能的姿态，香奈儿的服饰采用宽松剪裁并使用弹性面料，同时服装除去了繁杂的装饰，更加展现了自然形态以及所独有的香奈儿美学理念。香奈儿美学理念的本质就是崇尚自然，高级优雅感就归功于一直以来传承的自然风格。对于香奈儿来说，服装设计关系到线条的运动，她说："服装应该有生命力，就像穿着它的女人一样能自由运动。"运动女裙、开襟羊毛衫外套、两件和三件套装、经典的黑色小短裙，这些香奈儿服装所涉及的款式，都曾经作为主角流行了十几年，有的到现在这个复古风盛行的时代，也在不断地被翻新、被模仿。经典之所以被称为经典源自于香奈儿在设计之中将自然与流行融为一体，使自然风格成为时尚流行的特色。

（二）结构性美感

结构性美感是事物内在的、具有结构原理的美感，蕴含了几何、数学和物理等知识基础，例如黄金分割的美感比例。许多时尚设计师进行了不懈的深入探索，挖掘具有深入结构逻辑的美学内涵。20 世纪 20—30 年代，法国时尚设计师玛德琳·维奥内特（Madeleine Vionnet）首创的斜裁证实了服装如何塑造出人体完美的比例。斜裁是裁片的中心线与布料的经纱方向呈 45° 夹角的裁剪法。其裁剪方法是以布料经纬纱线的 45° 夹角斜向作为服装制作的基准点和悬垂方向，按人体形状和款式要求在布料上进行直向和斜向交叉裁剪。为使斜裁准确合理，斜裁制板时，一般要先在模特人台上进行缠绕、打褶、别布，摸索款式的成型规律和结构特点，然后再进行裁剪缝制。斜裁在女式领与波浪形下摆的衣裙上应用较多，产生的波浪分布自然均匀，微妙的丝缕映出别样的光泽。我们熟知的棉麻等材料不容易变形，其实就是它们的弹性模量很大，橡胶之所以柔软，也与它们的弹性模量小有关。当布料被斜裁后，纤维的密度出现了变化，更容易延展，并且是顺着斜裁的方向产生了变化，才能够产生垂坠感，具有一种特殊的曲线美。斜裁令孜孜追求高品位的设计师们爱不释手，三宅一生（Issey Miyake）、让·保罗·戈蒂埃（Jean Paul Gaultier）、约翰·加利亚诺（John Galliano）、维维安·韦斯特伍德（Vivienne Westwood）都十分偏爱斜裁。玛德琳·维奥内特（Madeleine Vionnet）创造了符合工程结构的斜裁手法，被誉为"裁缝师里的建筑师"，与可可·香奈儿（Gabrielle Coco Chanel）和艾尔莎·夏帕瑞丽（Elsa Schiaparelli）一起成为风靡 20 世纪 20—30 年代的三大时装设计师。

（三）社会性美感

社会性美感不同于自然性美感和结构性美感的自然科学属性，而体现了社会科学的属性。社会性美感尤其表现在与时代的联系，也就是一个时代有一个时代的审美创新，不同时代体现了人们对美不同的认识与定义。如今女性穿裤装是十分正常的事情，然而在 20 世纪 20 年代之前，欧洲社会是无法像现在一样接受女性穿裤装的。在法国，社会女性从 20 世纪 20—30 年代起，就已经开始穿裤装了，裤装在战争时期开始流行的原因是女性要从事体力劳动。但是，裤装从未被认为是高级时装。二战结束后，当时的"新面貌"是穿裤子的女性重新穿回大摆的礼服，这些大摆的裙子是女性身份的象征，但这已经是十分老旧的时尚理念。作为浪漫之都的巴黎，时尚是永恒的主题，女性的解放与时尚结合紧密。伊夫·圣·洛朗（Yves Saint Laurent）认为女性需要的是长裤西服装，女性可以外出，拥有自己的事业，这是一种解放女性特征的理念。在1966年，伊夫·圣·洛朗专门设计了女士专属的西服套装，并将裤装元素融入其中，这便是流传至今的"烟管装"。"烟管装"是一种将男士礼服的经典设计与女性高雅、柔美等元素完美结合的中性风格，它的经典元素包括领结、马甲、铅笔裤、粗根高跟鞋、金属质感配饰、英伦绅士礼帽、修长收身西服、皮手套、褶皱的长丝巾、长筒马靴等。"烟管装"在刚刚推出之时，也曾备受争议，但在时尚潮流不断更迭之后，"烟管"西裤最终成为了女性裤装的原型。这个20世纪60年代的设计，事实上可以作为那十年的流行缩影。

二、艺术内涵

在时尚的发展过程中，艺术对时尚的影响无疑是深刻的。时尚的演变常和艺术的进步并行，两者交相辉映，相得益彰。时尚承载着艺术并焕发出源源不断的生命力，艺术伴随着时尚而闪现出孜孜不倦的感染力。时尚美学文化包含着巨大的艺术内涵，许多经典的时尚风格和产品来自于美术、建筑、文学、影视艺术的启示和灵感。

（一）建筑艺术

很多历史性的经典时尚风格并非来自时尚产业自身，而是从建筑艺术的风格衍化而来。时尚风格中的哥特式最早起源于哥特式建筑艺术，其最鲜明的特征体现于教堂建筑。哥特式是继欧洲中世纪拜占庭式、罗马式之后的建筑艺术，于12世纪中期在北法兰西兴起并在整个欧洲普及，在部分地区一直持续流行到16世纪末期，是罗马艺术向文艺复兴转变的过渡期中重要的艺术特征。哥特式建筑摒弃了罗马式的圆拱，而由大量笔直的立柱、挺拔的尖顶和斑斓的玻璃窗组成，既体现了简洁流利的线条风格，又给人神秘莫测的视觉感觉。这同样是哥特式时尚风格的特点，突出尖锐和锋利的独特造型。在哥特式时尚风格时期，人们开始在服装上追求展现人体自身的独特性，在结构上做出了全新突破，服装设计由此步入三维时代，局部设计中新增了省道、领部、袖部，构成了现代西方服饰的雏形。哥特式服装既富有浪漫主义色彩，又十分大胆前卫，采用不同色彩叠加以及不对称图案设计。哥特式服装颜色偏暗，配饰多采用T型十字章、太阳神之眼和五角星等，以此来烘托神秘的气氛。同时，这种气氛不仅体现在服装设计上，也表现在发型设计上。哥特式服装具有鲜明的奇特性、兼容性和性别分化等特点，良好延续了古希腊、古罗马已有的艺术遗产。目前，现代服装设计仍有很多借鉴了哥特式艺术风格，尤其继20世纪70年代的朋克风格之后，哥特式的时尚风格再次回归。

（二）美术

美术是时尚设计的技术基础，许多设计的实现和传播就是通过美术实现的。许多设计师毕业于美术学院，不少经典的时尚产品造型就是画家的杰作。1889年，让娜·朗雯（Jeanne Lanvin）在巴黎高级商店林立的福宾圣安娜大街15—22号创立了"朗雯浪漫屋"。跨越百余年，"朗雯浪漫屋"一直经营到现在，是巴黎高级时装店中现存唯一最古老的时装店。朗雯的设计特别是以绘画为题材的"绘画女装"和从中世纪教堂的彩色玻璃画获得灵感的朗雯蓝十分有名。艾尔莎·夏帕瑞丽（Elsa Schiaparelli）被认为是 20 世纪最有名的服装设计师之一，1933 年她设计了第一件正式的晚礼服———一件白色褶皱面料的及地礼服裙，正式走上了时装设计师的道路。她和当时很多著名画家来往颇多，如西班牙超现实主义大师萨尔瓦多·达利（Salvador Dali）和立体主义大师巴勃罗·毕加索（Pablo Picasso）。她聘请达利参与服装设计，把超现实主义风格引入服装中。他们为大衣和西装设计了"抽屉口袋"，后来接连创作了龙虾裙、眼泪连衣裙、骷髅连衣裙和鞋状帽等。他们合作设计出的"破烂装"比 20 世纪 80 年代川久保玲的乞丐装还早了很久，之后达利还为夏帕瑞丽设计了一个电话形状的手提包。

（三）文学

文学是以语言文字为工具，形象化地反映客观现实、表现作家心灵世界的艺术，包括诗歌、散文、小说、剧本、寓言童话等，是文化的重要表现形式。文学是传播时尚风格和设计师时尚观点的重要方式，许多时尚设计师也是传播时尚文化的作者。《迪奥的时尚笔记》是克里斯汀·迪奥（Christian Dior）关于时尚文化的著作，是他一生对于时尚的思考与记录，也是他关于自己时尚观点的总结。他用一段段平实有趣的小短文阐述了对时尚的观点，包括对首饰的看法，对裙子、口红、耳环、蕾丝、刺绣等各种时尚产品或元素的时尚运用理念。这本书是时尚文化方面的经典之作，也是了解迪奥的时尚观点、提高时尚品位的重要读本。艾尔莎·夏帕瑞丽不仅联系画家也联系作者，她邀请法国小说家让·谷克多（Jean Cocteau）参与服装设计。她也是一名作家，具有丰富的想象力，从事设计之前就对古代文化和宗教仪式的传说充满了兴趣，根据古希腊神话写了一系列的诗集。二战之后，她的事业下滑。在 1935 年后宣告破产，前往美国，并在美国同样获得了巨大的事业成功。她写了《通往广场的路不止一条》这篇文章，讲述了小时候父亲带她到教堂塔顶，教导她"通往广场的路不止一条，生活也是这样"。这也是她设计生涯和设计思想的写照，当她遇到困难时，能够不懈地坚持目标，寻找出路从而获得成功。

（四）影视艺术

影视作品对于时尚的创造和传播也有至关重要的作用，服装作为影视艺术视觉语言表达的重要载体，不仅能表现影片中人物的特点，同时也发挥着时尚信息传播的媒介作用。影片中被精心设计的人物服饰能够直接地向观众传递特定的审美标准，进而促成某种时尚元素或时尚设计的流行。1961 年上映的电影《蒂芙尼的早餐》就是时尚产品植入电影的典型事例，在时尚史和电影史上都是一次突破。影片不仅让蒂芙尼（Tiffany & Co.）品牌闻名，同时也让奥黛丽·赫本（Audrey Hepburn）所穿的香奈儿小黑裙再次风靡，这说明电影已经成为时尚风格推广的载体之一。类似地，2008 年由国内知名导演贾樟柯与知名设计师马可联合出品的纪录片《无用》也获得了一致好评，纪录片以设计师马可参加 2007 年巴黎时装周为核心展开。影片不仅讲述了中国市场经济的发展变迁状况，也将设计师马可的创作理念及其品牌无用的风格展现得淋漓尽致。时装反映着社会变革，设计师对时装设计的追求反映着特定时期的时尚文化。

三、哲学内涵

时尚审美文化本身具有很大的包容性，体现了内在的哲学特征。但时尚审美文化并不是一味追求时髦，追赶潮流，而是我们生活中所追求的另一种境界，它不是停留在表面的肤浅现象，而是蕴藏着内涵。真正的时尚审美文化，不是推崇另类，不是浮躁且虚无缥缈，而是实事求是地展现时尚审美哲理。

（一）精神哲学

人们通过对时尚的了解建立起了个人不同的品位，大批量生产的廉价产品已经不能够满足人们日益增长的需求，消费者愈来愈倾向于购买富有内在价值的产品。时尚企业只有体现出扎实的精神价值，才能获得消费者的青睐，这就是时尚审美精神哲学的体现。1837 年于法国巴黎起家的"马具工作坊"爱马仕不刻意迎合潮流，坚守本心，尊重传统。它蕴含着深厚的"马文化"，坚持纯手工制作，每一款手袋都由工匠独立手工制作，爱马仕几乎没有突破的设计，它坚持的只是最好的传统、材料和技艺，做到让经典与时间结盟。正是这种稍显保守的做法，反倒让爱马仕拥有了更加丰富的文化内涵和优雅本质。时尚是瞬息万变的，但背后的时尚文化与艺术哲学却可以使品牌屹立于流行潮流之中。只有将注重真善的"内在美"和注重和谐统一的"外在美"相结合，才能真正达到至美的境界。迪奥一直是华丽女装的代名词，其优雅的窄长裙，从来都能使穿着者步履自如，体现了优雅与实用的完美结合。迪奥品牌的革命性体现在致力于时尚的可理解性，选用高档的上乘面料如绸缎、传统大衣呢、精纺羊毛、塔夫绸、华丽的刺绣品等。而做工更以精细见长，继承着法国高级女装的传统，始终保持高级华丽的设计路线，做工精细，迎合了上层的审美品位，象征着法国时装文化的最高精神。迪奥之所以能成为经典，除了其创新中又带着优雅的设计，亦培育出许多优秀的年轻设计师。伊夫·圣·洛朗（Yves Saint Laurent）、马克·博昂（Marc Bohan）、奇安弗兰科·费雷（Gianfranco Ferre）以及约翰·加利亚诺（John Galliano）在迪奥过世后陆续接手，非凡的设计功力将迪奥的声势推向顶点，而他们秉持的设计精神都是一样的，那就是"迪奥的精致"。

（二）生活哲学

时尚审美文化也体现着生活哲学的内涵，体现了时尚生活方式的恬静、优雅和轻松，凝聚着自然生活之美。路易威登的"旅程哲学"就是这种审美的恰当体现。1837年法国首条铁路通车，1838 年一艘欧洲蒸汽轮船首度成功横越大西洋，标志着现代旅游年代正式来临，当时巴黎行李箱工匠以人手制作的白杨木衣箱非常精美，他们又精于为皇室贵族收拾华丽的行装，所以首都巴黎对其产品需求随之急升。1853 年，路易威登已晋升为老板的首席助理，同时成为欧仁妮·德·蒙蒂霍（Eugénie de Montijo）皇后最信任的行李箱专家。自成为皇家御用后，来自上流社会阶层的时尚客人蜂拥而至。路易威登于 1854 年结婚，同年做出建立自己的公司的重要决定。夫妻俩在尊贵地段卡普西纳街四号开设店铺，选址跟梵登广场及后来兴建的歌剧院仅咫尺之遥。路易威登成立公司后立即作了一个影响深远的重要决定，就是以耐用又防水的帆布物料将其中一个旅行箱覆盖。1858 年，他推出一款全新产品——方便运输的平盖白杨木行李箱。此行李箱表面覆以优质灰色防水特里亚农（Trianon）帆布，角位以金属包边，装上手挽及托架，表面的榉木条以铆钉钉牢；内部设计同样富有心思，一列隔底匣及间隔方便摆放各式衣物及优雅衬饰。新设计不但能保护衣物及易于携带，更标志着流芳百世的路易威登行李箱及现代旅游文化正式诞生。2004 年为庆祝公司创立 150 周年，路易威登将香榭丽舍大道的旗舰店规模扩增两倍，特地制作了两个超大的招牌旅行箱，架在旗舰店的大楼外面，进一步宣扬"旅程哲学"。

第二节　时尚情感文化

时尚作为一种文化现象，也是人们进行形象构建的工具。在消费社会中，消费者消费产品本身，也是消费它包含的符号象征意义。时尚产品选择体现了消费者的个性喜好和价值取向，映射了内心情感和生活态度。在时尚产品的发展和消费者选择的互动中，时尚情感文化逐渐形成，并具体反映到设计师情感、品牌情感、产品情感和消费者情感等方面。

一、设计师情感

时尚设计师因其为时尚发展注入新创意、带来新风尚而被人们铭记，时尚的历史也是设计师的历史。不同种族和社会背景的设计师们会创造出不同的时尚风格，这也是时尚的活力所在。设计师的设计过程是感性和理性思维运行的过程，是植入时尚认知和价值观的过程，尤其是设计师情感表达的过程。

（一）情感表达的内涵

情感是人类社会发展进程中产生的人对一定事务的体验，这种体验是事务与人的需要之间的关系反映。情感是人脑对于事物价值特性的刺激与感受的生理过程，是心理活动的组织者，是人际交往的重要手段，具有倾向性、深刻性、稳固性和效果性特征。倾向性是指一个人的情感指向什么和为什么会引起，它和一个人的世界观、人生观有着密切的联系，也和一个人的人生态度有关；深刻性是指一个人的情感涉及有关事物的本质程度；稳固性是指情感的稳固程度和变化情况；效果性是指一个人的情感在其实践活动中发生作用的程度。时尚设计师在设计过程中，不仅着眼于消费者喜好和市场需求，还在寻求对时尚流行趋势的引导。因此，许多设计师会自觉地在设计中表现出个人的思维状态和价值倾向，有意识地表达个人情感，从而赋予产品独特的情感内涵。情感表达也是设计师内在情绪的外在表现方式，是设计师宣泄内心情感的途径之一，涵盖了科技、宗教、哲学和社会道德等内容。设计师的情感表达既可能是有意识的，也有可能是潜意识的。有意识的情感表达通常是为了达到某种目的，而潜意识的情感表达往往来自观念、人格、冲动、家庭背景、童年印记和环境熏陶等一系列因素。设计师的情感表达设计如果获得使用者的领悟或反响，就会产生情感共鸣。时尚产品在不同的社会大环境中具有不同的社会意义，其包含的情感价值不仅需要能与当下的消费者产生情感共鸣，还需要能经过时间的考验。

（二）有意识的情感表达

时尚设计师自身的亲情、友情和爱情都是有意识情感表达的源泉，是设计师本人思维状态的映衬。其中，亲情是有血缘关系的人之间存在的特殊感情，是最能引起情感共鸣的感情。让娜·朗雯（Jeanne Lanvin）的女装是一代经典，代表作有"睡衣式女装""披肩式女装"和兹瓦布式裙裤，而这些设计最初都是源自她对女儿的感情。让娜·朗雯1867年生于法国布列塔尼，在十个兄弟姐妹中排行老大，父亲是新闻从业人员。1890年，年仅23岁的让娜·朗雯开始自营一间帽子店，其独特的设计吸引了不少顾客，她的女儿诞生后，她正式开始女装的设计，为自己的女儿设计好看的服装。这些服装深受好评，成为许多顾客效仿的对象。随着女儿的长大，她的服装风格也在不断地发展变化，不断有新的灵感。她认为年轻女孩子穿的衣服应该更为活泼可爱，她设计出满满的青春气息的少女装。她的设计完全表达了一位温柔的母亲对孩子真诚、无私的关爱，也正是这种浓浓爱意和起始的朗雯童装开启了一个法国高级时装品牌的历史。朗雯的标识之一就是"母与子"，构图为一母亲双手抚慰着仰望的小孩，极其慈祥温馨的画面。这个Logo当初设计的缘由是为纪念让娜·朗雯创业之始为其女儿设计童装，对于朗雯发展的历史而言，意义相当深远。

（三）潜意识的情感表达

时尚设计师的兴趣、意志、个性和经历等都可能在设计中激发出潜意识的情感表达，而体现到产品设计中，获得意想不到的反响。让·保罗·戈蒂埃（Gaultier）是法国时尚界大师级的顽童设计师，年轻时受到祖母的启发，设计的男式裙子、改良的水手羊毛套衫和用回收罐头做的手镯，使他成为家喻户晓的人物。让·保罗·戈蒂埃不但想象力惊人，还是复古风潮的忠实拥护者。他所倡导的复古是别具一格的，充满创意的。他的很多作品都是童年梦幻的反映，小的时候让他产生无限遐想的物品如今都成了他常用的设计元素，如蕾丝束身衣、穿裙子的男孩、海军服，还有充满异国情调的小饰物。

保罗把童年的梦境搬上了 T 台，力求将其还原，达到了意想不到的舞台效果。他所有的设计中最闻名的首先要数蕾丝束腰了，关于这个设计灵感还是要追溯他小时候。一次小保罗独自在家，四处乱翻，结果翻出个束腰。祖母说束腰能帮女性保持体态，让脊柱挺直，保持正确姿态，它甚至有整形的功效。小保罗被眼前这神奇的物品迷住了，在长大成人后的设计中汲取了灵感，设计出了具有个人风格的束身晚装。20 世纪 70 年代的妇女解放运动者都把束身衣看作是女性受压迫的象征，而 10 年过后，戈蒂埃却用自己的诠释为束身衣重新定义。它不再是矫正身形的支架或是束缚人的暴虐工具，在设计师的眼睛里，它变成了一副铠甲，理想化女性斗士的戎装。

二、品牌情感

时尚品牌在经营和发展过程中逐渐形成文化积淀，形成自身特定的价值观，显露出人格化特征。消费者视角中的品牌，不但是商品的标志，也是质量、性能、格调和价值的标签。消费者与品牌精神产生认同和共鸣，并形成持久跟随，就是所谓的品牌忠诚。因此，时尚情感文化包含着品牌情感内涵。

（一）品牌情感表达内涵

品牌情感是品牌含义所具有的某种情感，是品牌核心价值观的组成部分。事实上，有时消费者购买某个品牌的产品时，不仅要获得产品的某种功能，更重要的是想通过品牌表达自己的价值主张，展示自己的生活方式。对于消费者具有情感需求的同一类产品，情感定位的品牌的价格敏感度比使用产品属性定位的品牌低。只要品牌的情感诉求被消费者认同，该品牌就为消费者创造了产品功能以外的更多利益，消费者对价格的关注程度就会降低。在当前竞争空前激烈的市场上，产品和服务已不足以维持消费者的品牌忠诚，情感共鸣才能更好地实现这个目标。情感可以构建品牌忠诚的精神基础，赢得消费者的信任，赋予产品文化价值，使其有生命、精神和人格象征。此外，还能给消费者提供崭新的时尚观念，从情感上激励、推动着消费者在时尚潮流中前进。品牌的情感表达应该具有强大的感染力，震撼消费者的内心深处，才能更容易地拉近品牌与目标顾客之间的距离。这样就能花费较少的广告费用使消费者快速认同和喜欢上本企业的品牌。品牌的情感表达应该具有高度的差异化，与竞争品牌形成差别。缺乏个性的情感价值不能为消费者带来增值价值，更不能引发消费者内心世界的共鸣。品牌的情感价值应该与企业文化一脉相承，这样才能保证企业贯彻始终地支持这个品牌价值。而受到企业文化约束的员工行为中就能够自然而然地体现品牌的价值，从而赢得消费者的认可和信任。

（二）品牌情感直接表达

很多时尚品牌在品牌标识和广告中直接展现品牌的内涵、象征和理念，表达出直观的情感要素。巴宝莉（Burberry）作为具有传统英国风格的奢侈品牌，创建于 1856 年，其标志性的网格图案是家族身份和地位的象征。浅驼色，黑、红、白相间的十字图案，既不靓丽也不美观，却散发着成熟和理性的味道。它反映了巴宝莉的历史和品质，甚至象征着英国的民族和文化，完美地获取了大批消费者的认知。百达翡丽（Patek Philippe）是一家始于1839年的瑞士著名钟表品牌，是世界十大名表之首，由百达先生和翡丽先生创立。作为瑞士最后一家独立制表商，由头至尾都是自己生产，高贵的艺术境界与昂贵的制作材料塑造了百达翡丽经久不衰的品牌效应。逾百年来，百达翡丽一直信奉精品哲学，遵守重质不重量、细工慢活的生产原则。主旨只有一个，即追求完美。它奉行限量生产，每年的产量只有5万只。在长达一个半世纪中，百达翡丽出品的表数极为有限，不敌一款时尚表的年产量，并且只在世界顶级名店发售。"没人能拥有百达翡丽，只不过为下一代保管而已。"这是百达翡丽的经典广告语，所欲传达的便是"继承"这个永恒的情感诉求。在追求卓越性能的同时，百达翡丽向严肃的技术氛围中注入柔软的情感元素，赋予时计欣赏、尊重、启迪与自豪的情愫。以广告为载体，它成功地表述了"为下一代继承"的意念，希冀成为连通父与子、母亲与女儿之间的情感桥梁。

（三）品牌情感间接表达

除了进行直接的情感表达，许多品牌借助活动、展览、仪式等行动间接表达品牌情感。路易威登在巴黎、东京、中国台北、威尼斯、中国香港和新加坡的文化艺术空间展览"Espace"，免费为画廊和艺术提供展示空间，实现了从售卖产品到满足消费者情感需求的转变。2019年，路易威登在北京Espace文化艺术空间举办"成长轨迹"的展览。这一展览以青年男性为中心主题，网罗了众多国际知名和新兴摄影师的摄影作品。摄影师们以多种多样而又复杂精密的镜头语言，展现了他们眼中的童年，穿越不同阶级、社会经济、亚文化群、孤独和友情，最终聚焦于年少而快乐的成长岁月。乔治·阿玛尼（Giorgio Armani）是在美国销量最大的欧洲设计师品牌，由时尚设计大师乔治·阿玛尼在1975年创立于米兰，以使用新型面料及优良制作而闻名。创立后，阿玛尼商业帝国不断扩张，从高级男装扩展到高级女成衣、香水、高级定制服装、皮具、鞋履、珠宝、腕表、丝巾、领带、配饰、眼镜、化妆品、家居饰品和旅店业，还有巧克力和咖啡店。乔治·阿玛尼认为，设计是表达自我感受和情绪的一种方式，是对至美追求的最佳阐释，是对舒适和奢侈、现实与理想的一种永恒挑战。乔治·阿玛尼特别重视连接中国消费者和聘请中国模特，2012年乔治·阿玛尼的"唯有今宵·北京时装秀"在798艺术区的New Tank举行，庆祝阿玛尼进入中国十周年。

三、产品情感

时尚产品是时尚设计师与消费者之间的连接纽带，也是时尚品牌与消费者之间的连接纽带。时尚产品是设计师情感的载体，也是品牌情感的载体。时尚产品给予消费者最直接的客观体验、最初的设计师信息、最明显的品牌感受。产品情感与设计师情感、品牌情感有关联，但有更广的范围和独特的表现形式。

（一）产品情感内涵

产品不仅仅是真实呈现物，也是包含着深刻的思想和情感的载体。产品的形式与情感并不是分离的，而是包容在一起的，产品不仅要好看和好用，而且还能够给使用者带来心情上的愉悦。现在商业社会的竞争不仅是产品本身的竞争，还是产品附加值的竞争，情感就是重要的附加值。产品情感最大限度地满足受众心理和情感上的需求，对产品建立某种情感联系，原本没有生命的产品就能够表现人的情趣和感受，变得有生命起来，从而使人对产品产生一种依恋。产品的情感属性，不仅提高了用户体验的能力，而且提升了产品的价值。企业在打造产品型社群的时候，有一个很重要的抓手，就是产品情感。产品情感可以让你的用户群，甚至不是你的用户群，自发地愿意为你的产品去传播。老用户带新用户和新用户带新用户就会形成产品的二次传播、三次传播和多次传播。用户和产品借助媒介建立情感关联，使用户对产品有了印象、好感和认可，最终影响到用户决策。因此只有从情感的角度重新观察市场上的产品和服务，才能体会用户的真实感受。他们通过什么途径满足这些情感需求？哪些视觉设计更能抓住这些情感？哪些功能更能满足这些情感需求？哪些产品特性阻碍用户宣泄情感？通过不同的行动，产品的情感内涵可以呈现出直接表达和间接表达的形式。

（二）产品情感直接表达

产品制造是产品成型的过程，卓越的工艺和精益的加工反映了产品的品质，是产品情感的最直接体现。一方爱马仕丝巾从选题开始，经由设计、配色、制板、着色、手工卷边等工序，前后需时超过18个月。当图案确定后，艺术家们精诚地把丝巾图案中的每一种颜色都打上模板，把图案中的每一个细节都转画到透明纸上，保证所有的颜色都能够正确地叠加在规定的位置，组成预定的图案。据统计，一条丝巾的制板大约需要600小时。而在完成了丝巾制板工序之后，工匠便开始为丝巾上色印刷。每条丝巾通常包含了30—45种色彩，而色彩选择则有75000种。每条丝巾每上一种颜色，则需要1小时至1个月不等的时间来进行晾干，之后再印染第二种颜色。在历经如此繁复的印刷工艺之后，一方绝美的爱马仕丝巾便由此诞生。产品被消费者购买后，给予消费者直接的使用体验，消费者的喜爱就是产品情感的回馈。香奈儿的时装一直保持着高雅、简洁、精美的风格，被广大的女性所喜爱。早在20世纪20年代香奈儿时装就将繁琐的女装成功地推向简单与舒适，这正是那个时代所缺少并且需要的，所以这样的一批女装也成为了较早的现代休闲服装。香奈儿号称最了解女人，通过充分地对女性心理的把握，给女性真正的自由、舒适感受。当时在欧美上流女性社会中广泛流传着"当你找不到合适的服装时，就穿香奈儿套装"，香奈儿服装更是一种自信、独立、现代的新女性标志。

（三）产品情感间接表达

产品除了可以实现直接的情感表达，也可以通过生活态度、客户服务和传播推广等方式，间接表达情感内涵。时尚会根据社会消费者的生活方式而有所改变。由于社会竞争的加剧，上班族工作时间和休息时间的界限逐渐变得模糊，生活压力倍增。因此，寻找合理的生活节奏与时间管理、寻找平和的生活态度就变得至关重要。在这种背景下，家居服获得了广泛流行。家居服不仅体现了消费者可持续消费的慢时尚理念，也体现了理性消费的观念，以及对于生活与工作平衡的追求。家居服代表了一种生活方式，更是一种生活态度。以魔力薇薇（Molyvivi）为代表的健身服的流行也是如此，它不但代表了健康的生活方式，同时更是代表了坚持与毅力，是建立在积极阳光的生活态度之上的。华伦天奴·加拉瓦尼（Valentino Garavani）是意大利最知名的设计师之一，他首创的 V 型剪裁服装、红色设计、具有罗马高贵气息的香水、男装的短夹克和独有的 V 型标志等都已经成为世界时装史的一部分。华伦天奴一直以来专注服装，关注他的客户和他之间的秘密，关注他的客户为何购买他的衣服。因此，他的很多客户都和他有一样的生活方式。耐克（Nike）高尔夫用具产品形象设计是非常到位的，尽管做高尔夫的时间并不长，但在短短几年时间内就在高尔夫领域做得非常成功，这就是因为耐克请了艾德瑞克·泰格·伍兹（Eldrick Tiger Woods，"老虎伍兹"）作为其形象代言人，使其产品尽可能被众人知晓。很多打球的人都喜欢穿老虎伍兹代言的衣服，并且把衣服按照一个星期进行划分，每天穿的衣服颜色都不一样。

第三节　时尚科学文化

从时尚的发展看，时尚与科学进步紧密相关。时尚的发展史也是一部科学进步历史，从第一次工业革命到第二次工业革命，再到第三次工业革命、第四次工业革命，科学支撑了时尚的发展，时尚也促进了科学的进步。在时尚生产、时尚服务和时尚传播领域，科学和技术都发挥着巨大作用，时尚文化必然体现着时尚科学文化。

一、时尚生产领域

第一次工业革命以蒸汽机、汽船和火车等为代表，标志着人类进入蒸汽时代；第二次工业革命以电力、内燃机、飞机和汽车等为代表，标志着人类进入电气时代；第三次工业革命以计算机、原子能和航空航天技术等为代表，标志着人类进入信息时代；第四次工业革命以人工智能、清洁能源、量子信息技术和虚拟现实等为代表，标志着人类进入绿色能源时代。每次工业革命和科技创新都带动了新的时尚进步，都是时尚生产提质增效的原动力。

（一）加工设备

设备是生产的基础，一直以来，设备的创新促进了时尚生产的发展，甚至起到了革命性的作用。中国的纺织工具历史悠久，早在商代就有了提花机，一种能织出复杂花纹的织机。花本式提花机出现于东汉，又称花楼，是我国古代织造设备最高成就的代表。东汉王逸《机妇赋》中，用"纤纤静女，经之络之，动摇多容，俯仰生姿"来形容织工和提花工合作操纵提花机的场面。在欧洲开始的第一次工业革命就是以纺织工业革新开始的，蒸汽机、珍妮纺纱机、动力织布机的问世显著提升了纺织生产速度，让服装生产质量和效率得到质的飞跃，曾经分散在村庄中的服装生产转移到工厂装配线。纺织工业的大生产促进了缝纫机的发明和发展。1790 年，英国木工托马斯·山特（Thomas Sainty）首先发明了世界上第一台先打洞、后穿线、缝制皮鞋用的单线链式线迹手摇缝纫机。1841 年，法国裁缝巴泰勒米·蒂莫尼耶（Barthelemy Thimonnier）发明和制造了机针带钩子的链式线迹缝纫机。1845 年，伊莱亚斯·豪（Elias Howe）也独立地发明了缝纫机。1851 年，美国机械工人列察克·梅里特·胜家（Isaca Meritt Singer）发明了锁式线迹缝纫机，并成立了胜家公司。这一时期的缝纫机基本上是手摇式的。1859 年，胜家公司发明了脚踏式缝纫机。托马斯·爱迪生（Thomas Edison）发明了电动机后，1889 年，胜家公司又发明了电动机驱动缝纫机，从此开创了缝纫机工业的新纪元。现在，缝纫机也是时尚生产的基础设备，是成衣生产和大众时尚的一个缩影。

（二）制造技术

制造技术是生产过程中的根本技术，是生产工艺和生产方式的基础。在时尚发展的历史上，制造技术的创新从未停止，而是进行着颠覆性创新。现在，时装设计软件已经得到了广泛应用。时装设计软件是计算机辅助设计（简称 CAD）的一种，允许用户创建带有特定设计功能标注的 2D 和 3D 草图、插图和模板。时装设计软件的目标是简化设计理念，精确设计维度，以便产品能够准确地出样并且生产。时装设计软件不仅可以帮助设计师创建男装、女装、童装、婴儿服装、手袋、鞋子和配饰的设计草图，还提供各种品类的设计模板，设计软件可以让设计师访问数百种数字面料、矢量图、纺织品印花和纹理。现在的时尚设计师只要掌握了服装设计软件，不经手绘就可以设计出专业化的时装产品。同时，数字技术科技催生了计算机辅助制造（简称 CAM）程序，CAM取代了枯燥乏味的重复性工作，并在劳动力报酬日益递增的背景下，成为了制造商们更青睐的生产方式。目前，机器人技术和 3D 打印正在制作手艺再高超、技术再熟练的裁缝都无法缝制的高级时装。机器人已经走进了时装 T 台，3D 打印高级时装也在高定时装周上一显身手。2013 年，3D 打印高级时装出现在巴黎著名的高级定制时装周，3D打印将时装带到了时尚科技文化的新高度。自从 3D 打印机问世以来，许多时尚企业都在探索按需生产的可能性。3D 打印为定制化的可持续性时装创造出更多的可能性，并减少了约 35% 的面料使用。

（三）材料

材料是时尚产品的制造基础，是产品特性和功能的重要条件。企业在进行时尚创造的过程中，也在不断挖掘、采用和创造新材料。1879 年，托马斯·巴宝莉（Thomas Burberry）在创建巴宝莉品牌的过程中，研发出一种组织结实、防水透气的斜纹布料华达呢（Gabardine），因其耐用的特性，很快被广泛使用，由此赢得了大家的认可。华达呢是一种用精梳毛纱织制，具有一定防水性的紧密斜纹毛织物，又称轧别丁，适宜做雨衣、风衣、制服和便装等。华达呢于 1888 年取得专利为当时的英国军官设计及制造雨衣。香奈儿 5 号是世界上最著名的香水之一，包含了不下 130 种香精，而且其中的主味大多是人工合成的现代花香香精乙醛。1921 年，调香师欧内斯特·比克斯（Ernest Beaux）在创造香奈儿 5 号的时候把醛引入了香水业，香奈儿 5 号被认为是业内第一款使用了醛的"现代香水"，这也是香奈儿 5 号出名的原因之一。醛与花香的结合是柔美而具有艺术气息的，因此花香调香水中经常使用到醛。现在，在可持续时尚的发展理念下，许多时尚企业大力采用和开发天然、绿色和环保的材料。时尚天然化妆品品牌岚舒（Lush）采用水果、蔬菜和花草作为天然原料，70% 产品无防腐剂，大部分产品无包装。中国恒尼智造公司将海藻纤维作为其内衣的面料成分，使得其内衣具有抑菌的功能。海藻纤维是人造环保纤维的一种，指从海洋中一些棕色藻类植物中提取得到的海藻酸为原料制得的纤维。

二、时尚服务领域

科技进步不仅促进了制造业的发展，也促进了基础设施、交通运输和商业服务等行业的建设。这些成就都是时尚产业发展的条件，是精英时尚转为大众时尚的基础。当前对于时尚产品的发展，现代交通运输是物流的基础，电子化和信息化是交易的基础，大数据和人工智能是客户服务的基础。

（一）交通运输

交通运输是时尚产业发展的前提条件，是当前时尚企业各种商业模式的支撑。1825年世界上第一条铁路在英国建成，同年 9 月 27 日，世界上第一列列车运载着 450 名旅客，以每小时 24 公里的速度从达灵顿行驶到了斯托克顿。很快铁路便在英国和世界各地通行起来，且成为世界交通的领导者近一个世纪。经过不断的改进，铁路运输发展成了现在的样子，仍然是世界上重要的交通运输形式。1807 年 8 月 17 日，世界上第一艘蒸汽轮船"克莱蒙特号"下水试航。它从纽约出发，沿哈得逊河逆流航行，终点到达阿尔巴尼城。该船用 32 小时航行了 240 公里，首次试航成功，宣布船舶发展进入了蒸汽轮船的时代。1837 年法国首条铁路通车，1838 年一艘欧洲蒸汽轮船首度成功横越大西洋，标志着现代旅游时代的开始。1903 年 12 月 17 日，世界上第一架载人动力飞机"飞行者 1 号"在美国北卡罗来纳州的基蒂霍克飞上了蓝天。1949 年 7 月 27 日，世界第一架喷气客机"哈维兰彗星"号，在英国哈特菲尔德首次试飞。现代陆运、海运和航空运输业的发展为全球商品流动和人员流动奠定了基础，是时尚产品全球供应链的核心支撑条件。著名的快时尚品牌扎拉（Zara）的速度并非完全依赖生产速度，品牌60% 的产品来自西班牙、葡萄牙和摩洛哥的供应链。扎拉奉行"速度第一，成本第二"的理念，采取航空运输方式来加快运输速度。在欧洲地区，商品只需要 24 小时就能到达店铺，而世界其他地方也仅需要 36—72 小时。商品到达店铺后直接上架，因而扎拉（Zara）店铺总是给消费者耳目一新的感觉。

（二）商品交易

科技的进步改变了商品交易的模式，尤其是电子商务已经成为时代的特征。1994年，互联网开始作为一种安全的购物渠道，音乐专辑开始在互联网上进行销售，葡萄酒和服装等紧随其后，成为推动网上购物增长的主要零售品类。零售行业借助互联网的东风大发异彩，零售历史上最大的爆发点就是互联网购物的普及，时尚零售得益于电子商务的兴起而迅速壮大。亚马逊（Amazon）购物网站成立于 1995 年，最初是一家在线书店，到 2018 年这家在线零售平台的净收入超过 100 亿美元。布公司（Boo.com）成立于 1998 年，是第一家在线时尚零售商。2000 年，在线奢侈品巨头 Net a Porter 成立，至今仍是全球最具影响力的线上奢侈品零售商。淘宝网创立于 2003 年，其直面消费者的商业模式让众多中小型企业，甚至个体户能够大展身手，让时尚消费者接触到更加丰富且性价比高的商品，电子商务成为无数服装商家的致富手段。2020 年，阿里巴巴中国零售市场的商品交易总额高达 6.58 万亿元人民币。过去的 30 年内，越来越多的人加入并适应了电子商务的潮流，电子商务使跨越地理位置的购物变得可行，让人们能够轻松采购到世界各地的商品，给消费者便利、高效的购物体验。电子商务让消费者能够在网络平台上比较商品价格，阅览其他消费者的评论，从而更全面地选择商品。电子商务平台连接了位于全球的零售商和消费者。跨境时尚购物平台发发奇（Farfetch）建立于 2007 年，创始人何塞·内维斯（Jose Neves）的初衷是让来自全球潮流精品店的艺术创作者、消费者联系在一起，现在 Farfetch 平台上共有来自 50 个国家的 700 多家精品店，销售给 190 个国家的消费者。电子商务给各个地域的商家带来了增长希望，并给消费者提供了无尽的选择。

（三）客户服务

科技的进步改变了客户服务的模式，尤其人工智能（Artificial Intelligence, 以下简称 AI）和增强现实（Augmented Reality, 以下简称 AR）等高科技使客户服务进入了智能时代。AI 是对人意识和思维的模拟，是一种新的能以人类智能相似的方式做出反应的智能机器。近年来，诸多时尚零售企业积极布局基于 AI 的系统开发，增强对门店中消费者行为的洞察，提出更为现实的营销方案。AR 是将虚拟信息与真实世界巧妙融合的技术，是基于现实生活的一种扩充体验。优衣库（Uniqo）深圳万象城店引入了一套智能 AR 系统智能小 U。智能小 U 主要有三个集成单元，即 AR 摄像头、触摸电子屏和语音播放单元。顾客站在智能小 U 面前，设备自动完成对顾客的无感识别。顾客可触摸屏幕商品清单，点击自己喜欢的服饰，电子屏会文字提醒，是否进入 4D 虚拟试穿功能。如果顾客点击确认，屏幕会出现顾客虚拟试穿的画面。臣氏公司在上海概念店推出"Style Me 来彩我"的虚拟试妆服务，雅诗兰黛（Estee Lauder）与 Modiface 公司也在其官网上推出了 AR 试妆功能。巴黎欧莱雅（L'Oréal）集团宣布旗下全球品牌产品将加入"玩美彩妆"，提供彩妆产品虚拟试用体验。医疗数字技术供应商 ModiFace 搜集了 75 个美容零售商和品牌的数据，结果表明，引入了 AR 技术后，品牌和零售商的线下销售额平均增长率为 84%，互动时长增长了 117%。丝芙兰（Sephora）、资生堂（Shiseido）、天猫、京东、唯品会等公司也纷纷加速 AI 试妆线上线下布局，通过增强现实技术呈现出化妆的效果，覆盖的美妆产品包括口红、眼线、眼影、眉笔、腮红、粉底等等。

三、时尚传播领域

科技进步不仅促进了制造业和服务业的发展，也促进了传播业的发展。时尚传播在时尚产品的流行、时尚企业的营销、时尚设计师的推广等方面具有重大作用，时尚信息的采集、推广和传输技术是时尚传播的基础。在科技进步过程中，这些技术不断获得根本性变革，进而提升了时尚传播的整体水平和效果。

（一）信息采集

科技进步不断改变着信息采集方式，时尚传播是信息的传播，因此时尚信息的采集和记录形式是每个时代科技水平的真实体现。17 世纪后期的法国，时尚形象的采集和记录靠时尚版画。精品刊物如《文雅信使》（*Le Mercure Galant*）在 17 世纪后期出现，当时的时尚刊物中主要是贵族最新穿搭的版画，它的出现让当时的贵族们很好地向中产阶级传播了他们的时尚风格。如此一来，宫廷时尚以绘画的形式被捕捉，刻在木头上，然后印在纸上并手工着色而流传下来。第一台相机在 1685 年问世，但摄影直至 1814 年才出现。时尚摄影可以追溯到 1850 年拿破仑三世的宫廷中，但直到 20 世纪初时尚摄影才被作为广告工具。时尚杂志社《时尚芭莎》（*Harper's Bazaar*）和《时尚》（*Vogue*）于 19 世纪后期成立，最初的内容是手绘时尚插图。1913 年康泰纳仕（Conde Nast）开始聘请阿道夫·德·迈耶（Adolph de Meyer）男爵为《时尚》拍摄模特、女演员和贵族的肖像，时尚摄影才算是真正出现。在摄影的帮助下，时装设计师可可·香奈儿（Gabrielle Coco Chanel）、艾尔莎·夏帕瑞丽（Elsa Schiaparelli）、克里斯托尔·巴伦西亚加（Cristobal Balenciaga）和让娜·朗雯（Jeanne Lanvin）等的作品才能在全球传播。得益于印刷术的普及，时尚杂志在 19 世纪迅速发展。《戈迪的女士读物》（*Godey's Lady's Book*）于 1830 年在美国费城发行，每月发行量高达 15 万册。之后的几年，广告开始出现在这些杂志的页面上，其中有出售手套、拖鞋、胸衣和缝纫机的广告。到了 1912 年，大约有了 4000 种类型的报纸，每年印刷 5 亿—6 亿份，新型印刷技术使插图和照片出现的频次越来越高。

（二）信息推广

科技进步不断改变着信息推广方式，时尚观念、时尚产品和时尚设计师的推广都依赖于当时先进的信息推广工具。电影在 19 世纪后期诞生，但是由于技术受限，彩色有声电影在 20 世纪 30 年才问世。1930 年，可可·香奈儿加入米高梅（MGM）工作室，为法国爱情片《雾码头》定制戏服，当时女主角米歇尔·摩根（Michelle Morgan）在剧中的经典造型就是由可可·香奈儿设计的。在随后的几十年，可可·香奈儿的好友兼接班人卡尔·拉格菲尔德（Karl Lagerfeld）也为《去年在马里昂巴德》等多部电影定制戏服。香奈儿（Chanel）经典、简约的造型深入人心，并通过电影推广到全球各地。电影中的时尚造型总能让人印象深刻，影视技术将时尚风格延展开来，让时尚流行丰富多彩。英国时装设计师露西尔·达夫·戈登（Lucy Duff Gordon）是举办第一场时装秀的设计师，培训了第一批专业时装模特。受戏剧启发，她将舞台效果、氛围照明、音乐和表演节目融入进了时尚，让每一件衣服的背后都写满了故事与情景。小说家、编剧和杂志专栏作家艾琳·戈林（Elinor Glyn）推出了"时尚女性"（It Girl）的概念，推广着天真无邪又具有吸引力的年轻女性形象。多年来，克拉拉·鲍（Clara Bow）、玛丽莲·梦露（Marilyn Monroe）和凯特·莫斯（Kate Moss）等影星和超模受影视媒体的推介，而成为了"时尚女性"的公认形象。

（三）信息传输

科技的进步不断改变着信息传输方式，现在以多媒体、网络化、数字化技术为核心的网络传输成为主要的传输方式，对时尚传播具有历史性的推动作用。互联网诞生后的10年起，时尚信息开始大规模进入网上传播。世界各地的时尚活动、发布和资讯都能第一时间传播到互联网上。纽约大都会艺术博物馆慈善舞会是时尚界最隆重的晚会，每年的慈善晚会红毯部分被誉为"时尚界奥斯卡"。现在，晚宴刚刚开始，各方明星、名人的时尚造型就已经遍布网络。在巴黎时装周的秀场，时装秀还没落下帷幕，时装的先锋造型就已经呈现在网络上。2000年，博客（Blog）开始在网上流行，之后购物博客出现，不仅包含穿搭建议，还有产品广告和促销信息等内容。2002年，时尚博主在互联网上诞生，他们在博客里记录自己的美妆秘诀（tips）、穿搭心得和时尚认知等等。琪亚拉·法拉格尼（Chiara Ferragni）在2009年10月份开通了自己的时尚博客"The Blonde Salad"，当时还是学生的她通过在网络上分享自己的穿搭，得到了许多网友的关注。在时尚博客运营两年之后，琪亚拉·法拉格尼不仅收获了百万次的访问量，还被康泰纳仕（Conde Nast）的《美国青少年时尚》（*Teen Vougue*）邀请作为专栏作者。互联网的快速发展让时尚行业迸发出很多新兴热点，让更多喜欢时尚的年轻人有机会追求自己的梦想。

第二篇

时尚企业管理

　　时尚产业涉及制造、文化、传媒和服务等多个领域，时尚企业作为时尚产业的主要组成要素，其包含的业务范围也十分广泛。时尚企业可以存在于时尚供应链上的任何一个环节，也可以包括供、产、销的整个时尚产业链条。时尚企业通过提供时尚产品来满足消费者的物质和精神需求，时尚企业管理是时尚管理的重要内容。

第四章 时尚企业基础

时尚企业的发展需要符合时尚产业的发展规律，卓越的时尚企业能够引领产业的发展方向。时尚企业的定位表达了时尚企业的特征和使命，能够更清晰地展现时尚企业存在的理由和社会价值。战略对于任何一个组织都具有方向性和决定性的作用，企业战略也是时尚企业管理的基础。时尚企业领导者对企业的成立和发展都具有重要的引领作用，是企业人力资源的核心。

第一节 时尚企业定位

时尚企业是以美为核心，以文化和艺术为依托，以科学和工艺为基础，通过创意、创造和创新来设计、加工、传播和销售时尚产品与服务的营利性组织。时尚企业需要拥有契合自身发展规律的时尚法则，不断向外界传播自身的时尚理念，这种时尚法则和时尚理念从根本上来说是一种美的法则和美的理念，由此体现了时尚企业的特征、使命与作用。

一、时尚企业的特征

时尚产业的兴起促进了产品供给的推陈出新和与时俱进，时尚产品的生产与消费周期在不断缩短。时尚企业的产品设计带有鲜明的时代烙印，而且从外形、颜色、材质到象征都要符合企业形象。数字技术和社交网络新兴科技重塑了企业生态，时尚需求因素的变化倒逼时尚企业持续地进行价值创造。因此，时尚企业表现出了时代性的特征。

（一）时代化的产品特色

时尚是对一个时代现状的折射反应，时代的文化、科技和文明为时尚企业的产品设计提供了丰富的灵感、渊源与营养。时尚企业将其创造性地转化，形成自身的产品设计理念并具体化为相应的时尚产品，成为时代需求的集中反映与体现。20世纪80年代，体育锻炼作为一种社会时尚运动得到大范围推广，由此带来人们相识交流和生活方式的变化。人们从自身需求出发对体貌特征进行塑造和转变，并对运动服饰产生了需求。服装企业根据消费者对运动服饰的要求及其用途，从设计、裁剪、面料、配件和功能上作了相当多的改进，比如防汗和抗菌的亲肤纤维、便捷的拉链、贴合脚型的鞋掌设计、塑形内衣、与身体曲线契合的背包等等。20 世纪 80 年代是阿迪达斯（Adidas）、耐克（Nike）、彪马（Puma）和锐步（Reebok）等运动时尚服饰企业崛起与发展的黄金年代。这一现象在进入 90 年代后变得更为瞩目，许多时尚设计师开始与运动品牌合作，如山本耀司（Yohji Yamamoto）受阿迪达斯（Adidas）公司邀请合作全新运动时尚品牌 Y3。

进入 21 世纪，环境与劳工保护、可持续发展理念和低碳经济深入人心，许多时尚品牌通过使用生态材料或回收旧产品，拒绝血汗工厂代工等形式投身于这一潮流趋势。彪马（Puma）对旧衣和鞋进行回收以减少碳颗粒的排放，埃斯普利特（Esprit）推出了道德服饰"美丽诺"，范思哲（Versace）承诺其生产的牛仔裤不再使用不环保的喷砂技术，耐克（Nike）则制定了供应商管理守则。时尚企业力图证明时尚同样可以是生态的、有责任的、有道德的，能尊重环境，能合理支付工资，能提供体面的工作条件。

近些年来，随着互联网和信息技术的快速发展，人们有了更加便利和畅通的渠道进行交流了解，也使得文化和价值观多元化的时代特征更为明显，社会整体对异己的价值观念和取向更为包容。而借助于互联网技术，小众长尾效应日益凸显。国内外快时尚企业对此做出快速反应，从设计、生产、物流到陈列遵循多品类、小批量、短循环和快速迭代理念。西班牙快时尚企业扎拉（Zara）雇佣了 400 多名设计师，每年能推出 7000 种设计板型，平均每两周能设计并上架一套时装新品。其店铺里商品齐全，陈列着多条产品线、多主体设计，多种风格并存，色系能达到 5—7 种，几乎每一类客户都能在其中找到自己心仪的商品。

（二）个性化的品牌形象

为了吸引消费者的目光，时尚企业需要有个性化的品牌形象，品牌形象对影响消费者行为具有重要作用。品牌形象是企业在时尚市场上、在时尚消费者心目中所表现出来的个性特征，它体现了时尚消费者对企业品牌的评价与认知。品牌形象包括名称、标志、图案、色彩、价格与发行策略、价值和原则等。换句话说，品牌形象是时尚企业把想要展现给市场的东西用消费者所能理解的形式表示出来。树立个性化的品牌形象是时尚企业在自身发展过程中需要极端重视的策略，通常企业树立的品牌形象应该是积极的、可持续的、友好的。有大量研究表明，如果时尚产品的品牌形象符合消费者的需求，消费者更容易信任这个品牌，并且在消费时倾向于选择这个品牌。时尚企业的个性化品牌形象反映了消费者对企业产品的解释和评价，也包含着对产品的信仰、态度和情感。个性化的品牌形象相当于一组具有积极意义的代码，加载了企业的文化烙印、历史因素、价值理念和独特的定位。

时尚企业必须拥有个性化的品牌形象，这是因为人们会通过别人所拥有的时尚产品将其与社会、文化、信仰和价值观联系在一起。时尚从来不是孤芳自赏，而是一种超越了自身功能性价值的身份象征、文化归属和交往准则。时尚产业提供的商品琳琅满目，令人目不暇接，而消费者会通过时尚企业个性化的品牌形象将这些多样化的商品分门别类，有个性的品牌形象为商品融入了属于自身的独特标记，这些标记让时尚品牌能找到自己的定位，从而在面临竞争时能凭借其卓尔不凡的形象被消费者一眼识别出来。有时，时尚企业可以采取一些技巧性的策略来改变自身的品牌形象。比如扎拉属于时尚产业中的快时尚品牌，但近些年来扎拉选择开设门店的地址往往位于高档区域，它在纽约第五大道、巴黎香榭丽舍大街、米兰艾玛纽大道、东京 Shibuya 购物区、上海南京西路都建立了品牌门店，与许多奢侈品大牌比邻而居，成功地提升了其在快时尚领域中的品牌定位，并影响了消费者的品牌感知。

（三）视觉化的推广传播

时尚是包括材料、形状、颜色、手段和行为在内的群体走向，从萌芽、发展、主流和衰退，近似一条钟形曲线，其变化总是首先被设计师和消费者的视觉捕捉到。时尚企业按部就班地在每一季为消费者送上精心设计和准备的产品，希望获得消费者的青睐。在这个过程中，基于视觉信息的营销策划至关重要，包括时尚采风、潮流预测、颜色搭配、图案与款式设计、技术性试穿、产品广告、店铺陈列等等。这与时尚产品同时满足人们的物质和精神需求的特点有关，产品本身所蕴含的文化和价值观理念也依赖于视觉信息传播。

昆汀·贝尔（Quentin Bell）在其《时尚与社会》一书中写道："研究人的衣着对研究人类社会与人类行为的人来说是非常重要的。"从 17 世纪到 19 世纪，许多作家和诗人在其作品中用文字描述了当时的服装和穿着方式，并突出了对服装社会功能的认可，文字自然是一种视觉化的信息。同时，时尚杂志开始兴起，最初插图画家对设计师的风格与时尚企业产品推广起着重要作用，而后期时尚摄影师的视角成为了时代的准则。在 21 世纪的今天，信息技术和通信技术对以视觉信息为中心的时尚形成起到了推波助澜的作用，无论是时尚报刊、模特走秀、街头广告、影视植入抑或店铺陈列、数字化技术的应用都大大加强了时尚视觉信息传播的力度与强度。

由于互联网技术的进步，世界各地的消费习惯、生活风情、独特风貌、城市风光都变成了丰富的信息资源，时尚设计师经常通过分析街头穿着特征来辨别其特色与不凡之处，并由此预测未来的时尚。当时尚企业的产品通过各种形式发布之后，时尚媒体将对其进行评价，并预判什么样的产品能成为时尚流行。但时尚产品最终需要通过独树一帜的设计和独特的个性来打动消费者，并经由消费者的购买与使用后生动地展示在人们的视野中，形成一种一致性和趋势性。有时候，时尚企业首先利用时尚媒体向人们推广一种理想化的时尚视觉形象，可能是图片、视频或者信息图等可视化内容，然后把这种形象与自身企业产品通过想象的桥梁联系起来，由此来激发消费者的购买欲望，这在女性关注的时尚媒体上尤为常见。

（四）社交化的客户关系

随着经济水平的提升和信息技术的发展，消费者对时尚产品的需求和购买行为都发生了变化。目前，消费者被不可避免地卷入各种社交网络与媒体，社交网络基于智能终端占据了消费者大部分的碎片化时间，消费者的社交依赖已经形成，使用者的口碑成为影响消费者购买决策的核心因素。大部分消费者在购买企业广告推荐的产品或服务时，会通过社交网络来确认自己获得的推荐是否属实。他们会搜索产品的信息、查看使用者的评论或者查询该产品在网站上的排名。

在今天，时尚企业向消费者提供的时尚产品已变得极为丰富，但真正能吸引消费者目光的却不仅仅是企业的广告宣传和品牌传播，能触动消费者内心的是"有情感的内容"。这个内容的高质量产生、精练挖掘、快速传播与持续发酵，都高度依赖社交网络。因此，许多知名时尚企业通过社交化的客户关系来形成一个品牌和消费者的社交生态。这个社交生态的价值在于它连接着消费者共同的兴趣，基于兴趣和对品牌的认同，时尚产品成功实现了销售转化。社交化的客户关系具有大众性、实时性、互动性和全时性特点，使时尚企业和粉丝以及消费者保持着亲密的互动与双向交流，由此积累的大量信息数据帮助时尚企业在两个方向上发力，一个是分析，另一个是服务。分析是为了对用户和潜在消费者进行精准画像，了解用户的构成、习惯、兴趣、生活和思维逻辑以及选择过程；服务是针对不同用户恰当地发布内容来满足其需求。

国内时尚企业经常使用抖音、快手、小红书、头条、豆瓣、知乎、秒拍、微信、微博等社交媒体，结合自身产品特点挖掘提炼出一些趣味亮点，激发用户的情感共鸣，同时刺激用户"炫耀式"分享，引发二次发酵传播。由于社交媒体的全时性存在和活跃度极高，加上人类的社交活动天然具备扩散某件事情的能力，由此带来的消费欲望会迅速攀升。近年来，尽管时尚企业的线下创意展览活动依然对消费者有相当的吸引力，但企业已开始把重心转向社交化的客户关系。路易威登把官方微博交给了时尚博主Gogoboi打理，迪奥入驻了抖音，巴宝莉开始玩转方格游戏，古驰宣布深化与腾讯的合作，普拉达与迪奥还开通了微信视频号。

（五）持续化的价值创造

多元化的社会文化和科学技术的革新正颠覆着人们的时尚消费模式，也改变着时尚消费需求的决定性因素。以前时尚企业一年发布两季产品，现在需要发布四季，甚至可能是八季。面对多变和不稳定的需求，紧跟消费趋势成为时尚企业提升企业竞争力的关键因素，持续化的价值创造成为时尚企业的特征之一。这种价值创造包括设计的创新、技术的创新、组织的创新和业态的创新等，其目的总是在更好地满足消费者需求的同时扩大时尚企业的销售收入和利润。

从20世纪80年代起，时尚产品在用户年龄、生活方式、休闲活动与文化风格上的横向差异超过了产品价格与质量方面的纵向差异，企业的目标客户群变得更为细化，市场消费者的类型不断增多，人们对时尚产品的价值诉求也在多样化，由此带来时尚企业设计研发、生产技术和组织业态等多方面的价值创造。随着时尚产品生产和销售的期限大大缩短，整个企业的供应链进程在不断加速，为了更好、更灵活地应对这个挑战，一些时尚销售企业实施一体化战略，直接控制时尚产品的生产职能，以便更及时地满足顾客的需求。

信息技术的进步使得时尚产业链环节上的每个企业都能更快、更准确地分享有价值的信息，于是许多时尚企业将工作重心放在自己独具特色的竞争力和技术上，将附加值较小的经营活动或它们不善于经营的活动分解外包给其他企业。耐克公司没有自己的工厂，只掌握了高附加值的创意设计和营销推广环节。而贝纳通（Benetton）则保留了反映其品牌核心价值的印染工序，把其他的绝大部门生产工序外包了出去。国内快时尚企业韩都衣舍依托互联网技术独创了"以单品小组为核心的单品全程运营体系（IOSSP）"，单品小组独立核算，小组成员包括选款师（买手）、运营专员、文员、订单管理专员和商品制作专员，小组负责产品运营的所有非标准环节如产品的选款、页面制作与打折促销，而标准化的客服、推广、物流、摄影等环节由公司公务部门来做，产品生产则全部外包，这种组织业态的价值创造获得了巨大成功。

二、时尚企业的使命

使命是指时尚企业对自身和社会发展所做出的承诺，是时尚企业存在的理由和依据，是组织存在的原因。时尚企业的使命表述了时尚企业在社会经济活动中的身份或角色，包括经营哲学、宗旨和形象等内容。时尚企业的共性使命是满足人们对美的追求，是发现美、制造美和传播美。

（一）美的本质与体验

古希腊哲学家柏拉图（Plato）在所著的《大希庇阿斯》一书中探讨了美的本质问题。柏拉图通过苏格拉底（Socrates）之口提出"美本身"的概念，"美本身"是"一切事物因为有了它就成为美的那个品质"。美是抽象的，是人们从众多美好事物中抽取出来的共同的、本质性的一种理式。这个理式投射在任何一个事物上，就可以让这个事物成为"美"的。反之，一件事物如果不能被"美"的理式所映衬，它无论如何都是丑的。虽然"美本身"是抽象的，但是人们能体验到美的感觉，具体说来，美可以表现为形式的和谐、理性的完善、体验的愉悦、关系的启蒙、理念的显现或者是爱的纯真。所以伊曼努尔·康德（Immanuel Kant）认为美是以客观形式表现出来的主观的东西。

人类自古就有对美的追求，原始人用贝壳、动物骨头等材料制作成项链挂在脖子上作为装饰，与今天人们出门时面对镜子左顾右盼的动因是相同的。表面上看，人们追求的是具体的美的事物，但背后真正追求的是感受到美之后内心那种愉快状态。一曲华丽的交响乐、一支优雅的芭蕾，美的事物总是能提高人类的体验感，让人类享受到精神的愉悦，这种愉快的状态使人们对美产生了永恒的追求，而时尚企业的使命在于通过发现美、制造美和传播美来满足人们对美的追求。

（二）发现美

雕塑家罗丹（Rodin）说："生活中不是缺少美，而是缺少发现美的眼睛。"生活中美的东西很多，不同的事物有不同的美，同样的事物在不同人眼中也有不同的美，虽然他们都具有美的本质和美的规律，但要从生活中发现和抽象出大部分人认同的美却并不容易。对时尚企业来说，其首要使命就是要从生活中寻找美、定位美、发现美。由于美是主观的感受，所以消费者的审美会发生变化，并带来时尚流行的更新与往复。成功的时尚企业无不在发现美的环节，在定位多数人所认可的美的方面有敏锐的洞察和独到的见解，深刻地领会消费者求新求美的渴望，才最终使自己推出的产品引起人们对美的共鸣，从而产生时尚潮流与流行追逐。在这一环节，时尚企业的设计师起到了重要且不可或缺的作用。

在二战后的欧洲，从惨痛的战争苦难中站起来的人们热切渴望建立一种面向未来的崭新生活方式。1947 年克里斯汀·迪奥（Christian Dior）举办了他的第一场时装秀，他运用圆润柔和的肩线、凸显女性曲线的板型、宽大开阔的帽檐、纤细的鞋跟、奢华的面料和大面积的刺绣，让女性魅力充分展现在世人面前，引起了一场被美国报刊称为"新风貌"（New look）的革命。1965 年，伊夫·圣·洛朗（Yves Saint Laurent）受荷兰"新造型主义"画家皮特·科内利斯·蒙特里安（Piet Cornelies Mondrian）的启发，设计的"蒙特里安系列"裙子大获成功，成为了当时世界上最受欢迎的一款裙子。20 世纪70 年代，整个英国经济萧条，失业率屡创新高，无所事事的青年对此抱有极大的不满，掀起了一场被主流社会避之唯恐不及的朋克文化运动，这场运动首先影响了乐坛，随后逐渐转换成一种整合音乐、美术与个人意识主张的广义文化风格。薇薇安·韦斯特伍德（Virenne Westwood）从中汲取灵感，抓住朋克文化街头穿着的基本元素——烟熏妆、破洞、锁链、口号 T 恤，以极富创意的方式通过时装向世人传递荒诞、夸张与不羁。其特立独行和大胆反叛的设计风格受到了无数人的追捧，影响了人们的穿衣风格、审美和后来的设计师。进入 21 世纪，时尚变得更加个人化，流行也越来越多元化，不再有任何一种时尚方式可以称为这个时代的准则，每个时尚企业都可以在自己的目标客户群中创造出属于自己的时尚。

（三）制造美

作为营利组织，时尚企业归根结底要通过推出符合自身顾客群需求的产品或服务来实现价值增值。消费者对美好事物的追求，很大程度上是一种精神追求，这种追求是时尚生生不息、周而复始的强大内在动因。时尚企业的使命就是通过敏锐的挖掘，高度抽象概括出符合当前时代背景下人们的价值观念和取向的美，创造性地体现在产品设计上，并选取最合适的材料，运用先进的科技和生产工艺把美在具体的产品和服务上展现出来。近十年来，信息技术的巨大进步开启了新一轮科技革命。美国从大数据出发，从云计算、云服务的角度，提出了"互联网＋制造"的智能制造方式。德国工业 4.0 则依靠物联网化，实现"制造＋互联网"。时尚企业建立智能化的时尚制造系统，更加适应了小批量、多批次和个性化的生产要求。

阿迪达斯（Adidas）已在德国建成全自动化的"迅捷工厂"。而为阿迪达斯、耐克等品牌代工的台湾宝成集团也已宣布投入17亿新台币开发研究智能制鞋工厂。国内，安踏在生产制造环节通过工业机器人、安踏鞋业智能系统等新技术向自动化、智能化、数字化转型升级。青岛即发集团也积极推进工业化与信息化融合，率先实现了信息系统对产业链的全覆盖，在纺纱、织布、成衣生产等工序均引入了较先进的控制系统，加快了自动工厂建设。同时，即发集团还与中科院软件研究所、日本东丽、日本ATT公司共同开展智能服装研发，借助芯片材料对人体心跳、体温等数据进行监测，并通过外部传感器传至云系统和移动终端，为高智能化服装设计开发生产提供数据支持。广东省的爱斯达服饰早在2012年就推出了"服装远程定制和快速制造平台系统"。浙江恒龙有为实业公司也建立起了自己的智能化平台系统——恒龙云定制服务项目。时尚企业引入智能生产模式可以缓解对高技能工人和土地的依赖，帮助企业提高产品质量和生产效益。时尚企业在制造美的环节不断推进技术和管理更新有内外两种动力来源。从内在动力来说，时尚企业需要通过生产时尚产品来实现价值的增值，必须通过创新来增加时尚产品的附加值或者降低时尚产品的生产成本；从外在动力来说，时尚企业所面对的政治、经济、科技和社会环境都在发生剧烈的变化，时尚企业必须认清自身的优劣势和所面临的机遇与挑战，根据社会需求和变化在设计、产品、工艺、材料、市场、管理等方面推陈出新，才能在消费者心目中树立起始终伫立时尚潮头的形象，并提高产品美誉度、企业知名度和顾客忠诚度，最终实现盈利目的。

（四）传播美

传播美是指通过各种方式把美的理念、美的感觉、美的体验传递给目标顾客群，让顾客对时尚产品产生美的遐想、美的欲望和美的需求，也就是说让顾客能认同时尚产品的美、接受时尚产品的美、产生拥有这个时尚产品的情感情绪。显然，对时尚企业的使命来说，不仅要发现美和制造美，还需要传播美，这一方面是满足和引导时尚消费者对美的需求，另一方面也只有这个使命的实现，才能引起和激发消费者的购买动机与欲望，促成时尚产品价值的体现。

时尚的形成过程就是一种模式、风格、款式、色彩和行为的组合形式逐渐被消费者和社会认可、接受和协助推广的过程。在这个过程中，时尚服务性企业和时尚传播性企业起着主要的作用。时尚服务性企业对时尚产品和服务进行巧妙的布局、展示、陈列和精心的推广促销，可以极大地促进时尚产品的消费，这涉及复杂的建筑、室内设计以及社会学、营销学、艺术和心理学等多学科领域的专业知识，其最终目标是吸引潜在的消费者。丝芙兰（Sephora）隶属于全球最大的奢侈品集团酩悦轩尼诗—路易威登集团（LVMH）。2003年，由于丝芙兰陷入经营困境，其高管团队对顾客偏好进行了研究，提出了新的公司使命，即"为顾客提供零售行业中充满乐趣的购物体验，让他们享受轻松一刻，去探索、尝试和创造自己的美丽"。新的使命很快使丝芙兰焕发了新的生机。

时尚服务性企业不仅仅关注物质层面的时尚产品，将其摆得井井有条，他们同样注意无形的服务，比如时尚品牌的塑造，以此来满足那些充满好奇，追求新颖，消息灵通的消费者所永远无法预见的欲望。其间，各种各样的标签、标识以及销售场所的空间感和美感都得到了普遍的运用，如同所销售的形形色色、种类繁多的时尚产品和任何时刻都无法捉摸的流行趋势一样。时尚传播性企业则依靠各类线上和线下的时尚媒体、时装周、发布会以及名模来传递和表达时尚的设计理念、思想潮流和需求观念，促成流行趋势并引发时尚流行，帮助时尚企业产品的价值顺利实现。随着信息技术的发展，时尚的全球性色彩愈加明显，而时尚流行的有效周期大为缩短，时尚的多样性色彩更为常见。

三、时尚企业的作用

时尚企业是时尚经济的基本单元，是时尚经济与市场活动的主要参与者，是时尚商品生产和流通的直接承担者。时尚企业通过不断满足消费者的美感消费欲望来助推经济的繁荣发展，提升大众的审美情趣，助推社会科技进步并折射出城市的优雅形象。时尚是一种全球性社会语言，时尚企业对时尚的推广与传播促进了不同国家和地域间的文化交流。

（一）经济繁荣的动力源

美国著名经济学家约翰·肯尼斯·加尔布雷斯（John Kenneth Galbraith）在其1958年出版的《丰裕社会》一书中说道："我们没有理由主观地假定科学和工程上的成就就是人类享受的最终目的。消费发展到某一限度时，凌驾一切的兴趣也许是美感。"在后工业时代，消费者对于功能性的物质产品需求得到了极大的满足，单纯满足消费者物质需求的产品销售增速在不断下滑，甚至产生绝对量的下降。而具有更多特定意义的符号性产品开始得到消费者的青睐，消费者从一开始的物质性消费向符号性和象征性消费转变，这种符号性和象征性在很大程度上是通过美感表现出来的。

投资、消费和外部需求是我们经常说的拉动经济增长的"三驾马车"。在"三驾马车"中，消费需求是生产的最终目的，并刺激投资需求产生。投资需求主要包括固定资产投资需求和存货投资需求，是增加未来社会总供给的重要途径，投资规模必须和经济增长状况相协调，投资不足会减缓经济增长，投资增长过快则可能引发通货膨胀。外部需求对经济增长的作用和消费需求类似，但容易受到国际政治经济环境多种因素的影响而出现波动。由此我们可以看出，消费是经济增长的核心动力。时尚企业是满足消费者美感需求的企业，时尚产品作为具有特定意义的符号性产品，可以为消费者带来美的享受、感觉和体验。在供给侧改革持续推进的今天，虽然消费者对功能性的物质产品需求逐渐放缓，但对时尚产品的需求不断增加，这就使时尚企业成为未来经济繁荣的一个强劲动力源。

（二）科技创新的助推器

社会对时尚的不断追求推动了技术创新的步伐，时尚企业为追求自身利润最大化的目标，必然会持续进行创新来满足消费者的需求，这种创新包括技术的创新、业态的创新、模式的创新和管理制度的创新。科技的创新通常在自然领域，但新科技的推广和应用却主要在社会领域。在实际生活中，一项新的科学技术往往首先被应用在高档、新奇、美丽、时尚的产品上，取得成功后逐渐推广应用到其他普通产品上。比如汽车领域的自适应悬架和四轮转向技术、智能交通技术、主被动安全技术、视觉技术、远程控制技术、高强度材料技术等都是首先研发应用在豪华轿车上，然后在技术与性价比上不断平衡，逐渐向普通轿车推广应用。因此，人们对时尚产品的永恒追求在客观上助推着技术创新的不断涌现和使用。在这个过程中，时尚企业扮演了科技创新与集成、应用与推广的角色。

改革开放后，中国人在不同年代所追求的时尚产品不断更新迭代，20 世纪 70 年代末，时尚产品"三大件"是自行车、缝纫机和手表；到了 80 年代，变成了彩电、冰箱、洗衣机；到了 90 年代，又变为空调、录像机、手机。如今，随着生活水平的提高，人们又有了更高的时尚追求，如汽车、高档住宅和航空旅行等。旺盛的时尚产品消费需求为时尚产品生产端的新科技研发与运用提供了不竭动力，这在纺织、机械、建筑、生化、新能源、电子电工、物流、互联网、文化传媒等领域尤为突出。显然，消费者对时尚产品的需求促使了许多领域的科技创新与发展，使得整体社会生活中的科技水平不断提高。

（三）社会审美的引导者

审美能够给人带来精神的愉悦与满足，人们对时尚产品的追求过程也是提升审美趣味的过程。在这一过程中，时尚企业发挥了重要价值。时尚企业通过发现美、生产美和传播美，引领人们不断尝试新的时尚风格，提升了社会公众的审美意境和品位。我国源远流长的陶瓷艺术就是人们不断追求时尚的产物，以艳丽闻名的唐三彩可谓唐朝时尚的代表。它是当时人们为了改变单调沉闷的陶器风格，追求反映唐朝繁荣的社会经济、丰裕的生活以及雍容大方的一种时尚。进入宋代，唐三彩在人们的眼中已经不再新鲜，对时尚的不断追求促使宋瓷焕发出全新的美学境界。宋瓷沉静素雅，不仅有釉色之美，更有釉质之美。即便其中的钧瓷色泽仍然丰炫多彩，却明显区别于唐三彩的热烈华丽。随后，在历史的进程中又产生了风格独特的元青花，以及韵味各异的明清瓷器。显然，如果每个时代都只是沿袭上一代的风格，丧失对时尚的追求，中国陶瓷艺术不可能如此璀璨，形成今天百花齐放的局面。

另外，消费者对时尚的追求还促使时尚企业不断地改进技艺水平，使人们文化生活中的艺术性表现越来越细腻和精巧。时尚中蕴涵着对审美细节的不断革新与进步，细节决定成败，消费者对时尚的崇尚使他们更为关注和欣赏产品与服务细节上的完美。以时尚传媒企业举办的流行歌曲演唱会为例，从其发展历程中我们可以发现，无论在唱腔技巧还是在舞台设计的唯美性，以及后期剪辑编辑等方面，都呈现出精细化的倾向，进一步提升了消费者艺术欣赏中的审美境界。不同时代的时尚艺术创作人员在消费者时尚追求的推动下，也不断向着表现力更强、情感表达更细腻的方向演进，自然而然地提高了大众的文化底蕴与审美品位。

（四）城市形象的折射镜

城市是人类经济发展到一定阶段的产物，它是人类文明的重要组成部分，也是伴随人类的文明与进步逐渐发展起来的。一般而言，城市形象是城市给人留下的印象和感受。构成城市印象的要素包括建筑物、道路、店面、景点、设施等，而市民行为、文化氛围、风土人情等又是构成城市特色最关键的内容。有时候甚至一份小吃、一句方言、一套服饰都可能给人们留下最长久的印记，虽然每个城市形象各有千秋，但令人印象深刻的城市形象一定是美的形象。城市本质上是人类社会的交易中心和聚集中心，人是城市中最鲜活的要素，时尚企业在满足人对美永恒追求的过程中，折射出所在城市的时尚和优雅形象。时尚产业本身属于富含文化底蕴与内涵的都市产业，时尚企业提供的时尚产品深深地打着城市的烙印。

当我们漫步在巴黎、米兰、纽约、伦敦和东京的街头，总会被其典雅时尚的氛围与风情所吸引。一个城市繁荣的时尚产业，众多时尚企业，不仅为城市带来生机勃勃的气象，更反映出城市的文化、精神和形象。时至今日，中国最具地域代表性的重点城市，各有不同的时尚特质，构筑起一张张独特的城市时尚名片。北京作为首都，以包容开放的态度汇聚时尚人才、品牌、企业和科技，是中国特色时尚中心的高地。上海是中国与世界的时尚交汇之地，其特有的海派文化、浓厚的商业氛围使其成为时尚前卫、街头潮流的中心，吸引着时尚企业的总部集聚。广州坐拥全球最完备的时装产业链，更是全球最大的时装流通中心，以自我独特的气质构成了广州时尚新势力。中国的时尚城市正向世界展现中国多样性的时尚文化风貌。

（五）文化交流的纽带

任何时尚都有自己特定的文化背景，都代表了一定的文化。优秀的时尚企业能够准确及时地把握不同时代和不同地域文化的脉搏，并且将这些文化以时尚产品和服务的形式记录下来，留在历史的记忆中。时尚企业对时尚的传播，能够促进不同文化之间的交流。当前全球格局正在发生历史性的变化，东西方跨文化的对话风起云涌。人类不同文明的交往必须以语言为中心展开，狭义的语言就是我们所说的语言，而泛化的语言包括一切能传递信息的表达方式和符号体系，自然包括时尚。时尚是一种全球性社会语言，这种社会语言依托时尚企业所生产的时尚产品或服务而存在。世界上的各种文化都能集中地体现在特定的时尚上，时尚的传播会促进各种文化之间的相互交流和融合。对时尚的追求不仅能够记忆文化之间的互动，而且还会加强文化交流，这是因为异域文化能够满足人们追求时尚过程中的求异心理。

20世纪以来，西洋画受中国古代写意画的影响，出现了以印象为特征的引领一时画风的时尚笔法。同样，中国画家也借鉴了西方画派的许多技巧，形成了一些区别于古代传统绘画技巧的新的风格。当前，通过时尚产品把我们中华民族的传统文化与创新文化传播出去，也是我们践行文化自信的题中之意。时尚企业为时尚产品融入被当前时代背景所认可的价值理念与中国文化底蕴，用新奇的风格形式表现出来，再借助创新的传播媒介，将其宣传和推广到更广阔的国际领域与世界舞台，承担了东西方文化交流与对话的纽带。

第二节　时尚企业战略

时尚企业具备企业的全部架构与制度安排，同时在企业战略方面也具备时尚企业的特殊性。时尚企业的战略体系从内容结构上看，可以划分为时尚企业总体战略、竞争战略和职能战略。这种划分反映了企业战略内容的层次性，战略层次不同，战略内容的着重点和规划类型也不相同。

一、时尚企业总体战略

时尚企业总体战略是时尚企业为了在激烈变动的经营环境中求得稳定的长远发展，在对企业外部环境和内部条件进行正确有效分析的基础上，根据时尚企业的使命、愿景和总体目标所确定的企业在一段时期内发展的总体规划。按照时尚企业总体战略的表现形式，可以分为一体化战略、多元化战略和国际化战略。

（一）一体化战略

一体化战略是指企业充分利用自己在产品、技术、市场上的优势，根据物资流动的方向，使企业不断向深度和广度发展的一种战略，包括纵向一体化和横向一体化战略。纵向一体化是指生产企业同原料供应企业和产品分销企业的串联，横向一体化是企业和同行企业之间的联合。纵向一体化又包括前向一体化和后向一体化，前向一体化指生产企业与产品分销企业联合，后向一体化指生产企业同原料供应企业联合。

在时尚产业领域中，一些比较有实力的时尚企业，特别是一些奢侈品企业，为了能较好地控制和提高产品质量，或者为了区别于竞争对手而获取一些特殊的材料，从而维护品牌的高端奢侈形象，会积极地并购上游时尚生产企业。例如，2011年，酩悦轩尼诗—路易威登集团（LVMH）收购了新加坡皮革供应商恒隆公司51%的股份。2012年，香奈儿（Chanel）收购了手套制造商Causse以及苏格兰羊绒针织品制造商Barrie，

2016 年又分别收购了法国蕾丝制造商 Sophie Hallette 的母公司 Groupe Halesco 的少数股权和法国高端羊皮生产工厂 Richard。同年意大利奢侈男装品牌杰尼亚（Zegna）收购了澳大利亚绵羊养殖场 Achill，以保证制作顶级羊毛服饰的原材料供应。2013 年，开云（Kering）集团收购了其皮革供应商 France Croco。2014 年，普拉达（Prada）控股了法国皮革工坊 Tannerie Mégisserie Hervy。在国内，著名时尚企业雅戈尔在做大做强雅戈尔服装品牌的同时还向上游纺织领域扩展，强化雅戈尔在纺织原料、服装面料和辅料的品牌。自 2004 年以来，雅戈尔集团将品牌服装进一步延伸至棉花种植、纺织等服装上游产业，随着 2008 年集团并购美国 Kellwood 公司旗下的香港新马集团，雅戈尔更获得了强大的设计开发能力、国际经营管理能力以及遍布美国的分销网络，成为全球最大的纺织服装产业链之一。

有的时尚企业不仅收购上游企业，还收回下游的代理权建立自己的直营店，或者是出资控股一些下游零售渠道企业。例如，阿玛尼为更好地控制阿玛尼服装产品的质量并灵活安排生产，把为自己贴牌生产的企业一一收购，同时还收购了其他制衣企业。2000年阿玛尼兼并了 GFT 集团制造工厂和分销系统，用于阿玛尼男服生产和销售。同一年，阿玛尼与杰尼亚（Zegna）集团签订了合资协议。阿玛尼还在全球范围内收购了一些第三方的分销商企业。阿玛尼与 Vestimenta S.p.A 签订了合资协议共同建立了 Borgo 21，专门用来生产和分销阿玛尼男女装系列。此前，阿玛尼还全资收购了生产阿玛尼牛仔装的思敏特（Simint S.p.A）工厂，收购了安普里奥阿玛尼（Emporio Armani）的制造商安缇娜（Antinea）以及一家阿玛尼配饰的制造厂商音泰（Intai）。纵向一体化战略帮助阿玛尼加强了对制造和分销的精准控制，不仅保证了产品的品质，而且使得阿玛尼能轻松地应对时尚行业的季节性变化，并维持品牌的高端形象。

（二）多元化战略

多元化战略是指一个企业同时经营两个或两个以上行业业务的战略，包括同心多元化和离心多元化战略。同心多元化是以企业原有的业务为核心增添相关的新业务；离心多元化是企业新发展的业务与原有业务之间没有明显的战略适应性，所增加的产品是新产品和新服务领域。多元化战略是时尚企业集团化发展中的一个选择，实施该战略能充分盘活企业的现有经营资源，提高闲置资产的利用率，扩大经营范围，加快集团化进程。但时尚企业实施多元化战略时应着重考虑选择行业的关联性，还要仔细权衡企业自身的控制能力以及跨行业投资的巨大不确定性风险。

在时尚产业中，许多时尚企业的发展史就是一部多元化史。巴黎欧莱雅（L'Oréal Paris）是目前世界上最大的化妆品集团，源于其创始人欧仁·舒莱尔（Eugène Schueller）于 1908 年创立的法国无公害染发剂公司。欧仁（Eugène）多年来从未停止日化产品的研发与营销的探索，努力让自己的发明演变为各个日化领域的拳头产品，更好地满足用户的需求。1939 年，公司名称变更为巴黎欧莱雅时，公司的生产领域已经由单纯的染发产品扩展到了整个日化用品范围。1964年，巴黎欧莱雅收购了著名的高档化妆品牌兰蔻（Lancome），进击高档化妆品市场；1965年，收购卡尼尔（Garnier），进入辅助护发产品领域；1970—1973年，收购了碧欧泉（Biotherm）、彩妆品牌Gemey。这一系列的收购使巴黎欧莱雅成为同心多元化的日化王国，并被美国《商业周刊》誉为"最受尊敬的法国公司"。

酩悦轩尼诗—路易威登集团（LVMH）则是离心多元化的典范，1987年并入迪奥香水，次年并入纪梵希（Givenchy），1991年收购了香槟品牌Pommerchy，1993年兼并了高田贤三（Kenzo）的成衣部门和香水公司，并收购了娇兰（Guerlain）品牌。1996年，公司又收购了西班牙皮具品牌罗意威（Loewe）；1997年，通过收购下游零售商环球免税店（DFS）进入了奢侈品零售行业，并在次年收购了香水和化妆品连锁零售商丝芙兰（Sephora）；接下来的几年又收购了香槟品牌克鲁格（Krug）和手表品牌豪雅（TAG Heuer）；2021年，公司收购了美国高级珠宝品牌蒂芙尼（Tiffany）。发展到今天，酩悦轩尼诗—路易威登集团已拥有75个奢侈品品牌，成为世界上最大的奢侈品王国，也是唯一一家涵盖奢侈品市场六大主要领域——葡萄酒和烈酒、时装和皮具、香水和化妆品、腕表和珠宝、高端零售和奢侈酒店的多元化集团。

（三）国际化战略

国际化战略是时尚企业产品与服务在本土之外的发展战略。随着时尚企业实力的不断壮大以及本土市场的逐渐饱和，有远见的时尚企业家们开始把目光投向本土以外的全球海外市场。时尚企业的国际化战略是企业在国际化经营过程中的发展规划，是时尚企业为了把公司的成长纳入有序轨道，不断增强企业的竞争实力和环境适应性而制定的一系列决策的总称。时尚企业的国际化战略在很大程度上影响了企业的国际化进程，决定了企业国际化的未来发展态势。由于在资金、技术、品牌和营销等方面的先发优势，发达国家的时尚企业很早就开始实施国际化战略，并取得了显著的成就，这从几乎在全球都随处可见的发达国家时尚品牌就可以看出来。发达国家时尚企业成功的国际化战略不仅使其生产的时尚产品畅销全球，而且提升了其产品与国家形象，传播了其历史文化与理念品位。近十多年来，随着中国社会经济以及技术水平的巨大进步，国内时尚企业也纷纷踏出了自己的国际化步伐。

纵观国内时尚产业的国际化战略，大致可以分为四种类型：

第一种是产品贴牌出口，国内许多时尚企业在刚开始实施国际化策略的时候都走过这条路，就是利用国内成熟的生产技术为海外品牌贴牌生产，从而使国内时尚产品走向海外。但这种国际化战略的利润极低，主要适用于长于制造但缺乏设计和管理人才的时尚企业，是一种初级的国际化战略。

第二种是直接出口，时尚企业将自有产品直接出口到境外，开发国际市场。有的企业也通过赞助国外消费者所喜闻乐见的体育赛事，参加国际时装周来迅速扩大时尚品牌在目标市场的知名度和美誉度，有时也借助跨境电商渠道快速进入国际市场。2016 年里约奥运会及残奥会官方制服，包括技术官员、医疗人员、赛会服务人员、其他工作人员以及正装在内的几个类别官方制服，均由国内专业运动服装企业 361° 独家供应，这有效提升了 361° 在海外的国际知名度，并帮助企业加深海外布局。

第三种是对外直接投资，时尚企业在目标市场当地独资或合资合作建立生产、经营、研发基地以及终端销售渠道。通过本地化生产、经营、研发或销售，时尚企业可以绕过关税壁垒，降低物流成本，提高客户服务质量，近距离了解用户需求，拉动目标市场所在地就业进而增加品牌亲和力，也可能是为了获得优质原材料或降低生产成本。早在 1998 年，亚光家纺就在悉尼成立了亚光澳大利亚公司，并在当地招募人员，成立研发设计中心，负责澳大利亚和新西兰这两个市场的产品开发和销售。由于设计开发的产品能够很好地满足目标市场消费者的个性化需求，目前，亚光家纺的毛巾产品已跃居澳洲毛巾类产品行业首席地位，市场份额高达 60%。

第四种是跨境并购，时尚企业通过收购海外同类企业或上下游企业的全部或部分股权，控制或参与海外企业的生产或经营，从而快速实现企业海外扩张。2019 年安踏集团斥资 56 亿欧元收购了芬兰品牌亚玛芬体育（Amer Sports）98.11% 的股份。收购完成后，安踏集团的业务扩展到了欧洲、美国等世界主要市场。

二、时尚企业竞争战略

时尚企业竞争战略是时尚企业战略的一部分，是在时尚企业总体战略的框架下，指导和管理具体战略经营单位的计划和行动。时尚企业竞争战略要解决的核心问题是，如何通过确定顾客需求、竞争者产品及该企业产品这三者之间的关系来奠定该时尚企业产品在市场上的特定地位并维持这一地位。

（一）差异化战略

差异化战略就是时尚企业力求在顾客广泛重视的一些方面独树一帜，企业所提供的时尚产品或服务别具一格，或功能多，或款式新，或更加美观，或理念超前。时尚企业选择被产业内许多客户视为重要的一种或多种特质，进行设计和生产来满足顾客的需求。企业的差异化竞争战略可以体现在时尚产品从设计、生产到销售的每一个环节，时尚产品的设计不仅包含对产品外观、功能、结构以及包装等方面的设计，而且包括精神层面的设计。现代的设计注重时尚以及个性，特别是奢侈品的设计过程更是实现了艺术性与功能性的完美结合。时尚产品的价值不仅体现在产品本身，更体现在其蕴含的文化内涵与品牌精神，而这正是与其他竞争对手的产品形成差异化竞争的重要手段。

卡尔文克莱恩（Calvin Klein）运用简单的图案，采用内敛的设计，向消费者传达出一种简单、舒适的信息，将"关爱自己"的品牌精神表达得淋漓尽致，深受消费者的喜爱。在生产环节，为了和其他企业的产品区别开，时尚企业往往会强调自己独特的生产工艺，稀有罕见的原材料、原产地标签或者手工制作等特点。爱马仕集团下属的每个品牌都拥有各自行业里的专业技术秘诀，而香奈儿收购了几个供应商，以保证其独特的绝密技术不会外泄。英国汽车中的贵族劳斯莱斯（Rolls-Royce）是手工制造汽车的表率，其车内皮革材料是从世界上最好的牛种群中挑选出来的公牛皮。原产地是瑞士的手表得到了全世界的认可，瑞士表就是差异化的概念。在销售环节，时尚企业热衷于唯美、形象和生动的广告，并根据自身产品的档次和特点来选择投放媒体。像戴比尔斯（De Beers）经典的广告语"钻石恒久远，一颗永流传"，被认为是世界上传播最为持久的广告之一，而耐克的"Just do it"和李宁的"一切皆有可能"也同样深入人心。此外，时尚企业非常喜欢使用名人代言，因为名人自带流量和光环，如果气质形象与品牌正好契合，则名人的气质、地位和品位等魅力因素会转移到产品中。这不仅可以吸引名人粉丝购买，对消费者起到很好的示范作用，满足消费者的情感诉求，而且可以提升产品的经济附加值，为企业带来更多的利润。

（二）集中化战略

所谓集中化战略是指时尚企业选择所面向的消费市场内的一种或一组细分市场，主攻该市场中特定的客户群，也可以是某产品系列的一个细分区段或某一个地区市场，并集中满足该消费群体的需要。集中化战略不是围绕整个产业，而是面向某一特定的目标市场，围绕着如何更好地为某一特定群体服务。实施该战略的前提条件是时尚企业能够以更高的效率、更好的效果为某一狭窄的市场对象服务，从而避开在更大范围内与对手的激烈竞争，由此赢得超过行业平均水平的收益。实施集中化战略便于时尚企业集中使用力量和资源来更好地服务于某一特定群体，而且目标聚焦也方便企业更有针对性地研究与产品相关的需求、市场、技术和竞争对手信息，其经济效果也易于评价。

日本丰田公司针对中国客户开发的全新雷克萨斯LM（Lexus LM）就是集中化战略的典范之作。丰田公司对中国市场进行了深度的实地调查。发现中国高净值人群极为重视时间观念，且谈吐温和、富有雄心。他们对心仪轿车的需求不是豪华、镶满钻石的装饰，反而是追随内心所向、寻找内在的认同。丰田公司认为中国市场需要一种新类型的产品，一种更适合中国人的有专属司机的豪华车，还要承担商业精英移动豪华书房的功能。这种车型要求进出车门更容易、空间更大、氛围更好。基于以上几点，丰田公司推出了一个具有全新豪华体验的车型，一款外形霸气、宽阔而又私密，座椅更舒适的产品。这也是一款融合东方豪华内饰的产品，将书房、会客厅、卧室氛围融为一体，充分体现兼容之道的产品。丰田公司将其命名为 Luxury Mover，即 LM。全新 LM 首次在上海车展发布，是为中国用户打造的产品，未来可能面向全球多个国家及地区发售。

（三）低成本战略

低成本战略就是时尚企业尽最大努力降低成本，通过低成本来为顾客提供低价的标准化产品，从而维持自身的竞争优势。要做到低成本或成本领先，时尚企业必须在管理方面对各种成本进行严格控制，尽可能将降低成本的指标落实到每个环节。在成本低优势下，时尚企业可以获得高于产业平均水平的利润。近年来，以优衣库（Uniqlo）、扎拉（Zara）、盖璞（Gap）为代表的快时尚企业凭借精准的市场定位和强有力的成本控制，在时尚品牌竞争中脱颖而出，销售额增长之快，零售店数量之多令人印象深刻。快时尚企业所生产的时尚产品的两大特点是较高的品质和低廉的价格，让这一传统意义上相互矛盾的要求得到了较好的兼顾。

优衣库主要采用四种方式严格控制产品成本，即完善供应链体系、人工成本控制、仓储成本控制、运营成本控制。

首先，优衣库运用一种将产品策划、制造和零售整合起来的模式，建立起了完善的供应链体系。在该模式下，产品从设计和生产到最后的销售环节均紧密相连，内部信息及时流通。

其次，优衣库通过在海外委托代工来降低人工成本，海外用工成本较日本本土低约10%。对于委托工厂，优衣库派遣技术工匠组对其进行长达三年的技术培训和品质管控，技术工匠组的技术人员也都是技术成熟的服装加工技术员，拥有30年以上相关经验，以保证生产环节的产品质量。在高层管理人员方面，优衣库聘用曾在日本做过店铺店长、拥有丰富的生产和销售经验的当地人担任，以降低管理人工成本。

再次，优衣库采用多仓储策略降低仓储成本。优衣库在上海嘉定拥有一个专门的电子商务总仓库，承担优衣库电子商务业务的仓储、B2C订单的分拣及快递发货业务。在设置上海总仓的基础上，优衣库分别在北京和广州设置分仓来调节仓储成本。

最后，优衣库以标准化降低运营成本。为规范店铺运营水准，降低店铺运营成本，优衣库实行标准化的运营建设。从店铺装修、外观维护到产品陈列，以及促销策略和员工培训，全部彻底标准化。各个店铺的配货，都是依据总部的计划全自动完成，以最大程度降低成本。因此，优衣库通过成功实施低成本战略，显著提升了企业竞争力。

三、职能战略

时尚企业职能战略是为贯彻、实施和支持企业总体战略与竞争战略的实现，而在特定职能领域进行的战略设计和安排。职能战略主要用于各职能部门内的活动，使其发挥最大的效力。职能战略通常是短期性的，而其内容往往是具体且清晰的，包括产品研发战略、质量控制战略和品牌战略等。

（一）产品研发战略

产品研发战略是通过科学的调查和分析而制定的产品开发和工艺开发战略，它为企业产品的更新换代、生产效率的提高和生产成本的降低提供了科学基础和技术保证。满足基本需求的产品通常是统一化的、标准化的，而时尚类产品却是个性化的、特色化的。时尚产品还具有自己独特的文化底蕴与内涵，在满足消费者对产品基础功能要求的同时，更多的是让消费者能把主观内心与产品客体融为一体，从而感受到产品风格与自身定位完美契合、互相呼应的美感体验。因此，对任何一家时尚企业来说，如何能设计生产和提供让消费者怦然心动的美感产品就成为对企业首当其冲的要求，产品研发战略也自然成为重要的职能战略。

纵览世界时尚产业发展史，我们可以发现，能在时尚领域常年处于巅峰地位的奢侈品企业，往往产品研发上遵循两个基本原则，即纵向一致性和横向独特性。纵向一致性是指其产品历经百年变换仍能保持较为明显的统一风格与特色，即代表着同样的生活态度与方式，正如香奈儿和伊夫·圣·洛朗都赞同的"时尚易逝，风格永存"。横向独特性是指其产品在同档次或同类型产品中具有独特之处，能带给消费者一种独一无二的体验。伯纳德·阿诺特（Bernard Arnault）入主酩悦轩尼诗—路易威登集团时，路易威登已成为"老气街包"的代名词，他果断任命了新锐设计师马克·雅可布（Marc Jacobs）担任公司的创意总监，设计出了随性涂写 LV 全名的涂鸦包，把路易威登的古老高贵融入到现代生活中，重新赢得了市场的认可与欢呼。

有时，一致性还要求同一品牌的不同产品要一致性地展示一种生活方式或态度，而不能相互矛盾，比如怎样将成衣、皮件和配饰和谐搭配起来，是时尚企业在拓展新产品时都需要考虑的问题。另外，时尚企业想要在众多同档次产品中凸显自身的独特个性也绝非易事，风格被模仿更是时尚品牌时刻面临的风险。2019 年，范思哲就曾状告快时尚零售商 Fashion Nova 抄袭了詹妮弗·洛佩兹（Jennifer Lopez）在 2000 年格莱美颁奖礼上穿过的一件范思哲绿色植物印花礼服以及其他几款设计。而对于新生时尚企业来说，如何使自己独特的创造视角和自己建构的产品被消费者接受，是企业能否持久存在的重要因素。

（二）品牌战略

品牌是目标消费者及公众对于某一特定事物心理的、生理的、综合性的肯定性感受和评价的结晶物。品牌战略是时尚企业将品牌作为核心竞争力，以获取差别利润与价值的企业职能战略，是时尚企业实现快速发展的必要条件。品牌战略的定位是向目标顾客充分传递自身的产品与品牌的关联，品牌战略包括深入研究消费者内心世界，购买此类产品时的主要驱动力，行业特征，定位以核心价值为中心的品牌识别系统，然后以品牌识别系统调控企业的一切价值活动。

许多时尚企业不断塑造品牌价值，拓展品牌的知名度。周仰杰（Jimmy Choo）素以魅力十足、极具自信为其品牌形象。品牌源于由订制鞋履巧匠周仰杰先生于 1990 年代初于伦敦东区创立的订制鞋业务。当时的顾客以世界各地的名人为主，当中包括已故英国王妃黛安娜。周仰杰的品牌公司于 1996 年正式成立。当时仍在英国版《时尚》（*Vogue*）任职时尚配饰编辑的大英帝国官佐勋章（OBE）得主塔玛拉·梅隆（Tamara Mellon），因发现了周仰杰先生的才华及高档鞋履市场的无限商机，而决定与他共同创立周仰杰这个经典品牌。从《来自星星的你》到《朝五晚九》，周仰杰热衷影视剧植入。2021 年全球经济形势普遍低迷，周仰杰仍保持了持续的上扬，这和它的植入策略是密不可分的。除了以前在《欲望都市》《穿普拉达的女魔头》等热播剧强势植入以外，当今的《来自星星的你》与《朝五晚九》也让周仰杰怒刷了几次存在感。产品与剧情的结合，与演员的共鸣，都让周仰杰获得了极高的关注度和吸引力。

许多时尚品牌计划进入多产品线时，为了避免过度延伸对原有品牌的稀释效应，会为新产品或档次较低的产品冠以一个副品牌或子品牌。副品牌就是将现有品牌与一个新品牌相结合，这样既能享受原品牌的高端溢出价值，又不至于因为新产品的推广而过多影响原品牌价值。子品牌是时尚企业的一个全新品牌，目的是竭力削弱与原品牌的联系，以保持原品牌的高端形象。这样即便低端产品扩展失败，对原品牌的伤害也会降低到最低限度。有的时尚企业会实施品牌联盟战略，单个企业开发和推广新产品容易在人财物力和影响力方面受到诸多限制，这时可以通过发展品牌战略联盟的形式来帮助企业实现产品延伸。许多时尚企业甚至实施跨界合作，以实现在新的领域开疆拓土。

（三）质量控制战略

质量控制战略是指时尚企业把质量因素作为企业竞争优势的来源，即依靠顾客感知到的产品或服务的相对质量的领先地位，赢得顾客忠诚和稳定的利润。根据美国战略计划学院进行的一项名为市场战略对利润影响的分析表明，产品的质量与其在市场中所占的份额和市场美誉度是密切相关的，具有高质量的产品的公司会拥有更大的市场份额，同时也会从市场成长中获取最大的利益。在规模上处于劣势的企业应采用这种基于质量的职能战略，把质量作为赢得市场份额和顾客忠诚的出路。

江诗丹顿（Vacheron Constantin）成立于1755年，为世界最古老的钟表制造企业之一，总部设于瑞士日内瓦。历史悠久的江诗丹顿，有着多年的制表经验，有不少的传世经典，但"最小批量，最优质量，最高卖价"一直是江诗丹顿的经营理念。江诗丹顿一直处于瑞士钟表业技术的领先地位，其制造的超薄机芯以及超薄表创历史之最。江诗丹顿所生产的腕表通过日内瓦印记认证的数量居世界首位。日内瓦印记诞生于1886年，其使命旨在向于日内瓦制造并符合一系列技术准则的钟表和机芯颁发市政府授予的官方印记，确保时计的原产地、优质工艺、耐久性及钟表专业技艺的卓越水平。随着时间的推移，日内瓦印记不断修订并增强其严苛基准，迎合日新月异的技术标准。日内瓦印记确保腕表的每一个零部件无论在制造、打磨还是装配时均拥有完美的品质。这意味着江诗丹顿有能力遵循传统高级制表的规范。同时还向顾客确保所购得的腕表通过了独立官方机构按照既定准则进行的严苛检验。自1901年以来，江诗丹顿一直是卓越品质标识和日内瓦印记的忠实代表。如今，其在日内瓦的工厂年产量仅为6000只表。自1840年起，江诗丹顿每只手表的生产图纸、记录、销售日期及机芯表壳编号等资料，都完整无缺地保留在公司的档案柜中。他们把超群的技术，严格的测试，精湛的工艺与完美的造型结合在一起，创造出一个又一个高贵典雅、令人赞叹不已、极富收藏价值的稀奇经典之作。

第三节　时尚企业管理者

　　时尚设计师、时尚企业家、时尚经理都是时尚企业创造卓越的重要人力基础，是时尚企业运营的领导者，也是时尚产业发展的重要人力资源。在时尚企业建立中，时尚设计师是核心开创者；在时尚企业的发展中，时尚企业家是重要的推动者；在现代时尚企业中，营销总监、零售经理、时尚买手等时尚经理都发挥着巨大的推动作用。

　　一、时尚设计师

　　时尚设计师是时尚产业的核心要素，是时尚企业存在的基础。时尚设计师是时尚产品的创新者，是时尚流行趋势的探索者和引领者。时尚设计师直接设计的是产品，间接设计的是生活方式。时尚设计师可以拥有自己的企业，可以受雇于人，也可以是自由职业者，时尚设计师在时尚产业中已经拥有了重要的地位和价值。

　　（一）时尚创意的挖掘者

　　时尚设计师是时尚创意的挖掘者。时尚创意是时尚设计的前提，设计师的想象力是时尚创意的源泉，是设计师思维状态的反映。设计师通过想象力将零散的创意素材进行连接，经过一次次酝酿构思后，结合具体实际情况不断进行修补，最终完成时尚创意形态的形成。随着科学与文明的进步，严格的行业之间的界限正在淡化，时尚设计师的想象力不断冲破固定思维的禁锢，以千姿百态的形式释放出来。许多新奇的、诡谲的、抽象的视觉形象和标新立异的色彩出现在创意形态中，成为时尚设计成功的要素之一。三宅一生（Issey Miyake）不仅是设计师，也是一位"可视化"的创意大师。他喜欢选取大自然的素材做创意元素，如花朵、动物、水等。他尤其喜欢用花，既包括自然的花，也包括传统服饰中的花样，并且使用手制印花蜡染等多种染色方式来表达"快乐花朵"。他还重视颜色的效果，认为每一种色彩都拥有其独特的味道。他把四季都想象成夏天，在颜色上变换着扣人心弦的构思。他经常采用具有民族特色的深葡萄酒红、艳紫、暗茄子色、卡其和油蓝，构成五彩缤纷、温暖欢愉的组合。他还善于在世界历史文化中寻找灵感，南美印第安人、蒙古公主、土耳其宫女、西班牙骑士都曾出现在他的创意作品中，使人们感受到了绚烂夺目的民族之光。

　　（二）时尚设计的执行者

　　时尚设计师是时尚设计的执行者。时尚设计、时尚产品形成的开始，时尚设计师是时尚产品的创新者，需要掌握设计、美学、打板和制作等方面的技能。时尚设计师既要能够将创意转化为设计，也能够将设计转化为产品；既要懂得设计技术，也要懂得加工工艺。同时，不同类型的设计师也遵循着各自领域的原则。高级定制时装设计师不追求市场化，其设计的高级定制时装基本都数量有限，对产品质量有着极高的要求。高级定制时装设计师代表人物有查尔斯·弗雷德里克·沃斯（Charles Frederick Worth）、玛德琳·维奥内特（Madeleine Vionnet）、保罗·波烈（Paul Poiret）、克里斯汀·迪奥（Christian Dior）、华伦天奴（Valentino）等。成衣设计师在设计开发过程中会遵循经济原则，成衣设计需要被严格量化和标准化。成衣分为高级成衣和普通成衣，不同类型的成衣设计师对于服饰设计的创新程度不一样，并且会受制于市场需求和时尚流行趋势。成衣设计师代表人物有玛丽·匡特（Mary Quant）、卡尔·拉格菲尔德（Karl Lagerfeld）、卡尔文·克莱恩（Calvin Klein）、汤姆·福特（Tom Ford）等。当代先锋派时装设计师表现出另类的独特审美价值观，设计师将时尚设计作为一种社会运用的方式，勇于打破当前的社会主流审美。先锋派时装设计师代表人物有川久保玲（Rei Kawakubo）、山本耀司（Yohji Yamamoto）、三宅一生（Issey Miyake）等。这些设计师大多拥有独立私人品牌，例如唐娜凯伦（Donna Karan）、汤姆福特（Tom Ford）、阿玛尼（Armani）等都拥有自己的个人品牌。

（三）时尚趋势的探索者

时尚设计师是时尚趋势的探索者。时尚是时代产物，在不同的时期由具有不同种族和社会背景的设计师们创造。可以说，时尚的历史就是设计师的历史，设计师因其为时尚发展注入新创意、带来新风尚而一直被人们铭记。"时尚设计师"这一概念在19世纪下半叶才出现，同期巴黎时装工会成立。时尚设计师在掌握社会价值体系后进行时尚设计开发，并以设计师的想象力和市场的潜在需求为主要设计目标。最终的时尚产品需要既能满足市场的潜在需求，又能对时尚流行趋势有目的地进行引导。时尚流行的原因既包括市场的自发因素，也包括设计师的引领效果。尤其在当今信息化时代，设计师在流行趋势分析基础上进行设计工作，因此设计师对时尚流行的引领作用更加巨大。设计师对时尚现象、资讯和社会文化的知识转换能力决定了实际的引领效果，主流设计师具有更大的影响力，成为时尚流行趋势的开创者和引领者。近年来，独立设计师逐渐增多并影响着越来越多的人群。独立设计师不追求批量化生产，产品追求与众不同，强调独特个性。这种难以复制的小众时尚风格与当下大众的个性化需求不谋而合，影响着社会的时尚审美，不同程度地影响着时尚流行的走向。

（四）时尚文化的传播者

时尚设计师是时尚文化的传播者。时尚产品不仅具备使用价值，还具备文化价值内涵。设计师在推出新的时尚产品时，也带给人们时尚文化的气息。同时，许多设计师将时尚产品作为精神思想的载体，在设计中加入了个人价值思考。社会公众能通过接触、了解、消费设计师推出的时尚产品而有所反思，产生新的认知，间接改变了社会生活形态。1858年，年仅28岁的设计师费德里克·宝诗龙（Frederic Boucheron）成立了自己的品牌宝诗龙，并在巴黎最时尚的皇家宫殿区开设精品店，设计了许多贵重的珠宝首饰、腕表和香水。如今，宝诗龙成为大胆奢华的现代珠宝首饰的代名词。宝诗龙公司一直倡导积极的人生观，"每件杰作都是一场生命的庆典"。在宝诗龙公司传递着一项与快乐、幸福和生命的庆典紧密相连的共识：对于宝诗龙来说，生活就是一场快乐的盛宴。为实践这一信条，费德里克·宝诗龙（Frederic Boucheron）以"幸福时光"为主题，展现了他对于时间的看法。为颂扬生命的美好，宝诗龙的所有作品都充满积极向上的能量，传达出一份幸福与默契，如同可爱而调皮的动物，与您相伴。这种积极的人生观还表现在工坊里的每一个人在日常工作中都展现出生命的欢乐。

二、时尚企业家

时尚设计师进行时尚产品设计和创新，形成了时尚企业经营的基础，同时对时尚流行趋势具有重要的影响。时尚企业家要推动企业的经营活动，引领企业的发展。时尚企业家是时尚产业发展的重要推动力，他们有不同类型，有设计师型企业家、家族传承型企业家和商业型企业家等。

（一）设计师企业家

首先，许多设计师就是时尚企业的创始人。路易·威登（Louis Vuitton）、蒂埃里·爱马仕（Thierry Hermès）、可可·香奈儿（Gabrielle Coco Chanel）、马里奥·普拉达（Mario Prada）、古驰奥·古驰（Guccio Gucci）、詹尼·范思哲（Gianni Versace）、克里斯汀·迪奥（Christian Dior）、托马斯·巴宝莉（Thomas Burberry）、乔治·阿玛尼（Giorgio Armani）、华伦天奴·加拉瓦尼（Valentino Garavani）和埃尔梅内吉尔多·杰尼亚（Ermenegildo Zegna），这些设计师是企业创始人，也是品牌的创立者。有的设计师既能精妙设计，又能卓越经营。华伦天奴·加拉瓦尼以富丽华贵、美艳灼人的设计风格著称，他在缤纷的时尚界引导者豪华、优雅的现代生活方式。他经营的品牌以考究的工艺和经典的设计，成为追求十全十美的社会名流们的最爱。这位服装设计天才在经营上也是一把好手，他更像一名社交界的明星，这是华伦天奴品牌成功的一大原因。他定位客户群体于有能力并有财力欣赏的人，他相继开发推出了香水、皮鞋、太阳眼镜、室内装饰用纺织品、礼品、随身皮件、打火机、烟具等系列产品，总数有58项之多，都获得了客户群体的青睐。有的设计师靠不断的设计、学习和探索获得了品牌的市场地位。萨尔瓦多·菲拉格慕（Salvatore Ferragamo）出生在意大利，在九岁时就立志要创制出既美观又实用的完美鞋子。十三岁时他已拥有自己的店铺，制造出第一双量身定做的女装皮鞋，从此开始缔造他时尚王国的第一步。1914年，他来到美国，从此和电影结下了不解之缘，被誉为电影巨星的专用鞋匠，他设计的罗马式凉鞋在多部电影中出现过。但他并未满足，而是继续试图找出制造永远合脚的鞋的秘诀，甚至为此在大学修读人体解剖学，同时旁听化学工程和数学课程，发掘护理皮肤及使用不同物料的新知识和新方法。1947年，菲拉格慕以其透明玻璃鞋获得"时装界奥斯卡"的奈曼马库斯大奖

（Naiman Marcus Award），成为第一个获得此奖项的制鞋设计师。1957年，他出版了自传《梦想的鞋匠》，在那时他已创作了超过20000种设计和注册了350个专利权，创造了无数经典设计。

（二）设计师传承者

许多创始人的后代传承和打造了时尚企业的更大发展。从1895年，"Maison Berluti皮鞋之父"亚历山德罗·伯尔鲁帝（Alessandro Berluti）制作出第一双由一整张皮革制成，只有三个孔眼的绑带男鞋开始，这双鞋子在百年历史中引领着伯尔鲁帝成为独一无二、无可替代的大师。托雷洛·伯尔鲁帝（Torello Berluti）与父亲拥有同样的渴望，并终身为之奋斗不已。他继承了亚历山德罗·伯尔鲁帝的事业，也追随父亲的梦想之路前行。托雷洛继承了父亲最令人骄傲的天赋——创新思维与一双深谙制鞋工艺精髓的巧手，能将脑海中的创意转变为现实设计。当他最终实现自己的梦想时，一切都是如此自然鲜活，充满了色彩。现在，第四代掌门人奥尔加·伯尔鲁帝（Olga Berluti）成为了品牌的灵魂人物，她从她的前辈处承继了渊博的制鞋知识和传统，进一步将企业发扬光大。宝格丽（Bvlgari）的创始人索蒂里奥·宝格丽（Sotirio Bvlgari）出身于希腊伊庇鲁斯地区的银匠世家，根深蒂固地受到了经典希腊传统的影响，然而他又是在罗马文化的影响下专注于意大利风格和珠宝制作传统。1881年他创立了享誉世界的知名奢华品牌宝格丽。20世纪初，他的两个儿子柯斯坦提诺（Costantino Bvlgari）与乔吉奥（Giorgio Bvlgari）深深为宝石、珠宝与腕表的魅力所吸引，继而培养出相关的专业技术，逐渐掌管家族事业。二次大战结束后，他们两人跳脱法国金匠学院派的严谨规范，融合意大利文艺复兴美学及19世纪罗马金匠学派风格，走出了属于自己的独特品位。到了20世纪50—60年代，宝格丽创新大气的风格已成功掳获富豪人士与电影巨星的心。

（三）商业企业家

一些时尚企业是由商业企业家创立或经营的。一些不是设计师的商业人士，根据自己的理念创立了时尚企业，然后雇佣设计师完成设计。兰博基尼（Lamborghini）创始人费鲁吉欧·兰博基尼（Ferrucio Lamborghini）年轻时曾是意大利皇家空军的一名机械师，因此对机械原理比较熟悉。二战之后，他成立了最初的兰博基尼公司，制造拖拉机和燃油器等。由于极佳的商业头脑，在20世纪50年代中期，兰博基尼公司成为了当时最大的农用机械制造商。费鲁吉欧·兰博基尼极为喜欢跑车，1958年拥有了自己第一辆法拉利250 GT，而兰博基尼最终转为制造自己的汽车也是源于自己所拥有的250 GT。此后他开始考虑生产可以满足自己需求的跑车，比法拉利更好的跑车。在意大利乃至全世界，兰博基尼是诡异的。它神秘地诞生于世，出人意料推出一款又一款性能不凡的高性能车，并且风格另类。兰博基尼是举世难得的艺术品，意大利最具声望的设计大师甘迪尼为其倾注一生的心血。每一个棱角、每一道线条都是如此激昂，都在默默诠释着兰博基尼那近乎原始的野性之美。公司的标志是一头浑身充满了力气，正准备向对手发动猛烈攻击的犀牛。此外，还有一些时尚企业在最初的运营后，后来交给社会的职业经理人来管理。风靡欧洲时尚界四十余年的传奇珠宝品牌波米雷特（Pomellato）于 1967 年诞生在意大利米兰。创始人皮诺·拉博利尼（Pino Labolini）眼光独到，创立了这一颠覆传统意义的全新珠宝品牌。自 2009 年起，安德烈·莫伦特（Andre Molent）接任波米雷特全球首席执行官一职，他曾经是古驰的首席运营官。在时尚产业中，越来越多的时尚经理人承担着企业的经营责任。

三、时尚经理

时尚企业家领导时尚企业的发展，实施企业的战略规划。在企业的基础运营中，各种岗位的时尚经理们也发挥着关键的作用。时尚的发展速度越来越快，时尚企业的规模也在不断成长，需要更多有能力的经理角色来执行企业的细分工作。目前，这些时尚经理角色包括了创意总监、营销总监、零售经理和时尚买手等。

（一）创意总监

首先，创意总监是当前时尚企业中越来越重要的职位。创意是设计的灵魂，许多企业更重视创意的产生和形成设计基础，因此设立创意总监的岗位。创意总监可以由设计师来担任，但是不是单纯的设计师。创意总监是创意团队的领导者，要把握流行元素，了解产品信息，管理项目团队。创意总监必须激发创意组员将创意的光芒，反射后发扬光大成为大创意，将抽象的概念转化成有视觉冲击力的各类作品。当代许多知名设计师都担任过大公司的创意总监，例如 2000 年 12 月亚历山大·麦昆（Alexander McQueen）出任古驰公司的创意总监，许多创意总监在企业的产品创新上取得了巨大成绩。2001 年，巴宝莉公司在创意总监克里斯托弗·贝利（Christopher Bailey）的带领下推出了 Prorsum 高级男女装系列，不但为经典的干湿褛及格纹图案注入新元素，亦为品牌建立了时尚新形象，一洗以往古老形象。2014 年他开始兼任公司首席执行官，也成为时尚奢侈品集团首位设计师 CEO，这也是对创意总监角色演变的完美阐释。在任创意总监的 17 个年头里，克里斯托弗·贝利与巴宝莉共同经历了品牌无数个"第一次"，第一次全息影像、第一次即看即买、第一次 24 小时全程直播，他亲手将品牌送上巅峰。目前，随着对提供可持续发展和增长的承诺，创意总监的角色演变得更为多样化，俨然是世界上销售时尚品至关重要的角色。

（二）营销总监

营销总监是时尚营销的具体操作者，是时尚企业重要职能的履行者。营销总监主要是为服务的企业制定短期及长期战略规划及实施策略，组织新老产品的成功上市销售，为企业打造一支高效、稳定的销售团队。营销总监在公司的发展战略和品牌规划上应有自身独到的见解，尤其与公司总经理要在充分沟通基础上统一思想，以保持市场理念和管理办法的高度一致。应该讲，营销总监由于经常置身市场，对产品的定位、机会创新、推广有着敏锐感觉和独到见解，而这些恰恰是制定经营方针、明确营销策略以及落实团队管理的具体表现。对上要及时和总经理沟通，以求得支持和帮助，对下要善于求得团队理解并为之努力。前菲拉格慕（Ferragamo）营销总监亚历山德罗·巴洛西尼·沃尔佩（Alessandro Balossini Velpo）认为："一个品牌的成功来自于对顾客需求的理解，尤其是那些因为竞争而产生的潜在的或者未被满足的需求。以合适的价格、良好的分销渠道以及适当的市场交易平台来发展符合这些需求的产品和服务。但是如今仅有这些是远远不够的。对于具有高度情感性和象征性价值的品牌，成功的关键在于创造一个与其客户感性与理性的天性完美结合的品牌。当这些品牌与其客户构建了一个强大的联系时，他们永远不会被替代，这是因为他们在品牌价值和文化中实现了自我。"

（三）零售经理

零售经理是时尚零售的具体执行者，是具有时尚特色零售的完成者。时尚零售是时尚企业的重要经营活动，是包括线上和线下的全渠道模式行动。零售经理要根据公司发展规划及市场现状拟订直营年度发展规划，制定年度经营计划（含销售指标、渠道规划、商品管理、人本控制等），并完成直营年业绩指标，协助各区域超额完成月、年业绩指标；同时组建零售运营、零售支持团队，确立团队目标，开展开季培训、陈列打样及复制工作，培养并激励员工的销售激情；建立直营运作标准并负责实施监管（店铺货品管理、人员管理、店务管理、财务管理、促销管理等）。零售经理需要进行零售门店出货计划的达成跟进及分析，提供出货分析报告；调查区域品牌发展状况，调研竞品，为公司品牌发展提出相应建议；合理控制费用，准确把握预算费用与实际费用的差异，合理利用资源；负责部门员工的管理、晋升、绩效评估以及业务指导工作；负责公司新开店铺相关合同流程及新开店商场事宜的沟通协调，各种款项的协助处理；协助商品团队采买商品、店铺货品整合调拨归并等。

（四）时尚买手

时尚买手是时尚企业的一个重要职位，也是一种职业人。时尚买手是为企业或品牌采买合适的设计并交由工厂生产成商品成品，或直接采买合适的商品成品，然后放到企业销售渠道中进行销售，从而获得利润。时尚买手需要对时尚的流行、时尚的规则、时尚的消费和市场非常了解，用敏感的前瞻性的眼光预测未来的流行。时尚买手需要关注店面的陈列和销售；检查陈列是否符合本季主推、销售数据与本季产品各类订货量是否成正比等；理性地分析市场各项数据，并从中得出下季销售预测和订货量。时尚买手需要熟知服装的面料与流行、服装的设计要点、加工工艺及流程、周期等；寻找优良的采买渠道，在正确的时间以正确的数量采买正确的商品；组织与协调货品调度等。对于一个时尚企业和时尚品牌来说，时尚买手是商业成败的关键人物，决定着本季和下季货品，是企业或品牌利润的创造者。在中国，最早的买手模式是在香港，连卡佛（Lane Crawford）的买手制一直受到香港中产阶级的喜爱。连卡佛进入中国大陆市场后，让大家了解到买手百货制的形式，不同的企业经营形式的采买任务也是有区别的，例如大型零售商、连锁店和精品店等。

第五章　时尚企业运营管理

时尚产品的产生过程是基于原材料的转变过程，这一转变从外形、颜色、功能和效果等角度使创造性价值充分体现。每一次的产品产生过程不仅是技术性和科技性的成果，也是一种商业价值的体现。时尚企业运营不仅是时尚生产的过程，更是时尚创意与设计的过程和推广的过程。

第一节　时尚创意

创意是指富有创造性的想法和构思等，是一种比创新更深一层次的行为和思想活动。如果将创新理解为工业革命时代技术层面的创造和更新的话，创意表达的则是知识经济社会中人的思维价值创造。创意来自于对自然、文化、经济和社会等现象的深刻理解与思考，创意寻求的是新的生机。时尚创意是设计的基础和根基，赋予设计内涵和灵魂。

一、创意灵感

灵感是指文艺和科技等活动中突发式的新思维诞生的起点，其产生的本质是"长期积累，偶然得之"。创意灵感是构思过程的启发，是设计思路的指引，也是一切作品的起源。创意灵感的获得离不开设计师丰富的知识经验和实践技能，传统文化、艺术作品和自然资源等都是灵感的来源。

（一）传统文化

传统文化即是在民族文化相互融合、演化、发展的过程中逐渐形成的，能够体现民俗精神和人文精神的一切物质文化和精神文化。服装作为一种文化现象，与本民族的历史沿革息息相关。当民族的心理思想和经济文化发生演变时，服装文化和主题思想也会随之变化，从而深刻鲜明地反映出最新的符合时代文化的表现。每一个国家和民族的文化都不尽相同，这为设计师提供了丰富的文化宝库。设计师可以将这些优秀的文化资源进行挖掘和利用，增加时尚设计产品的文化内涵。

中国5000多年的悠久历史孕育了博大精深的中华文化。刚健有为、和与中、崇德利用、天人协调是中国传统文化的重要价值取向。我国著名品牌天意高级成衣中体现的返璞归真、崇尚自然的主题，即来源于中国"天人合一"的哲学理念。天意服装以天然织物为主材，莨绸等中国传统织物的使用传承和弘扬了久远的东方文明。与含蓄包容的东方文化不同，宗教和个人主义构成了西方文化模式的基本特征和主要内容。在西方，人们把个体的发展作为基本追求，强调个体的独立意识和创造意识对社会的进步作用。所以西方的服装主要以突出人体为前提，其形制外向，注重人体的自然表达。以范思哲为例，线条是其服装设计中最重要的理念之一。不论是大衣、裙子，还是套装，线条都是范思哲最显著的标志，主要目的就是为了让女性的身材能够以更性感的方式表达出来。

（二）艺术作品

艺术之间存在互通性，音乐、舞蹈、建筑、摄影、书法和绘画等艺术作品都可以为设计师带来新的灵感。艺术作品向受众传递特定的抽象意念和情感，这种意念和情感会让创作者与受众产生深层次的交流和共鸣。设计师如将某个艺术作品中内在的情感提取出来，再通过另一种艺术形式进行创作，就会取得意想不到的效果。

在高级手工时装发布会和著名时装设计师的作品中，我们常常能看到对其他艺术形式的借鉴。例如，2012年巴黎秋冬时装周，卡纷（Carven）的设计师纪晓姆·亨利（Guillaume Henry）选取了荷兰著名画家耶罗尼米斯·博斯（Hieronymus Bosch）的名画《人间快乐园》作为缤纷印花的灵感来源。美国服装品牌Milly 2016年春夏秀场款的创意灵感就来自建筑师扎哈·哈迪德（Zaha Hadid）设计的巴库海达尔阿利耶夫中心，设计师米歇尔·史密斯（Michelle Smith）巧妙地运用高密度的柔软棉织面料来模仿建筑中柔软与力感的平衡，以此来支撑袖口的大廓型。影视艺术对服装的影响也不可低估，在奥黛丽·赫本（Audrey Hepburn）从影的30多年里，设计师于贝尔·德·纪梵希（Hubert de Givenchy）一直为她设计不同角色的电影服装，长期的合作也使纪梵希（Givenchy）不断从影视艺术里吸取创意灵感。

（三）自然资源

大自然是一切美的来源，山川、河流、森林、大海、礁石、贝壳、宇宙、云层和动植物等都可以使设计师产生新的灵感。将天地间的万物以图案的形式运用到服装设计中来，是设计师常用的手法。近代早期，欧洲一些国家以争夺商业霸权为目的的地理探索、领土扩展、殖民战争与国际贸易使得自然界中未曾被开发的领土和动植物资源被载入史册。新开发的领土与逐渐扩展的自然知识以图像的形式被刊发在世界地图、科普读物和旅游探险手册上，这些新奇的知识激发了人们探索自然的热情。在当时的欧洲，上层社会女性热衷研习植物学，她们订阅《英国飞蛾与蝴蝶》和《昆虫采集家》等动植物学杂志，并以其中的图像为元素进行绘画或织物的创作。16—17世纪，随着自然科学飞速的发展以及印刷术的进步，大量的植物花卉图册被广泛地用作植物图案设计的参考书。18世纪杰出的植物学家威廉·基尔伯恩是世界首家植物与昆虫学会奥里利安学会，同时也是当时欧洲时尚面料的顶尖图案设计师。整个 17—18 世纪，几乎所有欧洲纺织品图案设计的灵感皆源于自然。

除了将大自然中的元素作为图案，以自然界万物的形态为参考，进行相似形态的设计也是现代概念设计中常用的表现形式。正是这种从自然界中走出来的设计方法，给时尚设计师们提供了源源不断的灵感，同时也使服装更具情趣化和个性化。"鬼才设计师"亚历山大·麦昆（Alexander McQueen）是一位鸟类爱好者，从幼年到青年一直生活在一座简陋的小阁楼里，观察窗外鸟类千奇百怪的飞翔和栖息姿态是他最大的乐趣。1995年他将自己的春夏系列命名为"The Birds"，采用大量羽毛堆叠，展现出类似于鸟兽类的野性之美。随处可见的翅膀造型装饰，同时呈现着具有维多利亚时期阴郁的哥特式美感，亚历山大·麦昆敏锐的洞察力和丰富的创造力在他的艺术作品中被淋漓尽致地展现出来。除了图案和形态，自然界中的色彩也是设计师灵感的源泉。在 2009 年的秋冬巴黎时装秀上，夏姿·陈以靛蓝神秘的月牙泉与苍茫的大漠色为主基调，搭配琉璃蓝、榴花红、鹿皮色、藏青、辰砂、橘红和粗晶皂等颜色，将数百年来这条承载着东方文化和瑰丽艺术的丝路景象通过色彩意象表达出来，演绎出充满诗意与艺术的新时尚风貌。

二、创意思维

创意思维是人类一种复杂的思维活动。人们在创意构思中进行的思维活动就是创意思维，它是与常规性思维相对的一种思维方式。获取灵感是整个创意过程的第一步，但灵感是虚无缥缈和杂乱无章的，设计师还需要对灵感进行梳理和提炼，运用创造性的思维方法实现量变到质变、从无到有的建构过程。创意思维既体现了形象思维，也体现了抽象思维。

（一）形象思维

形象思维即是具象思维，是通过事物的具体形象和表象来了解事物的一种思维形式。形象就是客观事物本身所具备的表象特征与现象，其主要特点是内容与形式之间的统一。通常来说，形象分为自然形象与艺术形象两个类别。自然形象是指已经在自然界中存在的物质形象，艺术形象是指通过人类的思维进行创造和加工之后出现的新形象。

尊尼获加（Johnnie Walker）是世界著名的苏格兰威士忌品牌，于 1820 年创立。1908 年著名的插图画家汤姆·布朗为公司设计标识，这个标识与尊尼获加的创始人约翰·沃克非常的相似。长及膝盖的裤子、工装衣服、眼镜、帽子、手杖和行走的脚，都是自然形象的创意，但却显示出了一种"行走的绅士"的精神意义。从 1908 到 1925，再到 1997，标识"行走的绅士"的不断改进，恰恰体现了尊尼获加的开创精神和不断创新的传统。1999 年"不断前进"恰到好处地运用了尊尼获加新标识"行走的绅士"，为尊尼获加注入新的魅力。到了 21 世纪初，原标识的人像变成一个抽象形体，去除了原来商标人物的种族特色，透露出全球市场的经营理念。

范思哲的品牌标志是希腊神话中的妖女美杜莎，她就是一个非常有代表性的艺术形象。美杜莎拥有一张绝美的人类脸庞，但她的头发却是由一条条的毒蛇组成。在希腊神话中，美杜莎是代表着权威和致命吸引力的女魔头，她用自己的美貌来迷惑人心，凡是见到她并对她动心的人，都会被变成石头。詹尼·范思哲（Gianni Versace）不仅把美杜莎的形象作为自己的品牌标志，还将其装饰在自己所设计的服装的纽扣、腰链、T恤以及服装的图案上。无论是主体还是细节，人们都能够感受到美杜莎这种艺术形象散发出来的魅惑和震慑力，以及范思哲设计理念中蕴含的浓浓的神话色彩。完美和强烈的视觉冲击力是范思哲现代时装一直以来的追求，美杜莎正是其形象思维的一种反映。

在艺术形象中，巴宝莉的格子图案也令人印象深刻。格子图案之于英国，如同旗帜徽章之于意大利，是观察英国的窗口，也是很多家族标志的象征。格子图案不同的大小、不同的颜色，代表不同的地位、不同的地理位置和不同的村落。据考证，迄今发现最早的苏格兰格子产于公元3世纪，距今已有一千七百多年的历史，可谓是源远流长。巴宝莉最经典的格子纹搭配就是浅驼色、黑色、红色、白色组成的三粗一细的交叉图案。这种纹样显得低调和简洁，自然散发出成熟理性的韵味，体现了巴宝莉的历史和品质，也体现了品牌背后的英国文化和英伦风情。由此可见，在创意中，对这种形象思维的巧妙运用，不仅能够带来意想不到的生动效果，还能够使这一形象成为品牌的代表，以一种更直观的方式深入人心。

（二）抽象思维

抽象思维即是逻辑思维，就是人们在认识事务的过程中，借助于概念、判断和推理等思维形式反映客观现实的过程。它是用科学的抽象的概念、范畴揭示事物的本质，通过个别现象，总结出一般规律的思维活动。美学家苏珊·郎格（Susanne K. Langer）曾说：“在人类所具有的全部原始本能中，必须有某些本能自发地进行理性实践活动，并在这个基础上产生了种种经教育培养而成的抽象思维。”人的感官对外部世界的感性材料进行吸收，然后经过大脑对其反复地进行思考和加工，对事物的形象进行概括和总结，由此获得一种新的形象。创意过程中的抽象思维是通过设计师独特的视角或独特的表现手法得以展现的，很多是借助抽象艺术完成的。抽象艺术就是抽出多种事物的共同之处，然后综合而成的艺术。抽象艺术最早源于绘画，抽象绘画是以直觉和想象力为创造的出发点，排斥象征性、文化性、说明性的表现手法，仅将造型和色彩加以综合、组织的一种绘画方式。

法国时尚设计师伊夫·圣·洛朗（Yves Saint Laurent）把绘画艺术应用到时尚创意上，将抽象艺术引申到了服装设计上。从安格尔（Ingres）和德拉克洛瓦（Delacroix）到委拉斯凯兹（Velasquez）和戈雅（Goya）、从毕加索（Picasso）和马蒂斯（Matisse）到韦塞尔曼（Wesselmann），他对各种流派画家的作品都具有浓厚的兴趣。他善于将艺术、文化等多元因素融于服装创意上，尤其擅长将绘画色彩用于服装上，黑色、宝蓝、粉色、紫色是他最偏爱的颜色，他的对比色运用精妙绝伦。他尤其推崇几何抽象派代表画家蒙德里安（Mondrian），并由衷地赞同这位画家的艺术主张，即"文化人今天的生活越来越缺乏抽象的思想"。伊夫·圣·洛朗不赞同当时巴黎高级时装的繁琐装饰与顽固定式，认为这是穿着者的累赘。他将蒙德里安当年所做的实验性的抽象油画《红、黄、蓝的构成》与其秋季时装设计巧妙结合，变成了20世纪60年代流行的针织连衣裙。伊夫·圣·洛朗这一时尚与艺术的跨界创意，将"蒙德里安裙"塑造成了一代经典，同时也将蒙德里安的代表作推向了全世界。直到今日，抽象思维仍是设计师在设计过程中惯用的思维之一，赋予了服装夸张且另类的艺术光彩。

三、创意价值

创意产品价值的生成，本质上是创意价值的生成。设计师首先获得一定的创意灵感，再通过创意思维进行构思、设计，以及生产部门生产、制作，最终形成创意产品。在这个过程中设计师遵循一定的设计学规则和美学理念，把创意理念、文化内涵融入到创意产品中，并为消费者所接受，最终形成了创意价值，包括适用性价值、美学性价值和商业性价值。

（一）适用性价值

适用性是创意产品的基本价值。首先，创意产品的适用性价值体现为满足目标消费者的使用需求。在消费社会中，不同的目标消费人群对于时尚产品风格等感性价值层面的需求差异非常明显，只有深入地了解他们的生活方式、教育背景、心理状况和使用习惯等人群特征之后，才能为产品的造型、色彩、风格、材质的最终定型提供判断的依据。现代服装的创意既要满足功能性需求，还要满足标识性需求。服装作为"人的第二皮肤"，在人与社会环境之间，具有标签、礼仪和象征等作用。个人或群体通过服装的样式、颜色和标记等展示其职业、地位、身份和权力等，同时表达其偏好、态度和价值观等。其次，创意产品的适用性价值体现在适合目标消费者的消费能力。因消费能力的差异，消费者会对产品的价格、材质、工艺水平和款式等提出不同的要求。1975年时尚设计师乔治·阿玛尼（Giorgio Armani）于米兰创立了阿玛尼公司和主线品牌乔治·阿玛尼，1975—1981年间，陆续推出 Giorgio Armani Le Collezioni，Mani Uomo and Donna，Armani Junior，Armani Underwear，Armani Swinwear，Emporio Armani，Armani Jeans 和 Armani Baby 等系列副线品牌。乔治·阿玛尼是公司最高端品牌，包含男女装，是阿玛尼正装中最贵的一个系列。与乔治·阿玛尼不同，Emporio Armani 的消费者定位为中端年轻休闲的人群。Emporio Armani 的剪裁、布料和做工依旧非常讲究，同时融入了年轻的风格，款式也更加多样，价格比乔治·阿玛尼低了许多，满足了时装设计产品价格和消费者收入的对等，实现了其适用性价值。

（二）美学性价值

美学性是创意产品的特有价值。时尚已经成为我们生活中越来越重要的一种生活方式，各类时尚创意也在不断地冲击着我们的感官，丰富着我们的审美内涵。消费者对于产品的首因效应源自视觉形象，创意产品的价值一定程度上取决于消费者的审美评价和审美认知。在服装领域，设计师需要结合设计美学、个性审美与消费者的美学需求，通过创意组合呈现设计师对当前时尚流行审美的理解和把握。其次，创意产品中的美学价值除了体现出表象美，更要呈现出内涵美。流行易逝，风格永存，仅仅靠视觉冲击力的创意作品只能存在一时。创意时代下的时尚产品要能够深入满足人们精神层面的需求，切实表现出创意背后的精神内涵。20 世纪 20 年代，香奈儿女士认为时下流行的女性套装设计不但不合乎潮流，剪裁与大小也都因为太紧而充满压迫感，她寻求给女性崭新的选择。因此，兼具自主性、时尚感与舒适度的套装诞生了，至今仍极具特色并成为香奈儿品牌的标识性产品。香奈儿推出的这身套装不仅外形简洁和对称，镶边的装饰流露出女性的优雅，还适应了女性参加社会工作的时代要求，同时表达了女性追求自由独立的思想和现代审美观。所以，设计师的创意不仅要注重形式美，还要展现内在的感染力，同时兼具外形和内涵的美感。

（三）商业性价值

商业性是创意产品的现实价值。时尚创意出售的是创意，是可以实现商业价值的创意，因此时尚创意是时尚经济中的商业创意。很多时尚企业都非常重视产品创意的商业价值，设置产品创意总监的职位并赋予很大的权力。从 1921 年创立之初，古驰一直走的是贵族化路线，作风奢华且略带硬朗的男子气概。1994 年之前，由于古驰家族的纷争，导致古驰的产品质量严重下降，古驰品牌的地位岌岌可危。1994 年，汤姆·福特（Tom Ford）被任命为古驰集团全产品创意总监，大刀阔斧整顿古驰，将这一传统品牌改变为崭新的摩登代言者，使古驰成为年轻族的时尚代表。从 1994 年至今，古驰一直是世界上最具影响力的超重量级时尚品牌。另外，商业价值的实现与时代理念也密不可分，把握时代理念的大方向，能够让创意产品实现更大的商业价值。环保理念、可持续创意理念、人类与自然和谐共生的理念等，都可以通过创意产品传递给消费者，实现其商业价值。2018 年 6 月古驰首次推出的"古驰平衡计划"，以联结人文和地球为宗旨，分为人文和地球两大板块，鼓励全球社群中的每个成员能够自由表达、展现真我，积极推动人文和地球理念。2020 年早秋推出的首个可持续系列"Gucci Off The Gird"便是该计划的重要环节之一。这个系列一经推出，就得到了消费者积极的响应。

第二节　时尚设计

时尚设计是创意的具体成形过程，是把构思和方案转换为实际作品的创造过程，既要考虑产品的价值性，也要考虑制作的科学性。设计要遵循一定的设计原理，应用一定的设计工具，有效地将各要素选择、组合和连接起来。当所有的设计要素按照设计原理彼此和谐作用时，就产生了一件成功的设计作品。其中，色彩、式样和材料是时尚设计的最基本要素。

一、色彩选择

色彩是能引起我们共同的审美愉悦的、最为敏感的形式要素。色彩实质是光从物体反射到人的眼睛所引起的一种视觉心理感受，因此它的性质直接影响人们的感情。用色彩来装饰自身是人类最冲动、最原始的本能，无论古代还是现在，色彩在审美中都有着举足轻重的作用。对于时尚产品尤其是时装，色彩是最有表现力的要素之一，是引起消费者关注的核心成分。

（一）色彩本质

色彩有其科学的本质和原理。色彩按字面含义上理解可分为色和彩，所谓色是指人对进入眼睛的光传至大脑时所产生的感觉；彩则指多色的意思，是人对光变化的理解。色彩可以分为无彩色系和有彩色系两类。无彩色系是指白色、黑色和由白色黑色调和形成的各种深浅不同的灰色。无彩色按照一定的变化规律，可以排成一个系列，由白色渐变到浅灰、中灰、深灰和黑色，色度学上称此为黑白系列。有彩色是指红、橙、黄、绿、蓝、靛、紫等颜色，是由光的频率和振幅决定的。有彩色系包含色相、饱和度和明度三大要素，即三大属性。

色相是指色彩的相貌，是色彩最显著的特征。色相是由光的频率决定的，是不同频率的色彩被感觉的结果，也即是光谱上的红、橙、黄、绿、蓝、靛、紫的反射结果，是能够使我们将一种颜色同另一种颜色区分开的色彩要素。饱和度是一种颜色的相对饱和度和强弱程度。强色调是高饱和度的色彩，弱色调则是低饱和度的色彩。例如，海蓝色是高饱和度蓝色，而菘蓝色则是低饱和度蓝色。明度是指色彩的明亮程度。明度有两种情况：一方面，每一种纯色相都有其本质的明度，白色明度最高，黑色明度最低，红、绿、蓝色为中间明度，明度高的色相被称为浅色，明度低的色相被称为深色，即白色是浅色而黑色是深色；另一方面，同一色相在不同光量下明度会不同，在强烈光线照射下明度显得高，在微弱光线照射下明度则显得低。有彩色的色相、饱和度和明度属性是同时发生作用的，设计应用时需要同时考虑这三个因素。

（二）色彩含义

色彩体现出特定的含义。色彩具有一定的自然含义，大自然的五彩斑斓正是这些色彩最直接的来源。人们往往将自然万物与其颜色之间进行联想，比如桃红、湖蓝、薄荷绿、柠檬黄以及更富意象的沙滩色、贝壳色、大理石色、晚霞色等等。色彩会有不同的季节感觉，色彩存在冷暖色的划分。红、橙、黄偏暖，绿、青、蓝、紫偏冷。色彩本身并无冷暖的温度差别，是视觉色彩引起人们的心理联想，进而产生冷暖感觉的。同属黄色相，柠檬黄显然偏冷，而中黄则感觉偏暖。因此，秋冬时装发布和春夏时装发布会，颜色会有明显的区别。色彩具有一定的心理含义，人们对色彩会有不同的心理感觉。红色让人觉得热情奔放，白色显得纯洁神圣，黄色带来欢快气氛，蓝色让人心境平和，绿色使人安宁等等。同时，黄绿和蓝绿等色容易使人联想到草、树等植物，产生青春、蓬勃等感觉。紫和蓝紫等色容易使人联想到花卉、水晶等稀贵物品，产生高贵、梦幻的感觉。色彩具有一定的民族和地域的含义，色彩可以传达出一个民族的视觉特性。例如，红色是中华民族最喜爱的颜色，代表着喜庆、热闹和祥和，可以说是中国人的文化图腾。同时，红色是中国传统礼仪最高等级的色彩之一，在重要庆典与日常喜庆的时刻，红色都是人们最喜闻乐见的色彩。中国红与青花蓝、琉璃黄、国槐绿、长城灰、水墨黑和玉脂白构成了一道缤纷的中国传统色彩的风景线。色彩具有一定的社会含义，有时用来表征社会地位和身份差异。中国上下几千年，服装的色调受到"阴阳五行论"的影响，以黄色的神圣和至高无上象征中央，是一种温和的暖色，轻快、明亮、富丽，是我国封建帝王服装的专用色。欧洲认为蓝色是高贵的标志，蓝色被运用也非常广泛。"皇室蓝"被广泛地应用于欧洲王室贵族体系中，尤其被用于徽纹学和服装中，具有重要意义。

（三）色彩作用

色彩也是人类进行创新和创造的工具。许多设计师直接应用或调配固定的色彩，作为产品或品牌的代表颜色。华伦天奴·加拉瓦尼（Valentino Garavani）创立了华伦天奴品牌的过程，也创造了"华伦天奴红"。在 CMYK 模式下，0% 的蓝色、100% 的红色、100% 的黄色和 10% 的黑色，调配出来就是正宗的"华伦天奴红"。当第一条"华伦天奴红"的红裙子问世时，华伦天奴品牌就驰骋了整个时尚界，而"华伦天奴红"也成为了品牌的 DNA。"蒂芙尼蓝"被称为世界上最浪漫的蓝色，在蒂芙尼（Tiffany & Co.）的广告、营销活动、包装和产品上，这种颜色都无处不在。一个多世纪以来，蒂芙尼对这种特定蓝色的协调应用已经让消费者们记住了这种颜色。在全球消费者的心中，Pantone 1837 色号，也称为知更鸟蛋蓝，就是"蒂芙尼蓝"，象征着浪漫与幸福，代表有情人终成眷属。还有设计师进行色彩的搭配和根源挖掘，来进行产品设计。2021 年在日本东京举办的第 32 届夏季运动会的开幕式上，中国体育代表团身穿以"开门红"为主题设计的系列礼仪服装出场。总体来说，色彩是红白相配。红色代表运动的激情和喜悦，高贵而热烈。白色代表光明、纯洁、神圣，在服装中起到调和作用。红白相配，在开幕式主场馆的环境中显得更加明亮和跳跃。伊夫·圣·洛朗是法国 20 世纪 70 年代出现的时装设计师，他把民族服装和街头服装的色彩渗透到高级时装中，使得他设计的颜色鲜明的运动夹克、城市长裤和民族服装系列非常出名。

二、式样设计

式样是时尚产品的造型样式，是用线条勾画出的产品形象和外观，是时尚设计的关键。服装是时尚的核心产品，服装的式样叫作廓型，也即板型。服装廓型是区别和描述服装的重要特征，服装廓型的变化影响着时尚流行的变迁。根据不同的角度，服装廓型具有不同的名称。克里斯汀·迪奥（Christian Dior）首先提出以英文字母命名服装廓型的方法，标志着服装设计中"纯粹外型线"设计思想的形成。目前，基本的字母型主要有 H 型、A 型、T 型、V 型、Y 型、O 型、X 型和 S 型等。

（一）H 型

H 型是一种平直造型。它弱化了肩、腰、臀之间的宽度差异，外轮廓类似矩形，廓型结构线一般以直线为主，具有挺括简洁之感。这类服装以肩部为受力点，放松了腰围，不强调胸、腰、臀三围曲线，总体上穿着舒适，风格轻松。常见的服装有直筒裙和直筒型外套等。1925 年，H 型在欧洲非常流行，在西方服装史上曾被象征为新女性的诞生。1954 年，迪奥在其秋冬系列中推出了一款女装设计，不强调胸、腰、臀三围曲线，整个外观是字母 H 形，因此定名为 H 型廓型。H 型在 20 世纪 60 年代风靡一时，80 年代再度流行。凯特王妃常穿着 H 型直筒外套出席活动，干净利落的线条符合外交场合的庄重，跳跃的颜色冲淡了乏味感。

（二）A 型

A 型是一种适度的上窄下宽的平直造型，即是窄肩，由腋下逐渐变宽，夸大裙摆而造成的一种上小下大的梯形印象，整个廓型类似大写字母 A。这类廓型结构线以弧线为主，上衣和大衣以不收腰、宽下摆为基本特征。上衣一般肩部较窄或裸肩，衣摆宽松肥大；裙子和裤子均以紧腰阔摆为特征。A 型比 H 型发展更早，起源于 17 世纪的法国。第二次世界大战后，迪奥于 20 世纪 50 年代根据当时女性的着装心理而推出 A 型服装。从这一时期开始，A 型廓型在全世界的时装界都非常流行，在现代服装中也一直处于重要的地位，常见的服装是喇叭裤和 A 形裙等。

（三）T 型

T 型是一种宽松造型，是上衣、大衣、连衣裙等肩部夸张、下摆内收而形成上宽下窄的 T 型效果。廓型结构线以斜线为主，通常为连体袖和插肩袖设计，轻快、洒脱而富有男性气息，多用于男装和较夸张的表演装或前卫风格服装设计中，此外在职业女装中也有使用。时装设计大师皮尔·卡丹（Pierre Cardin）将 T 型运用于服装设计，使服装呈现出很强的立体造型和装饰性，是对 T 型的新的诠释。

（四）V 型

V 型与 T 型类似，是更夸张的 T 型，形状类似字母 V，是一种肩宽下摆收紧的倒三角形款式。此类服装上宽下窄，通过夸张肩部，收紧下摆，获得洒脱、干练、威严等造型感，具有较强的中性化色彩。V 型表现的大多是上衣、西服、男夹克和下摆收紧的 T 恤。一些女装中也采用 V 型，如女式夹克、短连衣裙和 T 恤，它对塑造女性健美、洒脱干练的形象有独特之处。

（五）Y 型

Y 型是强调肩部夸张、下身紧贴、上大下小的造型。Y 型形状类似字母 Y，肩宽，从腰开始全部收紧，腰至下摆部分呈细长形，给人以简约、帅气、优雅的效果。Y 型廓型在第二次世界大战后曾作为军服的变形流行于欧洲，20 世纪 70 年代末至 80 年代初再次风靡世界。历史上最具有代表性的 Y 型应该要算 15—16 世纪男装盛行的 Tunic 束腰外衣搭配长筒袜了。通过灯笼袖来扩充肩部的体积，腰部使用束带收紧，下半身的贴身长筒袜更接近于现在的 Leggings 紧身裤。使人的注视焦点着重放在上身，呈现出 Y 字的形状。

（六）O 型

O 型的造型重点在腰部，通过对腰部的夸大，肩部适体，下摆收紧，使整体呈现出圆润的 O 型观感。此廓型的结构线以长弧线为主，体现了休闲、舒适、随意的造型效果，并表现出独有的幽默而时髦的气息。现在我们会常见到 O 型的毛呢大衣，吐露着舒适又优雅的风情。O 型也多用于创意装的设计，如孕妇装和灯笼裤等。

（七）X 型

X 型是通过夸张肩部和衣裙下摆而收紧腰部，使整体外形显得上下部分宽松夸大，中间窄小的类似字母 X 的造型，又被称为沙漏型。这是一种具有女性色彩的廓型，款式上通过夸张肩部，收紧腰部，扩大底摆获得，结构线以曲线为主，整体造型优雅而又不失活泼感。X 型与女性身体的优美曲线相吻合，充分强调女性的魅力。X 型也是迪奥推出的式样，在 20 世纪 70 年广泛流行。

（八）S 型

S 型是礼服常用廓型。较 X 型而言，S 型女性味更为浓厚。它通过结构设计、面料特性等手段达到体现女性 S 型曲线美的目的，体现出女性特有的浪漫、柔和、典雅的魅力。

（九）其他

西方服装发展史中，研究者们经常用字母来描述服装造型变化。除了以字母命名廓型之外，还有以几何造型命名的，例如长方形、正方形、圆形、椭圆形，梯形、三角形和球形等；以具体事物命名，例如气球形、钟形、喇叭形、酒瓶形、木栓形，磁铁形、帐篷形、陀螺形、圆桶形和篷蓬形等；以专业术语命名，例如公主线形、直身形、细长形和自然形等。这些廓型都被设计师们应用到现代服装设计中，甚至有人把流行定义为"某种东西形成的方式，是一种轮廓或外貌"。服装轮廓不仅表现了服装的造型风格，而且是服装设计表达人体美的诸多因素中的主要因素，尤其是对肩、腰、臀和腿等主要人体部位进行夸张和强调，创造性地体现人体美的视觉感受。

三、材料应用

材料是时尚设计所应用的物料，是时尚产品的实体物质。时尚产品的最终成型过程就是材料的转化过程，因此材料是时尚设计的根本选择要素。对于服装而言，面料是最基本和核心的材料，是色彩和式样的依托，也是产品价格的重要影响因素。面料不仅保证了功能性，更体现了表达性和科学性。

（一）功能性

面料要保证功能性。在远古时代，兽皮和树叶等自然物成了人类的御寒遮体之物，也就是最早的服装面料。随着生存探索和文明进步，人们从自然界中提取了更多的天然纤维作为服装面料，即棉、毛、丝、麻等原料。直到 19 世纪中下叶，工业发展和科技进步才使服装面料得到了迅速发展。人们在继续使用自然界本身所具有的各种材料的同时，又创造了各种新型的服装面料，并推动了化学纤维工业的发展。现在的服装面料早已不只有遮体和保暖等原始功能，而是要实现舒适性和适应性等功能。目前，服装面料主要包括棉布、麻布、丝绸、毛料、皮革、化纤和混纺等，每种面料有不同的产生原理、特性功能和使用范围。

棉布是棉花纺成线后织成的布，是各类棉纺织品的总称，包括纯棉、涤棉、水洗棉、冰棉、莱卡棉、网眼棉和丝光棉等。麻布是以大麻、亚麻、苎麻、黄麻、剑麻和蕉麻等各种麻类植物纤维制成的一种布料，服装面料常见的一般是棉麻混纺，即 55% 麻与 45% 棉或麻、棉各 50% 比例的混纺。丝绸是以蚕丝为原料纺织而成的各种丝织物的统称，包括真丝雪纺、双皱、塔夫绸等。毛料是用各类羊毛、羊绒织成的织物或人造毛等纺织成的衣料，包括华达呢、哔叽、花呢、凡立丁、驼丝绵、板司呢、派力司、马裤呢、麦尔登、法兰绒、大衣呢、女式呢等。皮革包括真皮、再生皮和人造革等，真皮又分为革皮和裘皮，革皮是经过去毛处理的皮革，裘皮是处理过的连皮带毛的皮革；再生皮是将各种动物的废皮及真皮下脚料粉碎后，调配化工原料加工制作而成；人造革也叫仿皮或胶料，人工制造而成。化纤是化学纤维的简称，是利用高分子化合物为原料制作而成的纤维的纺织品，分为人造纤维与合成纤维。混纺是将天然纤维与化学纤维按照一定的比例混合纺织而成的织物。

（二）表达性

面料要实现表达性。面料要表达设计效果，就像建筑设计师用不同的砖、石头、木头、大理石等材料表现不同的建筑和房间一样，正确的面料选择才能达到设计效果。一种面料是否适合，取决于面料的特点，包括成分含量、质地、垂感、图案等。例如，质地会带给人不同的美的享受，这是一种由编织方法和光线反射在面料表面形成的美感，是我们的视觉感受。重量、厚度、编制结构等还决定了面料的弹性和垂感等，进而影响服装的廓型和触感。服装设计中，面料一定要和理想的视觉效果和触觉效果相配。三宅一生（Issey Miyake）通过对材料的揉搓、包缠、压熨等工艺处理，使面料产生褶皱等外观肌理，赋予表面以新的外观效果和特殊的美感。高田贤三（TAKADA KENZO）则擅长于对薄型棉织物进行叠层处理，不用硬挺剂，却能保持衣服的挺直外型。面料要表达时尚价值，面料对于设计流行且有特色的服装意义重大，它不仅要满足服装所需要的艺术表达，而且还要适应人们的时尚价值品位。面料的时尚感带给人们的印象是很深的，许多公司仅用一种面料就推出了一个成衣系列，甚至完全以这种面料而闻名。牛仔裤的常用面料是牛仔布，一种较粗厚的色织经面斜纹棉布，又称靛蓝劳动布。最早出现在美国西部，曾受到当地矿工和牛仔们的欢迎，在当代仍然十分流行。面料也经常赋予时尚设计以灵感，绉纱面料启发了设计师设计出了皱褶系列服装，克里斯汀·迪奥（Christian Dior）仅凭面料就设计出了许多服装。因此，现代的服装设计师为了实现各自的设计价值、流行理念和商业目的，不仅设计服装还设计面料。

（三）科学性

面料要体现科学性。在当今这个科学技术作为第一生产力的时代，服装面料的设计开发汲取了科技手段的营养，通过各种物理、化学改性、改形及整理方法使服装面料具有防水透湿、隔热保暖、阻燃、抗静电、防霉、防蛀等特殊功能，更加追求舒适性及安全健康等需要。比如 TPU 面料是近几年服装界的新兴宠儿。光滑反光的质感就是其本身带有的未来感特质。尤其是透明面料在拼接重合处的叠加颜色效果从工艺处理上就为服装增加了颜色和层次感的变化。与拉链、金属的结合会更添加前卫时尚感。TPU 本身也分为不同厚度、不同颜色以及透明和不透明，为不同需求的设计师提供了更多样的选择。另外，绿色、环保和可持续的时尚理念也受到了社会更多的关注和推崇。早在1947 年，第二次世界大战刚刚结束的第三年，原料匮乏，古驰使用竹节做包包手柄的灵感闪现，没想到演变至今竟然成为永恒的经典。巴塔哥尼亚（Patagonia）从 1993 年开始呼吁环保，着眼于减少服装生产对环境的不利影响，巴塔哥尼亚使用天然的有机棉和可回收、可再生的面料，为消费者提供高品质、高性能的环境友好型产品。巴塔哥尼亚将回收的塑料瓶变成面料生产的聚酯纤维，应用于新的产品线，它也是将塑料瓶"变废为宝"的第一家户外运动品牌。迄今为止，巴塔哥尼亚的全球门店已回收了 1200 万个塑料瓶用作服装面料的来源，大大减少了对石油的依赖。另外，巴塔哥尼亚研发了数项科技专利，如防水透气薄膜、保暖面料、强力除臭、紫外线防护等，以更好地满足消费者进行户外运动时对着装的要求。

第三节　时尚生产

时尚生产是时尚设计的工业转化，是时尚产品的制造过程。生产是投入一定资源，经过一系列加工转换，实现目标形式的输出并达到增值的过程，生产是工业化的基础。时尚生产具有工业生产的一般规律，也有其特定特点。目前，时尚产生以时尚消费为引领，表现出了大批量生产、小批量生产和定制生产等基本生产方式。

一、大批量生产

大批量生产是现代生产的主要特征，也是目前大部分时尚品的生产方式，是大众时尚的前提条件。大批量生产是指在较长时间内接连不断地重复生产品种相同或相近的产品，表现为批量生产、产量大、生产稳定。大批量生产归根到底是两次工业革命的结果，是工业文明的体现。

（一）起源

20 世纪初，美国福特汽车公司在汽车行业建立了世界上第一条自动生产线，开启了大批量生产模式。从 1908 年开始，福特着手在 T 型汽车上实行单一品种大量生产，到 1915 年建成了第一条生产流水线，装配一辆车从 12 小时缩短到 1.5 小时。到 1925 年福特 T 型车已占到全世界汽车产量的一半。这种生产方式大大提高了工作效率，缩短了加工周期，降低了产品成本，扩大了生产规模并使产品质量得到保证。

大批量生产的基础是标准化，就是将现行作业方法的每一操作程序和每一动作进行分解，以科学技术、规章制度和实践经验为依据，以安全、质量效益为目标，对作业过程进行改善，从而形成一种优化作业程序，逐步达到安全、准确、高效、省力的作业效果。标准化生产也是在人、物料、机器、环境等各个方面制定标准，进行标准化作业管理。这会让加工减少浪费，生产线达到平衡。标准化生产一方面确定生产工时以保证产品定价合理，利润最大化；另一方面减少人为差异化，使产品标准化，减少返工。当时，大批量生产方式获得了很多企业的效仿，推动了大规模的工业生产。

（二）发展

二战爆发后，军装等服装的需求量增大，服装企业的生产压力巨大。当时分散式的加工方式远远完成不了生产任务，企业联合合作加工的形式逐渐形成。制衣工人集聚一起组成流水生产作业，按工艺流程，每个人负责完成其中的一道或几道相关工序，这就形成了最早的服装生产流水线。大批量生产确实提速显著，日生产量大幅增长。这种生产方式利用专业化分工、生产技术和管理技术，实施科学管理，显示了规模生产的经济效益。大批量生产也降低了原材料采购成本，摊薄了单件的管理成本和服务成本。二战后，美国成衣制造商实现了服装工业化生产，改变了以往精英时装的旧模式，推动了成衣生产新模式。

同时，在纽约时装周兴起的背景之下，时尚开始走向多元化，并且在规模化生产的低成本驱动下时尚产品开始面向社会底层。美国在欧洲传统奢侈时尚的基础上开辟了轻奢时尚概念，轻奢时尚产品的价格比传统奢侈时尚品低，既满足了消费者的精神需求，又不会让消费者的经济状态陷入紧张。为了应对美国大规模生产带来的压力，欧洲传统时尚企业开始进行品牌延伸，尝试在业务中纳入大规模产品。例如，Emporio Armani 是阿玛尼的副线品牌，主要针对热爱阿玛尼风格并追求时尚内涵的年轻男女。自 1981 年诞生起，便开创了一种新的流行趋势，随之带来了巨大的影响。"Emporio"

代表了一种全新的大众时尚理念，追求有趣、现代和自由的设计，吸引了更多追赶时尚潮流的人。这类产品都是建立在大批量生产方式基础上的，着眼大众时尚消费，供给世界各地的大众消费者。

（三）成熟

大批量生产方式已经经过了百年的应用和完善，为人们创造了丰富的物资和产品。伴随着电子技术、信息技术、数字技术和智能科技的发展，大批量生产方式的内涵更加丰富，涵盖了供应链、价值链、精益生产、柔性生产等内容。

快时尚品牌代表之一扎拉（Zara），从设计到上市平均需要 10—15 天，而且每周都有新款式，每年生产的服装款式超过 12000 种。扎拉的生产基地设在西班牙，只有最基本款式的服装在亚洲等低成本地区生产。扎拉设计了自己的灵敏供应链，在企业设立了 20 个高度自动化的染色和剪裁中心，而把人力密集型的工作外包给周边 500 家工厂甚至作坊，其把这 20 个染色、裁剪中心与周边小工厂连接起来的物流系统堪称典范。在西班牙方圆 200 英里的生产基地，集中了 20 家布料剪裁和印染中心，500 家代工的终端厂。扎拉把这 200 英里的地下挖空，架设地下传送带网络。每天根据新订单，把最时兴的布料准时送达终端厂，保证了总体上的前导时间要求。建设这样一个生产基地，需要投资达几十亿欧元。许多品牌服装想模仿扎拉，可是却没有这样巨额投资的生产基地。在欧洲市场，成品服装用卡车两天内可以保证到达，而对于美国和日本市场，扎拉甚至不惜成本采用空运以提高速度。这种大生产思维，使得扎拉品牌一骑绝尘。扎拉的灵敏供应链系统大大提高了扎拉的前导时间。前导时间是从设计到把成衣摆在柜台上出售的时间，国际名牌一般可到 120 天，而扎拉只有 7—12 天。

我国是世界上最大的纺织服装生产国和出口国，拥有世界上最庞大的纺织产业规模和最完善的纺织产业链。2020 年我国服装行业规模以上企业 13300 家，累计完成服装产量 223.73 亿件，累计实现营业收入 13697.26 亿元，利润总额 640.44 亿元。这些基础为时尚产业发展提供了强大的产业动能，为生产制造环节提供了有力保障。许多企业也是世界知名时尚品牌的代工厂，为全球大众时尚的发展做出了巨大贡献。当今，中国制造型企业还需加快科技进步，实现从"制造"到"创造"的提质升级。

二、限量生产

限量生产就是小批量生产，是时尚生产的一种特有方式。限量生产的时尚品称为限量版，限量版的数量少于普通版，限于较少甚至极少的数量，而且形式上也会有很大的不同。在奢侈时尚品中，限量生产形式的使用比较多，是这些品牌的经营模式之一。一般情况下，限量生产体现了高品质、高价格、稀缺性和高情感性等特征。

（一）高品质

限量生产会蕴含高品质的含义。限量生产从产品设计、生产到售后都力求表现出更精致的追求和完美服务，许多限量生产使用传统的手工制造工艺和精致讲究的材料，因而具有更高的品质。劳斯莱斯（Rolls-Royce）是汽车王国雍容高贵的标志，被看作是身份与地位的象征。无论劳斯莱斯的款式如何老旧，造价多么高昂，至今它的地位仍然没有挑战者。劳斯莱斯最与众不同之处，就在于它大量使用了手工劳动，在人工费相当高昂的英国，这必然会导致生产成本的居高不下，这也是劳斯莱斯价格惊人的原因之一。直到今天，劳斯莱斯的发动机还完全用手工制造。更令人称奇的是，劳斯莱斯车头散热器的格栅完全是由熟练工人用手和眼来完成的，不用任何丈量的工具。而一台散热器需要一个工人一整天时间才能制造出来，然后还需要 5 个小时对它进行加工打磨。劳斯莱斯幻影系列是劳斯莱斯汽车的旗舰产品，奢华对于幻影是最基本的需求，最主要的是专属感以及配置。幻影"天魄"车内顶棚设计灵感来源于宇宙最深处的天体——脉冲星，也被称为宇宙中最精准的时钟之一。顶棚使用整块铝坯经铣削打造出 100 根轮廓各异的灯柱，经过黑色阳极氧化处理和手工抛光，最终呈现出流动的变幻感。现在，劳斯莱斯汽车的年产量只有几千辆，品牌的成功得益于它一直秉承了英国传统的造车艺术，坚持精练、恒久、巨细无遗。

（二）高价格

限量生产会表现高价格的含义。限量生产方式一般特点是产品数量少、耗时长，因而达不到规模经济性，因此生产成本高。另外，限量生产方式一般针对高端消费群体和特定消费群体，产品价格高。百达翡丽（Patek Philippe）一直信奉精品哲学，遵守"重质不重量、细工慢活"的生产原则。主旨只有一个，即追求完美。百达翡丽承袭了日内瓦的优良制表传统，致力于传承并发扬历史悠久的时计装饰工艺，彰显了这些珍稀工艺别具一格、丰富多彩的非凡魅力。百达翡丽的手工工艺包含细木镶嵌工艺、宝石镶嵌工艺、雕饰纹工艺、珐琅工艺及雕刻工艺，每一种工艺都堪称顶级，训练一名百达翡丽制表师需 10 年时间。如今，制表行业中只有少数几位细木镶嵌师。雕饰纹需要匠人们借助双目显微镜完善细节，此工艺不再是正式教学科目，尽在工匠之间相传。珐琅则是一项濒临灭绝的手工艺，但百达翡丽的匠人们将之发扬光大。百达翡丽奉行限量生产，每年的产量只有 5 万只。在长达一个半世纪中，百达翡丽出品的表数极为有限，仅 60 万只，不敌一款时尚表的年产量。百达翡丽被誉为表中贵族，其手表的价格也一直居高不下。尤其在拍卖行中，百达翡丽的普通款价格都表现得极为坚挺。1999 年，一只百达翡丽怀表在美国拍卖出了 1100 万美元的天价，这是当时"世界上最贵的表"。

（三）稀缺性

限量生产会传递稀缺性的含义。限量版产品代表着固定的数量、独特的设计和指定的内涵，因而产生了稀缺性效应。有的属于材料特殊，有的属于工艺独特，有的属于地位独一无二，有的属于产量限定，这些都大大提升了收藏和传承意义，不仅可以保值增值，还可以让经典代代相传。近一个世纪以来，万宝龙（Montblanc）以制造经典书写工具驰名于世，万宝龙的名号代表着书写的艺术，笔顶的六角白星标记，恰恰是欧洲最高的山峰勃朗峰俯瞰的形状，象征着欧洲最高山峰勃朗峰的雪岭冠冕。而纯手工制作、经过25道工序打造的笔头，更使得万宝龙书写工具如勃朗峰般坚实而又高贵，万宝龙的每一款笔因数量稀少成为收藏家的心爱品。2021年万宝龙将精湛的制作工艺与金工、漆绘、珐琅、刺绣等多种中国古代工艺结合推出了臻藏系列限量款书写工具。臻藏系列包含明·龙吟万里、明·珐蓝瑞彩、汉·流金丝路、秦·经文纬武，以及臻藏系列致敬中国长城五款书写工具。明·龙吟万里全球限量1支，笔帽与笔杆均由18K黄金打造，并镶嵌总计2018颗蓝色蓝宝石，以及239颗帕拉伊巴碧玺、红宝石以及黄色和橙色宝石等。明·珐蓝瑞彩全球限量5支，汉·流金丝路全球限量10支，秦·经文纬武全球限量88支，万宝龙臻藏系列致敬中国长城书写工具全球限量333支，这些都具有极大的收藏价值。

（四）高情感性

限量生产会展示高情感性的含义。人们购买某一品牌的时尚产品，体现了一定的情感性，但购买限量款的产品的情感性更高。限量款产品一般会在短时间内被订购一空，甚至需要提前预定。一直以来，限量版在汽车、珠宝、钟表等商品中冠名，成了奢侈时尚品。为迎合消费者的购买心理，限量生产正在向服装等行业延伸。2011年是意大利统一150周年，玛莎拉蒂（Maserati）为此特别推出了GranTurismo S限量版车型。这款新车型将仅仅限量生产12台，只在意大利市场推出。这款车在意大利博洛尼亚车展首次露面，博洛尼亚是超级豪华跑车玛莎拉蒂的诞生地。在外观设计上，这款限量版玛莎拉蒂GT S采用了罕见的亚光赛百灵蓝涂装，展现了其优雅的线条，同时也突显了其动感的姿态。四只20英寸合金轮毂中隐约可见抛光的铝刹车卡钳，优雅、低调、引人欣赏的同时又令人心生敬畏。至于内饰设计方面，与MC Stradale版车型共用的设计元素传达出了该车将运动与优雅结合于一身的内饰设计风格。仪表板上的仪表和调节装置都采用了碳纤维装饰，同时中控台上镶有意大利统一150周年纪念标识铭牌，铭牌上还标有限量字样和号数以突出其珍贵性。

三、定制生产

定制就是提供方为需求方进行超出一般标准的生产或加工。在时尚产业，定制应用于时装产品较多，但也应用于家具、汽车、游艇和私人飞机等产品。定制迎合了人们追求品质和个性的心理，体现了真正的个性化消费。在服装业中，定制可以算是一个最古老的制作方法。从开始有裁缝的历史起，服装都是根据个人量体裁衣，然后由裁缝根据尺寸定做，不同的人有不同的做法。

（一）高级定制

在服装行业内的定制，现在最具影响力的就是高级定制。高级定制意味着时装行业的最高精神，对流行趋势具有导向意义。高级定制起源于18世纪，法国路易十六的王后玛丽·安托瓦内特热衷于化妆和打扮，她的御用裁缝罗斯·伯丁为其量身制作精美的华服。她为玛丽王后定做衣服这件事也就被认作高级定制服装业最早的原型。19世纪英国人查尔斯·沃斯确立了高级定制的现代含义。他从英国来到法国。在巴黎开设了一家时装工作室，取名沃斯时装屋，这也是现代时装屋的起始。他强调灵感和设计，并将自己包装成为时装设计师，一个比之传统裁缝更高级的身份称谓。他所有的设计都只做一件，因此客户永远没有撞衫的困扰。同时，他首开先河地确立了一个高级定制所应具备的条件与限制，当之无愧地被认定为"高级定制之父"。沃斯不仅是出色的设计师，更拥有经商头脑。他邀请模特在各地展示最新设计的服装，这让巴黎高级定制时装成为新时尚风向。

20世纪初，保罗·波烈（Paul Poiret）在沃斯的基础上将高级定制时装进行改良，将女装从束腰中解放出来，为服装设计注入了新理念。高级定制为高端客户服务，设计师和匠人们进行手工制作，稀缺性的高级定制产品表现了独特的风格，逐渐被视为全球时尚风向标。高级定制是时尚历史遗产的重要元素，发源于封建体制内，它最早服务的客户仅限于王室成员和贵族。从19世纪末开始，这类客户群体虽然依然存在，但在为数不多的消费群体中出现了新的人群，他们是以欧美精英阶层和好莱坞电影演员为代表的新贵阶层。

英国萨维尔街是世界高级定制的圣地，是一个在伦敦中央梅费尔的购物街区，因为传统的定制男士服装行业而闻名。世界各国的高官显贵、富商巨贾、演艺明星都以有一套萨维尔顶级裁缝店手工制作的西装为身份象征。萨维尔街出品的西装又分为三种类型，即成衣、半定制、全定制。其中，全定制是萨维尔街定制的精髓所在，也是其二百年来长盛不衰的根本。在萨维尔街上全定制一套西装，一般要4—12周的时间，中间经历至少三次试穿和调整。萨维尔街行业公会对全定制有严格的规定，只有完全满足这些条件的才能获得全定制资格。去萨维尔街全定制西服，不只是拥有一件世界上独一无二的西服，更重要的是大大提升了穿着体验。手工上肩、手工上袖可以在版型修身的情况下给肩部和胳膊活动的空间，这是机器制作西服难以达到的。特殊手针针法缝制的每片里布的接缝处都可以根据人的活动而有少量的伸缩，这是缝纫机万万做不到的。

高级定制讲究的是坚持，对布料、裁剪的享受，更重要的是独一无二的专属感。高级定制注重细节，关注客户生活习惯及运动特点，比如用右手抽烟、左手戴腕表等等。量身定制的服装会要求顾客多次试衣，直到满意。每一件高级定制的服装完全以顾客为标准，并且承载了设计师的灵感和高超的手工艺。与其说是一件服装，不如说是设计师制作的一件艺术品。同时，高级定制服装的超前创意，对于未来时尚走向有着极为重要的启示作用，其中许多的细小元素被应用在高级成衣的制作中，都是未来很有可能成为流行热点的时尚指针，会左右下几季的潮流风向，这便是高级定制对于整个时尚产业最大的意义。

（二）批量定制

定制生产是时尚生产的开端，是时尚生产的重要组成部分。大批量成衣生产后，定制在服装的比重中曾大大降低。21世纪，服装定制又开始在城市中兴起，并重新占据了一个重要位置。跟以前不同，它主要服务于都市白领、城市新贵，讲究品位和个性的人物。服装定制作为提升自身形象的一种方法，成为区别他人的一种标志，也成了新富阶层的一种时尚。为满足大量顾客个性化、合体性需求，降低定制化企业生产成本，批量定制生产模式应运而生。批量定制的特点是品种多、数量少、个性化。顾客得到了价格合理的定制化产品，对定制企业来说，将定制产品大批量生产销售，增加效益的同时减少了生产成本。因为定制产品是顾客先提出需求下单，企业根据要求进行定制生产，完成生产后直接交付顾客，减少了库存和搬运成本。

红领集团是我国较早开启互联网批量定制生产模式的服装企业，积累了200万个个性化定制板型数据，并自主研发了板型数据库、工艺数据库、款式数据库和原始资料数据库。顾客可通过定制平台生成订单，数据库根据客户提供的数据自动打板，实现一人一型的定制化服务。在服装生产过程中，每一件定制产品都有属于自己的芯片，芯片记录了面料、剪裁、制作、整理、熨烫等环节。为了更好地对生产工序进行科学分析，将传统流水线特点融入现代化生产中，即每个工序只由一个配备专属电脑终端设备的工位负责，工人根据产品电子芯片中的数据操作，极大地提高了生产效率。在当代，将大批量与定制个性化相结合无疑是一种创新的生产方式，可继续拓展时尚生产的内涵和价值创造机制。

第四节　时尚推广

时尚推广以传播企业的时尚信息为目的，包括产品、品牌和企业信息，是连接企业与消费者的纽带，是营销管理的核心。时尚推广能够通过信息传播手段在短时间内让消费者熟悉企业，是提升企业市场知名度的关键，促进了产品销售。根据被推广的主体不同，可将时尚推广分为产品推广、品牌推广和企业推广三类。

一、时尚产品推广

产品推广就是企业利用产品能给消费者带来的利益进行推广，把产品的利益通过包装策划、媒体等推广工具传达给消费者，使消费者接受所传递的产品信息，并且产生购买行为。时尚产品推广需要借助一定的工具和渠道来完成，企业可以选择线下推广、线上推广，以及线上和线下融合的推广模式。

（一）线下推广

线下推广通常都与消费者的生活情境紧密相关，能够在潜移默化中影响消费者对时尚产品的认知。以时尚信息在生活中的传播情境划分，时尚产品的线下推广渠道包括户外媒体、纸质媒体、展会、实体店以及其他线下活动。户外媒体以广告牌、灯箱和交通工具等为主，纸质媒体以时尚杂志、宣传册和海报等为主。展会渠道以展览会、博览会、设计展、创意集市、时装周和展厅等为主，实体店以直营店、买手店、快闪店等为主。其他线下活动以产品线下促销活动为主，目的在于提升消费者对产品的好感度。

目前，线下渠道通常是奢侈品品牌、独立设计师品牌、高街潮牌等企业选择的产品推广途径。独立设计师品牌因品牌规模较小，一般不会选择建立实体店和投放户外媒体广告来进行推广，所以独立设计师品牌的产品推广通常会选择纸质媒体、展览会、创意集市、时装周、展厅以及买手店渠道。其中，创意集市因准入门槛低且展示成本低，吸引了大量刚成立的设计师品牌。高街潮牌的产品推广与独立设计师品牌的产品推广相似，一般也是通过上述线下渠道进行推广。相比于独立设计师品牌和高街潮牌，奢侈品品牌都已具有一定规模，有足够的能力去建立实体店和投放户外媒体广告来进行推广。但同时，奢侈品品牌也会根据自身产品推广的需要选择其他线下渠道。其中，时装周和展厅因具有相对较强的影响能力，而成为了近年来最热门的时尚产品线下推广渠道。

（二）线上推广

以多样化的互联网信息传播情境来划分，时尚产品的线上推广渠道可分为官方网站、社交类渠道、购物类渠道以及其他线上推广渠道。官方网站是时尚产品推广的权威渠道，消费者能够在官方网站中获取相关时尚产品的一手信息。社交类渠道是与消费者关联最紧密的推广渠道，时尚产品的信息在社交类渠道中能够较容易地实现精准差异化投放。购物类渠道是与产品购买行为关联最紧密的推广渠道，此类渠道中的推广信息能够让消费者更好地了解产品详情。其他线上推广渠道以搜索引擎广告和 APP 开屏广告为主，这类时尚产品的推广通常不具有针对性，其目的在于扩大潜在受众范围。

线上渠道是电商时尚品牌进行产品推广时的必然选择，电商时尚品牌的产品在线上渠道中的推广效果会直接决定其产品的知名度。例如，国内知名时尚女装品牌韩都衣舍就专注于电商渠道销售，其产品推广行为聚焦于各类线上渠道。截至 2020 年，韩都衣舍已成为天猫商城女装类目粉丝数量第一的品牌，赢得了千万女性的认可与青睐。因在线上渠道中推广时尚产品具有较强的便利性，所以线上渠道也是其他时尚品牌进行产品推广时需要考虑的路径。例如，大多数时尚品牌都会选择建立官方网站以及官网社交媒体账号，以便即时地将产品信息推送给消费者。同时，大多数时尚品牌也都会选择在购物类渠道中建立官方账号，保证消费者能够在购物情境中获取到真实有效的产品信息。

（三）线上与线下融合

时尚企业还可以采取线上与线下融合的方式进行产品推广，线上渠道与线下渠道都具有相应优势，而时尚产品推广可能需要借助多种优势。消费者在线上渠道中接收时尚产品推广信息的可能性较大，而消费者在线下渠道中接收时尚产品推广信息的新鲜感较强。融合线上、线下渠道的推广方式可以将线上场景与线下场景相结合，全方位地将产品信息传递给消费者。当单一场景的推广渠道无法满足时尚产品的推广需求时，则可以考虑通过融合线上、线下渠道的方式来进行推广。当推广场景不再受限制后，消费者有效接收时尚产品推广信息的可能性也随之增大。

在推广时尚产品的过程中，融合线上、线下渠道的方法有很多，时尚企业可以根据实际推广产品的需求来制定具体的融合方法。其中最常见的融合方法为，在线上渠道中以富有趣味的文字、图片或视频展示产品的详情信息，再邀请消费者到实体店中进行体验。目前，快时尚品牌选择融合线上、线下渠道的方式来推广时尚产品的频率较高。其中，优衣库在此推广方式上进行过较多次尝试。优衣库允许消费者线上渠道选购、线下渠道取货，在优衣库 APP 中向用户发放实体店专用的优惠券，从而让消费者从线上场景走向线下场景。当消费者在体验过优衣库的服务与产品之后，会对优衣库的认可度产生变化。若消费者认为产品与预期一致，则产品推广效果理想，且消费者进行二次消费的可能性较大。反之，则产品推广效果不理想，消费者不太可能进行二次消费。

二、时尚品牌推广

品牌是用以识别某个销售者或某群销售者的产品或服务，并使之与竞争对手的产品或服务区别开来的商业名称及其标志。品牌也体现了消费者对产品及产品系列的认知程度，时尚品牌推广具有重要意义。时尚企业可以借助原产地优势来进行推广，可以通过强调品牌设计师来进行推广，也可以通过传播品牌价值观来进行推广。

（一）原产地

原产地优势可以表现为文化优势、技术优势和原材料优势，任意一种优势都会对时尚品牌的推广行为产生影响。原产地文化优势意味着时尚品牌拥有较好的文化内涵，原产地技术优势意味着时尚品牌拥有较高的创新性，原产地原材料优势意味着时尚品牌拥有较好的产品质量。即原产地优势意味着当时尚品牌来源于某个标志性产地时，消费者一般会对时尚品牌具有天然的信任感，此时时尚品牌获取消费者认可的难度会相对较小。同时因为原产地具有独特的优势，所以时尚品牌也更易于提高品牌价值。换言之，时尚品牌的来源地对其打开新市场具有重要意义，标志性来源地有助于拉近时尚品牌与消费者之间的距离。

目前，消费者对时尚品牌优势有相对清晰的认知。原产地文化优势表现为这里的时尚品牌具有特有的文化内涵，例如，法国是高级定制时装的标志性产地，这里的香奈儿、纪梵希、迪奥等品牌都有着高级定制的内涵。意大利是高级成衣的标志性产地，这里的阿玛尼、芬迪（Fendi）、普拉达等品牌都有着高级成衣的内涵。原产地技术优势表现为这里的品牌对某种生产活动具有更成熟的技术，例如，瑞士是高级钟表的标志性产地，劳力士、百达翡丽、江诗丹顿等高级钟表品牌都源自瑞士。原产地原材料优势表现为时尚品牌更易获取到优质生产材料，能够更好地保证产品质量。例如，鄂尔多斯集团旗下 1436 品牌就借助其羊绒原产地优势进行推广。因内蒙古阿尔巴斯小山羊绒的羊绒纤维平均细于 14.5 微米、长于 36 毫米，所以将品牌名称定为 1436。1436 品牌将小山羊绒的概念贯穿于推广过程，让 1436 品牌成为优质羊绒品牌的代名词。

（二）设计师

设计师在时尚品牌推广中具有重要的地位，时尚品牌的时尚理念需要设计师来阐释与展示。设计师对时尚品牌的市场竞争力具有关键影响，设计师的设计创新能力决定了品牌的时尚风格和时尚品位。优秀的设计师能够通过设计为时尚品牌赢得较高的市场地位，甚至让时尚品牌成为流行趋势的风向标。因此，时尚企业可以通过传播设计师与品牌相关的信息来推广时尚品牌，让设计师与时尚品牌高度关联。

尤其对于设计师品牌而言，设计师的社会知名度决定了品牌的知名度，因此设计师是品牌推广的核心内涵。富有个人创造能力的设计师通常会受到消费者的青睐，也会影响到品牌的受众度。著名的设计师品牌亚历山大·麦昆（Alexander McQueen）、山本耀司（Yohji Yamamoto）、伊夫·圣·洛朗（Yves Saint Laurent）等都是因设计师独特的设计风格和时尚审美而在世界范围内闻名。此外，对非设计师品牌的时尚品牌而言，若品牌能够与知名设计师产生关联，则品牌的时尚专业程度也会得到相应的提升。因此，非设计师品牌的时尚品牌也会注重与知名设计师的合作，并以此为重点进行品牌推广活动。例如，优衣库曾邀请罗意威（Loewe）创意总监乔纳森·安德森（Jonathan Anderson）进行联名设计合作，也邀请前爱马仕艺术总监克里斯托弗·勒梅尔（Christopher Lemmel）任优衣库巴黎研发中心及全新的"Uniqlo U"系列艺术总监。

（三）品牌价值

品牌价值观是品牌文化、精神和态度的高度浓缩，包含了品牌的存在意义、发展方向以及使命责任。消费者通过了解品牌价值观能够快速建立相应的品牌印象，并对品牌产生不同的情感态度。时尚品牌在利用品牌价值观进行推广时，需要着重考虑品牌价值观是否能与消费者产生情感共鸣，这决定了推广行为的成败。例如，哈雷戴维森（Harley-Davidson）在品牌使命中强调其不仅是摩托车制造商，更代表了永恒的冒险精神和灵魂自由。哈雷戴维森以品牌价值观作为推广要素，致力于增强其作为生活时尚品牌的独特地位。

品牌价值观的传播载体也是时尚品牌推广的关键点，传播载体决定了品牌价值观传播的范围与强度。目前，剧情视频是品牌价值观传播的重要媒介，在传播效果中发挥了重要作用。例如，2006 年上映的电影《穿普拉达的女魔头》让普拉达品牌成为焦点。

三、时尚企业推广

企业是在商品经济范畴内，按照一定的组织规律，有机构成的经济实体。企业推广是将企业的各种要素作为整体内涵进行推广，促进在市场中企业形象的塑造。在全部要素中，企业可以选择关键要素作为推广内容。时尚企业可以通过整合企业发展历史来进行推广，也可以利用当下的经营理念来进行推广，还可以利用其未来发展愿景来进行推广。

（一）发展历史

企业发展历史记录了企业建立、经营与管理的过程，企业人物和事件都具有文化性的传承价值。企业发展历程不仅反映了企业存续时间的长短，也反映了企业经营运作的成熟度。在企业推广中，发展历程的要素能够更加凸显企业的独特之处，进而让企业在消费者心中产生差异化的记忆点。时尚企业背后的历史故事和人物通常能够快速引起消费者的共情，进而强化了时尚企业的形象。

时尚企业在推广其发展历史时，通常需要时尚企业具有相对悠久的历史，以便从发展历史中获得有效的推广要素。时尚企业需要挖掘组织精神、设计风格、人物故事的传承，让企业表现出独特之处。例如，法国爱马仕集团在企业推广中强调企业精神代代传承，始终坚持始于1837年的企业工匠精神。一百多年来，爱马仕集团获得了皇室贵族、社会名流的广泛认可，这让爱马仕集团在世界范围内广受青睐。其中，经典手袋凯莉包便是爱马仕集团为了向摩纳哥王妃格蕾丝·凯利（Grace Kelly）致敬而命名的手袋。英国巴宝莉集团在企业推广中表明其产品是英国皇室御用品，强调其英国传统高贵的设计风格。回顾巴宝莉集团的发展历史可知，1955年巴宝莉因防渗雨布料获得英国女王伊丽莎白二世授予的英国皇家认证，1990年巴宝莉因出色的外套设计获得由威尔士亲王授予的英国皇家认证。英国皇室对巴宝莉集团的认可，让永恒经典、英伦风格成为巴宝莉集团的代名词。

（二）经营理念

企业推广其经营理念能够让消费者及时了解企业的经营情况，进一步提高企业在消费者中的知名度。在推广经营理念的过程中，企业可以有效塑造其社会形象以及叙述其社会责任，拉近企业与消费者之间的距离。大多数时尚企业都非常重视推广经营理念，经营理念反映着时尚企业与市场、社会的关系。若时尚企业的经营理念与社会主流意识表现出契合性，则其赢得市场认可的可能性更强。时尚企业将此种推广行为视为传播企业文化与企业风格的重要方式，进而在消费者心中形成良好的企业形象。

一般情况下，创立时间相对较短的时尚企业会倾向于选择企业经营理念作为推广要点，这类企业通常会格外强调企业的现代特征。轻奢时尚企业便是利用经营理念进行推广的典型代表，它们都向外界传递出一种强烈的创新价值。轻奢时尚企业都致力于开创一种不同于传统奢侈品企业的发展理念，不愿被传统奢侈品企业建立的规则束缚。例如，蔻驰（Coach）集团的使命为定义现代奢华，集团非常重视消费者的情绪化需求。蔻驰集团在设计研发中充分考虑消费者的现代生活需求，致力于为消费者提供各个品类的时尚产品。这使得蔻驰集团在推广其经营理念时，能够较容易地获得广泛的社会关注。同样地，MCM 也是一个十分具有现代特征的时尚企业，其在企业推广过程中强调 MCM 的核心驱动力在于使用未来感材料革新经典设计。成立至今，MCM 一直致力于将现代美学与现代科技融合实现功能创新。MCM 对经营理念的推广使其在年轻消费者中备受青睐，其组织精神也得到了广泛传播。

（三）未来愿景

企业发展愿景体现了企业领导者对企业未来的设想，反映了企业的长期目标，向外界传递有关企业未来发展方向和发展意愿的信息。当企业在未来发展意愿中表现出强烈的探索创新欲望时，通常能够引起大众对企业的广泛社会关注，让大众对企业的发展状况充满好奇心。时尚企业通过推广其发展愿景能够让大众产生情感共鸣，进而更加支持时尚企业的经营发展。尤其在环保问题困扰产业发展的现实背景下，若时尚企业的未来发展意愿能够表现出对环保问题的关切，则会有效影响大众对其的情感态度。

时尚企业在推广发展愿景时，通常会将社会问题与其愿景关联，借助公众对社会问题的关注来实现推广目的。当时尚企业的发展愿景与社会问题成功关联时，时尚企业的推广行为就会表现出现实的社会意义。例如，著名奢侈品企业开云（Kering）集团对社会热点问题表现出了强烈的责任感，近年来一直积极探索女性社会问题和环境问题的解决方案，并承诺致力于打造可持续且负责任的奢侈品企业集团。同样地，美国电动汽车及能源公司特斯拉（Tesla）也对环境问题表现出了强烈的责任感，积极探索能源问题的解决方案，致力于加速实现清洁交通和清洁能源的生产。时尚企业针对社会问题做出正面回应会强化大众对其正面社会形象的认可度，这在某种程度上会促使消费者认为购买企业的产品是支持解决社会问题的途径之一。换言之，大众会与时尚企业所推广的发展愿景共情，从而愿意积极接受时尚企业所进行的推广行为。

第六章　时尚传播

时尚传播是时尚企业管理的重要内容，在时尚产品的流行、时尚企业的营销、时尚设计师的推广等方面具有重大意义。从企业来看，时尚传播就是企业正确地使用各种传播媒介，及时地向公众传递时尚信息，并及时有效地收集公众的意见和态度。时尚传播也是时尚经济和时尚文化发展的重要推动工具，承载着时尚传播功能的时尚媒体、时尚推广组织和时装周等都是时尚产业的重要特征和自然现象。

第一节　时尚媒体

时尚媒体的出现是时尚经济发展的结果，自产生后时尚媒体就表现出了巨大的传播功能。时尚媒体不断宣传和制造时尚信息，强化特定时尚的形象和名望，进而在大众印象中形成某个特定领域的时尚话语权。伴随着传播技术进步，时尚媒体的类型也越来越丰富，先后出现了时尚杂志、时尚电视媒体和时尚数字媒体等。

一、时尚杂志

时尚杂志是最早的时尚媒体形式，具有很强的生命力和影响力。时尚杂志对时尚流行趋势和大众审美标准等产生了关键性的影响，成为了全球时尚产业发展的助推器。时尚杂志具备普通杂志的特征，但传播的内容更加聚焦，受众群体更加明确。时尚杂志最早在欧美国家出现，现在在全球广泛运行。

（一）国际时尚杂志

1672 年，法国巴黎出现的时装杂志《文雅信使》（*Le Mercure Galant*）介绍法国上流社会女人的新潮衣物与搭配方式、裁缝铺子等，是当时时尚资讯传播的主要载体，同时也是现代时尚杂志的雏形。由于这本刊物，当时法国女性穿衣服的方式开始逐渐影响整个欧洲地区。同时，在还没有摄影机的时代，最新颖、最时尚的衣服和服饰也是靠着插画来表现的。因此，时装画对当时的时尚传播有着不可磨灭的影响。

时尚杂志在法国巴黎显露萌芽，但完全意义的时尚杂志最早在美国成立。1867 年，《时尚芭莎》（*Harper's Bazaar*）作为第一本专门介绍时尚的现代杂志在美国创刊，并一直致力于以全球视野为女性提供有关时尚风格的信息和内容，现已在全球很多国家和地区形成了本土化刊物。1886 年，《大都会》（*Cosmopolitan*）在美国创刊，以向白领女性介绍流行时尚、探讨两性和职业等话题而闻名。1892 年，《时尚》（*Vogue*）杂志于美国诞生，初期主要面向中上阶层的女性提供高贵典雅的时尚内容，如今已在全球共计 26 个国家和地区出版发行，杂志内容涉及时装、化妆、美容、健康、娱乐和艺术等各个方面。《时尚》杂志推动了全球时尚产业的发展，当今很多著名设计师都是从《时尚》杂志中被发掘的。1910 年，《女性日报》（*WWD*，*Women's Wear Daily*）于美国纽约出版，与《时尚》一样也被称为时尚圣典。这些时尚媒体均以女性为受众，致力于为女性传播时尚信息，进而刺激女性对时尚产品的消费欲望。

1921 年，法国首本时尚杂志《时装》（*L'OFFICIEL*）诞生，目前在全球精品时尚杂志中拥有显著的品牌影响力和知名度。1937 年，《嘉人》（*Marie-Claire*）杂志在法国出版，目前在全球拥有 28 个版本的规模，主要为女性提供时尚风格和美丽概念。此后，《红秀》（*Grazia*）杂志于 1938 年在意大利诞生，《世界时装之苑》（*Elle*）杂志于 1945 年在法国创刊。同时，男性的时尚消费需求也被挖掘，男性的需求也开始受到时尚媒体业的关注。1933 年，男性杂志《时尚先生》（*Esquire*）在美国出版。1957 年美国康泰纳仕（Conde Nast）出版集团推出男士杂志《智族》（*GQ*），致力于为男性提供别具一格的时尚体验，以精英阶层的男性为受众群体。

20 世纪后期，亚洲的时尚媒体开始崛起，这类时尚媒体以 20 世纪 80 年代在日本涌现的一批时尚杂志为典型代表。与欧美时尚杂志产业相比，日本时尚杂志产业具有分类精细和种类繁多等特点，有《昕薇》（*ViVi*）、《瑞丽》（*Ray*）和《今日风采》（*Oggi*）等著名杂志。《昕薇》杂志于 1983 年在日本正式出版，杂志隶属于日本最大的综合性出版社讲谈社，主要针对 15—36 岁的职业女性和女大学生发布时尚动态和时尚流行趋势。《瑞丽》杂志由主妇之友社于 1988 年在日本创立，杂志的目标受众为 20 岁左右的年轻女性，杂志内容新颖。《今日风采》杂志由日本小学馆出版社于 1992 年创立，专门为 25—30 岁的白领女性提供时尚报道，杂志内容较稳定且偏成熟风格。这些时尚杂志突出了消费指南，同时也能够直接影响大众对某类产品的情感态度。

（二）国内时尚杂志

中国最早时尚杂志的雏形出自画报，最早刊载时尚信息的中国近代媒体是 1884 年创刊的《点斋石画报》，随后，1912 年创刊的《真相画报》和 1926 年创刊《北洋画报》将时尚传播内容的形式带入摄影时代。1931 年，作为中国第一本专注女性需求的时尚杂志《玲珑》画报在上海发行，成为了当时上海流行的时尚杂志代表。这些画报通过具象的画作和图片为大众提供流行资讯，为当时的中国带来了时尚经济和文化的观念。

新中国的时尚杂志于 20 世纪 80 年代前后开始发展，第一本时尚杂志为 1980 年在北京创立的《时装》。1983 年，中国流行色协会创立时尚刊物《流行色》；1985 年，《上海服饰》在上海出版；1993 年，《时尚》杂志在北京创刊；2012 年，我国首本中英双语时尚杂志《贵在上海》正式出版，其前身为 2010 年上海世博会的唯一官方杂志《世博贵宾杂志》，致力于为精英人士提供有关文化、设计、旅游和奢侈品的信息。

在国内本土时尚杂志发展的同时，国际时尚杂志也接连进入中国。1988 年法国桦榭菲力柏契（Hachette Filipaxxhi）出版集团与上海译文出版社联合推出《ELLE 世界时装之苑》，1995 年中文版《瑞丽服饰美容》出版，2001 年中国纺织出版社和日本讲谈社联合推出中文版《昕薇》，2002 年中国体育报业总社与法国桦榭菲力柏契出版集团联合推出中文版《嘉人》女性时尚刊物。2003 年 11 月中国的《时装》杂志正式与法国的《时装》（L'OFFICIEL）杂志进行版权合作，在国内推出中文版《时装 L'OFFICIEL》。2005 年人民画报社与康泰纳仕出版集团达成期刊版权合作关系，在国内合作出版时尚杂志《VOGUE 服饰与美容》。2009 年中国新闻网与康泰纳仕达成期刊版权合作关系，在国内合作出版顶级男士杂志《智族 GQ》。这些早期与中国进行合作的期刊中，《瑞丽服饰美容》的本土化经营发展已经形成了较完备的结构体系，拥有时尚期刊群，兼营发行、模特经纪等多项业务，是国内领先的垂直媒体运营商。

另外，时尚传媒集团在与国际时尚媒体合作方面有着比较系统的操作。1996 年时尚传媒集团与《嘉人》达成合作协议，1998 年与赫斯特（Hearst）集团进行《大都会》的版权合作并推出中文版《时尚 COSMOPOLITAN》杂志。1999 年时尚传媒集团与赫斯特集团继续进行《时尚先生》的版权合作并推出中文版《时尚先生》。2001 年赫斯特集团将《时尚芭莎》的中国版权也授予时尚传媒集团，次年中文版《时尚芭莎》杂志正式出版。这些合作的时尚杂志对国内的时尚流行趋势有着较大的影响，成为了大众获取时尚信息的重要来源。

目前，国内认可度较高的时尚媒体大多数为中外合作型。这些时尚媒体将全球流行趋势、产品信息等引入国内市场，对国内时尚媒体行业的发展路径和国内时尚企业的发展都形成了重大影响。本土时尚媒体虽然起步较晚，但是得益于我国良好的经济环境、社会环境以及文化环境，本土时尚媒体发展迅速且势头强劲，中国的时尚产业从起步期发展至今离不开国内时尚媒体的助力。

二、时尚电视媒体

传统的时尚杂志是典型的纸质媒体，随着广播和电视的出现，时尚资讯也以广电的形式传播。许多国家早在 2000 年以前就有了时尚电视台或时尚电视频道，专门播放时尚类节目。我国则在 21 世纪初出现时尚电视频道，时尚类节目也逐渐增多。

（一）国际时尚电视媒体

目前，法国时尚电视台（FashionTV，以下简称 FTV）是全球著名的时尚电视媒体，是集时尚、美容和个性于一体的领先频道，在国际时尚界享有领军地位。FTV 由米歇尔·亚当·利索斯基（Michel Adam Lisowski）创立于 1997 年，在设立 FTV 之前，米歇尔·亚当·利索斯基已经在纺织行业创办了几家成功的公司。FTV 是目前世界上第一个也是唯一一个覆盖全球的 24 小时播放的时装及潮流时尚频道，其业务遍布全球众多国家和地区，其节目在时装店、健身工作室、美容院和酒吧等公共场所播放。FTV 报道巴黎、米兰、伦敦、纽约、东京和圣保罗等世界各地的时装周活动。每年在世界各地举办的数以千计的时装发布会，都以能在法国时尚电视台播出为荣，各国设计师和顶级模特也都把法国时尚电视台作为自己的荣誉。FTV 日常还播出全球最新时尚和生活潮流、设计大师和顶尖模特的幕后故事。FTV 每年制作 500 小时新节目，每季有 300 场新时装秀和 600 段新视频剪辑。FTV 还设有订阅型视频点播栏目 FashionFlix SVOD，关注播放热门时尚电影，例如《穿普拉达的女王》《伊夫·圣·洛朗传》《可可·香奈儿》《迪奥与我》，以及关于时尚行业标志性人物的纪录片。2009 年，FTV 通过美国卫星电视运营商 DISH Network 在美国推出其 FTV HD 高清频道。2010 年，FTV 在法兰克福证券交易所挂牌上市。2012 年，中国皮具时尚盛典公司与 FTV 在香港联合举行宣传活动，为中国皮具行业搭建国际舞台，更为世界时尚界注入全新中国新风尚。

（二）国内时尚电视媒体

随着我国经济的增长和大众生活层次的提高，时尚类电视节目广受电视观众的关注。时尚已经成为最能体现城市活力的靓丽风景线，时尚类电视节目在各个电视台闪亮登场。1994 年北京电视台和广东电视台分别推出了《时尚装苑》和《时尚放送》。21 世纪初，上海开播了时尚电视频道。2002 年，上海电视台生活时尚频道开播。2004 年，该频道创办了中外时尚年庆典《风尚大典》。2006 年 3 月，上海生活时尚频道《超级模特》节目开播。2010 年 6 月，上海电视台生活时尚频道更名为星尚频道，推出了时尚纪录片《时尚表情》。2004 年，广西卫视开设了《时尚中国》栏目，这是国内大型的服装和模特时尚类专业节目。节目以时尚高端采访为核心及特色，汇聚国内各大重要时尚活动、重要赛事活动和信息动态，涉猎世界著名时尚之都的先锋时尚，被称为"中国时尚第一秀场"。江苏电视台靓妆频道是一家时尚类数字电视频道，节目包括了欧美流行、时尚领袖、走读时装周、中国 T 台风、亚洲风尚、美丽魔法师和靓妆学院等。2004 年，靓妆频道与法国 FTV 签署战略合作协议，每天 12 小时播出世界各大时装周及国际一线品牌的潮流服饰发布，成为国内时尚类媒体中内容最全、规模最大的电视媒体。2006 年，靓妆频道作为国内电视媒体中唯一全程录制和播出北京、上海等国内有影响力的时装周发布的频道，每年播出百余场中国顶尖设计师的新品发布。2009 年，靓妆频道开始进入美容化妆行业。靓妆频道以专业媒体的身份参展广东、上海美容博览会。2010 年，靓妆频道与韩国东亚电视台合作《挑战灰姑娘》项目，节目一经播出，引起巨大轰动。2011 年，《靓妆直播间》正式开播。作为国内体量最大的美容扮靓类栏目，观众反响热烈。从 2011 年起，靓妆频道成为上海美容博览会唯一全程直播的电视媒体。上海美容博览会作为亚洲规模最大的美容展会，靓妆频道对其的全程直播开创了专业展会与专业媒体合作的新局面。另外，随着电梯、地铁、公交、列车等户外电视模式的发展，时尚内容也进入了更广阔的空间。分众传媒电梯电视覆盖了中国 91% 的中高档写字楼，兰蔻和巴黎欧莱雅等公司都曾与分众传媒合作进行广告播放。

三、时尚数字媒体

时尚数字媒体是当代新媒体的一部分，是科技进步的结果，是以数字技术、网络技术和电子设备等为基础的时尚资讯传播形式。在这种新媒体下，时尚信息制造的主体更加广泛，时尚内容展现的形式更加多元，时尚资讯传播的速度更加快速。目前，时尚新媒体的形式表现多样，时尚网站、时尚电子杂志和社交媒体等都影响着大众的时尚认知和审美标准。

（一）时尚网站

时尚网站是时尚数字媒体的基本形式，随着互联网的产生而出现，已成为了时尚经济与文化的重要载体。首先，时尚已经成为了许多门户网站的重要板块，国内的腾讯网、搜狐网、凤凰网和网易网等著名网站都将时尚作为重要的信息资源。腾讯网时尚板块包括奢侈珠宝、潮流服装、化妆护肤和电影节等栏目，搜狐网时尚板块包括时装、奢侈品、潮流、美容、人物和生活方式等栏目，凤凰网包括时装、奢侈品、美容、化妆品、生活等栏目，网易网设置了网易时尚。这些栏目既提供了即时的时尚资讯，也反映了时尚社会的状态。其次，时尚的发展也催生了许多专门的内容网站。国内外著名的时尚杂志大都开设了官网，例如《时尚 COSMOPOLITAN》《VOGUE 服饰与美容》《ELLE世界时装之苑》和《时尚先生》等。一些时尚资讯的内容网站也脱颖而出，例如时尚头条网 LADYMAX 是国内具有影响力的时尚媒体，提供每日时尚新闻，专注报道奢侈品动态、时尚产业和商业动态。时尚栏目包括时尚新闻、人物访谈、品牌财报、时装周、时尚传媒、分析评论和滚动快讯等。尤其在这些门户和内容网站中，时尚视频频道不断增多并且内容更加丰富，例如新浪时尚频道视频栏目和太平洋时尚网视频频道等。最后，许多商务网站为时尚产品交易提供了平台，例如国外的亚马逊（Amazon）、易趣（eBay）、萨波斯（Zappos）和欧摩时（ASOS），国内的京东商城和淘宝等。

（二）时尚电子杂志

时尚电子杂志是数字化的刊物，是网络上流传和发行的刊物，也称时尚电子刊。在互联网和移动端大幅普及的环境下，用户追求更快速、更便捷、更直观、碎片化的阅读体验，电子杂志是适应这种趋势的结果。电子杂志兼具了平面与互联网两者的特点，通过融入文字、图像、声音、视频、游戏等内容，以交互动态的形式呈现给读者。电子杂志突破了传统纸质传播的限制，传播介质由印刷物转移到以互联网为基础的各类电子显示设备上，时空上随时随地浏览杂志最新动态，具备互动沟通、及时分享等功能。随着纸质媒体竞争越来越大，时尚杂志纷纷把目光投向了电子杂志。2013 年，《VOGUE 服饰与美容》iPad 杂志正式创刊，是同类女性时装杂志中第一本实现与杂志同步发行的iPad 刊物，并打破了其他 iPad 杂志原样重现的传统，将杂志内容重新组合成符合 iPad

读者阅读习惯的 iPad 版本。《VOGUE 服饰与美容》iPad 杂志沿袭了平面杂志一贯以来的高质量制作及精彩内容，又在杂志编排上针对 iPad 用户的阅读习惯融入了全新的互动阅读体验。2018 年《时尚芭莎》发行了电子刊，全年发售了 45 期，包括明星刊、时装刊、美妆刊、艺术刊。2019 年《时尚芭莎》电子刊在抖音小程序端上线，成为第一家在抖音平台可阅的电子刊。从 2020 年开始，《时尚芭莎》将不再延续每月两期纸刊杂志的传统，将其中的一期转变为依托手机端购买和阅读的电子刊 mini Bazaar，原有的明星电子刊继续保留。《时尚芭莎》在推出 mini Bazaar 的同时，还在传递着环保的理念。电子杂志不仅解决了用户没地方存储旧杂志的烦恼，还避免了纸张的浪费。

（三）社交媒体

当前，社交媒体构成了时尚数字媒体的重要组成部分，并展现了巨大的活力和潜力。社交媒体是人们彼此之间分享意见、见解、经验和观点的工具和平台，社交应用营造了一种良好的信息传播氛围，信息可在短时间内实现快速传播。尤其在移动互联网背景下，社交平台与信息受众的联系更加紧密，国外有脸书（Facebook）和拼趣（Pinterest）等，国内现阶段主要包括微信、短视频平台、小红书、微博、博客、论坛和播客等。社交媒体在互联网上蓬勃发展，爆发出令人眩目的能量，其传播的信息已成为人们浏览互联网的重要内容。社交平台拥有巨大的人流量，是天然的时尚信息传播载体，很多同时具有交易功能。2013 年《智族 GQ》杂志社创建微信公众号 GQ 实验室，2018 年 GQ 实验室的传播力超过 99.89% 的微信公众号运营者，阅读量为 10W+ 的文章高达 205 篇。BOF 时装商业评论、WWD 国际时尚特讯、LADYMAX、WGSNChina 等时尚类微信公众号在时尚领域都拥有较强的影响力。社交平台改变了时尚信息传播的规律，时尚信息传播的主导方也可以是非官方或非时尚媒体。即时尚视频博主也成为了传播时尚内容的重要载体，该群体输出的观点为大众提供了具体的消费参考。时尚视频博主通常有较好的粉丝基础，其与粉丝之间建立的情感关联具有特殊的商业价值。另外，由于个体主导的时尚媒体影响力越来越大，以往被专业时尚机构占有的时尚资源逐渐被分解。

第二节　时尚服务机构

除了时尚媒体，现在时尚产业中一些专门的时尚服务机构提供趋势预测、专业分析和产品信息等服务，是时尚企业、设计师和消费者获得时尚流行资讯的重要渠道。尤其是大数据和人工智能等技术的介入，这些机构提供的服务更加精准和到位，发挥的影响力越来越大。这些机构包括趋势预测公司、网络科技公司和协会组织等。

一、调查和咨询公司

法国、英国、意大利和美国等都有具有全球影响力的趋势调查和咨询公司，其中法国公司的影响力更加明显，成立最早和规模最大的公司都在法国。法国的贝克莱尔（Peclers）、普诺姆斯戴尔（Promostyl）、卡琳（Carlin）和娜丽罗荻（Nelly Rodi）代表了时尚行业最高的趋势预测水平。

（一）贝克莱尔

法国的色彩趋势调查公司贝克莱尔（全称 Peclers Paris）是全球最大的时尚趋势预测机构，由法国建筑师、酷爱时装的多米尼克·贝克莱尔（Dominique Peclers）创立于1970年，总部设在巴黎。公司在早期定位于时尚风格顾问，以时装业为主要服务对象，现在的咨询服务涉及趋势预测、品牌战略、消费者分析、创意战略、风格战略和创新艺术方向等多个方向。贝克莱尔所推出的每季色彩趋势报告书，其中包括《贝克莱尔色彩报告》，已经成为全球时尚品牌设计新品时参照的重要依据，香奈儿、兰蔻和扎拉等都是贝克莱尔的重要客户。近几年，中国时尚企业与贝克莱尔的合作也开始增多。2013年波司登公司与贝克莱尔签署了战略合作协议，合力打造雪中飞羽绒服的时尚高度。贝克莱尔为雪中飞提供色彩和设计趋势方面的指导，参与雪中飞的产品设计研发。近几年，安正时尚集团聘请贝克莱尔参与各季产品的主题选择与色彩创作过程，引入国际前沿的色彩流行趋势进行设计创新。浙江君时公司也与贝克莱尔合作，为快时尚女装品牌ROCOCO打造可穿性强、搭配度高、紧跟趋势的潮流单品。

（二）普诺姆斯戴尔

法国时尚咨询公司普诺姆斯戴尔是国际著名的时尚、设计和趋势预测机构，由弗朗索瓦·文森特（Franois Vincent）创立于1967年，总部设在巴黎。公司在早期主要是为纺织企业提供色彩系列产品，1969年以后开始涉足服装、配饰、家居和美容等领域的流行趋势预测与产品设计开发领域。现在公司为全球企业提供品牌、营销、创意、传播、零售等各个领域的专业建议，是丹麦 CIFF 博览会的色彩趋势制定者。普诺姆斯戴尔每年发布春夏与秋冬两季趋势报告，每季推出四大主题和40只色彩，同时提供较为详尽的色彩应用指南。近几年，中国时尚机构与普诺姆斯戴尔的合作也不断加强。2000年森马公司与普诺姆斯戴尔共同组建了森马国际时尚信息中心，收集国际服装流行色、流行面料和先进工艺技术等有关信息，提供给森马研发部及时使用。2019年上海时装周主办方与普诺姆斯戴尔的专家团队合作，分析了2020春夏秀场女装发布的基本趋势，包括廓型、细节、色彩、印花和面料等，为预测带来独特效果。2019年，探路者公司跟普诺姆斯戴尔团队开始合作，寻求服装色彩和设计趋势方面的有益建议。

（三）卡琳

法国的时尚咨询公司卡琳是世界上成立时间最早的趋势工作室，由卡琳创立于1947年，总部设在巴黎。目前，公司为全球客户提供时尚预测、策略创意、产品设计、消费者研究等服务。公司在色彩领域的研究尤为突出，出版了颇具影响力的《卡琳色彩》（*Carlin's Colour*）。卡琳能够提供专业的 CMF（色彩、材料和工艺，Colour
–Materials–Finishing，以下简称 CMF）指导，索尼（Sony）、奥莉（ONLY）、维莎曼
（Vero Moda）、艾格（Etam）和欧巴德（Aubade）等都是其固定的客户。全球气候变化
也对时尚行业发展产生了深远的影响，卡琳自 2010 年以来便致力于研究可持续发展时
尚方案。现在，卡琳已能够为客户提供可持续材料采购、产品生产等时尚方案。早在
20 世纪 90 年代，卡琳便开始与中国时尚机构合作。自 2002 年在中国上海设立办事处
至今，卡琳为中国内衣行业的发展带来了国际的视角，服务黛安芬、欧迪芬、古今、安
莉芳、华歌尔、曼妮芬、猫人和布迪设计等众多品牌。

（四）娜丽罗荻

法国设计事务所娜丽罗荻是预测、分析、总结国际时尚流行趋势的权威机构，是研
究消费者行为及其对时尚和其他生活方式领域影响的先驱者，由娜丽罗荻创立于 1947
年，总部设在巴黎。娜丽罗荻在巴黎时尚界具有重要影响力，担任巴黎和大巴黎地区工
商会主席代表，负责创意、时尚与设计行业。目前，娜丽罗荻季节性与年度趋势手册、
行业研究、行业及企业咨询等三类服务，趋势手册涵盖未来色彩灵感、图案、面料、成
衣、美容、家居装饰、生活方式等的预测，极富创意与参考价值。娜丽罗荻曾为瑞纳
（Renown）、巴黎春天（Printemps）、皮尔·卡丹（Pierre Cardin）和李维斯（Levi's）等
品牌提供服务。近年来，娜丽罗荻与中国国际时装周和深圳时装周等都有紧密的合作。
2014 年 10 月，娜丽罗荻在中国国际时装周中主讲了 2015/2016 秋冬国际成衣流行趋势；
2020 年 5 月，在中国国际时装周中进行了 2021 春夏时尚趋势讲座。2011 年，左岸公司
与娜丽罗荻签约，进行合作设计、品牌运作、消费形态和创新预测等方面的整体合作。

二、网络科技公司

在互联网和高科技的驱动下，网络科技公司形式的时尚服务机构应运而生，并创造
了新兴的服务模式，发挥着独特的影响力。国外著名的网络平台有英国的世界时尚趋势
网（WGSN）、英国的艾迪提得（Editd）、美国的风格视觉（Stylesight）等，国内知名的
网络预测机构有 POP 时尚趋势网等。

（一）世界时尚趋势网

英国的世界时尚趋势网（英文全称 Worth Global Style Network）是一家以在线形式
专为时尚、服装和零售等各行业提供最具创意的潮流资讯和商业信息的权威咨询机构，
是领先的全球趋势预测服务提供商，由朱利安（Julian）和马克·沃斯（Marc Worth）创
立于 1998 年，总部设在伦敦。虽然世界时尚趋势网较其他欧美老牌时尚趋势公司起步
晚，但是它能够一跃而起迅速发展成为 21 世纪时尚咨询行业的重要机构，不止与其充
分发挥了当代高科技，即网络传播信息的优势有关，还与其旗下汇集了一批来自世界各
地的时尚专家，以及建有庞大的资讯数据库密不可分。2013 年世界时尚趋势网收购了

美国的风格视觉，进一步实施了全球战略。原风格视觉是一家专门提供时尚资讯的信息平台，在巴黎、伦敦、纽约等主要时尚之都设有设计和创意部门，拥有时尚圈内经验丰富的资深业务团队，提供涉及时尚设计、潮流分析、预测、报道、营销和服装生产等各领域的第一手信息。2014年新的世界时尚趋势网服务推出，该产品围绕备受尊崇的风格视觉技术而设计并经过改良，增加了更多功能来创造新的超级平台。原风格视觉对美国市场有广泛了解，原世界时尚趋势网在欧洲市场具有专长，这款新产品其形象标志则反映出对这两种市场领先的趋势服务的结合。新平台提供五大内容板块，即消费者情报、趋势预测、商业产品开发、零售战略和数据分析。在趋势预测方面，平台提供技术创新，包括快速搜索、定制内容、更多的可分享性以及专业设计工具包，能实现复杂的高分辨率缩放、剪辑功能和海量印刷以及下载工具。2017年，世界时尚趋势网为上海时装周提供了以秋冬为主题的创意"诗意科技"；2018年，继续与上海时装周合作，为本年度的两季盛会提供主题创意，即"无界"和"融·本源"。

（二）艾迪提得

英国的数字驱动型预测机构艾迪提得是利用互联网和大数据进行时尚预测的网络公司，由时尚设计师朱莉娅·福勒（Julia Fowler）联合工程师杰奥夫·瓦特斯（Geoff Watts）在2009年创立于伦敦。艾迪提得的初衷就是帮助全球时尚零售商、时尚买手和供应商等在正确的时间，以正确的价格交付正确的产品。设计师出身的朱莉娅·福勒认为时尚趋势的预测不能只依赖经验和直觉，而应该更多凭借精准的数据收集和分析，而杰奥夫·瓦特斯是一名擅长金融建模的程序员。他们将金融领域常用的科学分析推导方法应用到时尚行业，建立了全球最大的时尚数据库。艾迪提得每天从互联网收集有关时尚的海量资讯以及来自社交媒体的评论，同时跟踪着全球有影响力的时尚潮人和专家的社交活动。目前，艾迪提得的数据库包含了至少530亿个来自时尚行业的数据点，涵盖了全球1000多个零售商。艾迪提得提供男装、女装、童装、配饰和美容等多个领域的大数据分析服务，包括数据、社群监控和创意，客户可以根据自身需求选择服务方案。其中，数据服务涵盖了市场分析、零售报告、广告方案、定价策略、仓储标准和商品折扣等；社群监控就是追踪社交媒体上意见领袖与时尚专家的评论，让业者能够节省整合的时间，快速掌握最新资讯；创意服务涵盖了趋势分析、服装秀、品牌形象等内容。艾迪提得已经拥有了稳定的客户群，盖璞（Gap）、在线零售商欧摩时（ASOS）、吉来特卫星网络（Gilt）和塔吉特百货（Target）等都购买和订阅它的服务。

（三）POP时尚趋势网

POP时尚网络机构于2004年在上海，由上海纺织协会和POP时尚创研中心创立，是中国首家为时尚行业提供流行资讯及供应链全套解决方案的信息技术公司。目前，POP时尚趋势网是一个基于品牌提升的流行趋势与设计企划咨询服务平台，聚焦全球时尚资讯，以强大的研发团队及趋势研究、产品设计、品牌企划等优势，为企业和设计师提供专业而精准的资讯、企划、咨询类智囊服务。网站栏目包括企划、色彩、趋势、指导、解读和在线研讨会等。色彩预测栏目每年分春夏和秋冬两季，提前 15 个月以上更新。POP 时尚创研中心与国内外专业色彩趋势顾问团队合作，发布适合国内服装市场的最准确、最实用的色彩趋势分析。趋势分析栏目针对商务休闲、时尚休闲、成熟女装、少淑女装等细分市场，从主题、色彩、面料、图案、廓型、细节出发，为设计师带来实操高效的趋势分析，并针对毛衫、运动装、牛仔装、棉服、羽绒服这五大品类提供具体分析报告。

三、协会组织

行业协会和展会一直都是伴随着产业组织的重要组成部分，在产业的发展中承担着关键的服务职能。在时尚产业中，国际流行色协会（Intercolor）、法国第一视觉面料展（Premiere Vision）、国际羊毛局（IWS）和美国纺织品协会（American Textile Association）等发挥着重要的作用。

（一）国际流行色协会

国际流行色协会（全称 International Commission For Color in Fashion and Textiles）是非营利机构，是国际色彩趋势方面的领导机构，影响世界服装与纺织面料流行颜色的最权威机构。协会于 1963 年由英国等十多个国家联合成立，总部设在巴黎。1983 年，中国派中国流行色协会加入，成为国际流行色委员会会员国之一。国际流行色协会各成员国专家每年召开两次会议，讨论未来十八个月的春夏或秋冬流行色定案。协会从各成员国提案中讨论、表决、选定一致公认的三组色彩为这一季的全球性流行色，分别为男装、女装和休闲装。中国流行色协会每年派代表参加春夏与秋冬的两次国际会议，并且提交展示中国色彩趋势提案。在 2020 国际流行色协会全球流行色彩定案中，经中国委员提出，"积极的力量"成为一个很重要的主题。"积极的力量"是一组具有时代感的色彩，以红色为核心，延展出橙色系、玫瑰色系，不仅强化了红色的能量，也体现出人民的力量。在每次国际会议结束后，中国流行色协会将国际色彩流行趋势定案等资料汇编为《国际色彩趋势报告》，作为国内协会单位会员的专属服务内容提供给广大会员单位。

（二）法国第一视觉面料展

法国第一视觉面料展（以下简称 PV 展）是全球最具权威性和最精良的面料展，是最新面料和服装流行趋势的发布平台，始于 1973 年，目标是为欧洲的时装品牌采购商提供一个方便专业的平台，使其能轻松找到来自不同国家的优质服装产品。PV 展是一年两届，2 月为春夏面料展，7 月为秋冬面料展，并发布下一年度的面料流行趋势。PV 展已被公认为国际前沿面料潮流风向标，引领着世界前沿的流行趋势。展会对于参展商的挑选非常严苛，而企业实力并不是评判标准的全部，产品的创意与质量才是让纺织商能够受邀的前提保障。能够跻身参与展会，既是企业实力的佐证，更是产品得到认可的标志。PV 自成立以来就在机构内部建立了一个流行趋势预测团队，因此流行趋势发布是 PV 展的重要环节，强大的展商资源是任何一个趋势预测机构无法比拟的。所有参展企业都将自己最值得推崇的面辅料交给主办方，最终的获选面料均会成为未来流行趋势的风向标。2009 年 2 月，山东如意公司获得 PV 展会参展资格，成为中国乃至亚洲第一家参展企业，为中国赢得全球纺织面料流行趋势发布权。广东天海公司于 2011 年获得 PV 参展资格，成为中国第一家女装参展企业。2016 年吉林化纤集团公司与欧洲纺织界极具影响力的 Filofibra 公司联合参展，公司的纤维产品以生态、时尚、功能、环保和科技的特点得到与会客商的高度关注。

（三）国际羊毛局

国际羊毛局（英文全称 International Wool Secretariat）是一个非营利性组织，成立于 1937 年。总部设在英国伦敦，女装部设在法国巴黎，总部和国际流行色协会联合推出适用于毛纺织产品及服装的色卡。国际羊毛局在世界上 34 个最重要的羊毛市场上设有分支机构，组成了一个国际性的服务网，帮助各成员国的养羊人士建立羊毛制品在全球的长期需求。成员国中澳大利亚、新西兰及南半球一些国家的原毛占全球年成交量的 80% 左右。国际羊毛局本身并不制造和销售羊毛制品，但它在建立羊毛需求的过程中，经常与纺织工业各层次的单位保持密切的联系，包括为零售商和羊毛纺织工业生产单位提供原毛挑选、加工工艺、产品开发、款式设计、品质控制、产品推广等方面的协助和支持，并与他们联合进行宣传活动，如推行世界知名的纯羊毛标志。世界上不少毛纺生产技术上的重大发明和革新，都是国际羊毛局研制成功的。该组织还通过各地分局，向世界各国纯羊毛标志持有者免费提供技术服务和新产品的技术资料，以及今后一两年内流行品种、款式、颜色、时装趋势预测等等，其目的在于传授羊毛制品的制造技术，提高产品质量，生产适销对路的产品，扩大羊毛制品的销售量。国际羊毛局于 1980 年开始开拓在中国的业务，并于 1989 年与中国进出口商品检验总公司就我国出口纺织品中使用纯羊毛标志产品的检验达成合作协议。

第三节　时装周

时装周是以服装设计师以及时尚品牌最新产品发布会为核心的动态展示活动，也是聚合时尚文化产业的展示盛会，一般都在时尚文化与设计产业发达的城市举办。时装周对流行趋势有显著的引导作用，是时尚信息传播的重要平台。同时，时装周也代表着一个国家或地区的时尚产业发展水平，反映着举办城市的时尚影响力。

一、海外时装周

全世界有多个著名的时装周，有法国的巴黎、意大利的米兰、美国的纽约、英国的伦敦、日本的东京等等。法国巴黎时装周、意大利米兰时装周、美国纽约时装周和英国伦敦时装周合称为世界四大时装周，从影响力和知名度上看，这四大时装周都远超其他时装周。一般秋冬时装发布会在 2—3 月进行，春夏时装发布会在 9—10 月进行，并且四大时装周的举办时间一般不会重叠，风格也不相同。近年来，比较知名的海外时装周还有日本东京时装周、韩国首尔时装周、德国柏林时装周等。

（一）巴黎时装周

1910 年，巴黎时装周在巴黎由法国时装协会创立，在国际四大时装周中历史最悠久。巴黎是世界时尚之都的首位，国际上公认的顶尖时尚品牌设计和推销总部的大部分都设在巴黎。从这里发出的信息是国际流行趋势的风向标，不但引领着法国纺织服装产业的走向，而且引领着国际时尚风潮。从 17 世纪起法国就多次通过立法来扶持时尚产业，时尚贸易在法国的对外贸易中占有举足轻重的地位，时尚被视为强化巴黎国际形象的重要工具。法国高级时装公会一直对巴黎时装周给予大力支持，其对服装质量和设计师资质都进行控制，这使得其专业性和权威性大幅提升。路易十四统治期间形成的时尚文化对法国建设现代时尚体系形成了深远影响。19 世纪中期，法国就开始举办贸易博览会。1900 年，巴黎世界博览会上的高级定制时装展让法国高级时装举世闻名，自此法国巴黎也被称为高级定制时装的发源地。

巴黎拥有坚实的纺织服装业基础和数量庞大的奢侈时尚品品牌，以彩妆、香水、高级珠宝和高级时装在全世界闻名。路易威登、香奈儿、爱马仕、迪奥、娇兰（Guerlain）、卡地亚、梵克雅宝、纪梵希等品牌都源自巴黎。这些政治、历史、文化、经济和地理因素也奠定了巴黎时装周奢华浪漫的格调，使其在全球时尚界独树一帜。1947 年克里斯汀·迪奥用 "New Look" 系列服饰为时尚界注入新活动，为时尚设计带来了一场思想变革。20 世纪 60 年代一批新时装设计师崭露头角，其中包括安德烈·库雷热（Andre Courreges）、皮尔·卡丹（Pierre Cardin）、伊曼纽尔·温加（Emanuel Ungaro）和伊夫·圣·洛朗（Yves Saint Laurent）等人。设计师们认可巴黎时装周，不仅因为其专业性和权威性，还因为巴黎拥有优越的时尚文化环境。20 世纪 70 年代以来，巴黎时尚界出现了日本设计师浪潮。设计师们从日本来到巴黎，他们通过融入法国时尚体系语境，凭借自身设计才能成为具有国际知名度的日本设计师。这些设计师包括高田贤三（TAKADA KENZO）、三宅一生（Issey Miyake）、川久保玲（Rei Kawakubo）、山本耀司（Yohji Yamamoto）和森英惠（Hanae Mori），他们在去法国前都已在日本享有盛誉，但都是在巴黎才真正拥有全球影响力。2019 年春夏巴黎时装周，中国设计师郭培将中国风带到了巴黎秀场，将东方古典美展示给全世界。2016 年至 2019 年的四年间，中国的盖娅传说四登巴黎时装周发布全新系列作品，因产品大气磅礴及其华美设计在时尚界引起了轰动。

（二）纽约时装周

1943 年，纽约时装周在美国纽约创立，是目前世界上商业化最成功的时装周。二战时期，巴黎被德国占领后，巴黎所有的时尚活动都被打断。此时，美国时装协会创办人埃莉诺·兰伯特（Eleanor Lambert）在纽约创立了纽约媒体发布周，1994 年更名为纽约时装周。纽约时装周与巴黎时装周的发展背景截然相反，纽约没有悠久的历史文明，在时尚产业方面也没有丰富的经验。第二次世界大战前，美国并未形成独立的时尚风格，一直热衷于追随巴黎的时尚风格。巴黎的时尚活动中止让美国不得不摸索独立的时尚风格，事实证明美国从自身具备的当代艺术出发，成功找到了契合美国社会文化环境的时尚风格。同时，纽约时尚产业能够崛起还取决于其地理和经济优势，尤其曼哈顿服装区在其发展过程中发挥了重要作用。第二次世界大战结束后，美国的时尚产业成功转型，并且将时装工业化大规模生产的概念引入时尚产业。这在一定程度上打破了欧洲已有的时尚体系，将时尚产品的受众群体拓宽。

街头风格是美国时尚风格的重要组成部分，这种风格与日常生活场景紧密相关，该种风格的服装也更加贴合实际生活需求。因此，美国服装设计师们推崇精致实用主义，纽约时装周的时装发布会以简约潮流著称。著名高街品牌 Off-White、Supreme 等都源自美国，都以独特的个性化设计闻名。同时，纽约时装周体现了商业与创意并重之风，强调时装发布会的商业价值。时装周的核心人物不仅仅是设计师，更需要时尚买手和时尚媒体参与。因此，纽约时装周散发着极强的包容性，未对参与时装发布会的设计师设立高门槛限制。纽约时装周开放、务实的特点让其敢于打破常规，其品牌展示都集中在布莱恩公园，参加发布会的品牌多以露天走秀的方式进行。在此氛围中，设计师更容易通过设计才能来创造商业价值，热衷街头文化的设计师通常会偏爱纽约时装周。目前，我国大部分新锐潮流品牌都选择以纽约时装周作为登上四大国际时装周的起点。李宁、太平鸟和 Lily 等中国品牌首次亮相国际时装周都是在纽约时装周。

（三）米兰时装周

1967 年，米兰时装周在米兰由意大利国家商会创立。意大利拥有悠久的时尚文化，14 世纪文艺复兴时期，意大利的时尚风格风靡欧洲大陆。意大利是老牌的纺织品服装生产大国和强国，意大利纺织服装业产品以其完美、精巧的设计和技术高超的后处理享誉世界。米兰是意大利第二大城市，是意大利北部的政治、经济和文化中心，以工商业和贸易等著称，是世界上最富裕的城市之一，是欧洲南方的交通要道。米兰是全球五大时尚之都之一，在世界时尚产业中占据着重要地位。米兰的时尚产业以纺织服装业为基础，20 世纪前都以手工业生产为主，在两次世界大战期间发展壮大。二战后，经济萧条的意大利得到美国马歇尔计划的帮助，进一步推动了意大利纺织服装业的发展。20世纪 70 年代，米兰正式成为与巴黎和伦敦并列的世界时尚之都。

此外，意大利拥有众多奢侈时尚品品牌，以高级成衣、高级珠宝、手工皮具和香水等闻名，宝格丽、阿玛尼、普拉达、芬迪、古驰、范思哲和葆蝶家（Bottega Venega）等品牌都源自意大利。米兰时装周与巴黎时装周的发展背景的不同之处在于，意大利除了米兰拥有良好的时尚产业，佛罗伦萨和罗马也拥有良好的时尚产业。意大利的设计文化底蕴深厚，整个国家都拥有良好的时尚文化氛围。米兰时装周以发布高级成衣著称，这些成衣品牌的风格非常多元化，但整体上仍未脱离精致高贵的格调。近几年，米兰时装周呈现的中国文化元素越来越多。2020 年春夏时装周上，意大利著名时尚设计师弗朗塞斯卡·里柏拉托（Francesca Liberatore）大秀中国元素格外抢眼。她在新品的设计中，从服装材质的选用到线条的剪裁，从色彩的搭配到图案的勾勒，都巧妙地融合了中国文化的元素。缥缈的丝绸在微风中盘旋，充分展现了模特们高雅曼妙的身材，中国传统色彩也在时尚品牌中得到了很好的诠释。另外，米兰时装周与中国品牌的交集较多，是我国大部分走精致优雅路线的设计师品牌选择发布新品时装的平台。成立于 2012 年的中国品牌 Annakiki 已连续多次在米兰时装周举行发布会。

（四）伦敦时装周

1984 年，伦敦时装周在伦敦由英国时装协会创立，是国际四大时装周中起步最晚的。因为延续时间相对较短，所以伦敦时装周在人气、成交量、商业化等方面的成就不及另外三个国际时装周。不过也正因如此，伦敦时装周为更多的时尚新锐设计师提供了展示自己的平台，发展至今已经成为以活力、创意与魅力为特色的时尚盛典之一，被广大年轻人和时尚达人关注追捧。相比于巴黎时装周和米兰时装周，伦敦时装周没有来自高级时装的权威压力，更倾向于培养富有创意思想的高街时尚。中央圣马丁艺术学院一直给予伦敦时装周大力支持，大量的学生作品为时装周注入年轻活力，使得伦敦时装周具有独特的年轻化特点。此外，伦敦作为朋克文化和超短裙的发源地，具有个性鲜明和特立独行的时尚气息。设计师维维安·韦斯特伍德将朋克文化引入服装设计，为伦敦的时尚风格贴上了前卫、新潮的标签。因此，伦敦时装周呈现出鲜明的前卫时髦风格，常常聚集了大量还未成名的青年设计师，吸引设计师们大胆展示其创意设计才能。

创办于 1983 年的英国时装协会是一家由业内赞助商出资的非营利性有限公司，是伦敦时尚周的主办方并且负责举办英国年度顶级的时尚盛典"莱卡英国风尚大典"。该协会同时还力求帮助英国设计师拓展业务，并出版发行了指导时尚设计师建立生意的《设计师真实档案》一书，以及《设计师制作手册》。英国时装协会的目标是，联手业内资助人，在全球范围内提升英国时尚设计界的地位。它在伦敦时装周上，帮助设计师们发挥潜能和扩展业务。目前，除了才华横溢的新锐设计，巴宝莉、麦昆、保罗·史密斯（Paul Smith）等品牌都开始将走秀放在伦敦时装周。在 2019 春夏伦敦时装周上，密扇、白鹿语、生活在左、KISSCAT 四大中国年轻设计品牌首次现身国际时尚舞台上演开场大秀，用中国传统服饰诠释中国文化精髓，让中国风与国际时尚设计理念相互融合，复古的中国元素、传统色系的冲撞搭配，在伦敦时装周掀起一股中国风潮。

二、国内时装周

我国的时装周主要分布在一线城市和海滨城市，这些城市具有地理位置优越、经济条件发达和交通便利等优势。虽然我国时尚产业发展历史不长，但目前国内已经形成了少数具有一定规模和知名度的时装周，主要包括中国国际时装周、广东时装周、上海时装周、深圳时装周。国内的时装周一般为一年两季，由当地政府或行业协会牵头举办，分别在每年的 3 月和 10 月进行。

（一）中国国际时装周

中国国际时装周于 1997 年在北京创立，由中国服装设计师协会主办，是国内历史最悠久的时装周。二十多年来，中国国际时装周一直秉承着探索中国时尚产业发展路径的历史使命而前行，目前已具备相应的专业性和权威性。北京是首都，是全国政治、文化、国际交往和科技创新中心。中国国际时装周代表着中国时尚产业的整体水平，是中外知名时装、成衣及配饰品牌展示新设计、新产品、新技术的主流渠道和国家窗口，成为了时尚品牌和设计师形象推广、市场开拓、商品交易、专业评价的国际化综合服务平台。中国国际时装周成立至今，已有近 30 个国家和地区的 830 余位设计师和 810 余家品牌和机构举行了超过 1600 场时装发布会，这些国家以法国、意大利、美国、英国、日本等为代表。中国国际时装周立足中国文化，融会中国美学，致力于建设具有中国特色的时尚体系。参加中国国际时装周的品牌对中国元素的运用越来越成熟，通过将现代设计与传统文化融合来向全球诠释中华文化。为了鼓励设计师们积极创新，中国国际时装周针对各个时尚领域设立了多个奖项。每年中国服装设计师协会全体理事根据候选设计师的专业成就和时装发布作品投票决定金顶奖获得者。金顶奖是从国家层面给予设计师的认可，历年的金顶奖获得者都是行业内的代表人物。换言之，在中国国际时装周获奖是从国家层面肯定设计师的才能和成就，这会让设计师的名望和影响力都得到提升。中国国际时装周现已成为发布流行趋势、传播推广品牌和树立品牌形象的平台，并带领国内各地时装周协同发展。

（二）广东时装周

广东时装周于 2001 年在广州市创立，由广东省服装服饰行业协会和广东服装设计师协会主办。广东时装周在中国经济最发达的省份举办，这为实现时尚资源合理配置、打造国际时尚城市提供了先天条件。同时，广东纺织服装业存在明显的产业集群特征，具有虎门女装、新塘牛仔、潮州婚纱晚礼服等 27 个服装特色产业集群，这为广东时装周提供了坚实的发展条件。广东时装周以打造时尚经济全产业链为导向，一直以来吸引着社会各界人士参与。并且，广东时装周格外重视商业化，每届时装周的成交总量均超过 100 亿元。2012 年广东时装周举办了近 80 场服装秀，成为亚洲规模最大的时装周。2015 年组委会首次开办"Showroom Guangdong——广东服装设计展"，旨在高效发挥时装设计的商业价值和文化传播价值。组委会引入行业机构、知名品牌、买手和电商等第三方参与者，并协助第三方参与者与设计师对接，为上述各方提供多种资源和服务。此外，为促进设计师的创新积极性，广东时装周组委会也为各领域的时尚人士设立了奖项，如广东时尚推动大奖、广东十佳服装设计师、广东服装行业十佳职业经理人以及十佳职业模特等时尚大奖。至今，广东时装周已经在泛珠三角地区形成了强有力的影响，为华南地区提供了潮流风向标。

（三）上海时装周

上海时装周于 2003 年创立，由上海市人民政府主办，浦东新区人民政府和上海国际服装服饰中心承办，成立至今一直致力于推进长三角地区服装纺织业发展。上海作为中国经济、金融、贸易、航运和科技创新中心，给上海时装周提供了坚实的物质条件。同时，上海独具的海派文化与各种外来文化的碰撞给时装设计师们提供了设计灵感。长江三角洲有着坚实的纺织服装基础，且江南地区文化底蕴深厚，这些都为上海时装周举办提供了有利条件。2019 年上海时装周获得国家市场监督管理总局商标局批准，成为国家注册商标。多年来，上海时装周一直致力于培养、推广本土设计师，为本土设计师搭建展示平台。上海时装周重视时装周商业化，广泛吸纳专业买手和代理参与时装发布会，追求变时装设计艺术为时装设计商业。此外，为了更好地延续发展和展示本土新生设计力量，上海时装周会挑选东华大学和上海工程技术大学的毕业设计作品在上海时装周展示。上海开放、包容的社会文化环境吸引着大量具有留学经历或刚毕业不久的青年设计师，因此上海时装周通常是青年新锐设计师的聚集地。目前，上海时装周将以振兴民族品牌，拉动内需为己任，立足上海、辐射长三角地区、服务全国，力争为中国自主品牌、本土设计师营造良好有序的发展环境，形成上海时装周平台提升与民族品牌振兴发展共同进步的良性循环。

（四）深圳时装周

深圳时装周成立于 2015 年，由深圳市人民政府主办，深圳市服装行业协会承办。深圳时装周虽然起步较晚，但深圳的地缘、文化和经济优势使其迅速发展。深圳市素有"设计之都"的美誉，拥有众多时尚品牌，是中国服装产业最发达的城市。深圳时装周自成立以来便坚持"独立原创设计与商业落地并重"的原则，致力于为设计师构建国际交流传播平台，力求实现原创设计、商业价值、全民时尚三者之间的平衡。深圳瞄准巴黎、米兰、伦敦、纽约等国际顶尖时装周，以"政府引导、市场主导、专业运作"为原则，嫁接国际时装周主流资源和系统，积极纳入全球时装周发布运作体系，结合产业品牌优势，体现全民时尚、全城联动的理念，通过 T 台走秀、时尚艺术展示、时尚盛典晚会等时尚创意系列活动，吸引全球时尚人士传播资源聚焦深圳，力争将深圳时装周打造成为推动服装产业转型发展、带动时尚创意产业优化升级的助推器。深圳时装周由展厅与秀场两个情境组成，展厅作为秀场的延伸部分，提供产品静态展示。秀场地点的选择原则与纽约时装周相似，定为深圳市华侨城欢乐海岸椰林沙滩和华侨城集团创展中心，尽可能让更多的人参与时装发布会。成立至今，深圳时装周的专业性和国际化程度都大大增强。2020 年受疫情影响，深圳时装周官方与抖音达成合作协议，将时装发布会以短视频的方式在抖音 APP 上进行发布。以 2020 秋冬时装周为例打破线上线下的界限，深圳时装周带头探寻数字时代的全新互动方式。

　　时尚商业生态是一个整体系统，从原材料、设计研发、制造加工、贸易流通、终端销售到品牌建设，时尚产业各个要素环节构成了完整的产业生态。其中，时尚零售是时尚商业生态中市场流通的重要环节。时尚商业与零售的发展是对消费者需求和动机的洞见，在科技技术、经济资本、消费市场的综合推动下，呈现出了更多元化的业态形式和创新的商业模式。

第七章　时尚商业概述

时尚的概念在被商业化和品牌化的过程中离不开消费市场、资本和科技的推动。时尚商业是国民经济重要的推动力量，是商品流通的重要经济活动。自古以来，商业的概念就广泛存在于人们的日常生活和商品交易中，现代化的时尚商业概念自1796年全球第一家百货商场开始至今已有220多年的历史，对时尚商业的理解和认知是同人们的生活方式和消费方式紧密相连的，在过去百年间发生了重大的变革。

第一节　时尚商业的含义及发展

对时尚商业的认知需要建立在对人性洞察的基础上，唯有充分理解人的需求和社会变迁才能够对时尚商业的发展有更深入的认知。伴随人们需求、生活方式和社会经济的变化，时尚商业的含义也突破了以往商品交易和流通的概念。各国时尚中心的形成正是时尚商业历史发展的浓缩和对时尚商业含义的有力诠释，其中时尚百货商场的存在不再仅仅是购买交易，时代赋予了它更多的意义和价值。

一、时尚商业概述

时尚商业不同于其他消费品的商业形式，消费者对其商业时尚潮流度、体验价值以及审美价值要求更高。先进发达的商业是现代城市经济发达的象征。商业的研究对象是商品流通和经济社会，本质是对经济社会发展中人和商品之间关系的研究。时尚商业对经济社会的影响是显而易见的，它具有推动社会经济发展的重要作用。

（一）商业本质

理解商业本质的前提是理解人的需求。对人们生活方式的研究是零售研究的核心，对人、产品或服务、售卖环境等之间关系的研究是商业零售研究的本质。根据马斯洛需要层次理论（Hierarchical Theory of Needs），人们的需要可以分为三个主要大类，即满足基本生存的物质性需要、满足社会地位的社会性需要，以及满足个人价值实现的个人需要。伴随人们需要的不断变化，商业和零售的本质始终在围绕人们的需要和需求进行，在商品交换的过程中赋予了商品和服务有形和无形的价值。零售商必须基于对消费者需求和行为的了解，进行实体店面选址、线上售卖平台选择、商品规划、店面陈设、广告推广、营销策略、客户服务、人力资源和销售管理等战略决策，以达到效用和效益的最大化，满足消费者的需求。唯有此，时尚企业才能够在为消费者提供商品和服务的过程中创造有形或无形的价值，实现企业的可持续发展。

时尚零售商通过对现有的市场进行市场细分及市场定位，寻求到适合目标商品的理想市场，以及为目标消费者寻求到匹配的货品。这个双向选择筛选的过程对于零售商来说并非一件容易的事情。在货品的匹配供给上，传统零售商追求货品的规模和运转效率，但往往忽略了品牌的价值和人的需求。当市场上出现了大批量同质化商品的时候，传统零售商将无法在竞争中脱颖而出从而使得营销变得被动和无效。在今天个性化的市场分级下，千篇一律的店铺和货品显然是不能够满足消费者个性化的消费需求和消费体验的。

时尚商业具有高速的循环周期和快速的潮流变化的特点，对货品的周转效率也提出了更高的要求。如果时尚零售商不能够对市场的需求进行相对准确的货品宽度和深度的预期，则会出现零售商进货效率下降，进了更多无效的商品，导致货品低周转、低售罄等风险，最后商品供过于求，库存过剩，损失了现金流价值。尤其对于时尚商品而言，消费者购买时尚商品是出于希望尝试新鲜、追求潮流的心理，过季的商品不仅失去了商品的生命力，同时也常常会给企业造成不必要的库存浪费。如果对这些库存货品进行焚烧销毁，那么对生态环境会造成不可逆转的伤害。通过不完全的数据统计，如果不生产服装，目前全球现有服装量完全够人们两年的穿着需求。时尚行业的碳排放量据统计占全球的 10%，超过所有国际航班和海运的总排放量，是全球目前第二大环境污染源。综上所述，如何提升商品供应链能力和运营能力成为了今天时尚商业持续探讨并研究的命题，其他待讨论命题还包括如何借助一定的科技创新手段对商品需求进行准确的预测以及对于市场反馈做出敏捷的响应。

在市场营销的领域内，对于消费者的研究一直是至关重要的一个环节。在大数据时代下，如何对现有消费者、竞争消费者及潜在消费者进行数据的采集和分析，对个性化的消费行为做出预判，这对企业数据库的专业程度和客户关系管理能力提出了要求和挑战。另外，不同规模的商业零售企业在发展过程中所涉及的道德问题和准则不尽相同，包括商品规划组合过程中，买手的采购道德问题、通过和批发商或生产商的私下现金交易或回扣而对公司造成利益的损失，以及零售商在进行商圈选址时和商场招商人员的谈判过程中，也不可避免地涉及商场扣点、返点和销售回扣的利益风险以及利益冲突等。对零售道德行为的约束和把握是时尚商业需要面对的问题。今天的时尚商业研究依然面临着诸多待探讨的具体问题，例如数字化时代下零售商发展路径的重构、基于价值的数字化零售战略的实施和规划以及时尚零售商可持续发展战略的价值评估等内容。

（二）商业意义

商业对国民经济的发展具有重要的推动作用。其中零售商作为商业零售中的重要推动者，其对商业的意义和价值显而易见。商业零售商的功能主要体现在整合商业渠道、组织商品、为消费者提供更为全面的销售服务、储存、拆售及保持库存、增加商品及服务的附加价值和对社会意义的贡献、为消费者提供美好生活的选择等方面。

（1）在整合商业渠道方面，零售商的渠道开发人员通过收集、整理和联络多个渠道，从而掌握了大量的商业渠道信息，通过对商业渠道的评估择优进行渠道开发及货品配置。从消费者需求角度出发，若消费者需要购买全套的运动装束，如果购买服装去一个厂家，购买运动鞋去另外的厂家，那么购物效率会比较低，同时时间成本也极其昂贵。因此零售商在中间起到了很重要的整合商业渠道的作用。

（2）出于对消费者需求的多样性和购物便利性角度考虑，组织商品是时尚商业的第二个功能体现和重要意义。零售商可以从多个供应商处采购多种商品并进行组织和整合，为消费者提供多种多样的商品类型，例如百货商场经营几十个甚至上百个品牌，集合店售卖多种多样的时尚商品，零售商对商品的组织和整合能够帮助消费者进行一站式购物，方便消费者更高效地获取自己需要的商品。

（3）零售商可以为消费者提供更为全面的销售服务。零售商通过提供售前、售中、售后的一系列服务，能够使顾客购买和使用商品更为便利和安心，例如提供分期付款、产品组合、解决顾客疑问等。零售商在售前提供小额贷款或分期服务，能够缓解顾客对高价值商品的购买压力，从而促进购买。商业服务人员在销售过程中有针对性地对顾客疑问提出解决方案或者进行商品个性组合，能够满足顾客所需。零售商在商业零售场所对展示陈列所售卖商品进行陈列设计和陈列组合，能够刺激消费者并产生购买行为。零售商在售后为消费者提供保质保修的服务能够提升消费者的购物满意度，这对消费者的体验管理和满意度管理都是很重要的。

（4）零售商为能够随时满足消费者的购物需求，防止出现断货现象，一般都会存储一定量的商品。为减少运输成本，制造商和批发商通常会成箱将产品运送给零售商，按消费者个人或家庭的消费方式，拆成小批量商品进行出售。这个过程是对消费者购买需求、供应商成本、供应商便利性的考虑下的必要行动。同时零售商将供应商运输来的货品进行一定的存储，对存储空间有限的供应商或者消费者来说是十分必要的。

（5）时尚商业的价值不仅仅在于商品交易，还有为消费者提供更多的附加价值。零售商将商品对消费者售卖的过程中无疑提供了更多的附加服务，例如产品的安装需求，为消费者提供详细的商品信息和解说来方便消费者进行购买，零售商根据目标消费者的购物行为做出一系列的营销活动并进行品牌包装，增加了商品的品牌溢价。很多非实体店面的零售企业都为消费者提供了上门送货的服务，这个过程增加了商品及服务的价值。

纵观时尚商业，零售环节是商品流通的最终环节，也是消费拉动经济增长的着力点。商品流通是市场经济的火车头。商业零售在国民经济发展中起到拉动国内生产总值

（以下简称 GDP）增长、吸纳社会劳动力，同时对外资吸引也有着重要的影响。

（6）对社会的影响和贡献是时尚商业的第六个意义。商业零售对个人、家庭、经济、社会方面的意义不容小觑。于微观层面，时尚零售商为个人和家庭提供所需的商品和服务。对零售商而言，市场定位的精准性十分重要，通过市场细分，实现目标客户群体的精准画像，有助于实施以客户为中心的服务理念。于经济方面，商业零售是国民经济的先导产业，有着拉内需、稳增长的重要使命。于社会而言，商业零售肩负着创就业、稳就业的意义。

当下，时尚商业若希望实现长远的发展，必须将人类可持续发展的责任肩负起来，为更加长远的美好生活做出战略性决策。移动互联网时代下新技术、新模式、新业态、新消费理念层出不穷，消费者的需求也更加多元和分散，如何抓住消费者的眼球，占据消费者的心智，重构品牌与消费者之间的关系，成为时尚商业当下的重要课题。为此，时尚商业的意义不仅仅局限在提供商品和服务，更需要从消费者出发，以消费者为核心去改变思维模式，提供超越商品和服务的更多价值。不断创新是时尚商业可持续发展的重要核心，不能够紧跟时代发展和技术发展的零售商终将被时代所淘汰，尤其对于时尚品类而言，潮流趋势瞬息万变，时尚消费者也更偏好有趣、新鲜、前沿的零售模式，在智能化和数字化的互联网时代，以技术为基础的创新发展模式要求零售商能够提高运营效率、提高环境资源的利用效率以及践行可持续发展的理念，实现高质量的零售模式。服装零售商作为传统的零售商，当下的转型迫在眉睫，以互联网电商等新零售为代表的新零售时代的到来，大数据和新技术将赋能供应链升级，最终形成以消费者为中心的数字化闭环。新零售、全渠道、数字门店、智能互动、生活方式体验、数字化供应链等创新的零售模式正在成为时代的主流。

当今，时尚商业的第七个重要意义在于为目标客户群提供一种美好生活方式的选择。让·鲍德里亚（Jean Baudrillard）在其著作《消费社会》中，不断地为我们展示了消费品富豪价值与社会价值之间的关系。商品不仅仅体现了满足物品对人的功用性的使用价值，还标识了人类社会性的符号价值。这种符号的特点之一即为符号背后所代表的态度、体验和意义。这种符号存在于生活的方方面面，从我们早上选择今天的着装开始，去什么餐厅吃饭、选择什么交通工具、使用什么品牌的笔记本电脑、喷了什么品牌的香水，消费者时时刻刻在与商品进行符号和体验的互动。以消费者所追求的生活方式为诉求，将产品和品牌塑造为一种生活方式的符号或身份象征的标识，从而吸引消费者的注意力，达到和消费者建立较为稳定的沟通关系的目标。时尚零售是在售卖一种符号，一种生活方式，而体验性消费可以比物质性消费带来更多的幸福感和满足感。

售卖生活方式之所以成为一种趋势，其中主要的基础是稳定的经济和持续的社会发展。从 2010 年开始我国便成为了继美国之后的世界第二大经济体。经济和社会的发展为我国民众的生活和消费方式的改变奠定了良好的物质和经济基础，中国城市居民家庭生活消费也正在发生着革命性的变化，人们说的消费升级不仅指消费能力的升级，更是个性化消费的转型、品质消费的升级、绿色消费的增加以及生活方式体验的变革。消费的变革也不断挑战着传统时尚营销和传统零售的方式。新消费和新时代场景下的产品消费是在反映消费者的某种价值观和审美品位，更是一种身心的栖息地。同样，售卖生活方式也为品牌商带来了更多的意义。为了时刻加深品牌在消费者心中的地位和影响力，品牌需要渗透到消费生活 24 小时的方方面面。时尚品牌通过营造整体的体验和氛围，打造出精良生活方式的整体画像。另外，不断扩大品牌内涵，塑造品牌生活方式的健康形象也强化了客户的忠诚度并提高了品牌议价和附加价值，以此来享有更高的"定价权"。诸多时尚品牌都在向生活方式领域延伸，例如全球著名的瑜伽品牌露露乐蒙（Lululemon）不仅为女性提供舒适合体的瑜伽服饰，而且利用社区精准的营销方式传递出更多健康生活应有的态度和内涵。露露乐蒙品牌在曼哈顿的布莱恩特公园里，每周举办两次开放式瑜伽课程，每次有 400 多名女性参加，公司门店中也会开设免费的瑜伽体验项目。通过这些活动，露露乐蒙与顾客之间不再是简单的买卖关系，而是更为亲密的朋友和伙伴关系。

二、时尚商业业态发展

在全球，从街头专卖店到大型商场，大大小小的零售商成为了全球时尚商业业态中不可或缺的一部分。不同的时尚商业业态为消费者提供了不同的零售体验和利益。商业技术、消费者需求和市场竞争环境发生巨大变化的今天，时尚商业和零售的发展战略也在迎接新的挑战并不断地创新完善。

（一）业态起源

"零售业态"一词来源于日本，大约出现在 20 世纪 60 年代。零售业态是指零售商用来满足目标市场的需要所采用的零售组合类型。20 世纪 90 年代中期，"零售业态"一词被引入中国并逐渐被人们接受进而广泛使用。豪威尔（Hower）和豪兰多尔（Hollander）两位学者提出综合化与专业化循环理论。该理论认为，零售业态的变迁按照综合化到专业化，再由专业化到综合化的路径循环进行，当综合化的业态发展到一定程度后，就会出现以专业化为主要特征的业态。同样，当专业化的业态发展到一定程度后，又会出现综合化的业态。从世界零售业发展变迁趋势来看，在 20 世纪 60 年代，零售业主要以综合型的百货公司运营为主。到了 70 年代，零售业逐渐向专门店、连锁店、超市和便利店等更为细分和专业化发展。进入 80 年代后，大型购物中心在世界范围内兴起。90 年代后又继续细分，发展成为各类专门单品店，生活各类题材的零售形式，多个业态形式共存并循环发展。

回顾西方商业业态发展，经过 200 余年的发展，已经形成了丰富的商业业态格局。1796 年，世界上第一家百货公司哈丁豪厄尔百货公司（Harding Howell & Co）在伦敦圣詹姆斯区蓓尔美尔街成立。随即，1852 年法国巴黎出现第一家百货商店乐蓬马歇百货公司（Le Bon Marché），自此吹响了第一次零售革命的号角。继乐蓬马歇百货公司创建后，卢浮宫百货（Carrousel du Louvre）和莎玛丽丹百货（La Samaritaine）等法国著名高档百货商店陆续出现。成立于1859年的美国太平洋和大西洋茶叶公司（The Great Atlantic & Pacific Tea Company, A & P）是世界上第一家连锁商店，它定义了零售业态的第二次零售革命。第三次革命则是从迈克尔·库伦（Michael Cullen）在美国创办的卡伦国王（King Cullen）超级市场开始。自此，三次零售革命形成了商业零售业态中以百货店、连锁店及超级市场等多种业态并存的丰富的商业业态格局。20世纪后期，互联网零售的兴起，对商业业态百年的发展格局提出了迫在眉睫的挑战，第四次科技推动的零售革命战役已经开始。

　　西方时尚商业业态的发展是伴随工业革命发展起来的。19世纪下半叶，百货商场在欧洲和美国都取得了飞速的发展。起初很多早期的百货商场是由布商建立的，主要面向中产阶级的女性，满足她们购买布料和帽子的需求。工业时代下富裕且追求时尚的女性群体成为消费主力，规模化的工业制造，琳琅满目的时尚商品，造就了以皮草、男士服饰、钟表珠宝和女帽为主营业务的哈丁豪厄尔百货公司。消费水平、层次和能力的不断提升是时尚商业业态发展的重要动力。正如帕斯德马金（Hrant Pasdermadjian）在其著作《百货商场，起源、演化和经济学》中提到百货公司的社会效应是同生活方式的转变联系在一起的。社会发展、经济发展和科技发展是零售业发展的基础和推动力。零售商形态的变化是人们购买习惯和生活方式变化的直接反馈。

　　我国现代商业业态是在改革开放后逐渐发展起来的。自1978年开始的流通体制改革，商业零售发展至今已有40余年的历史，在此期间，我国商业零售业态经历了震荡发展、高速发展和趋势性增长三个阶段。随着改革开放的深入，1993年来自中国台湾的太平洋百货首次将餐饮和休闲等业态引入百货商场。1995年中外商业合资的上海第一八佰伴开业，拉开了外资零售入华的序幕。1996年广州天河城开业，这座国内的第一家大型购物中心的开业被视为中国购物中心发展元年。中国时尚商业是在"西风东渐"的影响下逐渐发展起来的。法国服装品牌皮尔卡丹是最早来到中国的国际品牌，在北京开设的第一家专卖店开启了中国时尚商业业态发展的一扇门。同年，深圳一条长约250米的中英街成为了中国消费者追求时尚洋货必去的免税街。一直到1997年香港回归前，中英购物街都是国内时尚商业业态中知名度极高的时尚购物商业街。自1992年允许外资商业零售企业进入我国商业领域的开放政策开始，中国时尚商业零售正式踏入了全球化战略的世界格局中。丹麦时尚零售品牌奥莉（ONLY）于1996年进入中国，日本服饰零售品牌优衣库于2002年在中国上海设立首家中国零售店铺。时尚商业业态的格局进一步丰富了起来。

　　今天，消费者希望购买法国著名奢侈品品牌路易威登的产品，可以登录路易威登全球官网进行选购，了解不同产品的特质并决定购买，请公司送货上门或者消费者也可以通过亲临路易威登品牌门店进行产品的选购。消费者甚至可以登录线上第三方综合购物平台，例如亚马逊（Amazon）、天猫或京东等电商购物网站进行产品订购。移动互联网时代的时尚商业零售为消费者的购买提供了更多选择。商业的价值已不仅仅存在于交换的商品和服务中，更是在对消费者数据的深入挖掘中。时尚企业通过对消费者行为数据的挖掘和研究，为提升消费者的购买体验提供个性化和精准化的商业活动形式。时尚企业若希望能够在今天的商业格局中胜出，必须开始对零售战略和零售活动做出积极且富有创新性的调整。

（二）业态发展

时尚商业业态发展至今在全球范围内形成了以各国时尚都市、时尚中心、时尚街区为核心的零售业态格局。全球五大国际时尚都市包括法国巴黎、美国纽约、意大利米兰、英国伦敦、日本东京，这些时尚都市都各自具有其独特的时尚业态发展特色。法国巴黎的时尚地位自路易十四（Louis XIV）统治期间便奠定了下来。从凡尔赛宫（Château de Versailles）的时尚奢华，从路易十四和玛丽·安托瓦内特王后等时尚偶像到贵族、中产阶级的时尚效仿，高级、奢华的时尚文化从未离开过法国的基因。英国时装设计师查尔斯·弗雷德里克·沃斯（Charles Frederick Worth）在巴黎开设的时装店带来了法国时装业商业零售业态的一场革命。尽管大规模生产高级时装成为了一种普适行为，但量身定做、独一无二的高端奢侈品形象一直都是法国巴黎的重要时装代表。全球知名的奢侈品品牌爱马仕、迪奥、香奈儿等便是法国时尚商业中最具代表的高端品牌。如今这些知名的奢侈品品牌成为了奢侈品零售中重要的领导者并在全球主要的市场中均可被购买到。

如果说法国巴黎是最悠久的时尚都市，那么纽约则是休闲运动潮流时尚的代表城市。纽约是美国最大的时尚零售城市。追溯美国商业的历史，二战结束前，零售商店业态主要以夫妻店和百货商店为主，其中百货商店主要位于城区繁华地段，例如比较著名的梅西百货（Macy's）。连锁折扣店的出现是美国商业的改革，并使得各大百货商店持续壮大。百货商店的出现拉近了不同阶层同时尚和潮流之间的距离，使得纽约的时尚市场开始面向大众开放。同时，从19世纪开始，缝纫机的发明加速了美国服装产业的工业化，这也是美国能够率先成为服装工业化国家和大众时尚市场的原因。自20世纪70年代以来，美国时装业创造出了牛仔单品等流行品类，反战的街头文化运动也成为了本土休闲街头潮流风格的重要推动力量。实用、运动、轻松、街头是美国时装的宗旨，也是美国时尚商业业态的文化态度，典型的时尚品牌包括运动休闲品牌李维斯、轻奢时尚品牌蔻驰和大众休闲品牌盖璞等。

工业革命对意大利米兰时尚商业的影响是巨大的。工业革命使得意大利的纺织业由手工模式向工业模式转变，进而促进了时尚商业零售的发展。工业革命和战争加速了意大利服装业的规模生产。意大利时装品牌深受文艺复兴的思想影响，既具有法国巴黎高级定制的奢华又具有简约和大气的设计风格，高级时装成衣化的规模生产使得米兰的时尚多了许多实用性。时尚商业品牌阿玛尼便是典型的高级成衣代表。乔治·阿玛尼也被认为是时尚商业领域最具商业头脑的时装设计师之一。从一开始的家庭作坊到今天闻名全球的奢侈品商业零售品牌，从高级定制到高级成衣，乔治·阿玛尼对消费市场的洞见和对商业零售的把控是品牌商业化运作成功的要素。在意大利米兰这座城市有坐落于米兰标志性建筑米兰大教堂广场北侧被誉为欧洲最美的商业街埃马努埃莱二世长廊，在长廊上聚集了全球最著名的各大奢侈品零售商，例如路易威登、普拉达、古驰及阿玛尼等。

英国伦敦的时装文化和商业业态则显得更为年轻、前卫、有活力。耳熟能详的巴宝莉、Mulberry（迈宝瑞）和亚历山大、麦昆等都是英国时装文化典型的代表品牌。回顾英国伦敦的时尚商业业态发展，重商主义和海洋贸易是英国工业革命和制造业发展的重要推动力，也是商业零售业态形成的重要基础。英国伦敦具有悠久的时尚商业历史传统，一直以来也是颇具规模和繁荣的商业中心。充满老牌百货的牛津街、奢侈品品牌聚集的摄政街以及充满众多小众文化的伦敦卡纳比街等共同营造了丰富的时尚商业氛围。始建于 1909 年的塞尔福里奇百货商店（Selfridges）是英国最著名的百货店之一。世界第一块全自动机械表便是在这家百货店售出的。百年过去了，这家百货店依然引领着伦敦时尚消费的潮流。

日本是亚洲最重要的时尚中心，日本东京时尚商业的发展是在轨道交通上发展起来的。繁华和发达的日本轨道交通和地铁成就了以"轨道和商业"著称的"轨交经济"。1932 年，三越百货店（TYO）联手东京地铁，出巨资建设了三越前地铁站，时至今日，日本时尚商业零售业态仍围绕着城市铁路在建设。发展与商业社会及居民生活密切相关的城市铁路是日本商业经济繁荣和发达的重要因素。从时装文化角度看，东京的时尚文化既具有东方制衣传统的内涵又具有西方的新颖前卫。具有代表性的日本设计师品牌有三宅一生（Issey Miyake）、川久保玲（Rei Kawakubo，品牌名为 Comme des garçons）、山本耀司（Yohji Yamamoto）和高田贤三（Kenzo）等。日本时尚业不仅有着具有创造力的优秀设计，还有着高水平的制衣加工水准，这使得日本时尚商业零售品牌具有良好的口碑，例如休闲服装零售品牌优衣库，在全球都具有忠诚的消费群体，优衣库母公司迅销集团（Fast Retailing）创始人柳井正（Tadashi Yanai）也因其独特的商业管理能力、零售市场的洞察力和出色的领导力获得管理者的认可，并于 2019 年成为福布斯日本富豪榜的首富。

相较于国际上典型城市的时尚商业业态，我国的时尚商业经历了意识觉醒、市场教育、品牌升级和服务引领四个阶段。商业业态的发展也在国际化的进程中不断进行重新定位和改革升级。以中国香港和上海为代表的时尚商业都市已在国际上形成了一定的影响力和特色。由文化创意引领的差异化体验是中国时尚商业业态的核心价值，前沿创新的潮流文化、极具艺术感的生活方式体验和文化休闲的风尚正在成为中国时尚商业业态的方向。如今，随着中国消费者购买力的提高，中国已经成为全球最大的时尚消费市场之一。中国的时尚零售市场受到了国际时尚品牌的广泛关注，并成为国际时尚品牌不可缺席的市场。

第二节　时尚商业类型

时尚商业类型主要包括实体时尚商业类型和非实体时尚商业类型。在今天的移动互联网时代下，实体和非实体的时尚商业对国民经济、商业零售和消费市场都有其独特的作用和意义。消费者的购买渠道越发多元，购买形式更加丰富，对消费体验的要求越来越高。在以消费者体验为中心的时代下，传统的实体时尚商业类型正面临着百年不遇的改革和转型，即便是具有百年历史的老牌百货也在不断引入新的业态模式，同时尚潮流与时俱进。

一、实体时尚商业

实体时尚商业主要是在线下具有实体店铺的商业类型，根据规模大小可以分为时尚商业街区、大型商业类型和小型商业类型。大型商业类型包括百货商场、购物中心和奥特莱斯村。小型商业类型包括机场免税店及集合店等。这些商业类型都具有共同点即由非自有品牌零售商运营，由第三方商业服务商运营并聚集了大量的时尚商业品牌零售商。

（一）时尚商业街区

街区是城市系统的重要组成部分，同周边建筑和通道共同构成了公共的活动空间。时尚商业街区是指在街中聚集了众多时尚商业零售商的区域。时尚商业街区不仅承载了商业服务、公共交往等多种社会经济功能，更是城市生活方式的重要体验场所。全球各个时尚中心、时尚都市在经济发展、社会公共力量和消费文化的共同作用下形成了各自具有特色的时尚商业街区，分别以美国麦迪逊大街、纽约第五大道、英国伦敦牛津街、意大利米兰埃马努埃莱二世长廊、日本东京银座、表参道和法国巴黎香榭丽舍大街为代表。

美国麦迪逊大街和纽约第五大道可谓是全球闻名的美国纽约时尚街区。在57街和85街之间的麦迪逊大道被认为是时尚街的代表，美国麦迪逊大道得名于麦迪逊广场，麦迪逊大道聚集了大量著名的时尚设计师和上流社会发型沙龙。同时，又因很多美国广告公司总部集中在这条街上，美国麦迪逊大街逐渐成为了美国广告业的代名词。纽约第五大道是美国纽约市曼哈顿一条重要的南北向干道，纽约第五大道附近不仅有着众多景点和艺术博物馆，例如中央公园、大都会艺术博物馆和美术博物馆等，还有着著名的高档奢侈品店，是极具特色的高档时尚购物街区。不仅如此，纽约第五大道也是全球租金最贵的商业零售场所，是很多奢侈品品牌包括路易威登、迪奥、卡地亚等开设形象店的最佳选址。在纽约第五大道可以找到电影《蒂凡尼早餐》里的原型场所，正是在纽约第五大道的蒂凡尼橱窗前的一幕，使得纽约第五大道的盛名远近皆知。

长达 2 公里左右的英国牛津街云集了超过 300 家零售商，是英国重要的购物街。英国牛津街始建于罗马时代，直到 17 世纪一直都是连通伦敦西城和牛津地区的主要道路，直到 1729 年，这条路被牛津伯爵二世爱德华·哈利重新命名为牛津街。1909 年，著名商业百货公司塞尔福里奇（Selfridges）进驻英国牛津街，如今英国牛津街成为了全球最具魅力的街道之一和英国伦敦最重要的时尚消费商业街区。在英国牛津街不仅有普利马克（Primark）旗舰店和英国最大的快时尚品牌 Topshop 零售店，还有来自全球的零售品牌例如优衣库、耐克等，消费者在这里既可以购买到来自全球的奢侈品例如香奈儿，也可以购买到平价的扎拉。

在欧洲有非常多具有特色和艺术气息的商业街区，其中被称为意大利最高雅的商业街区的米兰埃马努埃莱二世长廊以其独特的透明顶棚、充满精美浮雕装饰的建筑和众多时尚品牌而闻名。埃马努埃莱二世长廊，以意大利统一后第一位国王埃马努埃莱二世命名，建于 1865—1877 年间，是为了庆祝米兰摆脱外国势力及新意大利王国的统一而兴建的。拱廊设计是仿照巴黎古典商业拱廊而建，在拱廊内的街区有众多耳熟能详的奢侈品品牌，包括古驰、普拉达、路易威登等。除意大利米兰埃马努埃莱二世长廊以外，米兰还有同意大利米兰埃马努埃莱二世长廊临近，以时装和珠宝商店而闻名的蒙特拿破仑大街。

全长 1.5 公里的日本东京银座大道是东京最繁华的商业区，其繁华和知名程度不亚于巴黎的香榭丽舍大街和纽约第五大道。东京银座作为购物中心，不仅在时尚商业领域具有重要的地位，同时带动了周边商业街的繁荣。在这条商业街上不仅能够找到来自全球的各大奢侈品品牌，还能够看到极具日本传统文化特色的商业设施和文化艺术内容，如茑屋书店（Tsutaya Books）。如果说东京银座是更加综合的商业街道，那么东京表参道则更具有时尚气息。东京表参道最初只是明治神宫正面参拜的道路，后来随着经济发展不断扩展到周边区域形成日本时尚的发源地之一。东京表参道聚集了来自全球的设计师作品和时尚零售商，是时尚零售商集聚的重要特色街区。东京表参道以其前沿的时尚潮流、地标性的建筑和充满艺术和魅力的文化特色成为了亚洲时尚的风向标，在这里可以找到来自全球的时尚品牌，例如路易威登、普拉达、迪奥等。

法国巴黎香榭丽舍大街被誉为法国巴黎最美丽的一条街道，长约 2.5 公里，东起协和广场，西至戴高乐广场。法国巴黎香榭丽舍大街扮演了购物、文化、观光、政治等多方面的角色，自 18 世纪开始它同时也是巴黎举行庆典和集会的重要场所。自 19 世纪始，应经济发展的需要成为了巴黎最重要的商业街道。许多关于 18、19 世纪的小说，例如小仲马（Alexandre Dumas）的《茶花女》等，法国巴黎香榭丽舍大街都是小说作品中贵族的娱乐天堂，它繁华、华贵又美丽。在法国巴黎香榭丽舍大街不仅能够购买到来自全球的奢侈品品牌，例如路易威登，还可以购买到平价的快销品牌和小众的买手店设计师作品，是名副其实的时尚中心。

（二）大型商业类型

大型商业类型是指具有较大面积的商业体，包括百货商场、购物中心和奥特莱斯村等。百货商店通常是指经营包括服装、鞋帽、首饰、化妆品、装饰品、家电、家庭用品等众多种类商品的大型零售商店。根据我国 2021 年 3 月 9 日发布的国家标准（GB/T 18106—2021）《零售业态分类》，百货商店的营业面积在 1 万—5 万平方米，以追求时尚和品质的顾客为主，采取柜台销售和开架面售相结合的方式。百货商场是伴随专卖店产生的一种非常重要的商业形态，这里不仅有家具电器等商品的售卖还有时尚类产品服装服饰的售卖，同时也为消费者提供了餐饮和休息的服务场所，使购物者的购物环境更加轻松便利。著名的老牌时尚类百货包括美国百货公司梅西百货（Macy's）、英国的哈罗德百货（Harrods）、法国的老佛爷百货（Galeries Lafayette）、意大利的文艺复兴百货（La Rinascente）等。

文艺复兴百货位于米兰大教堂左后侧，是一家集奢侈品品牌、化妆品、小电器等于一体的奢华前卫的著名连锁百货集团。汇集了欧洲众多的奢侈品品牌，包括古驰、阿玛尼、芬迪、葆蝶家（Bottega Veneta）等。这些百货公司不仅在本土国家，在其他国家也开启了国际化扩张策略。百货商场采取国际化扩张战略会面临更大的风险，不仅有本土化运营的问题，还有商业文化、商业道德、商业法律、组织架构、商品规划等一系列问题。最初法国老佛爷百货进入美国的时尚商业中心纽约第五大道，却水土不服不得已以失败告终。如何在全球化扩张的同时，既能保持自己百货商场的特色文化又可以融入当地的商业文化环境是需要不断探究的重要命题。

购物中心是作为独立实体来规划、开发、占有和管理的一组零售商店及其他商业机构。按照购物中心开设位置分类主要包括商业区购物中心、社区购物中心、邻里购物中心、沿街购物中心等。按照购物中心规模大小分类主要包括小型购物中心、中型购物中心、大型复合购物商城等。购物中心通常会开在城市较为繁华的中心商业区或周边居民区较多的次级商业区。购物中心内通常会包含吃喝玩乐逛一体的商业设施，为购物者提供一站式的购物体验。购物中心以打造生活方式体验场景为目标进行功能设计。目前，购物中心通常不会按照传统百货商店的楼层品类划分，而将不同的品类进行混搭，以方便购物者在同一楼层进行一站式购物。例如位于日本六本木之丘的西侧步行街（West Walk），作为综合商业体中购物中心的部分一共有 200 多家店铺，包括耳熟能详的全球奢侈品品牌路易威登、古驰、迪奥、香奈儿等，除此以外，餐饮、购物、娱乐各种业态一应俱全，为社交商业提供了更多可能性和空间。

全球主要时尚服饰领域零售商排名包括 TJX 公司、酩悦轩尼诗—路易威登集团、Inditex、梅西百货、H & M（Hennes & Mauritz）等（表 7-1）。

表7-1 全球主要时尚服饰领域零售商

序号	零售商名称	发源国家或地区	2018财年的零售利润排名
1	TJX 公司	美国	26
2	酩悦轩尼诗—路易威登集团（LVMH）	法国	27
3	Inditex公司	西班牙	33
4	梅西百货（Macy's）	美国	41
5	H & M 公司（Hennes & Mauritz）	瑞典	43
6	迅销（Fast Retailing）	日本	52
7	柯尔百货公司（Kohl's Corporation）	美国	54
8	盖璞（GAP）	美国	58
9	诺德斯特姆百货（Nordstrom）	美国	62
10	斯坦霍夫（Steinhoff International Holdings）	南非	64
11	罗斯百货（Ross Stores）	美国	66
12	迪卡侬（Décathlon）	法国	77
13	L Brands	美国	78
14	开云集团（Kering）	法国	84
15	唯品会	中国	87
16	耐克（Nike）	美国	88
17	彭妮百货公司（J.C.Penney）	美国	90
18	瑞士历峰集团（Compagnie Financière Richemont）	瑞士	96
19	普利马克(Associated British Foods plc / Primark)	英国	104
20	周大福珠宝（Chow Tai Fook Jewellery Group Limited）	中国香港	123
21	迪克体育用品公司（Dick's Sporting Goods, Inc.）	美国	125
22	富乐客（Foot Locker, Inc.）	美国	130
23	阿迪达斯（Adidas Group）	德国	136
24	高岛屋（Takashimaya Company, Ltd.）	日本	140
25	哈德逊湾（Hudson's Bay Company）	加拿大	148
26	Ascena Retail Group, Inc.	美国	160
27	Ulta Beauty, Inc （Ulta Salon，Cosmetics & Fragrance）	美国	165
28	Zalando SE	德国	166

序号	零售商名称	发源国家 或地区	2018财年的零 售利润排名
29	图章珠宝（Signet Jewelers Limited）	美国	173
30	JD Sports Fashion Plc	英国	175
31	戴希曼（Deichmann SE）	德国	176
32	爱马仕（Hermès International SCA）	法国	178
33	Tapestry, Inc.	美国	189
34	Next plc	英国	200
35	思梦乐（Shimamura Co., Ltd.）	日本	208
36	内曼马库斯百货（Neiman Marcus）	美国	210
37	Sports Direct International plc	英国	224
38	蒂芙尼（Tiffany & Co.）	美国	233
39	Belk, Inc.	美国	235
40	美国鹰（American Eagle Outfitters, Inc.）	美国	246

数据来源：德勤咨询《2020全球零售力量报告》（不包括综合型百货公司）

奥特莱斯的作用主要是它可以对过季或过时的货品进行清仓售卖处理。同时，奥特莱斯为高端奢侈品品牌的潜在消费者提供了一个尝试品牌的机会。因为在单独的区域进行售卖，所以不会给正价的品牌形象带来损失。这些清货的卖场在美国商业领域占有很重要的地位，这类卖场如纽约伍德伯里奥特莱斯（Woodbury），伍德伯里奥特莱斯位于美国纽约近郊，被誉为名牌折扣购物中心的典范，总共有221间商店。除此以外，还有英国著名的位于英国牛津市附近比斯特镇的比斯特购物村（Bicester Village），拥有包括亚历山大·麦昆、阿玛尼、巴宝莉、蔻驰等近170个品牌。

（三）小型商业类型

小型商业类型包括集合店和机场免税店。根据我国2021年3月9日发布的国家标准（GB/T 18106—2021）《零售业态分类》，增加了集合店的零售业态分类。集合店是指在市、区级商业中心，专业街以及百货店，购物中心内以目标顾客为品牌特定消费者，面积通常在300平方米到1500平方米之间，汇集多个品牌及多个品类的商品，产品之间具有较强关联性的业态形式，例如以男装品类为主的设计师品牌集合店"名堂"，还有成立于1996年，最早开始将球鞋、滑板、潮流服饰、时装、科技运动配饰以及街头文化集合在一起的生活方式集合店"Concepts"。对于时尚品牌来说，选择在集合店进行售卖也是一种非常好的选择，尤其对于新品牌，可以选择相同定位及态度的集合店进行售卖从而同其他类似定位的品牌产生协同的品牌效应，获取到相同定位的目标客群，免去一定的营销成本。

集合店是当下比较流行的一种零售业态，相比其他零售业态，在产品丰富性及独特性上具有独特的优势。集合店因其具有差异化的产品优势和独特的态度和概念，深受消费者的喜爱，不少传统百货商店在转型升级中打造了概念集合店，例如北京华联集团旗下高端时尚百货 SKP 打造的 SKP Selected、百联集团打造的买手集合店 the bálancing 主要面向注重生活品质、追求个性化、有独到时尚见解的消费群体。

机场免税店通常指开在城市各大机场内的时尚零售店铺。飞机场对于零售店铺来说是人流量较大的区域，由于乘飞机旅行、出差的航空旅客消费能力通常高于平均水平，与奢侈品品牌的目标受众高度契合，奢侈品已经成为机场里近年来增长速度最快的种类之一。很多奢侈品或化妆品品牌会考虑在机场开设店铺，不仅能够为顾客提供免税服务还能够增加国际知名度和影响力。由法国奢侈品旅行零售商拉格代尔（Lagardère）代运营的机场店拥有爱马仕、卡地亚、托德斯（TOD'S）和菲拉格慕（Ferragamo）等奢侈品品牌，专注进行机场店开发，目前已经在我国深圳宝安国际机场、上海虹桥国际机场等 11 个机场开了超过 100 家门店。机场免税店因其具有免税的特色，深受跨国旅行的游客喜爱。因为各国税率、机场建设费用和服务费用不同，因此同一商品在不同机场免税店也会有不同的价格。全球较为出名的机场免税店也因其独特的价格优势、具有设计特色的外观和大量的客流量而闻名，包括新加坡樟宜机场免税店、东京成田机场免税店和迪拜机场免税店等。第一太平戴维斯的数据显示，2016—2018 年奢侈品品牌一共新开了 33 家机场店，古驰在 2018 年门店数量净增长 11 家，其中大多数新店开在了包括机场在内的旅行零售渠道。

二、非实体时尚商业

时尚品类是线上非实体商业形式中非常重要也是占比非常大的品类之一。非实体的时尚商业形式包括传统的电商平台、跨境电商平台以及移动互联网技术下新兴的社交电商平台、短视频或直播电商平台和订阅制电商平台等。消费者在选择时尚商品时更加注重商品内涵、购买的便利性和体验性，将内容和电商形式相结合的新兴电商形式将成为主流。

（一）传统电商平台

传统电商平台即电子商务，是指通过互联网进行商品交易的商业活动。消费者可以通过不谋面的方式进行网上实物购物或者虚拟购物。电商平台根据面向对象不同可以分为四种模式，分别为企业面向消费者（以下简称 B2C）、企业间电子商务（以下简称 B2B）、消费者间电子商务（以下简称 C2C）和消费者对企业进行产品选择（以下简称 C2B）。典型的时尚传统电商包括垂直于潮流生活方式的电商平台"有货 Yoho! Buy"，以 C2C 运营方式为主的淘宝，以 B2C 运营模式为主的天猫和法国时尚电商 Showroom Privé，以 B2B 运营模式为主的网上服装批发平台衣联网等。网上服装批发平台衣联网前身是一个专业的服装店主论坛，2007 年开始正式在全国 42 个城市设立办事处，开张电子商务并服务来自全国超过 3 万家的服装店，自此成为目前中国服装自营 B2B 企业的领先者。衣联网的批发商来自全国的服装批发基地，包括广州十三行、白马、虎门、四季青和沙河等，涉及品类包括女装、男装、童装、内衣及配饰等。

据全球市场研究公司 eMarketer 预测，2020 年全球线上零售市场规模增长了 27.6%，达到 4.28 万亿美元。据美国商务部相关数据显示，美国作为时尚消费大国，其 20%—25% 的线上零售来自于时尚品类，约为 1200 亿—1500 亿美元。美国年人均时尚类消费达到 1123 美元，是全球人均时尚消费额的近 5 倍。由此可见，线上时尚商业的空间巨大，充满了机遇和挑战。电商平台根据经营模式不同可分为平台电商和商家电商。平台电商是指由企业之外的第三方平台运营的电商平台，电商平台上聚集了大量的不同时尚品牌，例如轻奢侈时尚网站 Shopbop 和综合性的购物电商网站 Shopstyle。商家电商是指由商家独立运营的电商平台，例如扎拉的官方网站。电商平台根据销售的不同品类分为多个垂直的品类电商平台，例如主营男士时尚商品的 Bonobos 平台、专注于复古时尚风的 Modcloth 平台和潮流性价比红人衣橱电商 PixieMarket 平台等。

（二）跨境电商平台

根据百度百科的定义，跨境电商是指不同关境交易地区的主体通过电子商务平台达成交易，进行电子支付结算，并通过跨境电商物流及异地仓储送达商品，从而完成交易的一种国际商业活动。据相关咨询机构研究统计，2019 年全球零售电商市场规模大约在 3.5 万亿美元，中国以外的海外市场规模超过 2.6 万亿，在全球的电商零售平台中不仅有美国、英国、韩国等成熟的跨境电商模式，还有中国、印度尼西亚、印度、意大利等新兴的跨境电商平台。美国是跨境电商相对比较成熟的国家，不仅因为其发达的电商基础设施、高普及率的互联网技术、成熟的信用卡体系和完善的线上营销及跨境技术服务公司，还有诸如 UPS 和联邦快递（Fedex）等成熟的国际物流体系和服务。耳熟能详的跨境电商包括亚马逊、易贝、寺库、YNAP、发发奇（Farfetch）和天猫奢侈品频道（Luxury Pavilion）等，其中亚马逊和易贝两家巨头跨境电商平台占据了约 41% 的市场份额。在时尚领域，有专注不同风格和品类的时尚跨境电商平台，例如专注于快时尚女装的跨境电商 SHEIN 和多品牌奢侈品电商平台 YNAP（Yoox Net-A-Porter Group）。

SHEIN 是主要面向欧美、中东国家的女装跨境电商，据投资公司 Piper Sandler 一项调查显示，SHEIN 现已成为美国青少年第二喜爱的电商品牌，仅次于亚马逊。成立于 2004 年的 SHEIN 以低价快时尚的品牌定位和庞大的网红粉丝消费群体占据了年轻人的心，并在消费群体中口碑相传。SHEIN 自身定位为跨境快时尚互联网公司，在品类上深耕女性细分人群，随着平台的不断发展，现已将品类扩展到男装、童装和家居等品类，并在超过 230 个国家和地区建设了独立站。SHEIN 的运营核心竞争力离不开产品、供应链和技术。在产品上有设计师、买手等核心团队超过 800 人，并搭建了从设计、面料到电商和物流仓储的全产业链团队，能够做到女性服装由设计到上架销售仅需 7 天的时间。在供应链上，通过数字化系统和建模，做到了多款式和快周转的柔性供应链及智能化仓储物流体系，并通过小单快反的供应链体系，精准匹配消费者需求。在技术上，SHEIN 不断进行移动应用（以下简称 APP）、网页网站、电商运营管理系统和客户服务系统等的研发。SHEIN 同传统快时尚品牌扎拉和快时尚跨境电商 Zaful 相比，其成品更具极致的性价比，上新速度也更快更多，款式也更为时尚。

奢侈品跨境电商平台 YNAP 是 2015 年意大利奢侈品电商平台 Yoox 和奢侈品历峰集团旗下的英国奢侈品电商 Net-A-Porter 合并成立，并在 2018 年被历峰集团收购。合并后的 YNAP 成为全球最大的奢侈品电商，通过与品牌直采或直签的方式经营和代运营全球知名的奢侈品品牌，包括阿玛尼、浪凡（Lanvin）、巴尔曼（Balmain）和瓦伦蒂诺（Valentino）等品牌。对于奢侈品跨境电商来说，如何有效提升线上购物体验和把控稳定的物流供应链是其关键。YNAP 通过数字化精准营销和长期的数据驱动运营管理模式精准把控电商平台消费者的消费数据信息，对会员和潜在客户进行精准画像描绘，从而实现精准的广告投放和产品推荐。同样类似 YNAP 的还有由何塞·内维斯（Jose Neves）于 2008 年创办的全球奢侈品时尚电商平台发发奇（Farfetch）。在发发奇平台上聚集了超过 3200 个国际品牌和设计师品牌，品类包括男装、女装、童装、腕表等。发发奇起初是一家实体买手店，同品牌零售商合作规模的扩大和深入，使其逐渐成为面向全球的奢侈品时尚电商平台。发发奇不甘于仅仅成为一个电商平台，在时尚技术开发领域不断投入和创新，为旗下品牌和合作伙伴提供未来商店（Store of the Future）等门店系统和商家解决方案，以此来推动时尚电商的业态发展和技术创新。与 YNAP 买断自营的方式不同，发发奇类似于一个线上的买手店集合，在引入了巴黎著名买手店 L'Eclareur 后，有更多买手店加入到了平台中，包括意大利的安东尼奥利（Antonioli）、日本东京的 Restir 等，业务覆盖范围超过 190 个国家。

（三）其他电商模式

其他电商模式指在科技的推动下，当下新兴的电商模式，包括社交电商、直播或短视频电商和订阅制电商等。全球越来越多的社交平台如脸书（Facebook）、推特（Twitter）、领英（Linkedin）和微信以及直播短视频平台如抖音、西瓜视频和哔哩哔哩等也在尝试进行零售活动，并进一步成为非实体零售商中的一部分。这些平台具有天然的社交基因，大量的消费者数据沉淀对零售商的销售有着重要的助力作用。消费者在使用这些软件查看文章或观看视频的同时不自觉就会有购买某类商品的需求，如微信推出的小程序商城、直播平台的即看即买购物功能等都在促进零售商零售目标的达成。

非实体零售商中，社交媒介已经成为时尚品牌的关键阵地。社交电商的发展基于消费者消费行为的改变。消费者在其中不仅仅是购买者，也充当了分享者、分销者、传播者、内容创作者的角色。因此品牌的口碑、品牌的交易管理能力的重要性便逐渐凸显。口碑营销的数据在传统零售时代是很难被衡量的，但在社交电商和大数据数字化的技术支持下，可以通过社交网络智能监测等系统直接面对消费者进行流量数据化分析。腾讯广告及波士顿咨询公司（BCG）在针对社交零售的调查中显示，消费者在购买前后三个月内主动分享或转发产品相关信息，或参与或组建相关社群的比例高达77%，传播趋势已从中心化转向去中心化。社交零售能够帮助品牌在消费者购买决策前增加品牌触点，激发消费者兴趣并驱动消费者购买决策及路径。对于零售商实行全渠道战略的意义至关重要。同时，社交零售是运营客户资产的关键渠道，例如在微导购平台上与消费者通过社交平台小程序的售后沟通等。

社交零售增强了零售商与消费者的沟通及黏性，对客户资产进行直接管理。品牌可以通过一定的技术手段，针对不同用户进行客户资产管理和用户生命周期管理，以此增强个性化及精准化营销机会。社交零售有利于品牌零售商去中心化传播裂变。社交平台的属性是基于社交传播，时尚品牌巧用社交拼购、裂变获积分、等级，转发获折扣，发起热门话题，分享周边知识等机制均可以有效触发品牌传播裂变。时尚行业作为非必需品，有着消费低频的特点。对于这类行业在社交零售中应采取内容同网红（以下简称KOL）推荐结合的高互动社交零售方式来激发消费者兴趣和驱动购物决策，再结合线下实体门店的体验来提升销售交易机会。但这类交互零售发展至今，依然受到了不少来自内外部的挑战，例如对零售效果的有效评估标准、对于内外部资源的协同管理和整合、团队组织架构和战略目标的管理，以及专业且优质的社交零售团队等。

直播或短视频电商平台是指通过发布短视频内容或者直播进行商品售卖的非实体时尚商业形式，例如抖音、快手、淘宝直播等。自2019年开始，抖音、快手、小红书、拼多多等内容电商平台纷纷大力发展电商直播。据中国互联网络信息中心（CNNIC）发布的第46次《中国互联网络发展状况统计报告》显示2020年上半年，电商直播作为新业态的典型代表，截至2020年6月，我国电商直播用户规模为3.09亿，2020年上半年国内电商直播超过1000万场，观看人次超过500亿。可见，直播电商在新型电商模式中的潜力。耳熟能详的奢侈品品牌也均在这一新兴电商业态中出席，包括迪奥、爱马仕、路易威登等。

订阅制会员电商是非实体电商模式中较为新颖的一种模式。订阅式电商模式是指专为注册会员提供的一种零售服务模式，代表的公司有StylistPick、Shoedazzle、Wittlebee等。StylistPick成立于2010年，主要运营方式为每月为注册会员推荐一封由时尚界人士或者明星们的御用时尚顾问推荐的包含鞋子、手提包等时尚产品推荐信息的邮件，会员可以选择购买或者跳过。这种模式也是基于可持续理念的创新经营模式。美国直面消费者电商模式（Direct to customer，以下简称DTC）品牌FabFitFun订阅盒，成立于2010年，每个盒子包含8—12种总价值超过200美元的产品，产品涵盖美容、时尚、保健、健身、家居、科技等，会员也能够从精选的产品中定制其订阅盒中的产品元素。每个季度以49.99美元的价格向会员进行出售，目前拥有超过100万注册会员。2019年1月拿到A轮融资8000万美元，公司估值为9.3亿美元，5月进入英国市场开拓业务。

第八章 时尚企业零售

零售业可称得上是最古老且最重要的行业之一。时尚零售是全球性的，充满了十足的科技感，然而大多数消费者并未意识到这一点。我们在线下实体商场或在互联网上看到的时尚奢侈品品牌大多都在践行全球化的零售战略。零售成为了嫁接品牌与全球消费者之间最重要的桥梁，其在时尚管理中的意义是无可替代的。

第一节 时尚企业零售概述

时尚企业零售是时尚品牌面向消费者的一系列商业活动，通过零售的活动，时尚品牌能够向个人或家庭出售产品或服务等以创造并实现有形或无形的价值。时尚零售帮助这些时尚品牌的消费者，在全球多个地区和渠道看到并买到这些全球化的时尚品牌。因此，哪里有市场哪里便有时尚品牌的零售布局。

一、时尚企业零售内涵

时尚企业零售是经济社会、消费文化、人文精神、社会阶层等的综合反馈，是全球经济的晴雨表。当今，零售全球化的同时，消费者也越来越强调品牌同本地文化的融合和对市场的影响，全球化发展和本土化战略的实施对于走向全球的时尚零售商而言至关重要。因此，对于时尚品牌而言，顺应瞬息万变的市场变迁，前提是对时尚零售的本质加以洞悉和认知。

（一）时尚零售的含义

零售活动在我们的生活中每天都在发生。时尚零售是时尚品牌通过向消费者出售个人或家庭使用的产品和服务来创造并实现有形或无形价值的零售形式。零售业的经济情况是社会经济运行情况的晴雨表。据2018年相关经济数据显示，美国第三产业对GDP的贡献高达近80%。我国2019年统计局显示，消费对经济的贡献高达近58%，零售业在国家经济中的重要程度尤为凸显。时尚零售主要由人、货、场三个部分构成。"人"是商品的需求方，这里可以指个人消费者、家庭或者组织。"货"是商品的供给方，涉及商品或服务的种类、商品的组合等。"场"则是连接需求与供给实现交易转化的中间重要环节，例如我们看到的商场、服装专卖店、快闪店或者线上非实体的平台等。零售商承担了制造商、批发商及其他供应商与最终消费者之间的中介连接作用。通常人们认为，只有在商店里出售商品的行为才叫零售行为。然而零售不仅仅是在出售个人、家庭或组织使用的商品，零售也包括提供的实体或虚拟服务，例如时尚艺术酒店提供的住宿体验服务、时尚理发店提供的理发服务、服装租赁公司提供的服装服饰等的租赁服务等。零售服务是指零售服务商在零售的各个环节为零售链条提供的促进商品流通的增值性服务。零售服务包括营销、交易、支付、物流、技术赋能和运营支持等。以上都属于零售业所关注的范围。

在时尚商品或服务的交换过程中，零售商有必要合理安排相关的零售活动，包括零售战略规划、组织系统设计、商店选址、商店环境及店面设计、商品采购与库存管理、商品定价、商品规划、商品陈列、视觉营销、商品及零售促销、客户服务等。在时尚零售活动的过程中，零售活动产生了有形价值和无形价值。有形价值包括时尚零售商向消费者出售时尚类商品和服务实际创收的利润，从而回馈股东及相关利益者，也包括消费者从零售商处获取到的实际商品或者服务。无形价值则是时尚零售活动对经济社会发展起到的重要意义，以间接和隐形的价值体现，例如零售业创造了有效的就业机会，并缓解了社会就业产生的压力。以我国为例，截至 2018 年 12 月 1 日，零售业为我国创造了 6576341 千人的就业机会。另外，零售在进行商品或服务出售的过程中，对社会贡献了公益价值，并体现了社会责任。

户外零售品牌巴塔哥尼亚（Patagonia）对时尚可持续发展和社会的贡献是瞩目的。户外零售品牌巴塔哥尼亚是一直践行可持续发展理念，具有极强社会责任感的品牌，由美国攀岩爱好者、环保主义者伊冯·乔伊纳德（Yvon Chouinard）于 1973 年在美国加州的文图拉创立，品牌徽标（Logo）是南美阿根廷和智利交界处巴塔哥尼亚的菲茨罗伊峰。巴塔哥尼亚自创立到如今，创始人乔伊纳德反复强调，巴塔哥尼亚的使命是"做最好的产品，杜绝不必要的危害，通过企业活动激发并实施应对环境危机的解决方案"。在进行零售活动的过程中，一直倡导具有责任感的零售行为，例如他们常常鼓励消费者少买新品，尽量多穿旧衣服，并举办"将衣服穿旧"（Worn Wear）项目，旨在鼓励消费者在服装生命周期内，重复使用和回收商品，减少垃圾和环境废料，最终实现改变消费者与商品之间的关系这一目标。巴塔哥尼亚品牌还曾联手产品修补教学网站 iFixit，在线上和实体店推出相关课程，教授顾客如何修理破损的巴塔哥尼亚品牌的产品。品牌在进行零售活动的同时也为消费者和社会带来了附加的隐形价值。

今天，时尚零售业面临着前所未有的挑战，这种挑战的产生是伴随数字技术的日趋成熟、消费者需求的巨大变化，以及消费者购买习惯和生活方式的改变而发生的。线上线下的渠道融合成为必然，它们将各取所长，相辅相成。效率更高、体验更好的零售新形态正在形成，与此同时，时尚零售对于时尚品牌和消费者的意义也在被重新定义。对时尚零售意义的重新思考是企业时尚零售战略的核心，是企业发展的使命和愿景，它将对企业的实际零售行为有着指导性作用。

（二）时尚零售的特点

时尚零售具有区别于其他零售形式的独特特点，包括高速循环、季节性强、交易次数多等特点。时尚零售业是高速循环周期的行业。服装产品的生命周期较为短暂，服装产品的季节性将会直接影响零售业态的运行节奏，夏季的服装产品一旦没有能够在合适并及时的时机进行售卖，它们将很难在下一个季度创造营收和利润。直面顾客的零售业态能够直接反馈顾客是否购买的消费行为，以及他们对服务和产品是否满意的消费态度，消费者的消费行为会以数据的形式存储并反馈到零售管理团队，这些数据对于未来的零售活动计划有着直接的影响。

首先时尚零售业具有交易次数较多，平均交易金额较小的特点。零售是对最终消费者的活动，不同于批发商或生产制造商直接面对的是商品的批量转售者，零售商通常面对的是个人消费者，即顾客。因此个人的购买具有交易次数较多，平均交易额较小的特点。正因为零售商是为个人或家庭消费者提供商品或劳务服务，因此服务体验是零售活动中不可或缺的体验。越来越多的零售商开始意识到提供零售服务体验的重要性，积极改进服务理念、不断提高服务质量、重新改造零售服务环境等，吸引消费者进行购买并提升消费者购物体验。良好的购物体验是消费者持续购买和获得满意的动力。其次时尚零售业具有多种业态并存的特点。当今市场需求多样化、个性化、层次化且市场环境变化快，消费者购买渠道愈加丰富，零售商面对这一市场特点，需要满足消费者不同的消费需求，因此经营业态也具有一定的多样化特色。不同业态各有其发展的目标和特定的消费群体，多种业态并存且同时发展，形成综合与专业经营兼顾的零售局面。

二、时尚企业零售战略

零售市场是指由有相似需求的消费者和相似的零售业态组成的市场。服装零售市场可以按照服装的穿着场景分为商务类、休闲类和时尚类的零售市场等。服装零售市场也可以根据不同的品类分为运动休闲装、男装、女装、童装等不同的零售市场。零售市场根据零售业态的不同会被划分为多个细分市场。无论是在何种市场中，成功的零售商都能比其他竞争者更好地满足目标市场顾客的需求。

（一）零售战略的含义

零售战略是零售发展战略，是指零售商或企业利用零售资源，在变化的市场中建立长期发展目标的行动纲领。零售战略要求零售商更加长远地关注长期的战略规划。零售战略能够帮助零售商更具策略性地对零售市场的环境变化做出响应，满足消费者并建立与竞争者竞争的可持续竞争优势。日本服饰零售品牌优衣库可以以较低的折扣价格吸引消费者进行购买，但竞争对手美国时尚零售品牌盖璞以及西班牙快时尚品牌扎拉也可以以低价竞争的方式来成功地吸引消费者，如此一来，零售市场就会陷入竞争者之间循环往复的价格竞争中，最终会损害零售商和品牌商的利润。因此优衣库品牌通过打造企业文化和品牌核心价值实现零售长期可持续竞争优势。

零售战略是长期的行动模式，而不是当下的战术问题。战略的制定需要对企业环境和市场环境做出分析，并适应环境的发展。零售战略指导整个零售活动的管理方向，零售活动包括目标市场规划、零售环境管理、人力资源管理、零售财务管理、供应链及信息系统管理以及客户关系管理等。零售战略的最终目标是创建可持续的竞争优势、提高顾客满意度并实现顾客忠诚度。顾客忠诚度的实现不能单独依靠商品来建立，因为大多数竞争对手也可以采购并销售同质化的时尚品牌，但零售商可以通过创建自有品牌自行设计并销售，来实现商品的核心竞争优势。

为了建立可持续的竞争优势，零售商还可以通过为顾客提供超越顾客满意度的特色服务、优化购物体验、同供应商建立良好的可持续的关系、不断的商品创新、深入挖掘品牌核心文化、降低零售运营成本、提高运营效率，以及市场扩张等方式来实现。其中，零售创新是零售企业形成核心能力的主要且关键的途径。耐克作为全球领先的运动服饰企业，一直致力于在产品及运营方面的创新，从而缔造了可持续的竞争优势。耐克自 2009 年开始对零售品牌架构做出调整，出售部分经营不善品牌，专注耐克、乔丹（Jordan）、赫尔利（Hurley）、匡威（Converse）四个品牌的精细化运营。在产品方面，耐克公司除了持续科技创新强化运动功能以外，通过联名和限售方式营造稀缺感，赋予品牌投资属性。耐克同时依靠大数据、人工智能（以下简称 AI）等技术进行渠道和供应链数字化、精细化升级，提高整体运营效率。2017 年耐克发布最新"贴近消费者需求"（Consumer Direct Offense，以下简称 CDO）战略，以更大规模和更高效的方式去个性化、精细化地服务客户。这一战略加速了产品的创新和创造、深入一对一服务并且利用数字化科技的力量和战略在多方面降本增效。为了打造数字时代独一无二的数字生态圈，耐克公司在线上不断优化官网体验，开发 Nike+、Sneaks Stash、Shock Drop 系列软件，入驻国内天猫电商平台和微信小程序。在欧洲携手德国最大电商平台 Zalando。在美国则宣布与亚马逊进行试验性合作等。在线下，耐克公司尝试各种 DTC 概念门店如 Nike Selfridges、Nike Soho、Nike by Melrose 以及 Nike 001 等。耐克公司在洛杉矶推出的第一家新零售概念店 Nike Live，意在成为消费者邻近社区的数字服务中心。Nike Live 零售概念店不仅将收集到的数据应用于门店设计，还用在了加强本地化服务，有针对性地选择产品库存，通过个性化服务和体验吸引线上消费者更多参与线下购物。

（二）零售战略计划及实施

零售战略的计划是指零售商规划零售战略的一系列步骤。通过一系列的步骤，零售商能够清晰地确认公司的发展方向并选择合适的目标市场、对已有零售市场做出优劣势判断、选择合适的零售业态并根据具体的目标匹配相应的零售资源、对零售预期业绩和市场营销组合做出合理规划。零售战略计划包括确定公司发展及使命、市场环境分析、确认零售战略发展机会、建立零售发展目标、匹配企业资源、开发零售组合、实施零售战略以及评估分析零售结果八个步骤。每个步骤的实施都需要公司零售、市场、商品、财务、运营等部门的协同和配合。

确定公司发展及使命是零售商计划实施的前提和主要步骤，通过使命陈述，零售员工及客户能够理解公司的战略发展方向以及未来的增长点，例如上市零售公司的目标是通过提高股票价值或支付股息使股东权益最大化，中小型私有零售企业的目标则是规避风险并确保零售企业能够实现既定的零售收入水平。好的使命需要考虑到零售企业的现有资源，并充分利用现有资源。好的使命需要深刻理解不断变化的市场环境且满足消费者的需求或需要。

零售战略计划的实施需要对市场环境各要素做详尽的分析。市场环境各分析要素包括环境因素、市场因素、竞争性因素以及企业自身的因素（表8-1）。

表8-1　零售战略计划市场环境分析因素

环境因素	市场因素	竞争性因素	企业自身因素
政治因素	市场规模	行业进入壁垒	运营管理能力
经济因素	市场增长	上下游议价能力	财务能力
社会因素	商业周期	潜在进入者	现有资金
科技因素	季节性	现有竞争对手	选址
法规因素	消费者需求	替代品威胁	零售管理能力
			店面管理
			人力资源管理
			顾客关系管理

时尚企业零售商比其他零售商更容易受到经济条件及社会变化因素的影响。当经济条件好时，高端的时尚品牌可以聘请优秀的销售人员来为顾客提供服务，当经济条件不好时，消费者会缩减在时尚商品方面的开销，零售企业的营业收入相应减少。在完成市场环境分析后，零售企业需要评估战略发展机会并确认战略发展计划。这个环节将决定零售商是否能够有机会建立可持续的竞争优势，并获得长远的利益。在评估零售战略发展机会时，零售企业应同时考虑市场的吸引力、成长力以及自身的优劣势综合进行评估和确认。

制定零售发展目标对于企业来说至关重要，通过制定零售发展目标来匹配企业资源和开发零售组合。这个环节涉及到对零售环境的选址、商品组合的配置、人力资源的配置、财务资源的配置等。当一切配置就绪，开始进行零售活动的实施，并在此过程中对零售活动及结果实时进行跟踪和评估，进一步确认计划的实施和完成进度。若零售商对目标的完成度不好，则需要企业及时进行重新分析和考虑，调整零售目标或调整零售计划。零售战略计划是一个持续且动态调整的过程。零售市场战略不仅描述了零售的战略方向，而且指出了零售活动的战略计划步骤。通常零售计划的调整需要经过市场1—2

年的考察和验证。零售商需要时刻学习新的零售技术，并分析自己企业的优劣势。零售商需要时刻关注市场需求的变化和消费趋势，并深刻洞悉竞争对手的零售活动变化。

第二节　时尚企业零售商类型

对于时尚企业来说，除了入驻第三方运营的线上或者线下渠道以外，自有自营渠道同样重要。自有自营的时尚企业零售商类型包括线下零售、线上零售和全渠道零售形式。自有自营的时尚零售渠道使零售商能够直接把控客户数据，是时尚企业最直接的企业形象。客户数据是时尚企业零售商最重要的资产，对客户数据的深入挖掘和研究能够帮助零售商更精准地进行选址、营销、产品设计开发和顾客服务。

一、线下零售

时尚企业自有自营的典型线下零售渠道包括直营时尚专卖店、时尚精品店、特许经营模式的连锁店以及快闪店等。不同类型的时尚零售商类型具有不同的优势和作用。对于时尚企业来说，可以在发展的不同阶段选择合适的零售商类型，多渠道的零售管理不仅能够帮助企业分担经营风险，还能够拓展消费市场，但同样对时尚零售企业多渠道的管理能力提出了更高要求。

（一）直营专卖店

时尚直营专卖店是实体店中非常重要的一种形式。主要以售卖服装、配饰、时尚家居等相关商品为主。品类专卖店是时尚专卖店中较为特殊的一种形式。主要以提供较为单一且分类较细的商品品类为主，例如奢侈品集团酩悦轩尼诗—路易威登集团旗下的法国顶级化妆品零售商丝芙兰是正价形式的品类专卖店。这类品类专卖店因专注售卖某类商品，所以可以利用强大的采购能力和采购量同品牌进行谈判并获得较低的进货价格，具有一定的价格竞争优势。在全球化趋势下，很多时尚品牌的零售店都在从本土国家向其他国家延伸，这些国际化的时尚品牌若想吸引中国乃至其他具有消费力的国家的消费者必须采取"国际化战略、本土化运营"的方式向全球扩张，例如时尚零售集团 Inditex 即扎拉品牌的母公司，总部设在西班牙，在全球 93 个国家和地区拥有超过 7300 家门店，也是目前全球最大的时尚零售集团之一。日本服饰零售品牌优衣库是全球时尚专卖连锁店的代表，在全球拥有 2196 家店铺。1986 年由美国服装巨头盖璞公司提出的自有品牌服饰专营商店模式（Specialty Store Retailer of Private Label Apparel，以下简称 SPA）也正是在优衣库品牌的推广下成功运用并推广的。SPA 模式经历以优衣库为代表的第二代后，时尚零售集团 Inditex 公司现在采用的是第三代 SPA 模式。第三代 SPA 模式全程参与商品企划、生产、物流、销售等产业环节，要点在于终端零售、过程控制和信息交互，其中尤其依赖供应链互联网技术（以下简称 IT）系统进行信息整合和传递。目前大多数时尚品牌都在积极进行国际化扩张，例如我国羽绒服品牌波司登，热销全球72 国，成衣设计师品牌之禾也在法国巴黎开设了首家国际化的体验店铺。在时尚专卖店的模式下，有很多的自有品牌设立专门的折扣专卖店，对一些过季产品进行打折促销清仓的零售活动，其目的是不影响正价专门店的品牌形象。

（二）时尚精品店

时尚精品店通常指针对高端消费市场专门售卖设计师品牌的精品店铺，例如法国的奢侈品品牌香奈儿、法国的奢侈品品牌路易威登和美国的奢侈品品牌拉夫劳伦（Ralph Lauren）已经在全球开设了数百家时尚精品店铺。时尚精品店相较于专门店而言，更加具有时尚性，无论是在商品的组合选择还是店铺的设计规划上都具有艺术性和时尚性。通常这类时尚精品店以奢侈品店铺为主。据贝恩咨询公司 2018 年对全球奢侈品消费市场的调查数据显示，我国消费者占据全球奢侈品消费市场 45% 以上的市场份额，已经成为全球第一大奢侈品购买国。伴随着我国本土消费者消费力的提升以及本土消费者对于充满个性和精良打造的设计师品牌的偏好，催生了很多本土以设计师品牌为主的时尚精品店。这类精品店铺通常由时尚买手进行全球采买选购，也被称为具有十分鲜明个性和概念特色的设计师精品买手店。

（三）特许经营

特许经营的模式在餐饮行业被广泛应用，比如麦当劳（McDonald's）、肯德基（KFC）等都采用将特许经营权下放到其他国家或地区，以此达到扩大经营的目的。特许经营是所有权的所有人与经销商或加盟商之间签订的一种合同协议，准许加盟者使用特许经营所有人开发和支持的商标和模式来经营零售店面的行为。零售品牌贝纳通（Benetton）是服装行业中比较典型的授权商，于 1965 年在意大利建立，20 世纪 70 年代它在美国和其他国家通过特许经营方式扩展到 6500 家店，被誉为特许经营的加盟模式典范。虽然特许经营的模式能够帮助企业进行快速扩张，但也面临着诸多管理规范性和品牌形象稀释的问题，例如丹麦服装集团绫致（Bestseller）在中国曾一度采取特许经营的模式，在 20 世纪 90 年代的中国快速扩张。"无绫致不商场"的说法在零售业广为流传，但这样的后果是出现了特许经营店的价格竞争、品牌形象不统一、销售服务人员质量水平参差不齐等经营问题。在绫致集团意识到问题后，开始收回全部的特许经营权，并通过开设直营专卖店来重新建立品牌形象和规范品牌运营管理。对于时尚企业来说，在不同的阶段应采取不同的零售战略来确保品牌的质量和市场规模。

（四）快闪店

快闪店是一种临时的专门店形式。快闪店因其灵活的销售形势和体验式购物的场景深受消费者的喜欢，尤其是在数字化技术的加持下，线上线下虚拟的快闪店都呈现出区别于单一零售形态的独特优势。快闪店可帮助新产品或新品牌进行试销和展示测试，也可以对新的销售区域做渠道测试,以判断该区域是否适合零售商入驻。通过快闪店,零售商可以加强货品周转,提高客户维护和获客效率、加强体验式营销,有效传达品牌个性和理念,提升消费者感官体验和品牌价值。日本时尚行业代表设计师川久保玲(Rei Kawakubo),曾于2004年在德国柏林城区将一家旧书店整改为快闪店,她用前卫的街头艺术设计将当季品和过季品混搭陈列,成功销售了全部过季产品,创造了销售奇迹。之后,快闪店开始席卷时尚界,成为各大奢侈品品牌十分青睐的品牌推广模式,这类模式的成功之处在于租金低、租期短、玩法灵活、新颖、移动便利等,很多快闪店的搭建材料都是便于移动和可持续的材料,能够较为轻松地进行运输和搭建。

二、线上零售

库存压力大、实体店成本高昂、零售辐射面积受限是线下时尚零售企业面临的困境。相较线下零售,线上零售具有其独特的优势。时尚企业自有自营的线上零售渠道包括时尚企业官网以及在其他平台上开设的自有时尚店铺等。随着零售科技的发展,互联网的普及以及消费者线上购买行为习惯的形成,更多形式的线上零售业态正在形成。

(一)时尚企业官网

时尚企业官网是指时尚企业独自运营,面向消费群体的线上官方渠道。时尚企业线上官网又称品牌官网,能够提供给消费者最直观的品牌形象和认知。相比第三方运营的线上平台来说,品牌官网能够掌握消费者购买的核心数据和会员画像,有利于品牌对消费者资产进行精准的运营管理。品牌官网比起第三方运营的线上平台而言,在客户服务、物流服务、支付方式的灵活性、产品多样化方面处于劣势,因此为进一步吸引消费者在官网进行购买,企业官网应提供更为简洁的购物流程、灵活的购物方式以及更具品牌文化特色的页面感受。全球性耳熟能详的时尚品牌基本都会通过官网向全球消费者全面展示品牌自身的文化、成长历程、商品、社会责任及相关新闻等,同时品牌也会在企业官网上发布招聘、合作等商务类信息。

全球知名的奢侈品品牌爱马仕以其悠久的历史、卓越的产品、精湛的工艺、优质的服务、极具特色的橱窗和官网设计闻名。爱马仕自1837年创立,从一间鞍具工坊开始,秉承着工匠精神和社会责任感在全球45个国家建立了国际化的商业零售网络,总计306间专卖店。六代传人的爱马仕,至今依然极富创业和创新精神。以人为本的价值观使得爱马仕一直致力于环境资源的保护,同时坚持传承精湛工艺。爱马仕非常注重工艺的同时也深谙渠道对于品牌发展的重要性,早在2002年,爱马仕就在美国建立了线上销售网络。进入爱马仕的法国企业官方网站,消费者可以看到页面简洁大方,主题色为爱马仕徽标的主题色,同时结合当下推荐产品形象图,颜色温暖极具爱马仕色彩。当然,爱马仕的官网页面会根据每季的产品和设计主题进行更新,目的是让消费者每次打开页面都有耳目一新的感受。在爱马仕的法国官网可以选择不同国家的官网页面,页面根据不同国家的产品而呈现不同的设计和主题。每个区域的爱马仕官网都融合着当地文化和爱马仕的品牌特质。在爱马仕的官网菜单中有产品目录、礼品、特别定制及服务以及关于爱马仕的品牌和文化介绍。2017 年，改版后的爱马仕官网（hermes.com）问世，新改版的爱马仕官网更加美观、数字化，便于访客了解品牌并进行购买，面对越来越多的线上顾客群体，爱马仕正在稳步并全方位地发展。

DTC 是企业通过自建互联网线上销售平台，直接触达消费者的模式。不少国际品牌会通过 DTC 模式进行跨境营销，以获得更为广泛而直接的国际影响力。DTC 模式帮助企业直接掌握客户资源和资产，掌握核心竞争力，有利于建设品牌运营和提升消费者体验。而这些 DTC 模式下原生于互联网的数字品牌相较于其他采用互联网渠道的零售商，品牌基因中具有天生的数字基因，注重社交媒体等营销策略，精准连接消费者并对市场客户的反馈进行快速反应。美国 Beautycounter 护肤品和美妆公司是 DTC 品牌中典型的案例。该品牌 2013 年由格雷格·伦弗鲁（Gregg Renfrew）创办，采取直销模式，目前共拥有超过 4 万名独立美容顾问。与过去借助实体环境进行直销的化妆品公司不同，Beautycounter 品牌更强调利用社交媒体的影响力，与消费者建立联系。因此，Beautycounter 品牌的独立顾问既有意见领袖，也有护肤彩妆爱好者。仅 5 年时间，Beautycounter 品牌便成为纯净美容市场增长最快的品牌，登上了 2018 年谷歌全球美妆热搜榜的第一名。Beautycounter 品牌 2018 年的销售额达到了 3.25 亿美元，总共获得 8600 万美元的战略投资。

在渠道线上化的大趋势下，伴随消费者的消费能力不断提升，品牌官网也面临着前所未有的巨大考验。时尚企业官网的增长来自消费者的重复购买和消费金额的提升，同时如何让消费者在企业官网上愿意主动尝试未在线下店见过实物的体验性新产品也成为了对时尚企业线上零售的考验之一。时尚企业官网应积极优化官网的浏览体验，通过明确官网和品牌定位，建立明确的品牌认知。对于消费者来说，对时尚零售商的信任是激发线上消费行为最重要的因素之一，除此以外，精准化的时尚营销策略也能够助推时尚企业官网的消费行为。

（二）时尚线上店铺

移动互联网下，时尚品牌的线上店铺形式更加多元。很多时尚企业会充分利用社交媒体、直播电商、第三方平台的流量资源自建线上店铺进行营销。这类平台包括抖音企业号、微信服务号、小程序商城、天猫企业店、小红书、微信视频号等。当全球时尚产业受到经济环境等各方面的影响，行业内竞争越发激烈的时候，时尚企业都在向线上和新兴的零售业态寻求更多增长机会。直播平台抖音深受年轻消费者的喜爱，作为新的流量平台，抖音平台配合完善的企业号服务，帮助时尚企业进行店铺建设和产品转化，成为时尚企业新的线上店铺渠道。在抖音平台上，大量消费者通过短视频和直播的推荐，购买到自己心仪的商品。据抖音官方发布，平台目前拥有超过 6 亿的日活用户，这些用户在生动、真实、有趣的内容下对商品产生兴趣并进一步触发购买行为。

以抖音企业号为例，抖音上喜欢服装类内容的人群整体活跃度较高，均高于其他行业的平均活跃度。时尚品牌在抖音上可以通过开设自己的抖音企业号实现自主运营、销售、营销的目的。企业主在抖音上发布相关内容并带上标签话题就可以享受站内的流量，同站内资源实现引流、互推和二次的流量分发。企业可以通过抖音上的企业号实现商品的搜索、转化、和消费者互动等功能。各大奢侈品品牌和明星为了争夺年轻消费者的注意力，也纷纷开设抖音账号同用户进行互动和品牌文化内容的输出。2018 年法国奢侈品品牌迪奥成为首个入驻中国版抖音的时尚品牌，数字化流量下，品牌需要重塑年轻形象，获得年轻人的关注。2020 年，全球知名奢侈品品牌古驰正式入驻中国版抖音，并通过抖音账号发布品牌产品及视频内容，以表达"时尚无界限"的主旨，希望同年轻一代的消费者拉近沟通距离。

在微信的小程序商城方面，丹麦服装集团绫致集团深入参与其中。绫致集团通过与腾讯智慧零售合作，对门店的"线下一楼"与"线上二楼"进行全面数字化改造，运用扫码购、人脸识别免密支付、微信商城（以下简称 WeMall）小程序、小游戏等工具降低线下获客成本，推进线上线下全渠道运营，显著提升了效率和体验，提高了交易转化率，实现了多渠道的流量变现。绫致"线上二楼"即 WeMall 小程序采取了导购和小程序的社交电商模式，即导购通过小程序对客户进行 1 对 1、1 对多服务，并基于微信社交生态进行后期运营。导购在朋友圈分享明星单品、经典穿搭、促销资讯等内容，或自主定义营销内容，一键分享到朋友圈或用户，用户可以直接通过分享链接到 WeMall 小程序进行购买。而凭借自身 390 万微信公号粉丝和小程序的无缝衔接，导购将获得更多新客户线索，通过后续运营，将更多社交流量转化为成交总额（以下简称 GMV）。这种营销方式不仅打破了传统销售时间、空间的界限，也打破了线上线下的界限。据统计，在 1 亿多的 WeMall 小程序销售中，有 75% 来自导购的朋友圈推广，有 19% 来自跨城市购买，有 20% 来自闭店时间。据了解，WeMall 小程序在每个分享的环节上都加入多维度的参数，使最终产生的销售业绩都能准确地归因在一个具体的店员的工号下，充分激励员工完成销售目标。在数字化工具的帮助下，导购可以最高实现 30% 的业绩提升，个人业绩达标率从 80% 提升至 110%。

三、全渠道零售

时尚零售业正随着人口结构、科技创新以及地理环境的变化发生着巨大的变革。伴随零售技术以及智能科技例如人工智能（以下简称 AI）、虚拟现实（以下简称 VR）、智能手机、移动购物等的发展，创新的零售业态逐步兴起。移动互联网工具的发展和数字经济的助力使得时尚零售业已然有了一种新的形态。单一的时尚零售渠道不再能够满足消费者的需求，消费者希望在任何地方不受限制地购买到想要的商品。

（一）全渠道含义及发展

近年来，以移动互联网为基础的数字网络为时尚零售的数字化发展提供了基础设施，数字经济的背景下越来越多的时尚零售商面临着如何进行经济结构的优化、运营效率的提升和企业的可持续发展。零售商的数字化转型包括虚拟试衣间、移动支付、全渠道布局、无缝的客户体验和实体店转型等。全渠道零售的产生离不开经济、互联网、人口结构变化等发展的综合影响。时尚品牌的新零售趋势已成必然。尤其对于我国而言，据麦肯锡《2019全球时尚业态报告》显示，2019年，中华区将首次超过美国成为全球最大的时装市场。可见，在零售全球化战略下，中国市场逐步成为了时尚品牌重要的消费主力市场和新零售必争之地。

对于全渠道零售的定义，在零售行业内有诸多不同的争议和理解。字面上理解是线上和线下的充分融合，覆盖全部渠道的含义，但其本质是对渠道后端数据、资源和供应链的整合。类似全渠道的定义，还有新零售的概念。阿里巴巴认为，新零售是以消费者为中心，围绕消费升级的需求，通过云计算、大数据、人工智能等基础设施建设，对零售人、货、场要素进行重构，进而实现提升用户体验、降本增效的零售目标。无论是新零售还是全渠道零售，并没有改变零售以消费者为核心，以人、货、场三要素关系为基础的零售本质，更多是在思维、手段、策略、技术上的新应用。根据要客研究院《2019中国奢侈品报告》，2019年中国奢侈品线上销售营业额达到创纪录的75亿美元，占中国境内奢侈品市场销售额近16%，同比2018年53亿美元增长约44.4%。全渠道虽然已经常态化，但大部分消费者依然会把线下渠道作为体验和销售转化的重要场景。全渠道模式的表征是渠道的拓展，但本质则是需求推动、科技助力的零售结构和零售要素的重构。若希望实施全渠道零售战略，则应该由内而外地认识到这种新的改变。从高度实用的战术导向，向对顾客及其行为理解所驱动的战略方向行动。

自全渠道开始被推广以来，现代技术信息的应用、互联网的普及以及大数据的发展都在加速实体零售行业的转型和升级。不少零售公司正在积极拥抱科技及数字化等工具，助力零售战略和可持续发展。各国政府也在推出相应的政策积极推动企业的零售创新和实体转型，在调整商业结构、创新发展方式、促进跨界融合、优化发展环境、强化政策支持等方面做出具体部署。零售业成功创新转型背后一定是科技助力，创新融合的战略结果。回顾我国网络零售业的发展，自2008年开始进入了爆发式的快速发展阶段。电商逐渐平台化、规模经济化，同时诸多实体零售业也加快了转型的步伐。2014年阿里巴巴开始对银泰百货进行投资，目前已经成为了银泰百货的最大股东。自2016年至今，网络零售业进入了全渠道零售业态形式。我国全渠道零售的产生背景有着一定的政策发展特殊性，在经济新常态和"互联网+"的大背景下，全渠道业态成为我国促进经济社会发展和主导社会经济变革的主要力量。

全渠道零售的发展离不开人口结构的巨大变化。中国中产阶级家庭比例预计在2027年将超过65%，覆盖近3.25亿个家庭，这些人口以及目前三线以下近十亿的人口都成为了现今社会中不容小觑的消费力量。这些消费人口为全渠道零售模式的普及提供了消费支持。同时，中国中产阶级的比重也逐年持续上升。据《2019 新中产白皮书》中相关数据表明，目前我国新中产人群数量在 2.5 亿—2.8 亿人，他们善于使用移动互联网等工具，加入价值观、审美观、消费观等类似的圈层中。新的消费经济时代到来使得消费者的消费行为和体验感知价值发生了巨大变化。城乡家庭的恩格尔系数逐年下降，释放了大量可选消费空间。对于新中产女性消费者来说，在消费时会更看重性价比和品质消费，今天的时尚零售企业若不理解所面临的消费者的这些需求偏好则无法及时对现有零售渠道及模式进行改革。

根据我国国家统计局数据显示，2014—2017 年全国网上实物商品零售额增速呈现明显下滑态势，逐渐将会进入瓶颈期。线上零售企业也需要重新考虑更多元的渠道来提升市场规模和保持较为稳定的市场渗透和增长率。从互联网平台单次点击成本（以下简称 CPC）来计算，2010 年天猫的 CPC 价格在 0.2—0.5 元，而今天 CPC 价格已经涨到 5 元以上。商家的推广成本急剧上升，获客成本也越来越高。获客成本的提高带来非实体店运营成本的提高。与此同时，从商家与消费者的沟通路径和成本考虑，通常在零售商和最终消费者中间会存在一级、二级、三级甚至四级的分销渠道。商品经过层层加价，最终需要由消费者来买单的局面使得消费者的利益受损。冗长的流通环节降低了供应链的管理效率并增加了供应方对渠道方的管理和控制压力，包括对市场价格、市场渠道、供应货品等的管理压力。甚至出现了市场上同一产品的不同价格等情况扰乱市场价格形成恶性的价格竞争。"渠道冲突"和"渠道打架"的局面造成市场的无效竞争，降低了消费者体验，并给供应厂商带来利益的损失。

科技加速了零售数字化进程。今天移动互联的数字化网络环境下，人们可以随时随地购买到全球的时尚商品，享受到全球的服务体验，例如消费者可以在决定购买什么品牌的化妆品前通过移动设备到各类美妆社交专区获取相关的商品信息和试妆推荐，最后在线上或线下直接进行购买。科技帮助消费者简化购物决策路径，同时商家通过加强数字化技术，提升供应链反应能力和客户数据管理能力，为消费者定制千人千面的个性化体验。科技助力的同时也涉及到了消费者数据的泄露风险，因此商家需要为此承担一定的社会责任，包括加强数据管控和遵守网络安全合规性等，以便为消费者提供健康、安全的网络体验。中国全渠道零售的发展也为外来的时尚品牌提供了更多渠道可能性。2014 年，西班牙服装零售商扎拉在天猫开设官方旗舰店。2017 年 4 月，法国奢侈品品牌珑骧（Longchamp）宣布与微信达成战略合作，并推出了"珑骧巴黎进行时"和"珑骧个性定制工坊"两个小程序。自 2016 年微信小程序推出之后，两年之内近 50 个奢侈品品牌开通了微信小程序并开始实施社交营销策略。

（二）全渠道设计

在全渠道的时代，智能化和数字化的基础在于大数据。新零售时代的底层基础正是 IT 技术的发展和应用。全渠道的前提是实现全面的零售数字化。零售的核心资源便是数据。数据存在于商品、人、资源、资金等要素转移和交换的过程中。尤其对于零售商来说，最前端的渠道终端便是获取消费者数据最好的洼地。因此实现门店数字化是实现数据采集、智慧经营的重要基础。消费习惯的变化是驱动全渠道零售的核心原因。如今的消费者越来越依赖数字化设备和习惯跨渠道消费，波士顿咨询公司（BCG）全球研究表明，80%的消费者热切期望与品牌全渠道互动。据市场调查公司Liveclicker的调研显示，与采用粗犷方法的零售商相比，投资先进个性化策略的零售商收入要高出17%。面对个性化体验的压力，品牌和零售商需要加大消费者数据采集力度，并有效地利用这些数据提升销量。从价值链角度看，传统零售下的企业价值链设计是以企业为中心，将研发设计、采购生产、分销流通、营销、零售、服务等模块以链条形式相互连接，基于人力、土地和资源采购规模等要素塑造竞争优势，满足现有和潜在消费者需求（图8-1）。

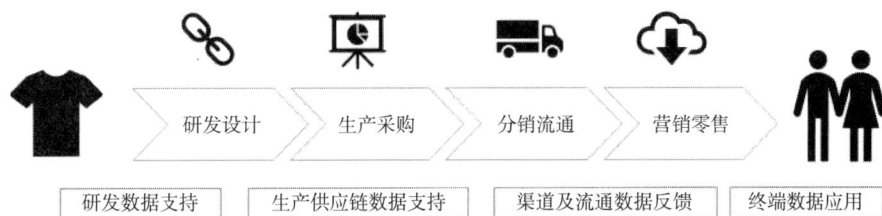

图8-1 传统零售价值链流向

与传统零售的企业价值链设计不同的是，全渠道零售的企业价值链呈现了价值网的环状结构。以顾客为中心，品牌大数据为支持，提供大数据研发、全链路营销、全渠道融合、共创供应链及智慧零售门店，为消费者提供个性化和定制化的产品服务、场景体验。基于数据赋能全域商业获取长续竞争优势，通过场景、互动、连接、体验来提高品牌黏性，创造新客群、新需求和新服务。设计良好的零售全渠道数字化战略应以技术和数据为基础，加强对消费者、潜在消费者、会员顾客等消费数据的管理和分析。同时，时尚企业应搭建以消费者为中心的系统建设，进行内部系统和内部整合。时尚企业通过多种数据库的结合存储和管理相应的数据信息，帮助企业内部不同业务子部门及时了解企业的战略方向，并有效地和消费者进行对话和传递信息。最后，也是最重要的，唯有企业的管理者和领导人真正意识并认识到消费者为中心的核心意义并决心进行战略目标的调整，使得各个部门真正贯彻这样的认知才能有效并持续地推动全渠道零售的战略举措。

零售的全渠道化和数字化并非指单纯的增加线上电商渠道，或者建立升级信息化系统，而是要真正以顾客为中心重构零售企业的技术、业务、数据、经营管理、组织等价值链和生态体系，并将顾客所需和企业战略目标深刻匹配，基于数据流的传播和深挖，建立数据驱动的企业增长模型。绝大多数公司现阶段都存在"信息孤岛"的问题，数据散落在各个部门。客服部门的数据无法和营销团队的数据进行连接，销售部门的数据无法和市场研究部门的数据同步，因此真正的问题也就凸显出来了，如何将各部门的信息群岛进行连接，从而形成对顾客及其购物习惯的深刻而又丰富的洞察。

日本著名的服饰集团迅销集团在数字化零售的进程中也是不能缺席的。在数字经济时代优衣库紧随时代步伐，积极拓展数字化转型战略，布局全渠道，拥抱新技术。从线下到线上，优衣库通过全触点、全渠道积极响应消费者购物行为的变化，与消费者构建长久而稳固的沟通机制，积极满足消费者个性化的消费需求。对消费者需求和行为方式变化的本质进行认知，满足顾客需求，以消费者为核心的全渠道零售战略是零售不变的本质。2017年，迅销集团正式提出"有明计划"，宣布向"数字消费零售公司"转型，全面改革从企划到设计，再到原材料采购、生产、物流及贩卖等所有供应链程序。之后，公司相继与咨询公司埃森哲（Accenture）、科技巨头谷歌（Google）、物流公司大福（Daifuku）合作，不断朝着服装科技公司迈进。在消费终端方面，2018年优衣库公司推出了掌上旗舰店（官网、官方APP、微信小程序、线下扫码四大入口），消费者可通过"一键随心购"功能利用微信、微博、店铺等线上线下渠道直接进入线上商城购买，选择在家收货或门店自取，缩短购物中间环节。同时，优衣库公司还推出"随心搭"功能为消费者提供不同场合的服装推荐，解决消费者搭配问题。"随心送"功能则可以把衣服送给周边的朋友，使得掌上旗舰店有了社交电商的属性。数字化背景下的全渠道模式，不只是渠道的整合和连接，更是对零售效率的降本增效，同时通过一定的数字化技术手段提升消费者体验，对零售人、货、场要素之间的关系进行重构，最后达到平衡、长久、增长的零售目标。渠道依旧是服装零售业的制胜关键，针对细分的不同消费者群体，设计出最适合他们的产品，用他们最容易接触到的方式和最能够接受的价格赢得人心。看似眼花缭乱而又不断更新的数字化营销和智慧零售的新玩法，背后体现的是企业整体的数字化实力和能力。

（三）全渠道实施

全渠道零售下，作为消费者的人们不仅充当了购买者、使用者等角色，更成为了移动社交网络媒体实现裂变式传播的推广者之一。购买者在购物路径中的评论、转发、分享、点赞等互动性的触点都成为了消费行为大数据中的重要数据内容。零售商通过对数据的挖掘和分析可以更好地了解消费者并优化整个零售价值链。云计算、大数据、人工智能、数字化技术形成了新的零售商业基础。同时，购物场景愈发广泛，社交网络下，人们自发地搜索、种草等场景都成为了商品交易链路的重要接触点，人和场的界限逐渐模糊，进一步融合，缩短购物者的购物决策路径。在中国市场，消费者对于移动消费环境更加熟悉，线上与线下的界限已经十分模糊。零售行业中，"在线订，到店取"的服务已很普遍，"在店订，货到家"模式的接受度也逐渐提升。

数字化零售需要对传统业务系统进行有效的升级。对于零售终端传统采用的企业资源计划（Enterprise Resource Planning，以下简称ERP）、商业智能系统（以下简称BI）、客户关系管理（以下简称 CRM）、销售时点信息系统（以下简称 POS）等系统进行智能化升级及互联，并与移动设备进行连接，使零售活动中的商品、订单、会员等数据进行实时互联、融合和沉淀。数字化的全渠道零售只做系统的升级是不够的，在零售的门店场景或线上店铺的场景中仍需潜入 AI、生物扫描、摄像头、互动智能屏及自助服务设备等，以便在零售场景中采集客流量、客流动线、店员销售行为、消费者购物行为、商品动线、货架陈列检测、消费者分布热区等一系列的数据采集和识别动作。在实施数字化全渠道零售的过程中，零售企业应加强数据算法和分析决策能力。数据的价值在于后期的分析和应用，只做采集工作是不够的。基于业务数据的分析必须要依靠精确的数字化算法和模型，以便提供更为精确的决策方案，例如对商品组合、市场预测、销售预测、生产供应、库存备货、订货采购计划、门店选址、营销促销方案、商品推介等决策，这类决策活动始终贯穿在零售人的零售活动中，而且伴随渠道的复杂化，决策也越来越复杂，决策的影响因素也越来越多。新零售的目的之一便是降本增效，因此采用更为智能的算法和人工智能不失为未来零售一种性价比更高的选择。

美妆零售商丝芙兰通过积极设立全渠道零售系统，力求实现在任何地点、任何时间，通过产品、服务和内容触达消费者。早在 2006 年，美妆零售商丝芙兰进入中国市场的第二年，品牌便将官网搭建为自有电商平台，并展开一系列数字化零售渠道建设。2018 年 9 月，美妆零售商丝芙兰正式推出品牌官方小程序，成为微信生态内利用小程序搭建社交商务的第一家高端美妆零售商。目前，品牌通过官网、APP、微信小程序及平台电商，已建成广泛触达消费者的零售渠道，亦成为高端美妆零售业界首家提供全渠道通路的零售商。渠道的铺开仅是全渠道零售的第一步，更重要的是如何实现全渠道贯通，让线上线下形成有效的配合。为此，美妆零售商丝芙兰推出"云货架"功能，可实时显示全国范围内各渠道库存状况。同时，丝芙兰小程序结合微信公众号、微信支付、社交广告等可以得到优质服务，以此实现消费体验的提升。

丹麦服饰零售集团绫致在中国的数字化全渠道零售中业绩显著。进入中国市场 22 年，据统计，绫致截至 2018 年在线下已经拥有了 7800 余家直营门店，旗下的时尚品牌奥莉（ONLY）、维莎曼（Vero Moda）、杰克琼斯（Jack & Jones）三大品牌常年占据线上零售渠道天猫双十一购物节品牌榜前三名，可谓线上线下全面开花。近年来，绫致通过融合线上线下，探索全渠道销售，成为最先积极拥抱数字化变革的服装巨头之一，也是智慧零售的探索先锋。2016 年圣诞前夕，绫致开始发展自己的数字化全渠道零售，并为此成立专门的直营数字化运营管理部门，研究数字化变革，旗帜鲜明地要求把 IT 和技术融入到业务的每一个环节，让数据产生价值。为了配合改革，绫致在组织结构、绩效管理、各运营部门和软件系统建设方面都做出了积极调整。首先，绫致的人才构成发生很大变化，IT 团队从之前的 15 人成长到如今的 200 多人。除此之外，很多新的核心团队是绫致从无到有自己培养起来的，比如电商的团队。其次，绫致非常强调数字化工具对员工的助力作用。在电商实施的前期，门店员工还会抱怨电商抢走了自己的顾客，但在今天，通过新的数字化工具和沟通渠道，数字化能够帮助门店导购不光在线下，也能在线上更加了解消费者的需求，与消费者有更深入的交流，提供更为专业化的建议。数字化赋能让消费者的需求快速直接反映到研发设计端，帮助设计师们更快地响应市场变化。在公司高层的大力支持和推动下，两年多的时间里，绫致已经完成覆盖全中国 7800 多家门店的基础硬件设施、微信会员、微信小程序平台、商业智能平台、数据管理平台（DMP）、客户关系管理系统，以及其他腾讯的智慧零售相关产品。2018年，绫致数字化正式开始发力。通过现有的 IT 系统配合新的流量入口，微信小程序营业额从一天几万元到上百万元，最火爆的时期，小程序的销售能够轻松做到一千万元。现在，通过数字化的手段，绫致能够更快地了解客户需求，电商团队会将消费者喜欢什么样的产品、更倾向于在什么渠道购买等早期指标提供给设计师。来自零售端的建议在设计、研发、渠道和定价方面都非常重要，因为全渠道零售完全是以客户为中心，能够随时随地获取客户反馈。如何更好地将零售商业的传统经验和智慧与最新的数字化工具和平台融合起来，是绫致现阶段的关注重点。

第九章　时尚零售环境与组织

　　零售业是市场中高度敏感的行业，宏观与微观的诸多因素都会对零售业的经营带来直接或间接的影响。零售环境对外部市场环境有着强依赖性，是企业内部环境的综合反馈。外部市场环境包括社会、政治、经济、科技环境等。企业内部环境包括组织结构、组织文化、生产供应链、财务环境、开发和技术环境等。时尚零售环境伴随社会发展、经济发展、科技发展在不断动态变化。为做好零售环境的管理，时尚企业应密切关注社会、文化、人口、经济、竞争、技术和政策法律等方面的因素。

第一节　时尚零售环境

　　时尚企业依托于零售环境的发展在不断变化和发展着。宏观的时尚零售环境包括经济大环境、社会环境、科技技术环境和法律政策环境等。微观的时尚环境包括消费者的变化和商业零售店铺的内外环境。其中商业零售店铺的零售环境是零售组织中各类零售人员共同配合和作用的综合环境。商业零售店铺的外部环境指卖场外的环境，例如橱窗、门头、促销海报等；商业零售店铺的内部环境指店铺内的销售服务环境，例如试衣间、陈列区、休息区、收银区等。良好的时尚零售环境能够激发消费者的购买欲望，最终产生购买行为。

一、宏观环境

　　时尚零售企业的宏观环境是指时尚企业自身无法掌控的外部环境因素，包括经济、社会、技术和法律法规等。每个时尚零售企业都处于大的宏观环境中，并受到宏观环境的制约。若时尚零售企业不能够很好地适应宏观环境的变化和发展，则很容易被大环境所淘汰。例如互联网时代下，若时尚零售企业不能够及时线上化会失去更多的线上用户和老客户的忠诚度。

（一）经济环境

　　时尚零售企业的运作是在一定的经济环境下进行的。纵览全球时尚零售企业的发展，经济环境的快速发展为企业发展提供了经济动力，当消费者满足了基本的衣食住行的基础需要后，才会对时尚消费有更高的追求。国民经济的稳步增长是零售市场发展的良好基础。社会保障体系的不断完善，居民可支配收入的增加、居民消费能力的提升、城市化进程的加速以及全面的对外开放保证了时尚零售的消费需求和发展机遇。时尚零售行业是宏观经济的晴雨表，宏观经济发展的快慢将会直接反馈在零售行业的发展中。经济环境受到经济增长、通货膨胀、货币财政政策、利率、汇率等多方面的影响。不同地区的经济发展水平不同使得消费者的消费能力和需求不同，从而使得时尚零售的发展条件不同。当今社会经济环境下，人们对时尚的需求程度越来越高，不再是基础的保暖和遮体的需求，而是希望通过服装服饰来彰显自我个性和自我概念。通过服饰传达自己的内心和外在需求，同周围环境进行交流和社会交往。全球经济的快速发展也为时尚零售行业发展提供了便捷的条件和环境，为消费者的消费决策和选择提供了更多可能性。

（二）社会环境

零售环境是由买卖双方共同构成的，人作为零售环境的主体，受到来自社会背景、人文环境、地理因素、性格个性等多方面的影响。人和人共同构成了整体的社会人文环境，每个地区的教育背景、社会文化、社会习俗和传统不同，导致每个地区的时尚零售发展不同。社会环境包括人口统计学和心理统计方面。人口统计方面包括年龄、文化、家庭、出生地、居住地、职业等因素。心理统计方面包括人的个性、性格、消费习惯、消费个性、消费偏好和生活方式等方面的因素。随着社会经济的发展，社会环境在不断变化，人们的生活方式也在不断革新，因此对于时尚零售企业而言要时刻保持对社会环境变化的敏感度。尤其是对于跨国时尚零售企业而言，对异国社会人文环境的认知程度决定了是否能够适应异国的零售环境和降低跨国经营的风险。

（三）技术环境

技术设施始终是时尚商业发展的基础。从线下到线上，技术为时尚零售的发展提供了更多实现路径，同时技术彻底改变了消费者的消费行为，消费习惯的变化又倒逼零售企业进行技术投入和零售创新。以我国为例，改革开放以来，计算机技术、网络技术、通讯技术和交通技术等的高速发展，为时尚零售业的现代化管理和现代化物流提供了坚实的发展基础。伴随全球经济化，跨国企业对本土企业的时尚零售战役打响，具有技术含量的生产技术、管理方式、营销技术和促销手段的企业对传统零售企业带来了较大的挑战。截至 2021 年，我国网上消费约占社零总额的四分之一，可见网上渠道的重要性。2021 年我国《政府工作报告》提出要运用好"互联网 +"，推进线上线下更广更深融合，发展新业态、新模式，为消费者提供更多便捷舒心的服务和产品。现代时尚商业的竞争不再是单纯的产品竞争，更是技术的竞争，从这个角度来说，每个时尚零售企业都是一个技术公司。日本服装零售品牌优衣库的创始人柳井正（Tadashi Yanai）曾说，优衣库是一个技术公司。优衣库通过不断对产品技术的挖掘和研发投入，使得优衣库向消费者提供了非常多具有技术含量的时尚产品，例如超轻羽绒服、Heattech 保暖内衣、Airism 舒爽内衣科技等。

（四）法律环境

时尚零售企业的经营是必须在国家允许的法律法规下进行合法经营的。各国政治法律环境的不同对零售企业的影响是巨大的。政治环境稳定的国家更适合时尚零售企业的发展，政治局势不稳定的国家，人们最基本的需求还是生存和安定。时尚零售企业的发展也时刻受制于各国的各项政策，充分了解和合理利用国家的政策能够帮助企业快速发展。2018年年底，杭州市政府发布《关于推进新零售发展（2018—2022）若干意见》将在全国范围内率先建成新零售示范城市，每年拟斥资1亿元促进实体零售业的新零售转型。这项意见内容使得我国长三角地区零售业发展的基础更加牢固，并且助推实体零售行业的消费升级、数字化建设和转型革新等。2021年，第十三届全国人大四次会议审议批准了《中华人民共和国国民经济和社会发展第十四个五年规划和2035年远景目标纲要》，该报告指出，坚持扩大内需和充分挖掘国内市场潜力。这一政策为未来时尚商业在消费、升级、培育、创新等方面都带来了积极的影响。另外，对于时尚行业来说，创意设计是产品的核心，因此创意版权更需要被法律保护。无论在法律、经济价值还是知识产权方面，都需要对创意设计的成果进行有效保护才能够鼓励行业内更多创意设计的动力。我国在创意设计的知识产权制度上仍然同美国有较大的差距，建立有效的创意设计保护制度和保护模式是当前时尚行业发展的必然要求。

二、微观环境

时尚零售企业的微观环境包括消费者环境和零售店铺的环境分析。对消费者分析是零售运营的基础，唯有充分洞察消费者的需要才能够更好地服务消费者。零售店铺的环境包括内部和外部环境，良好的零售店铺环境是保证零售店铺正常运营的基础，同时良好的零售店铺环境也能够激发消费者的购买欲望。

（一）消费者分析

消费者是时尚零售环境微观环境中非常重要的部分。消费者是零售企业最终的服务对象和目标市场。消费者的需求是零售企业售卖何种产品和采取何种营销策略的出发点。消费者分析包括对消费者基础人口统计学的分析和对消费心理的分析。根据马斯洛需要层次理论（Hierarchical Theory of Needs），人们的需要可以分为五个层次，由低级到高级分为生理需要、安全需要、社会需要、尊重需要和自我实现需要。在时尚消费的需要方面，消费者对服装品牌和风格的偏好正是对自我需要的满足。人口统计学的分析包括对消费者性别、年龄、教育背景、文化水平、家庭、出生地、成长环境、职业、收入水平等的客观衡量和分析。不同人口统计学特征的消费者在时尚消费方面会表现出不同的特质。例如女性消费者在选择时尚商品时更容易受到商品颜值的影响。女性消费者更享受购买过程中的乐趣和体验，而男性消费者购买的目标感更强，购买决策速度较快。

不同收入水平的消费者也会对不同的时尚商品产生需求。收入较低的消费者在时尚商品的选择上更注重价格，收入较高的消费者在商品的选择上更注重品牌知名度。基于此，美国经济学家托斯丹·邦德·凡勃伦（Thorstein B Veblen）提出凡勃伦效应（Veblen Effect）。凡勃伦效应是指消费者对一种商品需求的程度因其标价较高而不是较低而增加。它反映了人们进行挥霍性消费和炫耀性消费的心理愿望。有一些商品的价格定得越高，越能受到消费者的青睐。这类消费者被称为有闲阶级。有闲阶级指有资产，不需要拥有固定职业，生活休闲，以社交娱乐为主的阶级。有闲阶级在心理上与劳动阶级不同，他们处处要显示自己的优越地位，他们不仅要过着有闲的生活，而且要通过生活方式方面的炫耀来显示自己的阔气。奢侈品的消费是典型基于凡勃伦效应和有闲阶级的消费行为。对消费者消费心理和行为的了解越深刻越能够让消费者为此买单。

消费者分析的重点不仅在于对消费者画像和行为的基础描绘，更重要的是思考消费者为何买单。探究消费者为何买单需要对消费者的需求进一步了解。需求是人们进行消费活动的内在动力和原因。需求可以自发产生也可以通过外在刺激来产生。例如非常具有颜值的服装、包装、饰品，或者购物环境都可以激发女性消费者的购买冲动。需求的产生需要有三个条件，分别是欲望、支付能力和消费诱因。正确理解并抓住消费者的需求对时尚商业有着关键作用。消费者的需求不是一成不变的，而是根据消费者自身的成长和环境的变化而变化和发展。例如人们购买奢侈品是为了彰显自身的财富、地位和社会价值，然而有些人购买奢侈品是为了表达自我理想和自我个性。消费者需求是多样化的、可诱导的、多变的并具有时代特征。在我国 20 世纪 70 年代，购买自行车、电视机等家电设备，穿着军装被视为一种时尚，然而在今天，时尚消费却有着不同的含义和特征。

消费者的需求进一步触发消费者的购买动机。消费者在服装消费方面呈现出了具体的消费动机，包括以实用价值为目的的求实动机，例如购买羽绒服是为了保暖；以新奇、独特和时尚为主要目的的求新动机；以追求产品的欣赏价值为主要目的的求美动机；以追求产品价格低廉为主要目的的求廉动机；以追求名牌产品知名度为目的的求名动机；以购买的便利性为主要因素的求便动机；以希望能够融入某个圈层，受其他众多消费者购买行为影响的从众动机。不同的消费者需求和消费动机为不同的时尚零售渠道布局和商业发展提供了可能。例如更多消费者为了购买便利和快捷选择电商购物，以及消费者在购买过程中更容易受到同伴和关键意见领袖的影响。

（二）外部商业零售店铺

零售店铺环境是零售人员、陈列人员同商品人员、营销人员和设计人员等共同配合的结果。零售店铺环境作为一种品牌传递信息与和消费者沟通的媒介，是时尚营销传播环节中至关重要的第一个环节。试想，当消费者走进一个商场，商业环境的氛围会很大程度上影响消费者愿不愿意继续逛店，当走过很多店铺时，店铺环境也会影响消费者是否愿意走进该品牌的店铺。零售店铺环境的构成主要有外部环境和内部环境。其中外部环境包括卖场外的环境，如店铺门头、橱窗展示、卖点广告展示架（以下简称 POP）、户外广告招牌、商场外广场等。

外部零售环境是实现零售企业与消费者沟通非常重要的环节，企业如何利用这些元素，在有限的内部环境中营造令消费者感到舒适、心情舒畅并且具有良好审美力的购物氛围，直接影响消费者是否愿意在店铺内停留并产生购买可能性。外观设计包括对门面、橱窗等的设计，主要作用是吸引消费者的注意并起到传递品牌和商品信息的作用。橱窗主要有三种类型：开放式橱窗、半开放式橱窗、全封闭式橱窗和内陷式橱窗（无橱窗）。

开放式橱窗主要设置在门店门口两侧，橱窗商品前后没有挡板，购物者可以触摸到商品也可以看到卖场里的情景。橱窗环境开放，与卖场环境融为一体。半开放式橱窗则为橱窗商品后有透明式的挡板，能够隐约看到卖场，橱窗有前置玻璃，有相对独立的空间，不仅能够便于传达商品信息，也能对橱窗商品具有一定的保护性。封闭式橱窗则橱窗商品前后都有隔板，消费者不能够透过橱窗看到卖场，橱窗环境封闭，对橱窗商品具有保护性，也便于营造比较独立和完整的橱窗环境。内陷式橱窗或者叫无橱窗，则因零售空间有限，没有单独设置橱窗，部分商家会使用部分店铺空间来设置简易完整的商品陈列空间。内陷式橱窗主要以销售商品为主，能够方便客流进入并增大销售空间。

霍尔特·伦弗鲁（Holt Renfrew）商店的穿衣服务总监约翰·格哈德（John Gerhard）曾说："一个明确的主题非常重要，它从橱窗开始，延伸到店内的每一个角落。店内陈列与橱窗同等重要，它为我们的顾客提供信息和乐趣。"橱窗设计需要结合色彩、主题、材质、货品、灯光、标识、道具等进行综合布局。在进行主题布局时，要特别注意的是，橱窗设计中若表现出太多的信息会让顾客感到困惑。色彩是吸引行人注意、创造气氛最实用的工具。运用色彩时需要注意配色方案同商品本身的配合，例如钻石珠宝商会选用比较浓重、沉稳的色调来衬托自己的宝石，从而让宝石看起来更加贵重和熠熠生辉。一旦确定了主题和商品后，道具的组合十分关键。道具主要以衬托商品为主，不能喧宾夺主。道具在其中不仅起到了放置商品的作用还有突出主题和营造艺术氛围的效果，因此道具需要充分考虑主题和商品之间的关系。灯光的设计也是外观设计中非常必要的。良好的照明是橱窗陈列的基础也是整体设计中的一部分。灯光的设计需要考虑到焦点位置，突出产品或主题特色。同时照明的强弱要考虑到一天当中阳光的变化。灯光本身具有活力，利用霓虹灯技术可以营造主题和橱窗陈列的意境。奢侈品品牌爱马仕的橱窗设计一直以来都以丰富的故事性和艺术性著称。每期橱窗的设计仿佛是一个艺术作品，向人们讲述唯美动人的故事一般。当行人路过爱马仕品牌的店铺会不自觉地被吸引并停下来欣赏。这些橱窗仿佛无声的销售员在讲述品牌的故事并吸引行人进店。优秀的橱窗设计能够起到良好的与顾客沟通的效果，不仅能够吸引消费者的目光，还能够让消费者了解其品牌内涵。

在外部环境的设计中，要遵循视觉营销的设计原则。视觉营销的设计原则应符合品牌调性和企业营销战略，向受众传达同营销战略方向一致的思想内容。视觉营销同时也要考虑受众对所传达信息的理解程度，因此视觉营销的设计应考虑易读性的因素。店铺视觉营销的主要目的是展现商品最好的一面，并通过营造氛围，将商品的设计感和卖点进行有效呈现。除此以外，视觉营销包含一定的形式美设计原理方法，例如平衡、强调、比例、韵律、和谐等。

（三）内部商业零售店铺

内部零售环境是时尚品牌、商品和消费者之间沟通的重要环境。内部环境是指商店内部的空间构成环境，包括店铺内空间设计、商品陈列、陈列展台展具、区域动线设计、灯光、立模、多媒体设备等。内部零售环境影响消费者的购物体验，并对提升消费者的购物率有着重要的影响。店铺良好的内部视觉和体验环境有助于维护并强化品牌的文化及零售战略。零售商在采取何种设计前应先了解目标受众消费者的偏好、品牌的定位和个性、商品的属性等。店铺环境设计并不是一项纯粹艺术性的工作，店铺环境设计的主要目的是展现商品特性及良好的一面，刺激商品的销售。内部零售环境的设计包括实现设计、动线设计、销售区域设计和陈列设施的设计。

动线是指人流在店铺空间中的移动线路。动线的设计不仅要考虑到人们行走的习惯，还要符合空间功能性的基本要求以及大众的审美心理。设计人员在动线设计中将空间、商品以及消费者行为的关系进行有机结合，保证动线设计的合理性。动线设计包括顾客动线、服务动线、商品动线。顾客动线是指顾客活动的移动线路。服务动线是指在进行零售活动时发生的人们的移动线路。商品动线是指商品在店铺空间中的陈列线路。在设计中应避免动线过于复杂或过于单调，要简单有趣。动线设计还需要考虑到空间性，保证在动线过程中进行商品销售行为时的服务动线要方便顾客。通过对店铺动线设计的研究，我们会发现过于拥挤的动线会让消费者烦躁，并侵犯消费者的安全空间，从而影响消费者购买的心情。销售区域的设计需要考虑许多因素，包括商品类别、商品重要性、季节、主打货品、存储空间、动线设计、货架摆放等。对于生活用品及小商品类产品多采用仓储式的货架对不同类别商品进行分门别类的划分，例如日本生活方式零售商无印良品（MUJI），会将不同功能区按照商品类别进行划分，便于消费者进行商品寻找。对于服装类商品，很多企业也会采用以服装风格、系列的区域划分方式进行区域设计，例如绫致旗下奥莉，会将不同风格系列划分在不同区域，以便呈现出完整的服装风格特点，便于购物者根据风格进行服饰搭配选择。

在考虑按品类或者风格作区域设计的同时，还需要考虑到商品属性。最赚钱的品类或者当季主推的品类应放置在比较显眼且利于销售的区域位置。比较有特色的时尚品会放置在容易被消费者注意到的位置，例如橱窗附近，以此来吸引过店消费者的注意。对于高价值的时尚品，应放在环境相对宽松、不拥挤的位置，不仅能够凸显商品价值同时也更好地保护好商品。对于同一个区域的设计，通常要将能够互补的时尚品相邻摆放，整体设计，例如鞋类等配饰可能会分散放在陈列服装的不同位置，上衣、裤子或裙子会交叉陈列放在同一个区域，顾客购买上衣的同时也能够看到整体的搭配效果，这样会便于消费者进行搭配购买。

　　时尚环境的软装搭配离不开具有创意的陈列设施。陈列设施主要包括陈列道具、照明灯具、商品展柜等。陈列设施之间是相互搭配的关系，每个陈列设施的使用都是服务于商品和消费者。同时销售模式会影响陈列设施的选择，例如很多奢侈品店铺非常注重销售服务，且商品较为昂贵，对于贵重的产品可能会采取封闭式的展示柜。对于自选式销售模式的品牌，例如快时尚品牌扎拉，多会采用开放式的展示柜。随着时代的发展，很多零售商采取了科技感较强的一些陈列方式，例如互动式的商品信息展示屏等。对于灯具的选择也是非常讲究的。照明是门店环境设计中最重要的一环，灯源的选择会直接影响到整体购物氛围的营造。灯光的设计应结合店铺的设计来共同完成。每一种照明设备在陈列中也发挥了不同的作用，例如射灯主要用来重点突出某个产品特性，泛光照明多用于整个卖场环境的照明。选择灯光时还需要考虑到瓦数、光束宽窄、商品色彩、照明时段等因素。在今天的陈列设施设计中还需要将环保性和可持续性纳入零售商的考虑范围内。环保这一概念已经成为零售企业在发展中需要考虑的重要生态因素。不仅灯源的选择更节能环保，在展示柜和地板材料的选择上也会考虑更为可持续性的材料。有些商家也都会考虑根据时间来自动调节灯光照明系统，不仅能够省电环保而且也会根据不同时段的光线提供不同程度的照明亮度。

　　店面内的布局及设计对于商品的销售情况和店面业绩有着显著的影响。店面布局管理的主要作用是让顾客方便地寻找并购买到他们想要的商品，并留下好的印象，吸引顾客再次来到店铺。店面布局包括思考商品的陈列是否符合消费者的视觉和行为习惯，商品的摆放是否符合当季主推，店面的布局是否符合效率原则，店面布局是否考虑到店面的成本和效益，是否考虑到品牌定位、区域划分、刺激销售等因素，店面是否能够增加顾客的体验性、提升顾客的满意度等。对于时尚类产品的店面布局不是一成不变的，每个季度甚至每周都会根据商品的销售情况及时对商品的陈列区域进行调整，目的之一是为了促进销售，将销售好的主推产品放在陈列的 A 区域（泛指销售较好的区域），将销售不好的产品重新做搭配组合。目的之二则是为了给消费者营造新鲜感，使消费者每次光顾店面都有一种焕然一新的感觉。

　　店面的布局及设计管理是零售内部环境管理的一部分，通常品牌零售商总部会根据产品设计、产品主题、区域特征等给到店面一定的指导意见，再由店铺经理负责实施并进行店面布局的维护。对于时尚类商品，在店面布局中还会经常考虑到顾客冲动型消费的特质，在结账处设置一些方便购买、价格不贵的小商品，例如袜子、发卡、围巾等，对于鞋品类还会放置鞋刷、清洗剂等产品，以此刺激收银台前的冲动型购买习惯。店面布局管理另一个需要考虑的因素是成本与效益的考量，多个店面区域的划分同样需要匹配多个销售人员来进行店面的看护，同时店面布局中使用的陈列设施是否采用可移动的灵活的设施，若为固定设施则可能不方便进行移动展示，增加店面布局管理的成本。

如今的店面布局和设计管理不再是机械的管理，而是一种情感式、人性化的布局和设计管理，管理者对顾客行为习惯深入洞察，并纳入情感化的设计体验，以此来满足顾客的情感归属是当下店面布局和设计的最高境界，从而增加商品及品牌的附加价值。从社会心理学角度，顾客在进行购买和选购的时候希望情感上能够得到尊重和认同，因此服装店的布局设计也需要考虑是否人性化及符合当下流行趋势的发展要求。整体而言，当顾客光临零售店面，一个舒服整洁的环境能够让顾客停留时间更长，让顾客对品牌和该店的印象更好，得到称心如意的体验，并会激励顾客多次进行光顾和购买，建立忠诚度。

快时尚品牌扎拉的商品布局陈列具有一定的代表性，模特主要在橱窗、入门处的几个核心区域，货品的陈列是限量的，陈列主要通过培训和督导来间接完成。扎拉采取的是主题式分区陈列，主要以搭配性为主。由于扎拉自身货品更替率非常高，商品侧挂使用较多，衬衫使用叠放较多。扎拉店铺的选购方式主要类似于服装超市，以自选为主，因此营业人员主要的店面布局管理以陈列区域的维护、陈列搭配、检查并维护商品陈列的整齐性、美观性、检查货品的充足性时刻进行补货、服装的整理等理货内容为主。一个好的陈列管理即无声的销售，能够给顾客试穿的欲望和体验。日本服饰零售品牌优衣库的店面布局一切以"效率"为中心。其主要采取的分区方式是"长通道＋小格子"，最大化地利用了卖场空间。优衣库经常会使用缤纷色彩的Ｔ恤墙等陈列方式抓取消费者的注意力。货品陈列采用由浅到深、从冷色系到暖色系进行排列，橱窗内模特的服装展示主要以当季热销的商品为主进行陈列组合，非常直观且有利于商品的销售。

第二节　时尚零售选址

对于时尚零售企业而言，流量永远都是必不可少的话题。流量即消费者。对于实体店来说店铺选址决定了流量；对于非实体店而言，流量体现在网站的访问量上。选址如此重要，不仅因为零售业是需要靠一定数量的消费者产生购买才能够持续运行的行业，更重要的是选址策略是具有战略性和决策风险的事情。选址是零售业开始进行零售活动的第一关，若选址失误，后面再多的努力也于事无补。"酒香不怕巷子深"的俗语并不适合大部分时尚零售行业，时尚品作为非必需品，选址失败意味着你将比其他的零售商投入更多的营销费用。

一、选址要素

零售商可选择的店址种类非常多。零售商可以根据商品特点、品牌特点等选择合适的店址类型。店址类型的选择需要衡量一系列的标准，例如城市情况、商圈便利性、商圈周边住宅规划、长期住宅人数、电灯率、住宅类型、商圈业态情况、其他零售商种类等。对于时尚零售业来说，店址类型主要可以分为五种，包括社区店、街边店、郊区店、百货商店、购物中心。零售商在进行零售店铺选址时通常要对四个方面进行评估，主要包括零售企业战略目标吻合度、城市地区经济形势、商圈条件、流量因素。

（一）战略目标

商店选址需要考虑选择的地区是否有符合自己零售品牌定位的市场细分群体，即对零售商所售商品或服务感兴趣的精准的潜在消费群体。选址必须对该地区的人口统计特征、心理特征及生活方式进行考察，例如超五星级酒店通常会设立在纽约、巴黎、北京、上海等主要核心城市，主要是考虑到当地人口的生活方式特征和消费水平。同时，在一个国家的一线或核心城市设立店铺可以提升零售企业自身的品牌知名度，让更多人了解到该品牌。

时尚零售商的选址战略要考虑市场环境、交通条件、物业环境及定位以及竞争情况。市场环境主要是指店铺所在的商圈发展、成熟度、自然流量、周边配套设施、周边人口情况、周边经济情况等因素。交通条件方面，时尚零售商倾向于选择位于路口，便于消费者到达的位置，包括立交桥、停车场、公共交通站点等，尤其在十字路口、街角等位置会形成"街角效应"，从而拥有较多的人流量。物业环境和定位对于时尚类零售商的视觉营销和定位有着直接的影响，消费者会通过店址所处位置的物业环境、周边环境、周边定位来判断品牌的形象和定位，例如设计师品牌的店铺会偏好艺术性的概念化的商场、艺术区以及具有文化底蕴的街道位置，以此凸显其设计和艺术属性。国际一线的奢侈品品牌同样在选择店铺位置时候非常注重商场的物业环境、定位档次，以及所服务人群的消费实力，并且商场也倾向于将奢侈品品牌等能凸显自身物业定位的零售商安置在商场入口处以彰显自身定位。除此以外，在时尚类店铺选址时，时尚零售企业要关注物业标准，包括店铺租金、楼层分布情况、店铺面积、门的朝向、和商场租赁的合作方式和期限、商场会员情况、面向的顾客定位、人流量情况、商铺合作情况等。在竞争情况方面，时尚零售企业不同于其他零售商，较为集中的同业态区域有利于其形成一定的集群势力，吸引更多需要该类型商品的顾客。互补业态的竞争情况同样有利于时尚零售商的选址布局。全球知名咖啡零售商星巴克（Starbucks）在中国上海共有超过 660 家门店，门店可以分为三类：第一类是扩张型门店，通常完全具备自己的独立服务范围，属于开辟新领地的门店；第二类是加密型门店，指典型的起到加密当前区域门店网络作用的门店；第三类是补充型门店，通常位于一些已有门店落点的外围区域，与原店保持一定距离但仍可构成联系。不同类型的门店在店址定位上具有不同的作用。

（二）经济形势

一个地区的 GDP、人口构成、就业水平、经济增速、政府支持等直接关系到一个地区的消费能力。人口众多、经济增速快且较高就业水平的地区往往也会是购买力水平较高的地区。在进行店铺选址前应对该城市所在都市圈作产业及零售环境考察并对该城市作区域定位。法国地理学家戈特曼在 1957 年提出城市群概念。他提出："城市沿城市交通网络发展会演化成一个有机的社会经济体系，继而通过城市与城市之间的交通网络连接多个社会经济体系，产生一个呈多中心的区域空间结构。"根据中国国家发改委公布的《关于培育发展现代化都市圈的指导意见》，文件中首次明确了都市圈的概念："都市圈是城市群内部以超大特大城市或辐射带动功能强的大城市为中心、以 1 小时通勤圈为基本范围的城镇化空间形态。"时至今日，在城市区域化和区域一体化趋势背景下，跨区域联动能够带动城市的经济建设和产业分工，并对零售商业环境有着重要的意义。

以我国为例，目前中国具有代表性的都市圈为长三角都市圈、粤港湾都市圈、京津冀都市圈及成渝都市圈。各都市圈发展的核心是要素的流动与优化分配。对于时尚产业，不同都市圈产业特征和产业格局明显。长三角都市圈和粤港湾都市圈因服装制造厂较多且位置沿海，气候适宜，运输便利，经济较为发达，服装产业支持和政策利于服装品牌及服装外贸发展。其中苏州市被称为"中国制造业之都"，上海市以高端现代服务业和先进制造业集聚，杭州市互联网与电子商务产业优势明显，诸多时尚电商品牌在杭州起家，成渝都市圈 2018 年 GDP 总量达 5.75 亿元，高于全国平均水平。事实证明近年来成渝地区也是时尚消费者的主要聚集地之一。发展较好的城市同样也会吸引更多有效劳动力。

（三）商圈条件

商圈业态、周围交通、地区竞争环境关系到业态竞争格局及消费便利性。一个地区的行业格局及竞争水平往往会影响市场对于零售商品的需求规模和品牌在该市场的进入壁垒。全球第一零售集团沃尔玛（WalMart）在早期成功的经验就是基于相对商店稀缺的小城镇进行选址开店。这一地区商店较少，无法满足当地消费者对商品和服务的需求。但这并不意味着有非常多零售商的地区竞争力较大不是理想开店地区，我们还要看在细分市场中的份额、竞争格局和一个地区内的商店数量。零售商较多但同类零售商不多的竞争格局充满想象力，这意味着该地区居民可支配收入水平较高，待开发的市场规模和丰富的劳动力会形成商圈效应，带动整个商圈业态的形成并为零售商带来自然流量，例如全球咖啡零售商星巴克的渠道下沉选址对于场景的关注度较高，对于星巴克公司来说，其定位的市场和客群相对较高端，多数入驻大型商业中心或周边地段，对于三四线及以下城市，商业中心的增加为星巴克提供了较好的落地场景。

商圈效应还体现在大部分连锁零售公司会在一个地区建立多家连锁商店，这不仅提高了销售和配货配送的规模经济效益，还能够加深消费者对这类店铺品牌的记忆，同时建立竞争优势和竞争壁垒，促进连锁店铺的长远发展。因为在一个地区开一个店铺的成本往往是相同的，一定量的连锁商店可以降低零售企业的经营成本形成区域规模效应。

但是，一个地区的承载力也是有限的，居民数量及消费规模一定的情况下，若在一个地区开设过多连锁店会产生自相残杀的现象，反而会带来收益递减的可能。因此在考虑商圈效应的同时，还需要考虑每个零售店的效益评估并评估该地区的消费者行为，对于长期亏损的店铺要及时关闭或整改，以免造成更多的损失。

（四）流量因素

流量包括店址的车流量、客流量、居住规模、居住人口流量等。流量是影响商店销售规模的重要因素之一。为了衡量各流量水平，零售商需要在选址时在当地进行工作日、节假日等不同时段的流量测算，同时还要观察其店址附近的交通便利性，若流量很大，但人流量无法接近该地址或无法看到商店，不便于引流也不利于商店选址。因此很多零售商都会选择带有人行横道、过街天桥、地铁车站、停车设施以及车辆交通比较便利的地区附近。现今，因为大数据技术的发展，很多零售商采取了基于地理信息系统（以下简称GIS）平台和数据的选址方式，例如星巴克公司在选址方面主要基于一套GIS数据建模的选址系统。GIS数据建模选址系统通过数据统计与分析按优次进行选择。其数据统计除一般地理位置的数据外，还包括商圈人口分析（年龄层、学历），商圈购买力分析（收入等）以及商圈的竞争力分析（哈夫模型），另外还包括人流量、人流动线、认知性甚至建筑物构造，通过大数据的调研预估销售额，最后确认选址。综合来看，星巴克公司的选址主要包含核心商圈、高端写字楼、高端住宅区、特色景点、交通枢纽及区域商圈六类。

品牌通常会在选址初期利用百度地图、腾讯位置大数据、阿拉丁智店等工具，分析区域热力图、人口迁徙图、交通图、路况数据、活动峰值等流量情况，通过各生活APP，移动、联通、电信三大运营商的相关数据收集，根据消费者外卖、打车、购物、无线网络（以下简称Wi-Fi）等数据了解和描绘常住人口的兴趣点（以下简称POI）及用户画像。大数据选址能够为选址决策者提供基本的商圈分析、客群分析、商业业态竞品分析等内容，协助选址决策，待前期数据工作就绪后，决策者仍需要结合实地考察、试销、访谈等方式进行销售测试，作最终的选址评估和决策。

二、选址评估

在确定选址的大方向后，时尚零售企业应对各个目标位置作选址评估。选址评估包括对商店运营成本和未来收益的评估，以及该地区消费者消费心理的评估。时尚零售企业选址的最终目的是要盈利，因此营收模型对于零售企业异常重要。不同地区消费者的消费心理也有所差异，选择同品牌自身定位和商品定位符合，符合当地消费群体需求并且保证营收的店址是目标。

（一）运营收益比

商店运营成本和企业自身可承担成本以及成本收益不同，选址地区与零售企业供应链中心和配送中心的距离也会产生一定的运输物流费用和运输时间成本。在作选址决策时需要考虑的成本包括运输物流成本、当地人工成本、时间成本、场地租赁成本、运营成本等。除此以外，直营的方式运营成本会比加盟、分销的模式略高，主要因为其需要考虑人员培训、运营、营销等方面的费用问题。直营的方式也更容易掌握运营管理的质量，例如瑜伽品牌露露乐蒙（Lululemon）公司始终坚持以直营门店为主的销售方式。2018年，直营门店销售占比为65%，是公司的主力销售渠道。从历史来看，2010年后，公司收编了剩余的4家加盟店，全部改为直营的销售模式，并在后续年份坚决执行贯彻。瑜伽由于其专业属性，对店员及导购的要求较高，公司门店的店员均接受过专业的训练，对瑜伽和服装相关知识非常熟悉，在营销产品的同时，能给予客户专业的体育运动知识，营造店铺时尚专业的购物氛围。

（二）消费者心理

对于服装消费者来说会有三种购物心理需求，从而影响零售商的选址战略。便利选购是指消费者更加关心如何更加便利、省事地获取到自己需要的商品或服务。便利店往往会以消费者的便利选购为选址标准，例如消费者在便利店购买咖啡或者日用品。社区型的购物中心或者社区街边店也通常扮演着为消费者提供便利选购场所的角色。比起在其他零售场所购买，消费者更关注商品或服务购买的便利性，对价格和服务要求并不是主要的。比较选购是指消费者并不强烈热衷于某个品牌或者在某个场所进行购买，希望花费一些时间进行购物决策的选购方式。通常消费者对此类商品、服务或品牌的了解程度并不深，需要投入时间进行了解。比较选购的选址会倾向于选择在有同类商品的地段，例如街边一排排的服装店，或者购物中心毗邻的时尚专卖店。时尚品的选购多属于比较选购的模式，例如很多百货商店、服饰专卖店等都会考虑在巴黎香榭丽舍大街或纽约第五大道开设。位于同一个商场或地区，可以吸引更多喜欢比较选购时尚服饰的潜在顾客。专业选购是指消费者非常清楚自己选择什么品牌、商品或服务，对某个零售店铺非常了解，会特地到该零售店铺进行选购的方式，例如消费者购买某件奢侈品、定制香水、定制服装、设计师品牌等。此类选购，消费者愿意付出相对较为高价和额外的时间精力来进行选购，对于这类定位的零售商应着重关注消费者服务、商品品质、品牌声望等方面。店址的选择不仅需要考虑到消费者的购物情境和心理需求，还应考虑到目标市场的密度以及新开设店铺同已有店铺的关系。

第三节　时尚零售组织

时尚零售企业的组织结构是指为实现企业目标，对全体员工根据职责、责任以及权力等方面进行协作和分工的结构。当企业做出零售业务决策时需要通过组织来以高效和利润最大化的方式进行执行。为了使所有成员都能够理解自己的权利和义务，企业有必要明确详细的组织结构及不断对其进行优化。组织结构能够帮助企业明确每个员工的职权和职责。完善的组织结构便于组织管理者进行组织管理。

一、组织结构

每种零售模式都有其特定的组织结构。时尚零售企业主要以三种类型为主，包括线下零售、线上零售和全渠道零售商。不同的时尚零售组织形式也会有所区别。时尚零售组织的设计需要同企业发展战略相匹配，同时，组织结构的设计应满足目标市场的需要，满足公司管理部门的需要以及充分考虑员工的需要和特质。无论哪种组织结构，在快速变化的零售环境中，原来单一的组织结构都需要变得更为灵活和富有弹性，根据自己企业实际情况及时做出调整，以适应新的零售挑战和市场变化。

（一）线下零售组织结构

根据实体零售的规模大小可以将组织结构主要分为单一专卖店式的组织结构和连锁百货制式的组织结构。不同的组织结构类型具有不同的管理特点和决策路径。单一专卖店式的组织结构主要针对小型连锁店（三家以内）且经营人员较少的实体店铺。企业所有者通常就是企业决策的制定者和决策者。连锁百货制式的组织结构主要针对拥有三家以上连锁店及小型百货公司等较为复杂的组织关系设计。该组织关系主要会将业务部门和综合管理行政部门区分开，并设置部分中层管理岗位。该组织关系适用于专门化程度较高的企业，以保证资源集中管理。

组织结构包括公司部门、公司职能、相互关系、职责权限、组织规模等具体内容，企业必须了解构建高效组织结构的要素和基本原则，才能够将组织结构的优势发挥到最大化。对于时尚零售企业来说，有五个功能部门是必不可少的，包括商品、营销推广、零售运营、管理控制以及物流供应链。商品是企业运行的基础，商品需要配合销售目标和企业定位做出合理的商品采购决策和规划方案，并需要在商品上市前、上市中、上市后对商品进行跟进、跟踪、分析和调整的工作。零售是企业顺利运行的保障。一直以来都是"动力部门"。零售需要根据每年的战略目标制定合理的销售计划，并且通过一系列的激励政策来执行和达成该销售目标。零售运营部门还需要配合商品部进行商品的采购、选款、订货、货品上架组合。零售部需要在零售一线及时观察、了解并跟进消费者的偏好和反馈，维护和消费者良性且长期稳定的沟通，以便保证持续性的销售增长并对商品和营销活动等作及时调整。同时零售人员是企业的门面，零售人员是最直接和消费者进行接触的一线部门，需要对门店的日常维护进行管理，包括对卖场环境和卖场设施的维护、卖场设施安全、防止商品及员工用品被盗等。营销推广是企业的"发动机"。营销推广需要根据年度销售目标等制定合理的营销计划，并且根据线上或者线下的商场、平台等营销方案制定营销计划，帮助零售企业提升品牌知名度、消费者认知度、市场公信力以及积极的曝光等。管理控制是企业正常运行的后盾。经营任何一家零售店都是为了能够盈利并确保资产保值增值、财务合理支出。零售企业应遵循法律法规对财务、人力资源、信息系统等多项职能作完善的管理工作。物流及供应链是企业的"血液"，保障商品的正常供应和物流运输是保障顾客利益的基础。以服装品牌森马为例，实体零售店的运营管理主要涉及市场拓展管理、督导管理、直营店细则管理、物流管理、财务管理、人事管理。零售部门主要有区域经理、店长、陈列、督导、收银、销售人员组成。

（二）线上零售组织结构

非实体店及全渠道零售的组织结构同样离不开时尚零售组织的商品、零售、营销推广、管理控制、物流供应链五个功能。部分电商零售企业在部门命名和职责划分上同线下零售组织略有区分。在网络零售渠道中一些零售企业会将营销推广的职能设置为新媒体部的职能，统管媒体传播、营销等一系列业务活动。对于全渠道零售商来说，并非只需要将线下渠道和线上渠道两种组织类型进行结合，全渠道零售商有很多职能需要线上和线下共同配合，组织成员必须有明确的职责目标。很多时尚品牌在天猫双十一等大型线上打折季的时候，为了确保发货的及时性会从购物者附近的线下实体店就近发货。为了应对这一新的挑战，很多传统零售部门可能会单独成立电商部门来统筹线上渠道的一系列商品、渠道运营和销售管理，或单独成立新零售部门来负责线上渠道相关的所有销售业务，但与实体零售部门共用商品部门。线上渠道和线下渠道之间的供应链及订单系统等需要互联并支持。

电商组织结构的设计还应考虑企业的类型和管理模式。通常有直线式管理模式和矩阵式管理模式。直线式管理模式指由总电商负责人统筹管理运营部、客服部、设计部、物流部、技术部等，团队管理直线化且汇报线路较为简单，各职能分工明确，各司其职。矩阵式管理模式指电商负责人主要对各部门负责人负责，各部门负责人分别具有相应的权力进行自有部门的建设，各部门负责人对各自部门的团队员工负责。电商组织结构的设计还应考虑业务范围、业务大小、规模等因素，对于体量不是特别大的电商平台，通常会一人分饰多个角色，店长通常会承担主要职责，例如客服、售后服务、销售、数据分析等运营工作。以服装类电商部门为例，通常会有店长，即电商的统筹管理者，以及客服组、运营组、技术组、仓储组等组成。客服组包括客服运营，包括售前售中的商品咨询等客服工作，以及售后的各项服务；运营组包括店铺的运营和营销工作、数据分析以及营销活动执行等；技术组主要以页面平面设计、摄影摄像、陈列等为主，技术组又称为设计组；仓储组主要对接仓储、物流、订单发货等工作事项。

二、组织设计

时尚零售企业的人力资源管理主要负责寻找匹配零售公司目标的员工、挖掘员工的潜质、提升与协调员工的能力与行为、控制组织的成本、建设和培养组织文化、降低人员流动率、建立高效的员工队伍等。时尚零售组织设计的要求需要考虑目标市场的需要、公司管理的需要以及员工的需要。组织设计的核心问题需要考虑决策时的影响因素、公司企业文化下的组织架构以及人员发展。

（一）组织设计的要求

时尚零售企业的组织结构设计从目标市场的需要考虑，应满足店铺顾客的特殊需求，在店铺员工的组织设计上应该能够适应顾客的需求，及时反馈顾客的需要以及及时处理顾客的意见，例如一些服装店可以为顾客提供裁剪等高附加值的服务，在店铺组织结构的设计上应该匹配相应能力的员工和岗位。店铺内的组织结构设计应该以顾客为中心，以为顾客提供舒适的购物环境和便利的服务为主要核心进行设计。从公司层面考虑，组织的设计上应该能够实现人际关系和谐、权责关系明确、及时对公司要求进行上传下达、决策得到迅速执行和各部门权责协调等要求。同时，为适应公司业务拓展等需要，应考虑具有灵活性的组织结构，例如零售企业都会涉及关于物流配送的问题，在组织结构的设计上需要考虑是自建物流还是使用第三方物流公司。从员工的层面出发，组织结构设计应该让员工感受到被尊重、友好和谐、权责明确等特点，同时每个职位都应该具有一定的发展性，有序的晋升计划和内部提升机制能够激励员工的潜力。零售企业是需要各部门进行协同运作的企业类型，因此在组织设计的要求上还应该从系统出发，将各个职位和职务进行联系，实现综合、协调的分工和合作，建立健全统一、有机协调的公司组织。组织设计是一个动态的过程，企业应随时对组织运行过程进行监督和反馈，不断完善组织的结构设计以实现更好的协同运作。

（二）组织设计的核心

在零售组织的设计中需要考虑三个核心的问题，包括决策时集权或分权、公司企业文化下的直线制和职能制以及人员发展的可能性。首先，集权是指主要将决策权把握在所有人或公司管理人员手中。分权是指将部分决策权下放到组织的中低层管理者手中或者让每个执行者也是企业发展的共同体对一些销售行为独立决策，例如一些直销或分销公司为了使得决策更为快捷和高效，会将业务决策权下放到每个销售团队自身，每个销售人员有参与创业的参与感，愿意充分参与到公司的发展中。其次，集权和分权的背后仍需考虑绩效机制、薪酬机制等问题，需要从组织的根本管理上进行划分。直线制是指职位之间的直线汇报关系，决策、权限以及沟通路径较为单一和直接，例如买手助理和买手沟通汇报、导购人员和店长进行直线汇报。职能制是按照不同职能部门划分的汇报关系机制，一些较大的企业通常会实行多职能部门的管理，有些职能部门作为支持性的职能部门为其他部门提供必要的帮助，因此就会出现多向沟通或者职能之间的双向沟通。对于大型的零售企业来说，也会采用直线制加职能制的组织管理模式，在明确汇报对象的同时，灵活处理和其他职能部门的关系。组织设计的最终目的不仅是实现高效的组织关系，更重要的是能够实现在其组织中的每个成员和目标能够和企业发展的战略目标达成一致，使得组织成员在组织下能够自行成长。组织成员的成长也会带来组织的成长。零售人员不仅是零售企业的成本更是长期发展的财富，是改善客户服务的一种有效投资，为此在进行零售组织设计的时候要考虑到人才储备和人才的阶梯性。伴随跨国企业的铺及，国际人力资源的投入和管理也是在零售组织设计中需要考虑和衡量的问题，如何尊重不同国家文化的同时，有效地进行跨国人才的管理应用。

三、组织管理

零售人员是时尚零售企业的宝贵财富。零售人员的业绩很大程度上决定零售企业的发展，同时其业绩也会受到零售员工素质及工作表现的影响。部分零售企业因忽视了对零售人员的管理，而不能够使得制定好的零售目标得以高效率的实现。零售人员是零售的重要组成部分，对零售人员有效的管理能够激发零售人员的销售和服务热情，从而带动零售店铺的业绩。零售人员的行为指南在价值观的引导下共同构成了组织文化，组织文化帮助零售人员自发形成一致的落地行动。

（一）组织文化

组织是公司内部用来引导公司员工行为的一套价值观和行动指南，包括公司的文化、个性、传统、原则、习惯等。组织文化的体现并不能够通过单纯的书面传达实现，需要组织里老员工的示范效应和组织里每个人的以身作则。组织文化会引导每个员工的行为，包括一言一行、工作方式、价值观等。同样组织文化也需要每个参与者的建立和维护。在时尚行业，不同的组织文化会深刻烙印在门店一线人员的行为上。潮流服饰的销售人员身上能够看到他们对潮流文化的态度，从高档时尚品的销售人员身上能够体会到该品牌的优越感等。

组织文化及相关培训是保证员工能够按时完成目标任务的基础，这类培训包括企业概况、企业文化、企业规章制度、各岗位规章制度等的通识培训，也应包括针对不同岗位及层次的新员工的知识及技能培训，鼓励老员工参与并协同培训部门或培训组织者为零售企业各层次设置不同的培训内容和培训目标，不仅能够发挥老员工在组织里的价值，而且也能够有效传递企业文化。培训方式按照培训的场景及互动方式可以分为课堂培训、代培培训、实战演练培训等。培训方式按照培训中采取的方法可以分为教授培训、案例培训、角色互换演练培训等。对于一线零售员工的培训内容应主要涵盖商品知识培训、服务技能培训、销售技巧培训、店务作业管理培训、实战演练综合培训等，以达到综合提升一线零售员工的个人及团队协作技能。必要的情况下，也可以提供个人发展、团队合作、个人心理等方面的培训内容作为辅助类培训。比培训本身更为重要的是要设立培训反馈及评价机制，培训并不是能够短期内立竿见影的灵丹妙药，需要通过反复的回顾、反馈和训练来提高。培训是企业战略发展过程中不容小觑且不可忽视的一部分。

（二）奖励与激励

人员管理的关键目标是激励员工，将员工个人目标同企业发展目标相联系，并帮助他们达成目标。门店管理中店长的角色最重要的职责便是要学会销售激励和人员鼓舞，帮助他们提升销售及运营技能，努力完成每个月的销售业绩目标。员工的激励包括物质激励与精神激励两个方面。物质激励主要指工资报酬、奖金等方式。精神激励主要指满足员工较高层次的精神需要，例如评优、赞扬、晋升、额外培训机会等。奖励对于激励员工来说是必不可少的。如果销售人员超额达成目标则应该获得一定比例的奖励，如超出销售额目标的 2% 当作奖金进行发放。通过绩效的激励，销售人员会受到一定的鼓舞进而在工作中超额完成目标。奖励的前提是目标的制定要具备一定的合理性，超出员工能力或实际情况的目标会打消员工的信心带来适得其反的效果。奖励的种类可以分为即时奖励或定期奖励、提成或奖金。提成可以作为薪资测算的一种方式，例如员工的基本工资以外，每销售多少商品，按照商品的利润或者零售价的一定比例进行提成，共同组成工资的一部分。奖金是指在完成目标外的额外报酬奖励，例如管理人员会根据季度或年度的目标达成情况获得十三薪或业绩分成等。奖励的设置需要结合员工的工作性质和内容，不当的奖励会导致员工忽视其他的工作内容，而只关心销售。

除了基于个人业绩的激励外，公司还会采用股份激励的方式奖励有贡献的员工。这种奖励是基于公司整体业务的发展和增长水平，将公司发展和个人发展的利益绑定在一起对有贡献的员工进行期权、股权或者分红奖励，例如咖啡零售商星巴克、零售商沃尔玛等利用股份来激励和奖励员工。公司通过薪水扣除计划奖励员工以折扣价购买本公司的股份，将员工和公司的利益绑定在一起，在公司运营良好的情况下员工将获得丰厚的回报。但这种奖励方式绝对不是让员工在替公司分担风险，否则员工就会有被骗的感受而失去对公司的信任导致企业不能够持续运营。

（三）员工忠诚度

对于零售行业来说，员工的流动性大不是一件好事。员工的高流动率会导致零售运营的成本增加。一方面，为培养一个专业的零售人员，零售商需要付出大量的时间、金钱等资源。另一方面，对于消费者来说，消费者需要稳定的、高标准的服务体验，新员工往往缺乏对于公司文化的认同和专业业务的训练，对于自己所负责消费者的生疏使其不能够满足消费者的需要。提升员工忠诚度，不仅需要监督和监管措施，还需要从根本上去理解员工的诉求并提供一个成长的平台。其中，监管和监督的目的是形成一致并共同认可的行为守则。人们的行为往往是随意且差异性极大的，通过书面化的标准来进行规范能够帮助企业管理人员更多地对员工进行管理同时赋予员工更多权力，去理解规范的意义和重要性，例如品牌无印良品（MUJI）长达 2000 页的工作手册（MUJIGRAM），是无印良品店铺工作重要的经营指南。这份指南不仅是对店铺工作内容及流程的规范和约束，更重要的是大大提高了工作效率，每个员工的价值得到最大发挥。即使在经营过程中遇到问题，也能够根据指南流程找到相应的解决办法。同时指南中明确了每项工作的目的、意义和方法，指南的内容是所有一线员工共同的智慧结晶，这样的监督和管理措施不仅能够让员工有参与感、成就感，也能确保每个条例的制定是符合实际发展和需求的。

在员工关系维护和内部营销层面，知名咖啡零售商星巴克的做法非常具有代表性。在星巴克公司，霍尔德·舒尔茨（Howard Schultz）非常坚信星巴克公司的成功主要是依靠消费者在店内良好的消费体验。这意味着星巴克公司的店员需要对公司的产品非常熟悉，注重细节，能够热诚地向消费者传递公司的咖啡文化，并且有足够的技能为消费者提供令人愉快的服务。自 1991 年开始，星巴克公司提出了一项新的员工计划"咖啡豆股票"计划——面向全体员工的股票期权方案。该计划为所有的员工提供股权认购计划，使每个员工都持股，成为公司的合伙人，这样不仅能够将每个员工与公司的总体业绩联系起来，同时每个员工也能以合伙人的态度对待公司。舒尔茨希望所有星巴克公司的员工都能成为公司的伙伴，和公司一起分享成功，并建立员工和公司之间的利益共同点。星巴克公司的员工关系管理中，最核心的是公司与员工的关系，帮助员工建立对公司的忠诚度。星巴克公司经营的并非仅仅是咖啡，而是员工的事业和成长。在内部营销的理论中，员工其实是组织的内部消费者，员工的满意度越高，就越有可能建成一个以消费者和市场为导向的公司。内部营销的作用不仅仅体现在内部员工关系的管理上，更重要的是，它能够调动组织的情感和力量，共同实现组织的战略目标。

四、组织工作

店面零售管理的直接责任人是店经理。店经理在零售组织架构中是最需要落地的职位。店经理每天都会与消费者接触，是最了解消费者需要什么的人员。店经理的主要职责包括管理员工、控制店铺运营成本、陈列展示商品、商品维护、为消费者提供服务以确保实现店铺销售目标。店经理有责任为店铺的经营效率和经营利润负责。

（一）招募及培训

作为店经理，员工管理的第一步是招募新员工和培养员工。店经理需要根据各自店铺的盈利目标和店铺的运营效率合理制定员工招募和培养计划。通常在招募员工时，店经理需要考虑到的因素主要有应聘员工的基本素质、应聘员工对公司的认知与认可程度、专业知识储备、销售及运营工作经验、同客户的服务及沟通能力、应聘者对未来发展规划的期许以及对薪资待遇等方面的要求等。与此同时，店经理在员工招募环节中需要考虑相关人事的法律法规制度。在录用员工后，店经理需要为不同级别的员工制定相应的个性化培训课程及方案。培训内容能够帮助员工迅速适应新的零售环境，进入工作状态并积极完成零售目标。培训的内容包括系统化的专业课程学习、企业文化学习、零售运营能力学习、销售能力学习等。培训的方式主要有老员工代培、课堂培训、实操培训三种模式。老员工代培指零售企业中资历比较成熟的员工帮助新员工个性化地解决零售活动中问题的代教过程。通常新员工培训的内容会持续几周到几个月不等。店经理在员工培训的过程中帮助销售人员确认销售目标、达成目标并帮助员工建设性地分析业绩达成或未达成的原因是非常必要的。帮助员工成长始终是店长的主要核心责任之一。

全球知名运动服饰企业耐克为其员工和销售其商品的零售商准备了一套完整的培训系统——地下体育知识（Sports Knowledge Underground）。该地下体育知识像地铁的地图一样，不同的站点代表了不同的培训主题。每个员工都可以了解到各种产品的基本知识。随着产品的换季，培训的内容也会随之更新。如有必要，耐克公司还会为其零售商定制计划，作个性化的培训方案。采取地下体育知识培训系统后，耐克公司的销售额得到了显著提升。在完成录用和培训工作后，店长需要用激励等方式来帮助员工实现目标，并在实施过程中对员工行为及时做出评估和反馈。在评估的基础上，员工的个人发展和薪酬应与其目标实现的程度相结合，以资鼓励。

（二）店铺维护

零售环境的管理中视觉营销的重要性不言而喻。视觉营销是按照一定的功能和目的，对商店及里面的商品、空间、道具等合理摆放和展示，充分将商品信息和品牌个性同消费者进行沟通，以吸引潜在消费者的注意力并最终达到商品销售的目的。视觉营销起源于19世纪的欧美，随着技术手段的发展、时尚行业市场竞争格局的加剧以及消费者审美经济的发展，视觉营销在时尚行业的应用越来越广泛。视觉营销的原则中包括平衡、强调、比例、韵律、和谐等原则。平衡包括对称平衡和不对称平衡，例如在橱窗的一侧放置展示模特，在另外一侧也放上相同数量的展示模特即为对称平衡。这种方式视觉效果通常比较单调。不对称平衡则显得更为灵动，在橱窗两侧放上不同的物品，大小形状可能不一，但中心线两侧重量相等，相对平衡，一样会给人非常舒服的感觉。强调是指每个视觉设计都要考虑到商品展示的主次关系，零售商进行视觉营销不是为了实现艺术价值，而是为了出售商品。专业的零售视觉营销展示是为这一目的服务的。设计师需要利用橱窗陈列吸引消费者的注意并刺激其进入门店。强调的手法一般会利用尺寸大小、重复的图案颜色或形状、对比大小等方式引人注目。比例是指不同设计元素之间的关系比较。为了保证视觉上的舒适度，设计师在元素的比例上应考虑到整体和部分的效果，包括商品、橱窗、展示柜、各类装饰工具等之间的协调性。韵律是确保布局整体上具有节奏感非常重要的考虑因素。韵律包括线性、图形、颜色等渐变，设计师也可以通过图案等的交替、颜色的重复等表现韵律。它确保购物者能够尽可能关注整体感，并且给人以视觉上的美感。与此同时，设计人员需要采取一定的设计手法来保证视觉整体上的和谐感。除了以上的原则外，视觉营销还应考虑到对店铺氛围的营造，例如利用音乐、气味、绿植等营造氛围，构建属于品牌店铺独特的标识。

实体商店的视觉营销设计原则同样可以应用在非实体店的虚拟视觉设计上，例如网店的设计。网店的设计需要考虑到消费者浏览网页和点击的习惯、消费者视线的动线、消费者的搜索偏好、消费者的审美力、商品的规划和类别、品牌的定位、竞争品牌等等，是一项同实体店铺设计一样综合且重要的部分。网店设计的原则包括清晰地表达商品的信息、表达品牌的个性、画面表达的主次分明以及方便消费者进行购买。消费者点进网址看到的第一个页面就像实体店的橱窗一样重要。网站页面设计需要遵循艺术性、功能性、实用性、表达清晰等原则。很多网站将页面设计当作一种艺术创作或者单纯的设计来理解，过分强调颜色、图片、动画效果等，却忽视了为商品服务的功能。同时网页设计也需要根据营销主题和商品特点等进行调整和更换。

在实体店面的设计中，需要考虑到商品的展示性，同样在网店的平面展示中如何将商品的特征、基本信息等进行有效展示，例如商品详情页的文字大小是否合适、商品模特图及细节图是否足够清楚、网页设计的颜色是否让消费者感到舒服并能够凸显商品特色等。在网页端，消费者只能通过平面化的方式去了解品牌，品牌网页的整体设计风格就好似实体店铺的设计风格一样，是否能够刺激潜在消费者进行点击并浏览，同时店铺设计页是品牌与消费者进行沟通的重要渠道，对于是否能够准确向消费者传递品牌信息至关重要。网店设计需要根据本季主推商品的特点和营销节奏来进行整体的页面设计。既能够让潜在购物者明晰所售卖的是什么商品，也能够刺激购物者产生连带搭配销售的购买行为。好的网店设计一定要考虑到消费者的购买行为。当消费者点进商品详情页进行查看后，是否能够准确了解适合自己的商品尺寸或大小、是否能够看到整体的搭配展示效果、是否能够较为轻松地找到加入购物车或直接购买的入口、支付方式是否便捷、是否能够较为便捷地输入收货地址等都非常重要。在互联网上进行交易时，每一次点击对最后的购买都有至关重要的作用，多一次点击和跳转也许意味着降低一次购买转化率。

店铺维护是指管理和维护与商店有关的所有内外设施的活动。内外设施包括商店入口、商店外部标识牌、商店门头、橱窗、店铺内的地板、墙、各类陈列展示架、陈列展示物、陈列牌等。维护标准包括内外设施的清洁整洁程度、是否能够正常使用、陈列展示物及标识牌的正确展示等。商品陈列的主要原则是方便消费者拿取、引人注目、吸引消费者等，商店维护的重要目的包括减少损耗、防止盗窃、维护整体干净整洁的环境，为消费者提供一个良好且安全的购物场所。店经理在履行商店维护的工作职责时应该将工作内容对店员进行细分，督促店员在日常工作职责中对相关陈列区域按部就班进行维护和整理。针对容易被损坏的区域要进行定期检测并及时报修和反馈。对于店员来说，日常性的陈列维护工作包括对产品陈列的规范维护，尤其是服装类产品经常会被拿到试衣间进行试穿，店员需要将试衣间产品重新按照陈列要求挂回原处，除此以外还包括对陈列细节的维护、产品搭配的维护、店面环境的维护，以保证店面的干净、整洁、舒适、符合规范要求。

以服装产品举例，服装陈列维护的原则中包括对于正挂的服装，外衣内必须要有内搭，以完整展示服装产品的完整性和搭配性。侧挂的服装一般挂2—3件，根据服装品牌的定位，例如高端服装品牌通常陈列主要尺码2件，对于快时尚品牌来说通常陈列出全部的尺码以便消费者进行自选。所有侧挂的服装衣架需要方便消费者取用，并且按照尺码大小顺序摆放。在服装产品的陈列上需要保持一定的节奏感和层次感，例如不同长度的服装产品混合陈列，在色系上可以通过对比色搭配来突出重点产品或者同一色系服装搭配给人以舒服的视觉体验。

（三）顾客服务

顾客服务是指零售商为满足顾客需求和提升顾客体验提供的一系列活动和计划。优秀的顾客服务能够为顾客带来满意感，提升顾客忠诚度。全球知名的奢华酒店万豪（Marriott）以及日本服饰零售品牌优衣库等都旨在为顾客提供差异化的服务来建立顾客忠诚度，通过提供优质的服务来建立可持续的零售竞争优势。零售商为顾客提供的服务不仅仅通过销售人员的服务来呈现，包括店铺内摆放的商品、店铺氛围、店铺环境、店铺设施等都在无形地向顾客输出关于店铺的信息。店经理作为店面管理的直接责任人，需要时刻对店铺内的服务和顾客的需求做出响应。顾客服务的流程包括销售活动的整个售前、售中及售后的流程。尤其是对于顾客投诉的合理处理是十分必要且谨慎的。顾客投诉能够向零售商传达顾客的真实意愿和看法，帮助零售商对相关问题进行及时调整。通常情况下，对顾客投诉处理好能使顾客对企业形成良好的印象，提高顾客的满意度和忠诚度。

伴随科技的发展，顾客服务可以通过定制化和个性化的方式来呈现。定制和个性化的服务能够尽可能满足每个顾客的需求，例如日本服饰零售品牌优衣库通过数字化和零售科技的手段为顾客提供线上线下融合的定制化服务。2018年优衣库公司推出了掌上旗舰店（官网、官方APP、微信小程序、线下扫码四大入口），消费者可通过"一键随心购"功能利用微信、微博、店铺等线上线下各渠道直接进入线上商城购买，选择在家收货或门店自取，缩短购物中间环节。为顾客提供满意服务的前提是要对顾客的预期和感知进行管理。知道顾客要什么且预期是怎样的，能够帮助零售商缩小同顾客之间的认知差距。店经理作为每天都与顾客接触的关键职位，可以通过和顾客沟通对话、顾客调查、顾客观察等方式掌握一手资料，更好地了解顾客的预期。零售企业也可以通过大范围地对顾客的服务满意度等指标进行市场调查，获得最直接的顾客服务相关数据。

第十章　时尚商业系统

大数据时代下，数字化和系统化的运营能力成为了时尚零售企业的核心竞争力。通过数字化的手段，时尚零售企业能够更快地了解客户需求，并随时随地获取客户反馈和响应客户需求。时尚商业系统主要包括前端的零售终端系统和后端的商品及供应链系统。伴随移动互联网进程的发展，传统时尚商业系统也在不断进行智慧化升级成为更为可持续的商业系统。

第一节　时尚零售终端系统

数据的重要性在店铺管理中毋庸置疑。零售经营活动中的每个环节都能通过信息流的交换和传递形成顾客消费行为完整的画像。时尚零售实体店应如何管理数据、分析数据、洞察数据并合理运用数据，助力零售活动的经营决策成为了零售店管理中的关键问题。绫致在数字化的发展中逐步完成了企业管理解决方案（以下简称 SAP）和产品生命周期管理（以下简称 PLM）等 30 多套系统的实施和升级，将所有系统中的数据打通，用数据驱动所有的工作环节，实现了线上渠道的拓展和销售转化。

一、零售数据及传统终端系统

数据是零售终端数字化的基础，技术是零售的核心，消费者是零售的中心，同时大数据的积累、云技术、计算能力、智能算法的突破为智慧零售系统的搭建和实施提供了可能性。有效的数据能够及时向时尚零售企业反馈消费者行为，提高零售运营效率，为消费者提供个性化营销方案。若没有数据的发生，零售商将很难洞察到顾客消费行为背后的变化以及无法准确根据店铺的反馈进行商品的调换和配置。一套智慧且适合企业的零售系统是提升零售管理效率的关键。

（一）零售数据

零售数据是指在零售业务经营活动中发生的要素的变化，包括商品的录入、转移和交付、资金的增加或减少、人员的操作行为等。这其中包括采购部、信息部、零售店、仓储物流中心、营销部、会员部等一系列的配合和参与。对于零售实体店的终端数据而言，主要包括经营销售数据、经营能力及效益数据、财务数据、顾客信息数据以及员工绩效数据。经营销售数据包括不同时段的销售额、销售量、搭配率（连带率）、折扣率、折扣方式、付款方式、销售品类、销售款式以及排名等。经营能力及效益数据包括商品的基础信息（类别、系列、颜色、规格、面料等）、货品周转、货品售罄、库存水平、在库追踪等。财务数据包括采购成本、人工费用、水电费用、管理费用、促销费用、折旧费用、利润指标、毛利水平、投资回报等项目及分析指标。顾客信息数据包括顾客类型、会员基本信息、会员消费信息、售后服务、顾客满意度、投诉率等。员工绩效数据包括员工信息、员工销售指标、员工销售情况及排名、员工上班情况以及对员工的评价记录等。

相关数据按照一定的方式存储形成一个数据集合，具有共享性、可控性、独立性等特征，并具有插入、修改、检索的操作等功能，被称为数据库。零售管理人员可以在数据库中组合并调出相应的报表，以便对已有的数据信息进行横向或纵向的比较分析，进而分析其经营变化的趋势、商品的合理效率，各要素包括员工、货品、资金等的配置效率，从而改善经营问题，提升经营效率。

（二）零售终端系统

时尚零售终端的信息管理系统通常由若干系统组成，主要管理的是终端运营环境中的进销存管理、零售运营数据管理、资源计划及配置、支付结算管理、客户管理等。其中最重要的部分便是企业资源计划系统（以下简称 EPR）、销售时点信息系统（以下简称 POS）、财务管理系统及客户关系管理系统（以下简称 CRM）。在时尚零售活动中，ERP 系统涉及到对零售活动中采购、调拨、批发、配货、调配、会员、零售、库存、结算、物流、档案等关键环节。尤其是对零售活动中的数据采集、商品进销存管理、零售数据分析、商品预警等至关重要。其中，伴随技术的进步，今天门店的 ERP 系统以更为灵活、互联、智能的方式呈现。新零售依托 IT 技术，在信息收集、管理和分析维度上更加数字化和智能化。如移动 ERP 应用解决方案，同移动设备中微信等移动应用关联，提供云报表和分析，并与移动社交软件中的会员进行互联，有效提升运营管理效率。

POS 是零售信息系统最主要的数据终端，它可以帮助零售管理人员完成零售店所需要的必要的数据统计与分析。随着零售技术的发展，目前有很多的技术解决方案商都提出了关于"移动 POS+"门店管理的各类解决方案，并能够根据店铺实际情况和需求进行定制化开发，实现对所有终端门店一体化管理，在不同的技术平台和移动平台如平板电脑、手机等进行销售管理、商品管理、内部控制、多种支付交易管理及统计分析、数据同步，同时即便在网络不好的情况下也可以实现离线操作。成立于 2000 年的老牌零售解决方案商百胜在新零售背景下推出"ipos+"为零售商提供终端门店精细化管理系统，提高了实体收银、营销、会员经营、线上线下融合等的履约能力，帮助门店体验与服务升级，该系统在诸如品牌 GXG、全棉时代等多个时尚零售企业终端得到应用。

财务管理系统是信息管理系统的重要子系统，对零售店日常经营过程中产生的现金流入或流出、货品的收入或发出以及店铺相关各类费用的开支等进行核算和控制。管理人员可以定期通过调用财务报表来反馈零售店的经营管理状况。财务管理系统的核算功能主要包括经营费用的核算、工资核算、销售成本及销售收入的核算。

（三）客户关系管理系统

优质且稳定的客户关系需要建立在良好的客户管理能力上。基于大数据的客户关系管理能够在帮助时尚零售企业识别客户信息的同时，对客户的消费行为进行分析和预测，精准提升和改善顾客体验、预测顾客需求、推荐合适商品、为顾客提供符合其需求的个性化促销方式。伴随零售科技的飞速发展，今天的 CRM 系统也有了新的面貌。人工智能在 CRM 上的应用能够大幅度提升社会劳动生产效率，优化产品和服务体验，为人类生产和生活带来创新且革命性的转变。据 Sage 公司预测，到 2030 年 AI 的出现将为全球 GDP 带来额外 14% 的提升，相当于 15.7 万亿美元的增长。在 CRM 的管理上，基于 AI 数字化的客户分析逐渐被更多零售企业所接受和应用。品牌通过在门店中潜入零售技术，整合微信、天猫等线上销售渠道，结合更为智能化的 CRM 系统对消费者开展精准且个性化的营销和推荐，以此获得销售增长。

结合消费者全渠道的消费数据，AI 赋能的零售 CRM 系统构建完整的 360 度立体会员画像，有效助力品牌留存优质客户、提升销售与转化，例如全球知名美妆集团雅诗兰黛（Estee Lauder）采用智慧线上 CRM 解决方案，根据会员画像和 AI 提供的营销解决方案进行 CRM 体系设计与活动策划等。中国知名运动服饰品牌李宁采用智能 CRM 管理平台，首先建立面向全渠道的主动营销客户服务体系、集团化品牌的会员忠诚度体系以及微导购服务，实现导购 7 天 24 小时在线，打破了实体门店时间上和地域上的业务限制。其次，平台实现与不同系统的数据对接，实现多维度数据洞察，最终实现集团化、跨品牌、跨区域、全渠道的协作推进和一体化应用，以此来实现精准化营销、优化消费者用户体验、提升知名度及投资回报。对于时尚零售企业而言，天气对业绩的影响是显著的。为解决这一问题，日本迅销集团在 2018 年引进一项机制，通过 AI 分析天气和流行趋势等大量数据，预测所需的商品数量，以此来更好地进行生产规划和库存管理。AI 赋能的 CRM 系统能够基于 AI 进行门店客流分析，帮助品牌精准把握门店客流状况，优化人员配置，提高门店表现。同时，实体门店及导购可以使用相应的导购工具对客户进行自动化标签，发放相应的产品推荐和优惠券。消费者可以跨渠道在电商平台或微信平台通过线上小游戏和幸运抽奖，即时赚取积分和兑换奖励，以此来综合提升客户体验。

二、时尚零售终端智慧系统

20 世纪 90 年代中期开始，互联网技术迅猛发展，零售业拉开了技术赋能的第四次零售革命和 2010 年以来的以技术创新推动的第二次信息革命。在这场革命的背后是消费者需求的表现。智慧终端系统目前依托于零售IT技术，实现人、货、场的精准连接。智慧系统在时尚领域的应用广泛，有效的智慧系统能够有效提升时尚管理效率和精准度，尽可能实现零库存和库存共享。智慧系统以物联网射频识别（以下简称RFID）作为关键信息枢纽，以品牌服饰企业的作业流程，包括下单、生产、入库、出库、盘点、销售等产生的各种信息为基础，将其供应链中的各个环节串联，通过大数据工具提供决策支持。

（一）智能货柜

智能货柜作为零售中比较新型的零售形式，主要指一个占地面积不到1平方米，布点位置灵活，消费者随时随处可买到所需品的无人货柜。随着技术进步，以RFID和视觉识别为核心技术的智能货柜时代来临，与无人货架相比，智能货柜像是快闪店的升级版，帮助企业形成了消费闭环。用户扫码开门拿取商品，关门即扣费，货损率可控制在95%以上，同时点位达到一定规模后，智能技术赋能运营及补货过程，销售和品牌的规模效益便能逐步产生。在时尚行业中，智能货柜主要应用于盲盒、美妆等标准化的产品居多，例如在机场、校园等地方常看到的面膜智能货柜，加强了商品的即得性，提升了用户体验。在场和货不断迭代中，吸引到人，对不同用户画像进行精细化运营，提高坪效。国内彩妆品牌玛丽黛佳首创推出美妆自动售卖机，是国内首家美妆无人店，起初主要以售卖口红等单品为主，后期逐渐采用色彩实验室概念和封闭式店铺形式，并在品类上增加了眼部产品，提供给消费者更多选择。

（二）增强现实

增强现实（以下简称AR）广泛应用于时尚品牌，旨在提升顾客的线上体验、客户服务、互动效率以及趣味性。AR虚拟应用包括AR虚拟人物的应用，AR虚拟人物可以实现个性化的3D虚拟形象，个性逼真的形象能够根据时尚品牌需要设计虚拟形象，实现卡通、拟人等多种风格。同时，丰富的面部表情、肢体动作酷似真人。AR应用主要集中在直播、短视频等社交应用上的主播、个性化用户形象上，帮助企业拉新促活、提升运营效率。例如曼秀雷敦（Mentholatum）小护士虚拟动漫形象不仅提升了品牌的科技感，同时也增加了与消费者互动的有趣性。除此以外，AR虚拟试鞋能够有效帮助线上购买者选取合适商品，例如奢侈品品牌古驰官方APP推出一项运用AR虚拟试穿品牌经典Ace系列运动鞋的功能。古驰通过该技术向顾客展示品牌最新款式鞋履，带来有趣的体验，提供预先与即将发布的鞋履系列互动的机会。在彩妆领域，AR试妆越来越普及。早在2014年，巴黎欧莱雅就曾开发出AR试妆软件APP，随后丝芙兰和屈臣氏这样的美妆行业零售商店和其他美妆品牌也开始在官网和线下门店引入AR试妆功能。

（三）人工智能

人工智能（以下简称AI）作为一种模拟人的技术，它的价值在于对非标准且个性化的商品，实现对人服务的业务模式，例如AI试衣等帮助消费者实现足不出户的真实体验，以提升消费者的决策效率。AI在美妆行业的应用非常广泛，是美妆行业数字化和智能化转型的重要支撑。AI 在时尚美妆行业的应用主要在沉浸体验、精准营销以及高效服务方面。美妆产品对于消费者来说有试妆的需求，线上虚拟试妆能够给到消费者真实的沉浸式体验，模拟消费者已化妆的状态，帮助消费者做出消费决策。虚拟试妆不仅在线上，线下的虚拟试妆同样非常吸引对卫生非常关注的消费者。消费者通过"一键上妆"，了解该美妆产品的特点，不仅增加了趣味性，也充分提升了消费者的体验性。虚拟试妆系统是基于消费者个体特征进行设计和研发的，定制化和个性化是消费者体验未来的核心方向。通过对消费者行为的精准把握，同线下实体店铺数据的链接，虚拟试妆将在更大程度上帮助时尚企业实现精准营销，促进关联商品的推介，加速消费的行动转化。

（四）智能试衣间

智能试衣间是能够为试衣顾客提供所试服装全面信息的试衣间。试想一种场景，当顾客将所选衣服拿起，衣架上的智能显示屏便可显示所选衣服的全部相关信息，包括价格、面料、模特穿着效果等。当顾客拿着服装进入试衣间，试衣间通过摄像头和交互式显示屏扫描顾客的身材情况并为顾客提供所选服装全部信息以及场景搭配方案建议，顾客可以通过比较和建议选择自己适合的服装，当顾客对服装有异议时，可以通过互动显示屏的社交功能与亲朋好友或者销售人员进行沟通，帮助顾客进行选择。知名奢侈品品牌普拉达在纽约的商店里即装有一面"魔力镜子"，可以拍下顾客的视频图像，之后通过电子邮件或短信将此图像发送给朋友们，以获取他们的建议和看法。由爱慕股份有限公司倾情打造的旗下首个智慧生活方式体验店"爱慕家"（Aimer+）便拥有这样一个试衣智能镜，不仅如此，店铺被分隔成七大核心功能展示区域，包括内衣展示、情景试衣、电子货架、个性化定制、运动智能体验、护肤体验、娱乐社交等，顾客可以通过触屏智能货架提供的产品介绍、搭配推荐等辅助性功能来了解产品，轻松实现扫码自助购物。"爱慕家"除了引领舒适、健康、爱与美的新生活方式，更将东方文化中"家"的核心概念融入品牌文化之中，为智慧店铺注入富于人情味的文化内涵。

三、时尚零售可持续发展

时尚零售的可持续发展是基于环境保护对当下社会责任、时尚人文、社会发展和可持续盈利的思考。伴随环境恶化给地球及商业带来的威胁，人们的环保意识普遍得到了提升，并推动了零售商通过共享、重用、重填和租用等方式对商品进行可持续改革。这一趋势的兴起，为时尚零售商和品牌商带来了新的机会。

（一）零售可持续发展概述

在 2019 年 12 月第一洞察公司（First Insight）关于品牌可持续实践如何影响美国消费者购物习惯和购物决策的一手调查中揭示，Z 世代（出生于 1995—2012 年的人群）的消费者比千禧一代（出生于 1980—1994 年的人群）和 X 世代（出生于 1965—1979年的人群）的消费者更愿意考虑可持续概念的品牌商品，并且愿意多付出 10% 的溢价进行购买。不同年代的消费者中，大部分的消费者都期望零售商和品牌能够变得更加注重可持续战略。总部位于英国的艾伦·麦克阿瑟基金会（Ellen MacArthur Foundation）在致力于减少塑料对环境污染方面走在全球前列。2017 年 5 月在哥本哈根时尚峰会上提出"让时尚循环起来！"（Make Fashion Circular）的倡议，该倡议获得了 C & A 基金会和沃尔玛（WalMart）基金会的支持。该倡议目前主要的合作参与者有巴宝莉、盖璞、汇丰银行（HSBC）、休森公司（PVH）和斯特拉麦卡特尼（Stella McCartney）等时尚品牌。2018 年 10 月底，该基金会与联合国环境规划署联合发起"新塑料经济全球承诺书"行动倡议，有 290 多家知名企业及关键组织参与签署，尝试从源头推动实现更可持续的循环塑料经济。地球宣言组织于 2011 年 1 月 31 日举行了一个名为"未来时尚"（Future Fashion）的时装展，为纽约时装周揭开序幕。"未来时尚"上展出了 30 套由多位世界顶级时装设计师，利用持续生产材料设计及制作而成的服装。

时尚企业想要顺利完成可持续改革，绝大多数的服装企业都需要做出大幅度的改变。这其中包括拥抱可持续的材料、提高供应链的透明度和可追溯性、与可持续发展的供应商成为战略合作伙伴并且优化采购流程。虽然很多企业认为可持续材料的使用会导致产品成本的增加，但数据显示，英国有机棉 T 恤的售价较传统棉花替代产品价格便宜 10%，再生材料制作的牛仔裤价格相较普通牛仔裤仅仅增长了 1%。时尚零售可持续现在被多家服装企业与设计师所重视。可持续发展的行动同样需要更透明化的信息公开和跟进与监督。区块链技术在可持续发展进程中可能会成为一种解决方案。区块链作为一个数字分类账，创建了一个可验证的审计线索，对商品原材料采买、生产、流通以及营销过程的信息进行整合和追溯，实现跨越品牌商、渠道商、零售商、消费者，精细到一物一码的全流程正品和可持续性行为追溯。尽管区块链的发展在目前还是比较早期的阶段，但应用价值逐渐凸显。随着 Z 世代消费者逐渐成为消费主力，零售商若希望获得这些群体的青睐必须积极拥抱可持续发展的战略。

（二）零售可持续发展的应用

在可持续发展领域，具有代表性的零售品牌是美国户外运动品牌巴塔哥尼亚（Patagonia）。巴塔哥尼亚于 1975 年在加州创立，是综合性高端户外品牌，有"户外品牌中的古驰"之称。巴塔哥尼亚不仅为消费者提供一流品质的产品以提高运动表现和舒适性，同时将注重环保、保护生态作为公司 40 余年一贯坚持的企业文化。自创立至今，巴塔哥尼亚始终以"做最好的产品，杜绝不必要的危害，通过商业经营寻找解决环境危机的办法"作为企业使命。经过历年发展，巴塔哥尼亚已经成为其他公司在探索环境管理和可持续发展时进行参照的典范角色。巴塔哥尼亚致力于通过材料选择、科技创新等手段减少对环境的伤害和能源消耗。具体行动包括从 2000 年起，巴塔哥尼亚率先与国际最具知名度的环保认证公司蓝标（Bluesign）科技公司合作，担负起保护环境和消费者的责任。2007 年巴塔哥尼亚成为正式加入蓝标标准的第一个品牌。公司奉行的蓝标标准是基于输入流管理，由学术界、工业界和环境保护及消费者组织共同制定的环保规范，从根本上解除安全问题。包括原材料、化学成分、水资源和能源等所有的原料输入，每个因素都会受到评估，在投产前就消除了潜在的有害、有毒及重金属物质。同时从纱线、染料及添加剂等原材料的供应商到纺织品制造商、零售商都有相应的考核标准。巴塔哥尼亚公司使用的面料都经过蓝标认证，确保不会对环境产生污染，对纺织工人和终端消费者也具有安全保障。

为尽可能地增加巴塔哥尼亚在整个零售环境上的透明度，使消费者了解产品的采购和生产过程，早在 2007 年，巴塔哥尼亚开发了"生产足迹记录"（Footprint Chronicles）网站，对公司的产品进行完整的生命周期分析。网站以互动的形式，发布整个供应链中每个服装加工厂、面料厂、独立合作商的资料，主要供应商的社会及环境措施，包括棉花农场及羽绒农场，以尽可能地对生产溯源。消费者可以查询每个产品的生产足迹记录，了解产品对社会及环境的影响。截至 2014 年，其所有的羽绒原料都 100% 溯源，来自不使用填鸭和活体拔毛的农场。巴塔哥尼亚通过这种极度透明的方式，培养消费者的环保意识，同时也希望影响其他公司检查和报告他们的供应链。

除了巴塔哥尼亚以外，全球综合体育用品零售集团迪卡侬（Décathlon）也积极投入到零售的可持续发展中。在 2019 年，迪卡侬在上海举办绿色创造营，聚焦"绿色科技"和"创新美学"，向消费者科普绿色环保概念和倡导绿色消费。迪卡侬绿色创造营设置了奇妙设备体验站、面料性格研究所、超想象力观察室、垃圾改造工作坊四大趣味主题，为消费者解读并解密迪卡侬 30 余件运动产品、200 多种生产材料背后的工业链科技及绿色环保概念，包括摇粒绒、迪卡侬 Arpenaz10 背包等。不仅在产品方面，迪卡侬在我国 98% 的店铺使用绿色环保的 LED 灯光，远高于全球的 63.3%。能源消耗方面，迪卡侬加入全球可再生能源计划（RE100 倡议），并承诺在 2026 年前实现所有运营的国家里的所有物流配送活动使用 100% 可再生能源电力。目前，迪卡侬门店和仓库使用的电能已有 55.6% 来源于可再生能源。

第二节　时尚供应链系统

供应链系统对于时尚零售而言至关重要。对于零售企业来说通过供应链商品及库存管理系统来提升供应链运营效率是十分必要的。稳定的供应链是时尚零售的基础和保证。移动互联网时代下，供应链的设计、应用上不仅要考虑业务的精准和效率更要考虑对社会的影响力，数字化且具有可持续性的供应链是时尚零售的最优选择。

一、时尚供应链管理系统

零售商将生产制造商的产品与终端消费者进行连接，零售商需要理解消费者的需求和需要，并通过供应链中的诸多环节如仓储、分销、运输物流等确保商品能够在合适的时间和地点提供给精准的消费群体。供应链实际上就是由直接或间接地满足顾客需求的各方组成，不仅包括制造商和供应商，而且包括运输商、仓储商、零售商甚至包括顾客本身。供应链管理系统基于协同供应链管理的思想，能够配合供应链中各实体业务的需求，使操作流程和信息系统紧密结合。通过供应链系统的应用能够实现供应链整体可视化、管理信息化、整体利益最大化及管理成本最小化的目的。目前供应链管理技术及应用主要有供应商库存管理计划（以下简称 VMI）、PLM、RFID 等。

（一）零售供应链管理

零售供应链管理是管理商品从零售商配送中心到店铺的一系列商业活动，以及零售商与供应商之间的信息交流。供应链管理的目标是将供应链的价值在零售商业活动实现的过程中发挥到最大化。这里的价值可以理解为消费者对最终商品的满意价值（顾客价值）与为此所付出的供应链成本之间的差额，又称为"供应链盈余"。同时"消费者剩余"也是理解零售商业活动中消费者价值实现的重要指标，例如一个顾客花了 299 元在扎拉零售店购买了一件衣服，顾客认为这件衣服给她带来的价值是 320 元，或者理解为消费者愿意为这件衣服付出的最高价格是 320 元，扎拉品牌为这件衣服的生产、信息传递、物流运输等成本是 100 元，则供应链盈余为 320–100=220（元），消费者剩余部分则为 320–299=21（元），即消费者在购买一定数量的某种商品时愿意支付的最高总价格和实际支付的总价格之间的差额，消费者剩余衡量了这件衣服给购买者带来的附加盈余价值和额外利益。

供应链整体的成功和价值的实现是供应链总体的盈利。为了获得更多的供应链盈余，商家必须从整体上通过降低供应链规模成本，提升顾客价值、品牌价值，对商业活动中产生的信息流、物流、资金流等进行有效管理来提升供应链的价值。管理者在供应链的环节中的决策对供应链的结构带来了不同程度的影响。中国时尚运动品牌安踏通过智能一体化物流中心整合所有物流平台，利用智能化设备直接向零售店发货可缩短 20—30 天的配送时间并实现全程精准监控。全新九代店采用"云货架"系统提升购物体验，同时通过人脸识别系统进行客流统计、热区分析以优化门店布局以及洞察消费习惯，并对全门店使用 ERP 系统获得实时销售情况规划、全面物流路线，提高补货灵活性。

数字信息化的今天，科技技术广泛应用在供应链管理的诸多环节，主要从零售终端、流通运输和生产等环节赋能供应链，整合并优化流程管理、物流、资金流、信息流等，从而提升供应链管理效率、解决信息不对称等问题。信息可视化的应用能够帮助企业更好地进行内外部协作，更加直接地实现流程优化与改善，例如国内运动服饰品牌安踏、羽绒服品牌波司登通过借力科技力量赋能供应链环节，对流行趋势和消费习惯作精准预测，优化生产和物流效率，提升供应链效率。

（二）供应链管理系统分类

时尚供应链管理系统主要有供应商管理存货系统（以下简称 VMI）、产品生命周期管理系统（以下简称 PLM）、RFID 技术。VMI 是一种在用户和供应商之间的合作性策略，在一个相互认可的目标框架下由供应商管理库存。它是提高供应链效率的方法之一。顾客交易使零售商的手头存货状态不断更新，零售商通过电子数据交换（以下简称EDI）与供应商共享销售数据，供应商收到零售商的最新存货状态，当存货量达到再次订购点时，供应商发出反向购买订单来进行货物补充，例如 TAL 服饰是中国香港的一家衬衫制造商，管理着彭尼（J. C. Penny）男士衬衫的存货。TAL 直接从彭尼北美的商店中收集其衬衫的销售点数据，然后通过自己设计的计算机模式运行数据。TAL 现在生产所有销往美国的衬衫的 1/7，由它决定要生产多少衬衫，生产什么款式、颜色和大小。它绕过零售商的配送中心的商品中心，直接把衬衫发送到彭尼的每一家商店。VMI 的应用使得商品的寄售成为可能，在零售商将商品售出之前，供应商一直把握着商品的状态和所有权。这种 VMI 模式也会带来一些问题，例如零售商和供应商之间的沟通不及时可能会导致不合理的存货计划。若零售商希望对商品作一系列的营销活动，但供应商并不知晓这一行为，则可能对终端该商品的营销活动带来一定的制约。因此 VMI 管理系统需要遵循合作性原则、目标一致性原则、互惠原则和持续改进原则确保供应商和零售商在实施零售活动中信息透明化以及责任明晰化。

PLM 产品生命周期管理系统是应用于企业内部，支持产品全生命周期的信息创建、管理、分发和应用的一系列解决方案。产品生命周期管理的概念自从 20 世纪末被提出以来，受到生产制造商的关注。PLM 是以商品管理为核心的技术，帮助零售商对市场信息做出快速决策，提升产品研发效率，最终全面提高投资回报率。PLM 在服装行业的应用得到了较为有效的反馈，例如深圳市云创服装设计有限公司旗下玛克茜妮（MAXRIENY）品牌，通过精准的定位与数字化系统的设计和应用，使得品牌仅短短 5年，就实现了营业额突破 7 亿元的辉煌战绩。云创公司花费 2 年时间，先后打造了包括协同办公、会员管理、店铺管理、仓储管理、线上业务等相关的可视化运营平台。商品研发也从期货发展到快反和电商模式并借助 PLM 系统，将品牌的技术工艺进行资源标准化管理。目前，云创已逐步搭建起一系列品牌知识库，包括颜色库、工艺库、板型库、材料库、供应商资料库和工序成本库。

RFID 技术最早起源于英国。这项技术目前在国际上主要应用于服装领域的生产、仓储和销售体验环节。RFID 技术帮助零售企业实现供应链全程的商品实时动态跟踪，对商品数量、销售情况等进行监控管理，大幅度降低在库房、仓储、物流等环节中的劳动力成本，降低销售点的劳动力成本，帮助零售商及店员快速查找货品、提高决策精准度并降低决策成本。法国运动服饰商迪卡侬早在十年前便开始在物流和仓储环节应用 RFID 技术，目前已实现全品类 100% 产品应用 RFID。2014 年，快时尚品牌扎拉利用 RFID 射频识别技术在分发物流中心实现全覆盖，每小时能挑选并分拣超过 60000 件的衣服，更加精确便捷地控制货物的识别、分类、定位、追踪等信息，大幅优化了供应链效率。RFID 技术在门店销售环节中的应用包括可以实现实时对在架商品的库存盘点，提高盘点效率和准确度。同时，在销售产品过程中，可以通过扫描 RFID 进行服装信息在信息展示屏上的展示，门店可以更好地向顾客展示商品的信息，包括搭配穿着效果、搭配推荐等，为顾客提供更个性化的销售服务。据弗若斯特沙利文公司（Frost & Sullivan）报告称，从 2014 年到 2020 年，零售业 RFID 读取器的使用量将从 7.4 亿美元上升到 54 亿美元，年均增长率超过 39%。可见零售业在 RFID 技术上的投入是不断增加的。但是我国在该技术上的应用依然处于较低的发展水平阶段，主要原因包括：其一，其标签成本前期投入较高；其二，零售商对其供应链各环节中防伪、商品跟进等的不重视；其三，RFID 的开发标准化和核心技术的发展依然要逐步完善。

（三）物流和配送管理

物流是指商品从供应源处到消费者之间商品、服务以及相关信息的有效流动、存储的规划、执行和控制的管理组织过程。物流运输等是供应链管理的一部分。对于时尚品而言，物流不仅有运输配送的任务，还有存储的功能。仓储中心从零售门店接收到订单信号后再由仓储中心分配到各个零售门店。仓储和配送中心的设置通常只适用于大型连锁型的店铺，因为设置仓储和配送中心的成本是巨大的，需要投入一定的固定成本。配送中心除了进行协调内外部运输外，还有收货、验货、存储、打印粘贴价格标签、仓存物品归纳整理等职能，以便当配送中心接到门店的配送要求后能够快速响应零售门店的需求。在这一系列的环节中，信息的互通性就显得十分重要。物流配送系统及信息化的建设必不可少。对于虚拟网上零售实体店来说，为节约成本、简化经营并高效利用资产和人力，零售商往往会采取租用仓储中心和外包第三方物流的方式来解决物流和配送管理的职能。消费者何时收到货品往往取决于运输公司的时间周期。因此选择合适且靠谱的第三方物流中心也是十分必要的。

中国运动服饰品牌安踏通过智能一体化物流中心整合所有物流平台，利用智能化设备直接向零售店发货可缩短 20—30 天的配送时间并实现全程精准监控。全新九代店采用"云货架"系统提升购物体验，同时通过人脸识别系统进行客流统计、热区分析以优化门店布局以及洞察消费习惯，并对全门店使用 ERP 系统获得实时销售情况规划全面物流路线、提高补货灵活性。拥有 80 多年历史的法国品牌鳄鱼（Lacoste）以其极具辨识度的鳄鱼标识闻名全球，作为一个业务范围覆盖 120 个国家及地区，拥有 1200 家门店和 10000 名员工，及 19 家不同的网上商店和 10600 个销售网点的企业，国际物流和供应链系统显得异常重要，直接影响了顾客的满意程度，鳄鱼合作商综合物流服务供应商德铁信可（DB Schenker）在其中深谙其道。对于时尚零售商来说，速度、灵活性和效率非常关键，位于瑞士斯塔比奥的德铁信可物流仓库将高级时装从T台运送到米兰和上海等世界级城市标准的零售门店，提供独具特色的成衣挂架解决方案，助力欧洲时尚奢侈品品牌实现高效运输。

二、供应链管理系统的设计及应用

供应链管理系统的设计是一个动态的设计过程，需要随着技术和市场的发展变化不断更新技术及信息化系统，围绕客户体验和供应链价值作设计、计划和运作管理。在时尚行业，数字化时代下的供应链管理系统的设计及其重要且应用广泛。顺应行业快反、柔性制造等供应链能力建设，时尚企业在深入布局科学的商品调配、需求的精准对接、设计创新和产品生产等供应链管理模块。

（一）供应链管理系统的设计

供应链管理系统的设计包括计划环节、支付环节、制造环节、采购环节。其中计划环节包括需求预测、综合计划、产品定价、库存计划；支付环节包括订单管理、交货调度、逆向物流；制造环节包括产品设计、生产计划、设施管理；采购环节包括外包决策、合同管理、供应商管理。每个环节都会为下一个环节提供反馈机制，并实现闭环循环（图10-1）。供应链管理系统内容主要包含针对企业的供应链计划管理、物流管理、库存管理、订单管理、采购管理、产品生命周期管理、制造管理、维护管理等。

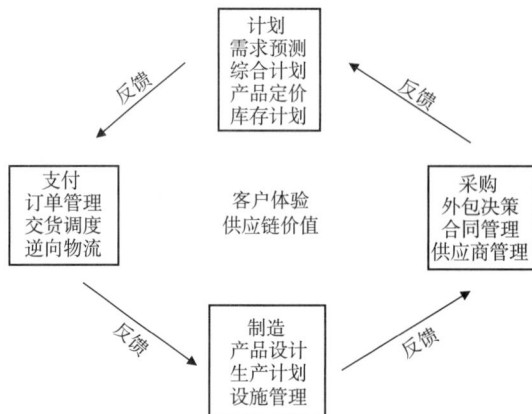

图10-1 供应链涉及多个环节、多个信息的互动

根据对最终顾客需求的执行时间，供应链中的流程通常分为两种类型，分别为拉动流程和推动流程。拉动式供应链流程通常由商店在销售终端获取的订单执行情况的销售数据基础上进行下单；推动式供应链流程通常指根据对商品的预测需求来进行商品分配。拉动式供应链流程中顾客的需求是已知的，推动式供应链流程中顾客的需求是未知的，必须对其进行预测。尽管拉动式供应链因较少会产生库存积压的问题比较受到零售商的青睐，但市场上并不总是会采用拉动式供应链，尤其对于时尚类产品比如服装，秋季上架的新品早在春季就已经进入生产和订货环节，对时尚类产品的销售预测必须提

前几个月就完成，这就必须采用推动式供应链的方法。推动式供应链对于必需消费品的预测是较为稳定的，比如人们消费多少牛奶或鸡蛋，而对于时尚类非必需产品的需求是较难的，必须通过一定的销售预测系统、商品系统和必要的供应链技术才能实现良好的销售预测和商品管理。

在供应链设计和管理过程中，对于时尚零售商而言，过量库存一直是个待解决的问题。主要因素之一是盲目订货。零售商与供应商共享相关销售数据是提高供应链效率很重要的一步。有了销售数据及分析，供应商能够提高销售预测的准确性，提高生产效率和减少过多的库存压力。供应商根据零售数据做出快速反应（QR）是十分关键的。为了解决供应链低效的问题，很多零售购物平台对供应商采取准时生产（Just in time，以下简称 JIT）的及时生产和发货方式，JIT 也是快速反应的一种模式，是指当顾客发出购买需求时，供应商再及时发货，而非提前将货品放到仓储和配送中心的方式。通过这样的方式供应商可以对库存进行实时更新，减少服饰产品的库存压力，甚至实现零库存，对市场需求及时做出反馈。

（二）供应链管理系统的应用

服装企业中供应链管理系统的应用非常广泛且非常重要。尤其在数字化时代，数字化供应链管理系统能够有效提升时尚品牌的供应链管理效率，从而提升销售业绩。快时尚零售商扎拉因其快速的供应链反馈能力在众多时尚品牌中脱颖而出。扎拉全程供应链的设计围绕目标客户进行运转，整个供应链系统各个环节不断进行优化和升级。扎拉供应链管理的核心思想是对供应链上下游资源的掌控、快速的响应能力、高效的技术底层、严格的成本控制和区域性的扩张模式。扎拉的供应链设计主要包括产品组织与设计、采购与生产、产品物流与运输配送、终端销售与及时反馈几个环节。扎拉在产品组织与设计上主要是买手制的模式，跟随大牌时尚，对当季流行产品作快速响应。当设计方案确定后，生产计划和采购人员开始制定原材料采购和生产计划，部分产品通过自有工厂来生产，其余部分通过合作工厂来进行生产。扎拉为保证工厂的快速响应能力，严格对各个合作供应商进行筛选，并均选取原材料附近的供应商进行合作。从设计、生产到终端上架，每个服装都有自己标准化的条码以便及时跟进和确认。为保证商品物流运输的实效性，扎拉自建地下传送带把产品传送到物流中心，再从物流中心转运直配至各个店铺。扎拉通过一套完整的供应链管理平台同全球各个终端营销网点进行联系，以便及时收到来自终端的销售信息反馈。扎拉供应链的成功在于运用强大的供应链和信息系统，同西班牙总部和全球各个公司紧密联系，对终端市场货品和销售的充分反馈帮助扎拉能够快速做出响应。

我国时尚零售品牌太平鸟致力于成为中国青年的首选时尚品牌，在供应链管理上具有自己的一套逻辑。太平鸟聚焦时尚服饰行业，旗下太平鸟男装、太平鸟女装、乐町、贝甜童装等形成了多品牌的时尚矩阵。太平鸟很早就开始注重以消费者价值创造为核心的供应链系统应用，积极拥抱数字化的全渠道零售创新。太平鸟通过在大数据以及人工智能等技术上的投入，在传统的供应链系统上升级，更加精确地识别流行趋势、销售走向和消费者需求。目前已经拥有商品精准开发平台、供应链智能化升级平台以及商品智能配补调平台等。为建立全渠道的立体销售模式，太平鸟不断完善直营门店、加盟门店、电商等零售渠道，并积极探索社交零售、直播电商、内容电商等新兴渠道，提高同消费者之间的互动频率，从而增加消费者对品牌的黏性。太平鸟为保证实现产品的柔性制造和快速开发，通过完善供应商分级资源库、供应商管理系统（以下简称 SCM）等，同战略供应商深度参与开发打样，嵌入人工智能技术，精准预测货品需求和销售趋势，不断优化柔性制造和生产能力，灵活追单。太平鸟数字化商品管理系统"云仓"帮助企业判断消费者需求以及最佳运输物流方式，对不同渠道下单的消费者作资源整合和管理，从而不断提升顾客购物体验。

三、时尚供应链可持续发展

进入 21 世纪后，可持续发展在时尚产业中的价值和重要性再次被强调，也是零售商在设计供应链系统设计中需要考虑的因素之一。在实现供应链盈余目标的同时，如何在每个决策环节考虑到绿色环保和可持续性是很关键的问题。联合国布伦特兰委员会将可持续发展界定为"既满足当代人的需要而又不损害后代人满足需要的能力的发展模式"。2005 年联合国世界峰会确立经济、环境和社会的可持续发展为可持续发展的三大支柱，旨在以平衡的方式，实现经济发展、社会发展和环境保护。

（一）时尚供应链可持续发展概述

可持续发展涉及全人类共同发展战略，供应链可持续发展状况决定了社会经济可持续发展的规模和速度、质量与可持续性。比起传统供应链，可持续供应链引入了生态效率衡量机制，推动了可持续性与供应链的融合，实现了供应链的闭环管理。可持续供应链在系统考量中将环境、能源、生态三要素作为基础，以社会发展、环境保护、经济发展为重要支柱，协同发展。社会发展支柱衡量企业解决劳动力、顾客和社会相关重要问题的能力，突出了企业社会责任感的意识。环境支柱衡量企业对环境和生态系统相关要素的影响，企业改善环境的举措可以是减少资源消耗、减少排放、产品创新等。经济发展支柱则涉及企业对其各种活动的社会和环境成本的货币价值的内部化以及对相关产品的可持续定价，若资源匮乏对企业的发展会带来不利的影响，长期来看经济发展也会受到制约。在企业发展过程中，企业会考虑各种影响成本的因素，并采取各种措施来合理降低成本，提高长期收益和效率。供应链管理的发展自 20 世纪 90 年代以后，研究方向和重点便专注于整体价值链效率和价值增值的提高上。

基于供应链管理及利益相关方理论，供应链的主体由各种利益相关方构成，包括股东、债权人、雇员、消费者、供应商等交易伙伴，也包括政府部门、本地居民、本地社区、媒体、环保主义等压力集团，还包括自然环境、人类后代等。供应链的可持续发展应充分考虑供应链环节中的利益相关方并需要得到利益相关方的认可。供应链的可持续发展尽管在初期看来是经济投入较多且对未来收益不确定的一件事情，但提供可持续性的措施长远来看是能够带来回报的，同时吸引更多注重可持续发展的消费者。

生活家居品牌宜家（IKEA）坚持模块化设计，不仅是产品部件在从生产地运往零售店时可以更加紧密地包装，而且有助于减少排放物、降低运输成本。全球知名运动品牌耐克推出全新"向零移动"（Move to Zero）环保计划。为了避免气候变暖对体育造成的影响，耐克品牌宣布将在其总部环境与生产供应链中做出改变，最大限度地减少碳足迹。具体举措包括从垃圾掩埋场回收 99% 的制鞋废物、借助"重新利用鞋子"（Reuse-A-Shoe）回收计划和"耐克粉粒"（Nike Grind）计划支撑更多新产品、运动场、跑道和球场等等。麦肯锡咨询公司（McKinsey）在全球首席采购官调研《时尚产业新要素：大规模可持续采购》（Fashion's New Must-have: Sustainable Sourcing at Scale）中调查到，随着消费者和政府部门对环境问题越发关注，企业社会责任和环保可持续举措已经成为了服装企业发展战略中的重中之重。麦肯锡公司表示，虽然可持续服装的产量正以每年 5 倍的速度增长，但市场份额依然很低。2019 年上半年，所有的时尚单品中只有不到 1% 为可持续商品。

全球知名运动鞋服品牌阿迪达斯提出"运动需要空间"（Sports Needs a Space）的可持续供应链发展战略，将社会发展、环境保护和经济发展作为可持续发展的重要支柱。阿迪达斯立足在供应链中为工人争取公平的劳动报酬，在"尊重—保护—促进"的框架下，结合了基本人权保护的思想。自 1997 年以来，监测供应链劳动报酬，不断完善自身劳动报酬实践。因为阿迪达斯 80% 的产品由一线供应商生产提供，因此公司制定相关关键绩效指标审计系统专门用来评估供应商的企业社会责任表现，该关键绩效指标审计系统包括六项基本要求，如管理层承诺、有效的管理体系、管理层与员工之间的沟通、培训、透明化披露以及合规表现的评估。在环境保护方面，阿迪达斯持续地在产品研发制造中增加对环境友好的材料，截至 2017 年年底，所有阿迪达斯鞋类产品的制造都使用了环境友好型的材料。2020 年，阿迪达斯发布可持续"三环战略"分为回收环、生态环、再造环三个部分，将在 2024 年 100% 使用可回收聚酯纤维。终结塑料废弃物是阿迪达斯的长远目标，并在 2020 年与环保鞋履品牌 Allbirds 合作，致力于推动年排放量高达 7 亿吨的制鞋行业减少碳排放。当然这一切也为阿迪达斯带来了经济方面的效益。对于企业来说，当最终产品作为垃圾进行填埋时会对环境造成巨大的影响，因此可持续供应链的价值正是在产品之初设计出使用更少资源，可再循环、再制造的产品，不断对产品进行可持续的创新研发才是供应链可持续发展的基础。

（二）时尚供应链可持续发展的应用

时尚供应链可持续发展的应用覆盖全产业链之中。尤其是对于生产或服务设施的可持续设计和规划是十分必要的。生产和服务设施往往需要消耗大量的能源和水并排出大量的废弃物和温室气体。因此从设施的能源、用水、排放和废弃物的生产方面需要对其进行严格把控。奢侈品集团开云（Kering）公布了《2025 可持续发展进展报告》，

2015—2018 年奢侈品集团开云自身运营温室气体排放减少了 77%，可再生能源在超过 7 个国家的使用率为 100%，在欧洲使用率为 78%，在全球范围的使用率达到 67%。更进一步，开云有望实现基于科学基础的减碳目标，减少 50% 的碳排放量（2015—2018 年间减少了 36%）。在生产垃圾方面，据估算，我国每年产生废旧纺织品超过 2000 万吨，一类是来自消费前工业加工领域的边角料等，可以得到循环再利用；另一类则是大量废旧衣物和纺织品，目前回收利用率尚不足 15%。大多数废旧衣物由于缺乏合理的回收和再利用渠道，被当作垃圾填埋和焚烧，既造成了大量资源的浪费，又污染了环境。零售企业通过采用更为环保、可持续的材料，再利用或者改造旧衣物或减少包装等形式，推动对消费者和社会的积极正向的贡献。可持续的时尚又被称作具有道德意义的时尚，它要求企业不仅承担环境管理的责任还有对社会可持续发展的意愿。可持续的时尚零售企业应同时考虑企业利益、企业形象和环境影响。零售商可以通过对原材料、供应链、包装、产品设计、营销活动、组织管理等多个方面践行可持续理念。

若使用生命周期评估的方式追踪某一产品从诞生到坟墓的整个过程对环境造成的伤害和影响，对其中产生的有害物质的关注必不可少。企业应将废弃库存中的物质进行分类，对可再造物质和有害物质分别区分和有效处理。对于有害物质，可以使用新型材料替代，例如有些零售商在包装上采用水降解塑料和其他资源的合成物取代传统的塑料包装。许多降低运输成本的供应链设计创新同样有助于减少燃料消耗和运输过程中产生的排放及废弃物，企业可以通过对产品包装的创新设计来改善运输过程中的装货密度，从而降低运输成本和能源排放，例如韩国美妆爱茉莉太平洋（Amorepacific）集团旗下品牌悦诗风吟（Innisfree）在 2020 年开始推出限量版环保减塑包装纸杯子（Paper Bottle），相比于旧包装减少了 51% 的塑料使用。供应链可持续发展还应同有社会责任感的供应商进行战略合作，并从原材料等采购源头规范采购标准。2019 年服装首席采购官调查报告《时尚产业要素：大规模可持续采购》指出，超过 40% 的受访者表示，采购流程数字化，供应商整合，以及提高端到端的全流程效率是公司最重要的三项任务。星巴克公司的咖啡和种植者公平规范（C.A.F.E Practice）对咖啡产业的整个供应链流程进行审核，包括咖啡种植、烘焙、包装、储存、物流等全产业链。奢侈品集团开云的《2025 可持续发展进展报告》称珠宝及腕表业务有望在 2025 实现其他关键原材料的 100% 可持续采购。奢侈品集团开云目前的关键原材料追溯率达到 88%，计划到 2025 年实现 100% 的追溯率。

除了以上要素以外，供应商关系的透明度和可追溯性也是核心要务。三大奢侈品集团之一的开云集团近年来把社会和环境可持续发展作为核心战略，该战略包含一系列目标，如环境管理、集团内部和外部的社会福祉及注重创新以推动持久变革。奢侈品集团开云通过其开创性的环境损益表（EP & L）跟踪可持续发展进度，认识到公司必须对其产生的环境影响（包括供应链上游产生的影响）负责和保持信息透明化。奢侈品集团开云的可持续发展战略涵盖旗下各大奢侈品品牌，并根据 73 项环境关键绩效指标（eKPI）及自身运营和供应链来衡量集团的进展。具体内容包括店铺，办公室和仓库，运输，制造和加工，以及与原材料生产和提取相关的所有上游对供应链及环境产生的影响等。成为社会责任的领导者也是可持续供应链发展的一部分。员工及利益相关者作为可持续发展的参与者，也成为可持续发展战略关注的一部分。例如在奢侈品集团开云，女性员工在不同的岗位上都能获得公平的职业发展机会。截至 2019 年，开云的女性员工占管理层的 55%、员工的 63%、执行委员会成员的 33%、董事会的 60%，使开云成为时尚行业中女性担任高级管理职位比例最高的公司之一。开云实施了一项渐进式的全球育儿政策，为近 50 个国家和地区的所有员工提供产假、陪产假和领养假。开云制定并实施了一项模特健康保障章程，并承诺仅与 18 周岁以上的模特合作。时尚供应链可持续发展不只是一种战略目标，而且是一种思想观念，需要参与者对可持续有共同的认知和行动。时尚企业的可持续发展转型，不只是某一个环节的改进，它需要追溯到整个产业链中，对于希望着眼于长远发展的时尚企业来说是势在必行的。

第四篇

时尚买手

　　时尚买手经常被认为是时尚产业中前沿并且光鲜夺目的职业。时尚买手最核心的本质，即通过时尚产品的采购，对商品、销售结果及公司利润负责。无论身处大众品牌，还是贵价奢牌，时尚买手都是一个非常具有挑战性的职业，需要具备商业思维、细节导向和果断决策。

第十一章 买手的类型及职责

时尚买手起源于 20 世纪 60 年代的欧洲。按照国际上通行的说法，买手指的是往返于世界各地，时时关注最新的流行信息，掌握一定的流行趋势，并且手中掌握着大批量订单，他们多以服装、鞋帽、珠宝等时尚产品与供应商进行交易，组织商品进入市场，以满足不同需求的消费者。买手必须站在时尚潮流的最前端，了解行业规范，并在其中赚取一定的利润。

第一节 买手的类型

在国内，买手职业发源于 20 世纪 90 年代。当时很多外资及港资的时装企业开始进入中国市场，如丹麦绫致集团、法国老佛爷百货等，在试水中国市场的同时，这些企业也为中国的服装产业带来了全新的买手模式。为了更好地以中国消费者需求为导向，他们普遍实施人才本土化策略，培养了大量的本土买手人才，我国很多资深的时尚买手就是在这样的背景下，历经多年的市场洗礼，成长、成熟起来的。

一、买手概述

经过二十多年的发展，国内的买手职业逐渐规范化并开始形成体系。那么，买手职位的关键点是什么？如何在充满挑战的全球市场使得品牌变得越来越独特并且重要？直白地讲，买手必须懂得花出去的钱如何赚回来，做出能够让公司利润最大化的采购决策，因此，买手的工作可以说是一种购买的艺术，买手是具备时尚感的理性商人。买手为各类型的服装零售商进行商品组合，采购恰当数量与金额的合适商品。在实际工作中，买手要达成这个目标并不容易，很多买手的实践经验都是从一季又一季的市场教训中获得的。

（一）买手必须根据目标消费者采购商品

为了达成销售目标，买手采购的商品必须符合目标消费者的品位、穿着习惯、当地的气候以及消费者的购买力。一些国外的时装品牌及买手店，在进入中国市场时，不了解中外消费者消费观念的不同及消费行为的差异，提供的产品不能被本土的消费者所接受，造成经营损失，败走中国。2008 年，永远二十一（Forever21）首次进入中国市场，率先在江苏常熟开店，其产品风格甜美、性感，对于当时常熟这样的县级城市来讲，过于前卫，一年之后永远二十一（Forever21）便退出市场。2013年美国的买手百货店内曼·马库斯（Neiman Marcus）以网购方式进入中国市场，仅一年便收场退出，港资买手店 I.T、载思（Joyce）、连卡佛（Lane Crawford）等相继进入国内市场，但也为了更好地适应中国市场而几经调整。中国市场复杂多样，消费结构不均衡，国外的时装品牌及买手店要想在中国站稳脚跟，不能一味地按照自己的观念走，更重要的是适应中国的市场氛围和消费者习惯，否则只能是水土不服。

（二）买手采购货品组合

买手采购的是一整盘货，而不仅仅是单款的爆品。这些货品组合之间有着相互联系，品类之间能相互呼应，上下装可以相互搭配，时尚款和基本款保持合理的比例，并且都在合理的、消费者能够接受的价格带范围内，整个货品组合能够相互提升并促进销售。

（三）买手采购必须考虑预算及毛利

买手在一定预算范围内进行采购，并需要保证合理的毛利率。买手必须采购一定数量的产品以完成公司的销售目标，但这并不意味着为了追求销售，买手可以无上限地进行采购，这将会造成巨大的库存负担，影响公司的现金流。买手必须采购恰当的数量，既能够完成销售任务，又能够将库存控制在合理的范围内，确保公司具有良好的现金流。但是，即使买手达成了销售业绩目标，也不意味着万事大吉，还需要结合毛利来检验公司的实际盈利。产品是正价售出还是降价销售，买手的买货水平决定了合理的毛利率，而后者决定了公司的运营是否健康。由此可见，在一家时装公司中，买手所在的产品部门是一个品牌的灵魂，买手在经营目标、业绩达成、销售规划中承担重要的角色。公司制定了销售目标，但能否达成，很大程度上取决于买手采购的货品支持，一旦货品滞销，将会造成巨大的库存，甚至引起公司的财务危机。

（四）买手采购决策与品牌形象

买手的采购决策同样影响着公司的品牌形象。同样的品牌，在不同的城市，因为订货产品的差异，店铺给消费者的感觉可能截然不同。尤其当品牌的渠道下沉到三四线城市时，很多买手考虑当地的消费行为及消费水平，订货较为保守，偏重基本款或者历史畅销款，与一二线城市的店铺相比，店铺往往较为沉闷，与品牌所要传递的形象相差甚远。

（五）买手采购必须客观

买手需要从大量可供购买的商品中做出客观的选择。消费者在购买一双鞋子时，将对种类繁多的鞋子进行选择，他们的最终决定不尽相同。而当一个买手在做出最终购买决定时，个人满意并不重要，消费者的满意以及公司的赢利程度是判断购买与否的唯一指标。因此，从某种意义上说，公司的命运很大程度上掌握在买手的手中，买手是整个零售环节最重要的角色之一。很多买手的职业生涯从店铺职员或者买手助理开始，经过多年的市场历练，才能成长为一名真正的买手，进入核心的采购工作。准备进入真实的买手世界前，我们首先要了解发生买货的零售业大环境，并且了解对零售和买货都会产生影响的一些趋势。

二、零售业态经营模式

当我们漫步在城市主要的商业街或者中心商业区时，很快就能注意到大量的零售机构。无论是蓝色港湾购物中心或者SKP之类的百货商场，或者扎拉、盖璞这样的时装专卖店，就其商品采购及销售方式而言，都称为传统的零售形式，即实体店销售。随着网络的发展，逐渐衍生出网络购物、直播带货等无店铺经营方式，并且，这种新的零售形式在销售方面和传统零售方式逐渐平分秋色。这些不同的零售业态采用不同的运营模式，并对买货产生影响。

（一）百货商场运营模式

百货商场一般地处繁华商业地段，是传统的零售基地，专门满足各类消费者个人需求，同时提供消费者所有产品分类的各种价格的多条商品线。对于强势的百货商场来说，大而全的品牌组合是其优势，丰富的商品组合对消费者有很大的吸引力。

在欧美等商业发达地区，买手制是百货商场通行的运作方式，这是零售专业化分工发展到一定程度的结果。梅西、老佛爷百货等都采取买手制经营模式，即买手买进所有商品，然后再卖出赚取差价。这种经营模式构建了商品的差异化。为了保证这种差异化，有时买手甚至采取买断策略，即买断品牌某一生产周期内所有的产品或某一产品线所有种类的产品。除此之外，买手制经营模式还保证了较高的综合毛利率，毛利率可达40%以上，是商场提升综合盈利能力的重要手段。但是，高利润也伴随着高风险，期货的采购模式需要大量的前期资金投入，同时这种运作模式要求买手对市场行情有敏锐的洞察力，对当地商圈的消费习惯有深刻的理解，对人才的要求非常高，一旦买手买货发生偏差，商场将积压大量买断商品的库存，承担巨大的商业风险。

与国外百货商场不同，我国的传统百货商场与品牌之间的合作主要采取联营的经营模式，百货商场担任房东的角色，通过收取固定租金，或者流水倒扣的形式（即按品牌的流水销售额，一般是月销售额，从中提取一定比例的费用），或者固定租金及流水倒扣形式取其高，来获得经营利润。这样虽然将经营风险转移至品牌，但是缺乏经营特色，差异化不明显，同质化现象严重。在网购兴起、成本飙升、消费者生活方式的迁移和群体的细分等因素共同作用下，最近两年百货业的联营制弊端被放大，经营业绩下滑，传统百货商场的转型势在必行。对此，部分百货商场开始试水买手制，SKP百货推出了SKP Select买手集合店，王府井百货、银泰百货等布局自营品牌，这些都加大了对高质量买手人才的需求。

（二）买手精品店运营模式

买手精品店采用买手制经营。买手以目标顾客独特的时尚观念和趣味为基准，挑选不同品牌的时装、饰品、珠宝、皮包、鞋子以及化妆品等商品，自由组合品牌和商品，整合到店铺内销售。20世纪50—60年代，欧洲一贯追求个性、自由环境和氛围为买手店的发展提供了适宜土壤，出现了真正意义上的买手店，并在欧美、日本、中国香港等地蓬勃发展。在此期间，产生了珂思珂摩（10 Corso Como）、柯莱特（Colette）、并丝（Beams）、I.T、载思（Joyce）等众多著名买手店品牌。20世纪90年代，买手店概念被引入中国，并在2010年后获得较快发展，涌现出很多知名的本土买手店品牌，如薄荷糯米葱（BNC）、栋梁、薬（Triple Major）等。今天的买手店，"买手"概念并不被过分强调，"独特"反而更被重视。法国巴黎的买手店柯莱特曾经是时装周的朝圣之地，香奈儿的前设计师卡尔·拉格菲尔德曾经说过，柯莱特是他唯一会去的商店："因为柯莱特店里的东西，你在别的地方都找不到。我在那里买过手表、电话、珠宝——基本什么都在那里买！"

买手店铺以买手制度为采购形式，主理人对生活和品牌明确的态度，并且将态度进行概念化，并集合多品牌的同一品类或不同品类同样概念的产品，相比其他零售业态，在产品丰富性及独特性上具有无可比拟的优势。以柯莱特为例，店内有来自不同国家的产品组合。除了有很多日本设计师的产品，来自法国、意大利和英国设计师的产品也很多，能够在同一时间、同一楼层摆上多达20000种不同产品。这里既能看到雪球、复古糖果、外观难以识别的耳机、小众眼镜品牌与香氛蜡烛，亦有售价高达五位数的手表或纬图（Vertu）手机，时装空间则完全不同，假人模特与货架展示着精挑细选的高级成衣。正因为丰富的产品组合，对于一家买手店来说，在定位明确的前提下，最突出的能力是整合能力，能够高度融合统一所有的销售品牌，既保证买手店自身风格鲜明，又突出店内销售的品牌，尺寸拿捏得当，这也是对买手店是否专业的考验。

大多数买手店品牌偏爱新潮、超前的商品，主力消费人群为前卫、个性的年轻时尚达人，价格也比较适中，符合新锐消费者的经济承受能力。例如，老佛爷与I.T集团签约合作进入中国后，引进了不少价格相对较低的商品，以契合中国市场需求。而专营国内设计师品牌的买手店，各自品牌的个性鲜明，分布于不同的市场中，如栋梁的时尚度较高、一尚门设计感强烈、Seven Days则追求自然简约风格。

买手店的买手根据自身店铺的定位，结合市场及流行趋势的分析，通过时装周、订货会、代理商或者直接与品牌接洽等多种渠道，选择合适的品牌及款式入驻买手店销售。在合作时，强势的品牌会要求最低的订货量，还会考察买手是否具备经营类似商品的市场经验，不会将品牌交给没有经验的人去代理。

买手店主要采取买断模式经营产品。除此之外，买手店还可以和品牌洽谈，获得品牌的代理权,并通过售卖提成、股权参与、开设合资公司等方式,与品牌建立长期合作。I.T 是最具代表性的代理式买手店,它与品牌间的合作多样而灵活。I.T 集团最初以买手制开拓道路,在品牌拓展中逐渐衍生出代理与合资公司两种模式。I.T 代理的品牌包括高田贤三(KENZO)、法式链接(French Connection)、伊夫·圣·洛朗、麦昆;也有部分品牌授权 I.T 独家代理权,并为其制定在中国市场的开拓计划。合资公司则是较为深入的合作模式,2010 年老佛爷集团与 I.T 建立各占 50% 股权的合资公司,借力 I.T 把握潮流、本土化的经验优势在中国谋求发展,并于 2013 年入驻北京西单,共同开拓中国市场。

目前中国还有一类新兴买手店合作模式正在迅速崛起,即与国内尚未成名的设计师合作,替对方售卖当季最新作品的寄卖式经营模式。按照寄售协议规定的条件,产品出售后,买手店给品牌结算货款,买手店获得一定销售分成,把季末滞销的货品退还给设计师。这种模式下,大大降低了买手店的经营风险以及对流动资金的需求。一些比较强势的设计师买手店通常采用寄售的合作方式,这些店铺非常擅长整合设计师品牌资源,同时,买手店品牌集聚效应带来的宣传成为设计师的无形资产。设计师可以省去店铺这一方面的支出。由于店铺的租金、员工支出等在成本中占有很大的比重,省去这笔支出,意味着设计师可以有更多的流动资金运用在产品开发及其他方面,因此,独立设计师,尤其是新兴的独立设计师,对于买手店的依赖成为必然,在双方合作上,买手店相对而言更有市场话语权。但是,对于一些销售能力极强,或者有市场影响力的设计师品牌,一般买手店采用买断式。比如薄荷糯米葱(BNC)对于大多数设计师品牌采用的是寄售式,而对于销售业绩较好的刘清扬的品牌奇克·托邦(Chictopia)则是采用买断式,在保证自身低风险的同时谋求利益最大化。

对于买手店来说,买手选择款式时要针对当季消费者生活方式的诉求和审美变化作调整,混搭能力对多品牌买手店至关重要。买手在负责采购的同时,也是一名优秀的风格师或者造型师。

以 Play Lounge 为例,可以更清晰地了解买手店的运营。Play Lounge 成立于 2013年,是国内知名生活方式类买手集合店,主要售卖商品包括服饰、鞋、包、指甲油、饰品、鲜花、音响等生活杂物。目标消费人群是 85—90 后购物群体,追求去品牌化、去徽标化。品牌定位为中高端生活方式类设计师品牌集合店。Play Lounge 十分注重资源整合和跨界合作,联通设计师与消费者,打造线上线下良性运作的时尚产业链。

Play Lounge 的店铺平均面积 1000 平方米,每家店铺的装饰、装修风格各具特色。为了让消费者体验时装衣饰在特定环境下交汇产生的创意美学,室内设计用听觉、嗅觉、味觉、视觉、触觉,五感合一的理念,以及简约色块和结构错落的先锋创意来营造空间变化的观感,使生活化与商业化在多角度的空间维度里和谐交融(图 11-1)。

图11-1 Play Lounge买手店各具特色的店铺陈列

Play Lounge 所有品牌分为两类，一种是品牌入驻形式，即设计师品牌在店铺内寄卖，一种是由公司买手团队采购的商品。Play Lounge 主要经营的品类为服装，通过不同风格的品牌服装来满足顾客的需求，也是盈利的主要部分。店铺内还包含咖啡厅及美甲沙龙，为消费者提供更加多元、国际化的一站式消费体验。商品以既风格独立又混搭得体的形式组合呈现，每一件商品都来自于设计师与买手对于时尚风向的敏锐直觉，充满活力和惊喜。趣味庞杂的商品以及咖啡厅、美甲沙龙、鲜花店共同烘托出 Play Lounge "时尚之家" 的主题，最大限度地呈现了生活的想象力。

在市场营销方面，Play Lounge 经常举办层次丰富的线下活动。法国时装周项目、时装艺术展，聚集了时尚、艺术、设计的一众新锐力量，以艺术形态呈现多元化、年轻化的中国设计。通过不同的活动形式，打造国际时尚艺术交流平台，代表中国设计向全球发声，让中国设计与法国艺术碰撞出新鲜的力量，颠覆国际上以往对中国设计的认知，重塑中国设计新形象。Play Lounge 的线下店铺均设有艺廊区域，作为艺术跨界的平台，店内的游牧商店和时尚廊长年开放，展示设计师和艺术家的作品，举办各类主题展览。

Play Lounge 的线上销售渠道包括官网、天猫旗舰店、京东旗舰店和唯品会及 Play Lounge 漂亮 APP，输出专业的时尚内容，实现原创设计师品牌设计、销售、物流、仓储一体化。微信公众号每天更新时尚生活咨询，精选与顾客需求深度结合的原创内容，发布时髦生活实验室系列测评活动。微博通过专业团队社群运营，了解时下最潮流的人物和事件，与顾客及时互动，用风格独具的视觉化传播，为微信等其他端口导流。

（三）专卖店经营模式

专卖店可以分为品牌专卖店和品类专卖店。品牌专卖店一般只经营一种品牌的服装，大多有明确的定位和目标顾客群，通常开设在城市商业繁华地段或大型购物中心内。专卖店的顾客大多数是某一品牌的偏爱者，其款式、风格、价位、促销方式等都有极强的针对性，如以快速反应见长的快时尚品牌扎拉等，商品更新快、产品紧跟时尚脉搏以及超高的性价比，深受无数年轻人的青睐。这些快时尚品牌也带来了买手模式，打破了原有传统产品开发的弊端，有效缩短前导期，提升动销率。同时买手模式以消费者需求为导向，以时尚潮流为基准，更加符合消费者的购买心理，购物效率更高，这种模式逐渐发展成为国内时装企业运营模式的新潮流，涌现出韩都衣舍等此类买手制模式的明星公司。

目前，品牌专卖店的发展有几个趋势。首先，品牌专卖店的自营比例越来越高，为了加快对市场反应的速度，更好地控制品牌渠道，很多时装品牌采取完全自营专卖店的方式，或者逐步提高自营专卖店的比例。如绫致集团从 2011 年起，逐渐收回所有代理权，实现完全自营，以更好地打造品牌 O2O 模式。其次，品牌专卖店逐步实施"大店策略"，如扎拉在中国的平均店铺面积是 1128 平方米，这些大面积店铺能够充分地展示品牌和打造品牌，提升市场占有率，同时对产品的多样性也提出了更高的要求。再次，越来越多的时装企业在大城市的黄金商业地段开设专卖店作为品牌的形象店、旗舰店或者生活方式店，以宣传品牌形象，同时也助力保证公司在各城市的黄金商业位置拥有稳定的店铺资源，加强公司品牌形象的辐射与渗透力。优衣库在全球不同的城市如巴黎、纽约、东京、北京、上海等开设了不同风格的旗舰店，有些店铺面积多达 6000 平方米。旗舰店通过精美的设计，将商品、店铺服务与新零售体验融为一体，为消费者带来真正生活方式的共鸣，使店铺成为城市精神及文化的新地标。

随着细分市场的发展，还出现了一些以单品类为主打的品类专卖店，通常以买手店的形式，专门销售某种某类，如以鞋子、配饰为主打商品。店铺面积通常不大，主力产品价格段较亲民，可快速复制发展。如鞋类买手店安派德（On Pedder），与连卡佛（Lane Crawford）和载思（Joyce）属于同一集团，代理高端设计师品牌的鞋履和配饰，所有国内店铺均开在载思里，同时为连卡佛供货。轻奢眼镜买手店 Coterie 是首个将诸多欧美及日本当红眼镜品牌引入国内的潮流眼镜店，主营装饰眼镜，符合年轻一代的审美特点，以新鲜的视野、个性的品位引领着眼镜行业潮流，并逐渐增加了珠宝品类，在上海 K11 购物艺术中心打造首家全新的饰品集成概念店 Common Hall，引入了来自 9 个国家的近 20 个独立设计师品牌，通过独树一帜的空间设计，将不同领域的美学理念巧妙融合，为空间注入艺术感和个性。珠宝类买手店 OOAK 成立于 2012 年，是上海第一家主打欧美独立设计师首饰的买手店，引进了亚历克斯·梦罗（Alex Monroe）等近三十个欧洲首饰品牌，大部分品牌首次进入中国大陆。此外，OOAK 也提供设计师品牌服装、其他配饰和展览功能。

（四）超市经营模式

超市一般只经营价格较低、适合自选的日常必需服装，如针织内衣、衬衫、家居服、T 恤衫、裤子等。随着市场竞争的加剧，超市也开始拓宽服装产品的经营范围，经营牛仔裤、运动服、时装等产品。超市同时还会引进一些定位于大众的品牌服装，以增加客流，完善超市的品牌结构，提升形象和档次。

超市和品牌的合作模式一般有三种，即联营、代销及买断。超市的自有品牌（Private Lable）通常采用买断模式。与以往相比，超市零售商的经营环境更为复杂多样。电商对传统超市形成了竞争，而且传统超市之间也经常通过降价商品相互挤压。因此，为适应这种形势并在竞争中占据主动，大多数超市都经营自己的自有品牌商品，并不断尽力扩大此类商品的种类范围。以沃尔玛（WalMart）为例，开发了 12 个系列 1000多种自有品牌，其中服装品牌有简适（Simply Basic）、纽约之星（Faded Glory）、运动源等，形成了服装自有品牌群，扩大了客户群体，加强了商店门类的边际利润，并进一步提升差异化形象。2016 年春夏，沃尔玛首次在中国市场引进自有品牌纽约之星（Faded Glory），该品牌的牛仔裤有着媲美欧美时尚品牌的剪裁与设计，以及超高的性价比，如牛仔裤仅售 149 元，含 7% 氨纶的女童装仅售 49.9 元，为顾客带来惊喜。

超市在开发自有品牌时，具备很多优势。超市直接面对消费者，能够收集大量销售数据，从而更好地把握市场需求，开发出满足消费者需求的产品，并形成超市的经营特色，同时还能够充分发挥企业无形资产的优势，增加附加值。另外，虽然自有品牌的零售价一般低于同类商品其他品牌的价格，但因为去掉了中间供应商环节，超市的利润率相对更高，提升了超市的竞争力。

超市的买手在开发自有品牌产品时，需要关注市场动向，及时捕捉热点商机，并始终围绕性价比展开工作。大型超市通常采用集中采购模式以保持价格的竞争力。除此之外，买手还可以通过调整采购时机来获取较低的采购价。以近几年市场上热卖的超薄羽绒服为例，沃尔玛采购团队提前大半年，在生产淡季确定买货计划，获得了超低的价格。沃尔玛羽绒服含绒量 90%，而售价仅为 269 元，成为销售爆款。

（五）购物中心经营模式

购物中心的显著特征是：规模巨大，由若干个主力店、众多专业店和商业走廊形成封闭式商业集合体，面积通常在十万平方米以上。超市的主力店通常是知名百货店、大型超市，而次主力店通常是知名餐饮店、影剧院、大型书店或游乐场所。以万达购物广场为例，万达百货和沃尔玛超市是主力店的标配，而万达影院、国美电器则是次主力店的标配。购物中心的功能齐全，集购物和其他商业服务甚至金融、文化功能于一体，进行全方位服务。

目前，购物中心也存在同质化的问题。在寻求差异方面，也存在和百货商场一样的困境。未来将呈现专业化和细分化的趋势。购物中心和品牌的合作模式主要为收取固定租金，也有部分购物中心采取联营扣点形式，或者租金和扣点取其高。购物中心和百货商场在与品牌的合作方面有相似之处，但两者的收银系统截然不同（图 11-2）。

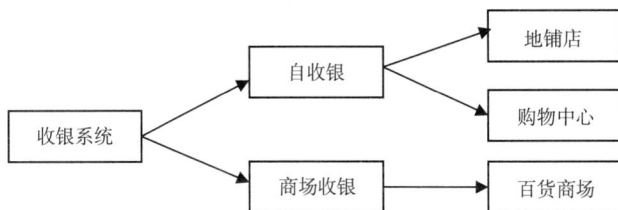

图11-2　不同的收银系统

在百货商场，消费者购买产品后，需要到商场统一的收银处付款，百货商场负责收银；而在购物中心，消费者直接在品牌店铺内付款，对于品牌来说属于自收银。商场收银的形式一般回款账期较长。商场会和品牌方进行结算对账，双方确认无误后，品牌方给商场开具相应额度的发票；商场一般在收到发票的 30 个或者 60 个工作日内进行回款。对于品牌方来说，产品售出后 2—3 个月，有时甚至长达 6 个月才能收回现金流。因此，商场收银系统对品牌方的现金流要求很高。不同的收银方式对品牌毛利率没有影响，但对品牌的运营及现金流有较大的影响。

（六）低价零售商经营模式

低价零售商如奥特莱斯、折扣店虽然在零售业态上各有不同，但本质上都以价格取胜，并且这种低价销售是全年性的。低价零售店是一种在发达国家早已发展成熟的零售业业态。根据德勤与 Stores Media 联合编纂的《2018 全球零售力量》报告，2016 年，美国的低价零售商 TJX 超过法国的酩悦轩尼诗—路易威登集团及西班牙的 Inditex 集团，荣登全球 TOP20 时尚零售商榜榜首，同时进入前 10 的还有美国的名牌折扣零售商 Ross Stores。在中国，低价零售业并不发达，因此有很大的发展潜力和上升空间。以国内知名低价零售商唯品会为例，2012—2017 财年的复合年增长率达 73.8%，2018 年全年净营收为 845 亿元，连续 25 个季度盈利，其大牌低价的销售模式使其在十年间快速成为中国的第三大电商，甚至成为全球增速最快的顶尖零售商。

低价零售商以远低于正常批发价的价格采购商品，并将收益向消费者让渡。这种超低的采购价主要来自不同的采购时机。许多传统零售商支付了大量费用，以希望成为第一个向消费者提供同类商品的商家，而低价零售商正好与之相反。刚上市的最新款时装价位总是最高的，随着时间的推移，价格开始下降，为处理库存而出台的促销政策也开始出现。因此，那些有耐心的消费者最终会获得最优惠的价格。这种情况同样适用于低价零售商。只要能尽可能地保持等待，商品的采购价格总会降下来，并借此实现较低的商品销售价。因此，低价零售企业的买手在实施采购过程中，需要对采购时机、商品种类等决定商品价格的重要因素进行考量。

尽可能地推迟采购时机会为那些实行廉价销售策略的零售商带来丰厚的利润。一般而言，为使顾客能在商品销售季节开始前购物，传统零售商会比较早地提前购进商品，一般提前 6 个月。低价零售商则采用"机会主义"采购方式，有着显著区别于传统零售商的经营理念。虽然低价零售商也希望能尽早进行销售，但由于价格才是经营的最大优势，因此，他们会一直等待商品价格降至最低的时候才实施采购。为此，他们采用一种等待与观望的策略。在目前的时装领域，由于流行变化很快，除了少数畅销的商品之外，还经常会有大量以清仓价格销售的知名品牌商品。在销售季末，一些曾经的热销货品也会进入廉价处理行列。因此，在供应体系明确的情况下，低价零售商通过耐心等待，就能以远低于原始批发价的价格实施商品采购。这也正是消费者能够经常在低价零售商场里发现以相对较低的价格出售各类知名品牌商品的原因所在。

在具体的采买计划方面，低价零售商也有着不同于传统零售商的显著特征。由于价格是低价零售商在采购时的决定性因素，低价零售商买手作采买决定时，会单纯以价格、而非像传统零售商那样严格以色彩、尺码或款式为依据，购进所需要的折扣商品。在买手考察商品时，会主要关注那些尺码不全或颜色混杂的商品。另外，低价零售商买手倾向于大量购入商品，有时甚至可能一次性买断某一款式、颜色或尺码的所有库存商品，并由此获得显著低于百货商场买手的批发价格。由于时尚类商品具有很强的时效性，有时买手购进的商品价格虽然非常低，但商品本身已经过了销售季节，因此需要打包储存以等待下一个适当的销售期。这种方式存在一定的经营风险，需要低价零售商买手对商品持久地进行考察，以确认它们是否能够适应下一销售季节的消费者需求。

TJX 是美国最大的低价时尚零售公司。截至 2018 财年，TJX 公司在全球三大洲运营 4000 多家门店，销售额近 360 亿美元，当前公司市值超 640 亿美元，是美国服装零售行业中市值最大的公司。公司整个零售体系通过买手加数据的方式进行高效运转。

TJX 品牌定位高于 Ross Stores 等竞品，主要销售中端到日用基础定位的商品，门店偶尔会有高档大牌服装、女包以极优惠价格出售，如华伦天奴、古驰、纪梵希、思琳（Celine）、路易威登等重奢品牌；蔻驰、芙拉（Furla）、迈克高仕（Michael Kors）、瑞贝卡明可弗（Rebecca Minkoff）、凯特丝蓓（Kate Spade）等轻奢鞋包品牌；以及雅诗兰黛、SKII、娇韵诗（Clarins）等一线化妆品品牌，以此作为吸引顾客的引流款。

TJX 能够成为全球顶尖零售商，得益于灵活机动的采购策略。公司在全球 12 个国家设有 16 个买手办公室，总计 1000 多名买手，从超过 100 个国家采购。有别于传统百货公司提前很久预订备货的采购策略，TJX 的采购阶段明显延后，买手们几乎每周都活跃在市场上，但主要是购买当季货品，以及极少量的下一季货品（打包库存）。延后购买也便于买手们更了解当季流行趋势，结合对当季风向的监测，做出更好的判断；针对大部分的服饰线和相当一部分比例的家居线，公司都采取这种灵活的购买策略。货源主要来自生产商，少数来自零售商和其他渠道，以及部分 TJX 定制产品（自有或授权品牌）。潜在的货源比如生产商库存过多，百货公司的订单取消、退货等，但从生产商处直接下单已经成为最主要的采购方式；定制产品主要是为了增加商品的丰富度和补充供需缺口。

TJX 可以消化任何缺陷的货品（断码、清仓等），且可以包揽某一品类的所有货品，采购量巨大。其买断式采购，不保留退货权利，极大地减少了供应商的后顾之忧。TJX 的供应商数量众多，结构分散，前 25 家供应商仅提供约 25% 的商品，从而进一步加强了公司和供应商的议价能力，降低了购货成本。

买手是 TJX 公司的核心和灵魂。前任首席执行官梅罗委兹（Meyrowitz）曾说："如果公司过多运用数据分析，采购流程过于自动化，那顾客来我们商店购物时就会找不到让他们兴奋和有新鲜感的产品。"成熟的买手队伍和内部完善的培养体系是 TJX 的独门秘籍，每位买手有自己的专门领域，TJX 前任和现任首席执行官均是买手出身。

（七）私人定制沙龙（Trunk Show）运营模式

私人定制沙龙是欧美小型设计师品牌比较流行的销售方式，具有展示、社交及销售的功能。通常在正式的秀之前，邀请品牌的 VIP 顾客来欣赏、订购新一季的产品，沙龙可能在酒店，或者临时空间，甚至是家里，VIP 可以试穿，如果样衣合适，可以直接买走，或者预付定金，向品牌下订单，调整尺寸重新做一件。这种方式同时适用于单价在 5000—10000 元的高端设计品牌。

（八）电子商务运营模式

随着网络技术的蓬勃发展，支付技术和物流服务的完善，以及网络评价和分享功能的兴起，网购的方便快捷，网络店铺的海量丰富产品，使得人们的消费方式逐渐从逛商场转变为上网购物。根据国际贸易管理局的数据，中国是世界上最大的电商市场，到 2019 年年底，中国的在线零售交易额将接近 2 万亿美元，占全球交易总量的一半以上。线上服装零售呈现几何级的增长，出现了一批像凡客、韩都衣舍等众多知名网络服装品牌。许多知名实体服装品牌纷纷加大投资电子商务的力度，开设自己的独立网站、APP 小程序或者选择入驻天猫、京东等平台，打造 O2O 模式，网络渠道是新的渠道，同时也改造和提升传统渠道，电商给更多消费者提供了购物的便捷，这种便捷不再受时间、空间的限制。

如今，对于时装品牌来说，通过微信、微博、小红书等社交平台与顾客建立联系是一项至关重要的工作，几乎每一个品牌都拥有了自己的公众号和小程序。同时，经过 3 年多的铺垫，2019 年成为直播的爆发之年，互动性更好的直播已经成为时装品牌线上零售的一个巨大流量入口，淘宝直播、快手和抖音等平台的直播带货都见证了销售的奇迹。无所不在的数字生态系统和便利的中国电商环境改变了人们购物和交流的方式，甚至也慢慢改变了买手的角色。

对于诞生于互联网的电商买手来说，商品的组合及采购是其重点关注的首要问题。选品是生意的基础，选品必须具有普遍性的吸引力，只有适当的选品，才能够带来浏览、转化和最后的成交。除此之外，价格也是买手必须考虑的重要因素。通常情况下，选择通过网络进行购物的消费者都会要求价格相对较低，至少是与商场商品同等价位。因此在互联网上，价格竞争力是实现商品销售的一个至关重要的因素，买手必须具备非常强的谈判能力，以便获得尽可能低的采购价格，灵活的价格策略是吸引更多消费者的基础。买手需要考虑的另外一个因素是保证商品展示的视觉效果，以确保每一件商品具有足够的销售潜力，充足和可共享的库存是电商区别于传统行业最大的优势。

对于当下最热的直播带货来说，主播也即买手，根据推广主题，为用户精挑细选优质商品。淘宝头部主播烈儿宝贝是海宁皮革城官方唯一战略合作主播，2019 年在联合直播活动半个月前，烈儿宝贝到海宁皮革城，走访了几百家商铺，进行选品，最终精选了大约 70 件产品用于直播销售，最终 5 小时内成交超 7700 万元。在一次成功的时尚产品直播带货中，超高的性价比是最主要的核心竞争力，很多头部主播直播产品的价格在相当长的时间内都是全网最低价。其次，选品逻辑通常以大众审美为主，多为通勤款，较少小众、潮牌、个性化产品。通过全品类、件件有优惠、时时有促销，薄利多销给消费者良好的购物体验。

综上所述，服饰零售经营模式进化过程中所沉淀的各种理念，以及每一次变革与创新，都会对现代商业进化的过程产生巨大而深刻的影响，有一些顺应潮流的公司，坐到了风口上并享受相应的红利，而那些没能及时察觉变化，固守原有模式的公司，则会被淘汰和消灭。对于买手而言，同样如此，如果不能及时发现新的市场趋势，并且及时跟进这种趋势，也将遭到市场的淘汰。

三、买手的分类

根据不同的分类方法，可以将买手进行不同的分类，而不同的经营模式也形成了不同的采购周期。各类型的买手在工作内容、职责以及综合能力要求方面也各有差异。

（一）买手的类型

按照不同零售商的经营模式，可以将买手的类型划分为自有品牌买手以及经销商型买手，而经销商型买手又可以进一步细分为单品牌或多品牌买手，或者单品牌及大型综合经销商型买手，具体划分的方式见表11-1。

表11-1 买手类型的划分

零售类型	知名企业	买手类型
品牌零售商	扎拉、绫致集团、韩都衣舍	自有品牌买手
品牌零售商的经销商或代理商	百丽集团	经销商型买手（单品牌）
超市、百货商场、无店铺经营	沃尔玛、玛莎百货（Marks & Spencer）、亚马逊（Amazon）服饰频道	经销商型买手（大型综合）
精品百货店、买手精品店、品牌集合店	连卡佛、老佛爷、载思、I.T、栋梁、薄荷糯米葱	经销商型买手（多品牌买手、单一品牌买手）

根据采购的对象不同，买手的类型可以概括为两类：成衣买手（Branded Buyer）和自有品牌买手（Own Brand Buyer）。通常来说，被大家认为光鲜亮丽的是成衣买手，以飞往世界各地参加时装秀、与设计师在各种社交平台互动的形象为大众所知，其职责包括参加设计师的时装秀、拜访他们的展厅等挑选出最适合的款式，通常供职于连卡佛、载思这样的精品店。数据分析能力对成衣买手极其重要，而对创意的要求则相对少些，因为挑选哪些款式并不是由买手们的个人喜好及审美决定，而是通过大量长期对消费者的研究来进行预测的。自有品牌买手则需要参与服装产品的开发过程，扎拉和绫致集团等快时尚品牌的买手就属于自有品牌买手。他们和品牌内部的设计师紧密合作，从趋势预测、面料辅料挑选、款式设计、成本价谈判、零售价制定到款式的进店销售日期都会参与，自有品牌买手相比于成衣买手来说更需要创造力（表11-2）。

表11-2 两种买手类型的比较

买手类型	成衣买手	自有品牌买手
主要职责	从其他品牌公司挑选现成的时装产品,买手一般不参与产品开发,可能也负责产品的货期	买手负责产品开发,负责采购的方方面面
代表公司		
利润比较	净利润通常要比自有品牌的利润低	净利润通常比采购成衣品牌的利润高

（二）采购周期

由于采购对象不同,成衣买手和自有品牌买手的采购周期（Buying Cycle）也存在差异（图11-3、图11-4）。通过比较发现,自有品牌买手的买货采购周期涉及的环节更多,采购的供应链更长。

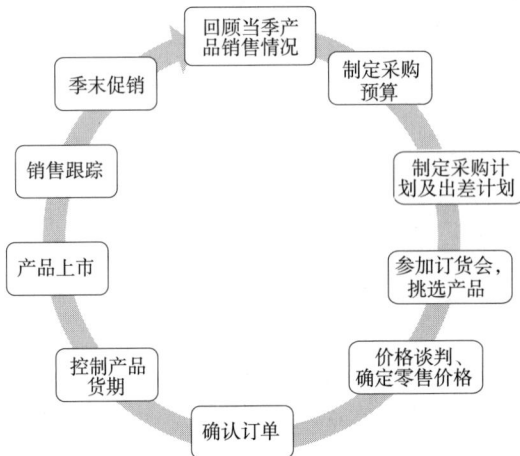

图11-3 成衣买手买货的采购周期

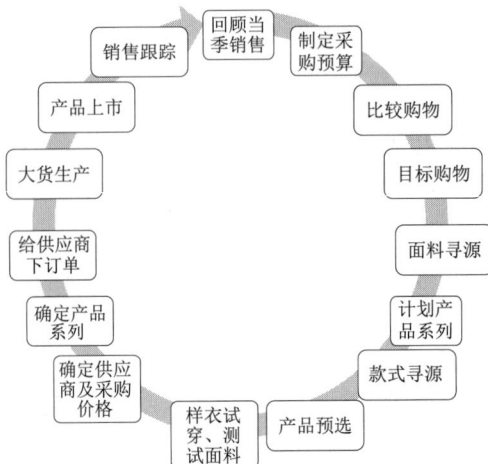

图11-4 自有品牌买手买货的采购周期

上述各环节所需技能各不相同，对买手的综合能力要求很高。买手不仅需要具备系统化的买手工作流程知识，还需经过至少两到三年的实际工作历练才能独立开始工作。以 I.T 在北京的买手工作内容为例，除了需要设计风格、流行元素、款型、面料等专业技术方面的知识，还需要考虑北京公司的预算、店铺的规模、定位、当地的天气等。

在采用买手模式的时装企业中，主要有两种运营方式，第一种是买手与设计师相结合的模式，买手为设计师提供准确的时尚信息，包括对时尚的判断、本企业内销售数据的分析与提炼。第二种以买手为主导的模式，以买手为主导，买手管理设计师。买手收集时尚信息，将看中的款式或其他信息传递给设计师，设计师经过修改等工作，组成新一季的系列。和传统企业的运营模式相比，买手模式以终端销售为先导，同时，精简了产品开发流程，缩短了产品开发时间，产品更新速度快，能更好地满足消费者不断求新的需求。在买手模式的时装企业中，买手和设计师互相紧密合作，开发新产品。但和设计师相比，买手对公司的经营和财务状况的影响力更大。尽管设计师是时尚产品的"始作俑者"，但买手决定了哪些产品线最终能够上市，并为公司带来可观的收益。

第二节　买手的工作职责

鉴于国内零售业态的多样性及复杂性，不同零售类型、不同经营范围及组织架构的买手工作内容有相同之处，但工作职责和工作范围不完全一致，并且他们的市场地位及工作权限也有所不同。

一、买手的职责

公司的经营范围对买手的职责范围有所影响。对于小型零售商来说，买手可能负责购买多个类别甚至是全品类的产品；而大型零售商店中，采购金额庞大，买手更加专业化，只负责某个或某几个大类的买货，并按照产品类别对买手的工作进行分类，比如牛仔裤买手、毛衣买手、皮衣买手等。

在组织结构方面，很多零售商都把公司的买手集中在总部，负责所有店铺的采购。比如连卡佛，采取中央买手制，买手都在中国香港总部，所有买货工作都在店铺的核心总部香港完成，买手对所有店铺内商品的选择和采购都具有权力和责任。而对于一些零售店铺很多，店铺分布区域较广的零售商，在组织结构上会划分不同的零售区域如北区、南区、中部区域等，并分别为这些零售区域配备相应的买手。买手分别为这些地区订货，以使产品更符合当地消费者的需求。

不同类型的时装公司，买手的工作内容和范围也可能不同。设计型的买手大多在自有品牌公司，买手和设计师沟通密切，参与产品开发，工作职责更偏向设计及商品企划。还有一些自有品牌公司，买手主要负责供应链管理，跟进大货的生产和采购，属于跟单型买手。而在经销商型的公司中，买手的工作范围更偏向于运营，主要负责各类数据分析、货品调拨及制定促销计划等。

在国外，买手职业发展时间较长，买手的市场地位较高。很多设计师的产品线，通过百货公司或者独立零售商的专业买手进入销售渠道。他们决定每季为公司买入什么产品线，以什么价格买入，有比较高的决策权。买手也是各大品牌公司和设计师每季新品发布会必邀的客人。国内买手处于发展阶段，扮演的角色比较复杂，权限及市场地位也各有不同，如一些小规模的经销商型买手，主要做基础的数据分析工作，最终的买货决策甚至由老板亲自确定。买手的职责根据供职公司的规模和组织结构、供职公司的类型和采购商品的种类而有所不同，总体而言，一个典型的时尚买手主要包括以下各项内容。

（一）分析时尚动态和流行趋势

作为买手，需要抓住最新的且符合自身品牌定位的潮流趋势，并且能够鉴别他的目标消费者什么时候能够接受这种流行趋势。买手需要在最短的时间内（先于自己的竞争对手）把这个趋势变成商品送进自己的店里，只有这样，才能使店铺立于不败之地。专业买手无论在街上走路还是看杂志，总是在思考人们为什么那么穿，如何去采购或整合相应的货品。因为服装流行趋势受方方面面的影响，买手也应关注社会及文化各个领域的最新变化。

（二）拜访店铺

买手经常拜访店铺，和一线的销售人员进行直接交流。通过沟通，买手可以及时了解销售反馈，消费者的购物行为及最新的需求，并立刻采取行动。同时，买手会定期造访竞争者的店铺，关注竞争者的最新动态。买手通过这些方式吸取经验，并将这些经验采纳到下一季的采购计划中。

（三）制定采购预算

销售部和财务部制定销售预算后，买手根据销售预算制定采购预算，并根据实际的销售情况及时进行调整。

（四）商品计划与产品开发

在买手模式为主导的时装公司中，在每一季新产品开发前，买手需要制定商品企划，将具体的产品需求告诉设计师，给设计师提供市场化的趋势参考，设计师在产品规划的框架下，设计和开发新一季的产品。买手是沟通设计师与消费者之间的紧密桥梁。设计师设计出新一季产品后，买手根据款式，将新产品开发订单下给合适的供应商，并跟进开发样品的板型、开发进度等。

（五）商品定价

采购商品后，买手需要给产品制定零售价格。买手根据商品，结合公司的定价原则进行合理定价，控制好公司毛利率。

（六）参加订货会

通常国际知名品牌提前半年举行品牌发布会及订货会。大部分买手的采购是在时装秀之后的品牌订货会上。结合销售数据为下一个销售季节的货品战略统筹选款，需要考虑单品组合、货品买断、品牌代理、后期促销等方案，以便快速应对。

（七）各地出差

采购季节，买手需要频繁奔波于世界各地，参加品牌的订货会。同时，买手要经常参加大型的面料展会及交易会，了解最新趋势，寻求独特的商品，开发新的供应商。买手会定期拜访供应商的工厂，了解产品的生产情况。

（八）供应链管理

对于自有品牌买手，供应链管理是其工作的一大部分。买手和供应商进行采购价格谈判，以便更好地控制成本，并跟进大货订单的生产质量以及货期，确保产品能够按时、按质到达店铺销售。

（九）销售数据分析

每一季新产品上市后，买手需要及时跟进销售情况，分析销售数据，哪些产品畅销或者滞销，更重要的是，买手必须根据数据采取行动，及时调整货品，控制库存，做到销售利益最大化。

（十）参与培训、广告、促销、视觉营销、市场宣传策划活动

买手并不是市场营销或者视觉营销的专家。买手亲自参与这些活动，主要针对促销哪些商品、以何种价格促销、新一季广告应该宣传哪些商品、哪些商品需要摆在店铺橱窗、如何在店内陈列展示等方面给出具体的建议。买手还会参与导购培训，将新一季产品的卖点传递给导购。

二、买手的能力要求

买手的工作职责非常多样化，是一个极具挑战性的职业，需要同时具备多种技能才能胜任。因此，买手需要具备很强的综合素质及能力，可以说，买手是目前非常流行、具备多种才能的"斜杠"青年。

（一）教育背景

虽然目前国内有很多时装院校培养了大批的服装专业背景人才，但实际上，各个时装企业的买手们教育背景相当多元化。很多时尚买手，来自市场营销、工商管理、外语甚至金融背景，他们因为热爱时尚、对时尚抱有巨大的热情而进入这个行业。近年来，随着大数据的兴起，在一些大型公司，有很多数据背景的人才也加入到买手队伍。因此，对于学习服装专业的毕业生来说，虽然具备了一定的优势，但要在激烈的竞争中脱颖而出，也并不是一件容易的事。

（二）专业的产品知识

对于自有品牌买手来说，涉及的供应链环节更多，知识面要求更广。具备专业的产品知识，如产品设计、如何区分面辅料、板型制作及服装工艺等，是非常必要的，否则很难开发和跟进生产出符合公司标准的产品。买手可以通过参观工厂和拜访供应商，积累一手的专业知识（图11-5）。

图11-5　买手参观服装工厂了解生产技术

（三）商业头脑

买手必须保持客观性，不以自己的个人喜好作为采购的依据，否则将错失很多市场机会，结果将是灾难性的。买手并不是设计的引领者，在考虑创造性的基础上，更重要的技能是进行商业性的思考，即为公司所选的款式必须热销。因此，买手既要在潮流趋势判断方面有独到的眼光和时尚洞察力，同时也要具备敏锐的商业意识。买手需要出色的数据搜集和分析能力，能够抓住机会，将数字转化为财务计划，并具备一定的商业经营能力。

（四）沟通表达能力

买手需要和设计师、商品企划、技术人员进行部门内沟通，还会经常性地和市场部、财务部、零售部门、视觉营销以及供应商等进行跨部门沟通，因此需要具备良好的协调沟通能力。比如，买手需要向公司争取更多采购预算时，买手要说服设计师进行款式修改时，良好的多向沟通技巧将有助于买手顺利地开展工作。

另外，需要明确的是，很多时候采购计划是一个团队的决策，而不是买手个人决定，买手必须既能够独立而灵活地工作，又能够很好地进行团队合作。买手与各方沟通，并且经常出差，工作压力较大，因此需要具备良好的身体素质和强大的心理素质。

（五）仪表和个人魅力

如果想成为一名时尚买手，那么从穿着打扮上靠近时尚是个不错的起点。买手比大多数消费者预知流行趋势，更早穿着新一季产品，买手得体的着装，体现其在时尚方面的敏锐度。一些时装公司要求买手只能穿着本公司的品牌，因此，买手的穿着在公司能够起到良好的搭配示范作用。在拜访供应商或者参加行业展会时，得体的服饰能够体现买手专业、时尚的形象，增强品牌影响力。

（六）时间管理

买手需要很好的时间管理能力。通常，买手在同一时间段要处理 3 个季节的产品，针对过季产品（Last Season），买手回顾销售，对慢销产品进行清货；针对当季产品（Current Season），买手负责大货订单的跟进、质量和货期控制；而针对下一季产品（Future Season），买手还需要开发样打样，制定采购计划。在繁忙的订货会期间，买手的工作时间甚至无法预测，订货订到深夜、凌晨是经常性的，因此买手必须具有很强的时间管理能力，分清轻重缓急，并且能够承受长时间的工作强度，只有这样才能在买手生涯中获得成功。

（七）商业道德

商业道德培训是很多公司新入职的买手的必修课程，这个课程告诉买手在采购和供应商合作时，应该遵从哪些商业道德，什么事情可以做，什么事情不可以做，公司利益和个人利益发生冲突时应该如何选择。买手手中握有大量的资金资源，守住商业道德底线是买手最基本的要求。

第三节　买手的考核

买手拥有敏锐的时尚嗅觉和超越的前瞻性，具有创造力又兼具理性，决定了公司的销售与利润，影响了公司在市场上的兴衰与成败，是连接品牌与市场的关键人物。因此，买手通常要受到公司各方面综合的评估，同时，公司也要为业绩优良的买手提供广阔的职业发展空间。

一、买手的考核指标

买手的考核指标通常和公司货品的进销存流程相互对应，体现在买货环节、销售环节及库存环节中。对于需要负责产品开发的自有品牌买手来说，其考核指标还表现在具体的供应链管理方面。

（一）销售指标

公司确定的某一时间段内的销售目标。这个目标通常包括销售收入，以及单位面积的销售效率如坪效等指标。

（二）利润水平

利润水平也是评估买手工作的重要指标。常用的指标包括商品的加价倍数（Mark up）、商品的实际毛利（为促销商品而进行的打折后实际销售价格与商品成本之间的差额）等。

（三）库存水平

库存水平可以了解买手所采购的产品的畅销程度。通常会对以下几个指标进行具体分析：库存周转率（一定时期内，库存被销售并且补充新货的次数）、售罄率（从货品进仓日起 × 天的销售数量 / 总进货数量）。

（四）其他指标

对于自有品牌买手，公司还会从供应链的角度去评估买手的绩效，如货期、大货产品的质量。对于经销商型买手，则更偏重从零售的角度评估，如销售前二十款命中率、零售指导（主推商品、产品培训、产品问题处理）、快速反应（补货跟进、配合品牌方翻单）等。

二、买手的职业发展

随着零售业的蓬勃发展，市场对买手的需求不断增长。大型时尚零售企业从未停止扩张的脚步，新的零售业态不断涌现，电子商务在飞速发展，这些都为立志于买手职业的人们提供了宝贵的工作机会。

如果你热爱时尚，喜欢迎接挑战，那么买手这个职位将非常适合你，但是如果你喜欢安静思考、压力较小的常规工作，那么买手工作不太适合。时尚界总会流传一些激动人心的职业传奇，如买手被提升为公司的首席执行官等等。然而这条职业道路上并非只有鲜花，还有艰辛的努力坚持和承受的巨大压力。对于初级职位的新人来说，重要的是展现出你对工作的热情。想要做好一份工作的愿望与在工作中收获满足感——这比什么都重要。对于大多数刚刚走向工作岗位的人来说，买手的职业起点始于公司的管理培训生，有一些公司要求管理培训生在店铺一线当销售人员，以了解目标消费者行为及零售运营。在积累了相关经验之后，从买手助理开始进入正式的买手职业生涯，然后逐步得到晋升，以下是具体的买手职业发展路径（图 11-6）。

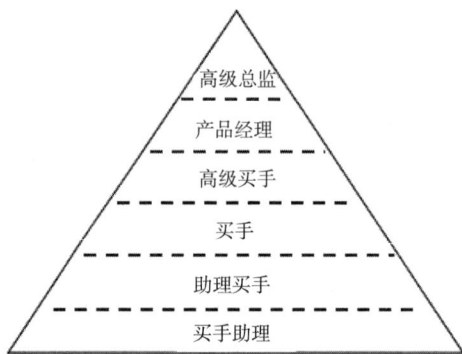

图11-6　买手的职业发展路径

无论确立了什么样的职业发展路径，买手必须完成某一个阶段的任务才能最终成为一名买手。并且，每个职业岗位对买手素质要求也有所不同，如果我们对买手岗位能力要求进行打分，10 分为满分，我们可以从表中不同的分值了解买手岗位的素质要求

（表11-3）。

表11-3 买手岗位素质能力要求

项目	买手助理	买手	买手经理	买手总监	商品VP
对艺术创意的领悟力				6	10
对设计的理解力			6	8	10
对生产采购的掌控力			4	6	8
对流行的敏感度	4	6	8	10	10
对市场的判断力	4	6	8	10	10
零售能力	6	8	10	10	8
批发业务跟进	4	6	8	10	10
数据处理	10	10	10	8	8
数据分析		7	8	10	10
财务基本知识			4	6	8

资料来源：上海上心品牌管理有限公司

岗位越基层，需要完成的任务越偏向于事务性工作，岗位越高，在管理、决策、财务方面的能力要求越高。目前，随着数字时代的来临，买手职责中一些简单的事务性工作已经被机器所取代。以买手助理为例，数据收集和处理是其工作的主要部分，在一些大型公司如亚马逊，这部分工作已经由电脑系统完成，系统完成的工作还包括进行数据分析完成日常的补货工作。因此，买手应该具有行业的前瞻性，意识到行业的这种变化，及时调整自己的知识结构和技能，并且努力去拥抱和适应这种变化。

在数字时代背景下，买手的角色正在改变。为了了解目前市场对买手提出的新要求，对知名线上平台产品开发总监莫妮卡·胡（Monica Hu）进行了访谈。莫妮卡是意大利帕尔马大学渠道营销及商务策略硕士。完成学业后，她在米兰沃尔泰拉时尚和奢侈品采购室（Volterra Buying Office for Luxury and Fashion）做买手，那里是全球时尚零售业的心脏。回到中国后，莫妮卡曾在知名生活方式线上平台担任买手总监，目前，莫妮卡在一家知名时尚潮流购物风向标线上平台做产品开发总监，具有丰富的线上零售经验。以下是访谈内容。

（1）和传统零售相比，互联网平台有什么特点？

传统零售业是真金白银的买货模式，而互联网平台很多是添加虚拟库存的代销，因此，组合成本降低，更加模式化，容易快速复制以及规模化。互联网平台更容易进行数据收集，可以对流量、转化等经营指标进行预判，能够更快地反馈销售结果，并可以根据指标及时对经营结果进行干预。同时，在互联网平台上，新品更迭、商品生命周期大大缩短，营销频次也更加密集。

（2）在数字化时代，消费、商品及运营模式有什么新变化？

在数字化时代，最大的变化是消费者，主要表现在几个方面。第一，消费者的自主选择权以及自我权益认知增强，个性化审美和质量意识提升了，消费者购物的复合需求、引发情感的人际互动需求也显著提高，线上平台可以基于算法，对消费者进行个性化产品的推荐，时尚企业之间的竞争也相应变成体验式整合营销的综合竞争。第二，消费者在环保、气候及循环发展方面的意识逐渐增强。第三，社交媒体使得信息流动非常快，打造快速建立信任的新策略是经营者的要务。另外，数字媒体出现了新生态，视频媒体迎来了大爆发，对于时尚企业来说，内容营销的影响力下降，视频营销的影响力上升，企业应该启动视觉语言战略，向消费者贩卖专业知识、健康、社群、分享价值。

（3）在数字化背景下，买手行业有哪些新要求？

因为市场环境和整合行业出现了新的变化，买手的角色也发生了新的转变。第一，买手需要更多地进行消费者研究，对消费者需求进行挖掘和预判，并具备基于消费者角度的共情和同理心。第二，买手需要摈弃个人喜好，以及影响经营结果的个人决策，对经营数字敏感，并且务实。第三，买手要能够全面判断及打通内部业务资源，并善于整合同业及相关异行业的资讯及人脉，培养嫁接不同跨界合作及促进事件影响力的能力。第四，传统零售的很多方面将会遭到数字化颠覆，买手要具备根据业务需求随时转型的多面专业能力。

第十二章　制定买货计划

制定买货计划是买手工作的核心，买手在具体的计划之前，首先要进行相关数据的分析。数据分析听起来也许是单调乏味、缺乏创意的，但是当买手大量采购某个颜色的面料时，需要通过数据来论证和支撑采购决策。好的买手拥有一种天生的敏锐感，可以敏感地收集到大量的数据和信息，然后再利用这些信息支撑他的买货决策。

第一节　数据KPI分析

买手通过总结零售数据 KPI（Key Performance Index，以下简称 KPI），可以将零售运营标准化，从而更好地进行管理。KPI 的使用，可将公司战略目标分解、转化为可执行、可量化、可衡量的客观指标，便于和最佳实践以及行业标准比较，也能实现公司目标和个人目标相结合。

一、买手计算基础

在进行具体的关键指标数据分析之前，首先需要了解买手在实际工作中必须掌握的一些常用基本概念。这些基本概念包括销售收入、成本、加价倍数及环比。

（一）销售收入

销售收入按会计原理，是指公司的实际收入。因为产品的零售价都是包括13%的增值税在内，所以一般公司的销售收入都是含税的。在实际的业务层面，销售收入有不同的含义。对于企业来说，针对零售业务，零售收入是顾客交给商场或者线上平台的钱，扣除掉商场的租金或者流水倒扣的提成之后，对于线上业务，也需支付给平台提成，企业收到的是回款收入。针对批发业务，经销商或者加盟商实际支付的钱即批发收入。

例题：如果一家公司有以下业务类型，其销售收入（含税）的计算方法应该是怎样的？

商场业务：消费者支付给商场的总金额是 100 万元，商场扣除佣金 25%，实际支付给本公司 75 万元，公司开票金额 75 万元。

自营独立店店铺：实际来自消费者的销售收入 100 万元，店铺租金 20 万元。

电商平台：消费者收入 40 万元，款直接支付给平台，平台方收 18% 的提成，回款给本公司实际金额 25.5 万元。

例题解答：

商场业务：100 万元销售总额扣除 25% 商场佣金后，公司开票金额 75 万元即公司的实际销售收入。

自营独立店店铺：对于自营独立店，来自消费者的收入 100 万元直接到公司账，公司实际销售收入为 100 万元。

电商平台：需要考虑扣除给平台方的提成，公司的销售收入为回款 25.5 万元。

（二）成本

商品的成本是指记账成本，即发票上的成本。根据行业惯例，一般进口产品的成本以到货成本为准，包括商品的进货成本，加上运费与保险费，本土产品则以发票成本计算。根据国内的企业会计原则，商品成本一般是不含税的，因此，在计算毛利等时，要将销售收入和成本统一成含增值税或者不含增值税。

（三）加价倍数（Mark Up）

加价倍数是零售价与货品成本价（采购价）之间的差异。设定的加价除了给出合理的盈利之外，还必须足以支付公司所有的运营费用。加价倍数的计算可以用以下公式表示：

加价倍数 = 零售价 / 成本价（采购价）

注意：零售额和成本价都应该为统一的含税价或者不含税价。

在和供应商谈判加价时，买手通常使用加价倍数，以保证在零售价确定的情况下，买手所谈判的货品成本价是合理的。很多公司对加价倍数有最低要求，如果买手所洽谈的加价倍数低于最低要求，就意味着采购成本太高，公司无法盈利，买手需要进一步和供应商谈判价格，或者考虑调整零售价。

（四）同比及环比

在分析数据时，单个的数据往往并不能说明问题，数据要对比才有意义，在对比数据时要有对比基准（Benchmark）。另外，数据之间不能简单对比，也不能闭门造车，需要考虑到零售的情景，所以分析数据也得懂零售。

买手在追踪销售数据时，经常使用的方法是同比。同比指今年第 n 月与去年第 n 月比。如本期 2 月比去年 2 月，本期 6 月比去年 6 月等，可以用以下两个公式进行同比：

同比发展速度 = 本期发展水平 / 去年同期水平 × 100%；

同比增长速度 =（本期发展水平 – 去年同期水平）/ 去年同期水平 × 100%

同期销售对比可以帮助买手了解本周期：一周、月、季度或者年的销售情况；判断相同单位时间内的销售增长速度；找出影响销售增长 / 下降的关键因素，并根据关键因素做出相应的调整。在进行同比时，买手要注意找对对比基准，比对了，才能得出正确的结论。

例题：如果要比较 2017.4.24 的销售，应该同比 2016 年哪一天？如果要比较

2017.5.28 的销售，应该同比 2016 年哪一天？如果要比较 2017.2.14 的销售，应该同比 2016 年哪一天？

例题解答：

首先，根据日历表，2017.4.24 是周一，2016.4.24 是周日，从零售规律来看，店铺平时的销售额少，周末的销售额多，因此不能将平时和周末的销售额进行同比，2017.4.24 的销售应该同比 2016.4.25。

其次，2017 年 5 月 28 日是周末，同时也是端午节假期的第一天，因此不能简单地用 2016 年 5 月 28 日对比，虽然这一天也是周末，而应该和端午节假期的第一天对比，即 2016 年 6 月 9 日。因此，在进行销售同比时，星期几对星期几，节假日对节假日，并且阴历节日对阴历节日，阳历节日对阳历节日。

买手也经常用环比来进行销售追踪。环比是连续 2 个统计周期（比如连续两月）内的量的变化比，可以用以下公式表示：

环比增长率 =（本期数 – 上期数）/ 上期数 × 100%

二、销售 KPI 分析

作为买手来说，KPI 数据分析可以帮助其了解生意的全貌，了解产品的销售情况，从而在下一季进行针对性的改进，或者敏锐地发现新的商机。在实际的工作中，买手需要分析大量的 KPI 数据，这体现了买手工作理性的一面。买手在数据分析过程中，需要做到心中有数。

首先，数据分析目的要明确。买手在数据分析前，要有明确的分析目的。数据收集要准确。在具体的数据分析中，要注意剔除掉异常数据或者非常规数据。例如，在分析某家店铺某月的销售额时，发现当月销售额同比销售增长率很高，买手需要去查找销售突然增长的原因，比如当月有大笔团购，买手应该将这笔非常规的数据剔除掉，再进行数据的分析与比较。其次，分析方法要得当。买手需要明确使用何种数据分析方法，不同的分析方法可能会得出不同的结论。数据工具要熟练。买手必须熟练掌握 EXCEL 的各个功能，比如数据透视表等，事实上，很多买手都因为擅长用 EXCEL 做表而被尊称为"表哥""表姐"。最后，数据展示要清晰。买手处理完数据后，需要恰当地采用图表形式将数据清晰地展示出来，尤为重要的是，需要明确从数据中得出什么结论，以及需要进一步采取何种行动。

在时装公司的运营过程中，买手通常提前 6 个月制定 OTB（Open To Buy，以下简称 OTB）期货采购计划，然后参加订货会订货，经过 3—6 个月的大货生产，新产品分配到各个店铺上市，买手会重点关注 30 天、60 天和 90 天售罄，180 天进行库存消化直到库存出清。在货品进销存的过程中，产生了一系列买手需要重点关注的 KPI 数据（表 12-1）。订货数据将在订货技巧这一节中分析，这里主要分析销售和库存方面的 KPI 数据。

表12-1 重要零售数据KPI

数据	KPI指标
订货数据	销售预算
	OTB订货目标
	订货量、订货额
	订货占比（品类、上下装等）
	订货排名
	预算金额与实际订货金额差异
销售数据	销售量、销售额、销售占比
	不同系列的成交额
	进店率 & 成交率
	客单价 & 客单数
	排名前10/后10位的产品
	毛利、毛利率、利润率
	坪效
存货数据	库存周转率
	售罄率
	库销比
	库存结构

（一）销售量、销售额及销售占比

销售量是指商品的销售件数，可以用商品的件数或者SKU数表示。销售量一般会截取一段时间内的数量。SKU（Stock Keeping Unit，以下简称SKU）是库存的最小单位，一般表示单款单色，但是也有一些公司会用SKU表示单款单色单码，而用SKC表示单款单色。除了数量之外，还经常使用以下的销售量占比：

销售量占比 = 不同品类商品的销售件数 / 总销量 × 100%

销售额，也称销售收入、零售金额（List Retail Price），用以下公式计算：

销售额 = 商品销售件数 × 吊牌价（商品的标价）

在实际经营中，由于经常会有折扣活动，所以实际的成交金额（Net Sales）要将折扣考虑进去：

成交金额 = 商品销售件数 × 吊牌价 × 折扣

如果是开在商场内的店铺，店铺需要付给商场扣点，那么到公司账上的最终净销售额如下：

净销售额 = 成交金额 × （1- 商场扣点）

成交金额占比（NS%）= 不同品类商品的成交金额 / 总金额 × 100%

了解以上指标，可以量化销售目标，实现从数据到行动的落地，前一季的销售，无论是销售量还是销售额，都是下一季的每件商品或品类的订货基础。

成交金额及占比是重要的指标。成交金额是店铺分类级的依据，公司根据每个店铺的成交金额对店铺分级，将店铺分为 A 类、B 类、C 类，并根据店铺的分级给店铺订货、配货。买手了解每月、每季、每年的成交金额，为采购提供可靠的销售依据，以促进合理健康的销售目标达成，还可以了解生意的走势、品类的销售情况、各级别店铺的销售情况。

假设上海某家店铺的 10 月份生意数据（表 12-2），那么成交金额占比可以反映出针织衫品类（某品类或某款）货品对总销售额贡献程度，销售占比越高，说明此类商品畅销，对销售额的贡献率越高；占比越低，说明此类产品平销或者滞销，对销售额的贡献率越低。一般来说，成交金额占比尤其对于贵价品牌有参考意义，快销平价品牌可以更多参考销售数量占比。

表12-2　各品类成交金额及占比

品类	成交金额	成交金额占比
针织衫	155313	35.3%
大衣	136700	31.1%
裤子	67698	15.4%
连衣裙	19368	4.4%
衬衫	5300	1.2%
鞋	6958	1.6%
羽绒服	22182	5.0%
合计	413519	100%

（二）不同系列的成交金额

在一盘货品中，买手会对货品进行分类，如根据鞋、服、配，或者根据产品系列、主题系列进行分类。买手通过分析不同系列的成交金额，可以从不同角度了解不同产品系列的表现。具体可以分析各系列的销售数量、销售金额、SKU 数等。例如，对于某运动品牌来说（表 12-3），买手可以分析其足球系列、篮球系列、跑步系列及生活系列等，从而了解各系列货品的组合与销售的情况，以在订货、组货及促销上做出判断。另外，通过分析比较各个系列在不同店铺的销售表现，买手可以了解该店或该区消费者取向，得知本店销售的特征，为店铺订货提供数据支持。

表12-3　某店铺2019年9月销售情况

产品大类	款式数量	SKU数量(个)	累计销售收入(元)	销售占比
足球系列	25	50	1012950	18.10%

产品大类	款式数量	SKU数量(个)	累计销售收入(元)	销售占比
篮球系列	50	99	1562450	27.91%
跑步系列	36	70	928930	16.59%
日常运动系列	68	120	2093450	37.40%
合计	179	339	5597780	100.00%

（三）进店率和成交率

进店率是实际进店人数与客户流量的比值，公式可以表示为：

进店率 = 进店量 / 客户流量 × 100%

公式中客户流量为从开门到闭店平均路过人数，现在很多品牌的店铺都安装了客流计数器，用于统计每天的客户流量，也可以通过人工观察，推算客流量。

比较客观的观测方法是：选择 1—2 个平日（周 1—周 4）的日期段及 2 个周末日期段（周 5 到周日），在每个日期段选择 2—3 个不同客流的时间段，如代表平时时间段（一般为工作日上午）、高峰段客流（一般为工作日下班后的时间段），进而推算 1 天营业时间的客流量。进店率通常和店铺形象、陈列的表现有关，通过观测进店率，可以了解客流的规律，更好地预判和指导销售。然而，并非所有进入店铺的客人都会购买，所以在店铺运营中，还会重点关注另一个指标成交率，成交率是店铺中实际成交人数与实际进店总人数的比值，其中，实际成交人数也可以用实际成交笔数来计算，公式如下：

成交率 = 实际成交人数 / 实际进店总人数 × 100%

例题：请计算下面的成交率（表 12-4）。

表12-4　某店铺销售数据

2020年1月					
销售指标（元）	入店客流	实际销售额	实际成交笔数	实际卖出商品件数	成交率
300000	9775	256375	293	451	

例题解答：

成交率 CR=293/9775=3%

成交率能够综合考量员工服务、销售能力、商品的优劣、品牌价值、陈列技巧等关键因素，体现店铺对于消费者购物的吸引力，同时这是一个店铺通过努力可以控制和提高的指标。在店铺运营中，通过比较不同销售人员的销售成交率，可以分析出销售技能的高低；不同月份的成交率比较，可以分析出产品因销售季节变化带来的影响。一般来说，进店客人购买的比例 20%—30% 属正常，也就是每 100 个进店的客人中至少要有 20—30 人达成交易。

（四）客单价（ATV：Average Transaction Value）

客单价即每单（每张小票）成交金额，是个人销售业绩和店铺整体销售业绩最重要的影响因素之一。客单价越高，表示店员的销售能力越强或顾客一次平均消费额越高；客单价越低，表示店员的销售能力越差或顾客一次平均消费额越低。其公式可以表示如下：

客单价 = 某时间段总成交销售金额 / 同一时段交易人次

例题：请计算以下客单价（表12-5）。

表12-5　某店铺销售数据

2020年1月					
销售指标（元）	入店客流	实际销售额	实际成交笔数	实际卖出商品件数	客单价
300000	9775	256375	293	451	

例题解答：

客单价 =256375/29=875

即客单价为每单 875 元。

客单价通常表现了店铺卖大单的能力，体现店员附加销售能力。对于买手来说，买手必须在订货时，充分考虑产品之间的搭配性，以提升附加销售的机会。同时，买手可以通过单笔成交金额了解该地区顾客购买力，指引单店订货及配货单价。如某国内设计师品牌，国贸店的客单价能够达到 6000 元，而其他店铺的客单价平均为 4000 多元，国贸店的顾客消费水平明显高于平均水平，因此买手在给国贸店订货及配货时，可以考虑更多高单价产品。

（五）客单量（UPT：Unit Per Transaction）

客单量也称为连带率、提篮率，即每单（每张小票）成交件数，也是个人销售业绩和店铺整体销售业绩最重要的影响因素之一，其公式如下：

客单量 = 总销售件数 / 总成交笔数

例题：请计算下面的客单量（表12-6）。

表12-6　某店铺销售数据

2020年1月					
销售指标（元）	入店客流	实际销售额	实际成交笔数	实际卖出商品件数	客单量
300000	9775	256375	293	451	

例题解答：

客单量 UPT=451/293=1.5

即每单成交件数为 1.5 件。

客单量和货品组合相关性很强。产品 SKU 宽度越宽，消费者可选择的产品范围越广，SKU 深度越深，断码率越低，产品之间的搭配性越强，消费者一次性购买产品的件数可能性越大。产品单价方面，通常产品单价越低，消费者越有可能一次性购买多件产品，在价格较低的快时尚店铺内，消费者经常使用购物篮购物，就像超市一样，一次性买多件。客单量的大小还和季节呈相关性，春夏季的产品单价比秋冬季要低，因此，春夏季的客单量要比秋冬季的大。客单量还有一些其他影响因素，如店员的销售能力，店铺的搭配陈列效果，以及促销活动是否合适等。

客单量越高，说明店铺整体货品组合越合理，店员的连带销售技巧越好；客单量越低，说明店铺整体货品组合越不合理，店员的连带销售技巧越差。通常客单量在 1.7—1.8 之间是不错的；如果低于 1.3，对于店铺说明整体附加存在严重问题，对于店员说明个人附加存在严重问题。客单量可以通过调整货品配置和提高店员连带销售技巧加以改善。

例题：假设有一家店铺，2017 年 5 月销售额为 256375 元，共售卖 451 件货品，当月客流为 9775 人，成交率为 3%。公司要求 6 月的销售额环比 5 月上升 6%，在各项 KPI 不变的情况下，若 6 月的客单量、客流人数与 5 月持平，则 6 月的成交率至少应该是多少，才能确保完成销售任务？

例题解答：

销售单数 =9775 × 3%=293（单）

客单价 = 销售金额 / 销售单数 =256375/293=875（元）

6 月销售额 =256375 × 1.06=271757（元）

单数 = 销售额 / 客单量 =271757/875=310（单）

成交率 = 单数 / 客流 =310/9775=3.17%

综合上述指标，可以总结出一个销售公式：

销售额 = 客流量 × 进店率 × 成交率 × 客单价

这个公式也称为零售恒等式。如何提升店铺的销售业绩，可以用这个公式进行精细化管理。首先，流量为王，对于实体店铺，选址是第一位的，如果没有足够的客流量，销售就无从谈起。在互联网时代，也可以通过线上为实体店引流，从而提升客流量。其次，应该将分析进店率、成交率和客单价作为一项重要工作，深度分析店铺成交原因和客单价形成原因，通过有效控制影响销售变化的原因达到经营向良性发展的目的。

（六）色款动销率

色款动销率是有销售的产品（色款）与实际在店铺中的产品（色款）的比值，公式如下：

色款动销率 = 有销售异动的色款 / 实际在店产品色款 ×100%

其中，动销项数是一段时间内有销售记录的单品数量，包括销售后立即退货的现象，实际项数：一段时间内实际库存单品数，不包括已经是零库存的商品。

在公司运营中，动销率在 75% 左右是比较优异的。如果动销率低，说明很大一部分商品在一段时间内没有产生销售，本质上是在浪费空间，浪费买货金额，混淆合理库存结构。例如动销率 60%，就是 40% 的商品金额及相关的货架空间没有起到作用。这时候店铺内商品虽然琳琅满目，但消费者还是反映买不到商品或者缺货率居高不下。商品的动销率和销售区域有关，同样的产品在不同区域的店铺销售表现不同，对于色款动销率低的店铺，说明在查询时间范围内滞销单品很多，需要具体深入分析原因。

色款动销率对于分店铺级别订货、单店订货有重要意义。加强商圈消费者调研，根据消费者需求订购新产品，保证订货结构合理，订货款式精准，可以提高动销率，最大限度地达成生意目标。

（七）畅滞销（排名前、后10位的产品）

畅销款上店15—45天内，销售比例能达到30%以上，一般销售排名前10—20位；而滞销款则上店15—45天内，销售比例仅达到5%以内，销售排名在后10—20位。在分析畅滞销款时，还应注重在观察新款上市试穿状况及市场资讯后综合分析。

畅滞销相关报告有时间段（日、周、月）销售排名前20及后10报表、店铺销售排名前20及后10报表及区域销售排名前20及后10报表。在具体销售排名时，不同的排名计算方法可获得不同的产品信息。销售排名的统计方法有售罄率排名和绝对值排名（表12-7）。

表12-7　某店铺10月销售排名前10

排名	店铺	类别	货号	数量	销售额	库存
1	天津津汇	鞋	413268	4	2960	4
2	天津津汇	鞋	117081	3	1620	7
3	天津津汇	鞋	117458	3	2520	12
4	天津津汇	鞋	451843	3	2640	3
5	天津津汇	鞋	748545	3	1620	0
6	天津津汇	鞋	748584	3	1560	7
7	天津津汇	鞋	748620	3	1620	2
8	天津津汇	鞋	807975	3	1620	2
9	天津津汇	鞋	807999	3	1470	5
10	天津津汇	鞋	116738	2	1640	3

得知前10名热卖产品，需要了解畅销原因，同时查看库存，如销售排名第一的产品，库存只有4双，显然已经断码了，需要进行补货，或者准备相应的替代品；根据排名后10的销售，了解后10名滞销的原因，进行相应促销活动。排名前20或后20的产品是买手的新一季订货的参考及选款依据。

（八）毛利、毛利率（GP%）、净利、利润率、折扣率

毛利是销售额减掉成本，即商品的采购价，毛利率是毛利与销售额的比值，公式如下：

毛利 = 销售额 – 成本

毛利率 = 毛利 / 零售额

在实际销售中，会存在打折现象，所以毛利率有标价毛利率和成交毛利率之分，标价毛利率又称计划毛利率，是打折前的毛利率，成交毛利率是考虑了折扣在内的实际毛利率。

标价毛利率 =(零售标价销售收入 – 货品成本)/ 零售标价销售收入 ×100%

成交毛利率 =(实际成交销售收入 – 货品成本)/ 实际成交销售收入 × 100%

实际成交销售收入 = 零售标价 × 平均销售折扣率

平均销售折扣率 = 销售额 / 销售额的吊牌金额

因为存在折扣，所以订货额和销售额有所区别，在销售中必然存在折扣损失，如清货打折和会员价等，意味着销售额会小于订货额，所以在订货时，需要考虑折扣率：

订货额 = 预测销售额 × （ 1/ 该季产品平均销售折扣率 ）

订货吊牌价 = 销售额 / 预期折扣

平均折扣率越大，要达到目标销售额，就必须订购更多金额的货品，因此，控制折扣对于品牌健康发展至关重要。

净利润是销售收入扣除一切成本，包括货品成本、经营费用及管理费等，利润率为净利润和销售额的比值，公式如下：

利润率 =(总销售额 – 商品成本 – 经营费用 – 管理费用)/ 总销售额 × 100%

一家店铺在费用固定、折扣不变的情况下，毛利率和利润率都是不变的，那么一旦有折扣，利润率的高低主要通过毛利率的高低来体现，对于快销产品，有特定折扣季的品牌来说，毛利率非常重要；对于一些贵价品牌，商品有固定折扣，或者常年不参加减价的品牌来说，毛利率相对稳定。

例题 1：已知某件货品成本为 32 元（不含增值税），毛利率欲达到 60%，销售价应该定多少元?

例题解答：

销售价 = 成本 / （ 1– 毛利率 % ） × 1.13=32/ （ 1–60% ） × 1.13=90.4 （元）

例题 2：假设某品牌某月的若干货品销售数据如下（表 12-8），该品牌产品的平均加价率为 5，请计算这几款货品的标价毛利率和成交毛利率，以及产品的平均折扣率。

表 12-8　某品牌产品销售纪录　　　　　　　　　　　　　　　金额单位：元

款号	零售标价	本季销售件数	以零售标价销售总金额（含税）	实际成交销售总金额（含税）
C1	398	250	99500	84575
C2	889	300	266700	240030
C3	469	240	112560	99053
C4	679	160	108640	97776
小计	—	950	587400	521434

例题解答：要求标价毛利率和成交毛利率，需要先求出产品的成本，根据加价率的定义：

成本单价 = 零售标价 / 加价率

以款号 C1 为例，成本单价 =398/5=79.6 （元）

这样计算出来的成本单价是含税的，所以不用考虑成本和零售标价统一税的问题。

售出产品成本合计 = 成本单价 × 销售件数 =79.6×250=19900（元）

标价毛利率 =（零售标价销售总金额 – 成本合计）/ 零售标价销售总金额 ×100%
$$=（99500-19900）/99500×100\%=80\%$$

因此加价率是固定的，所以每款的标价毛利率都相同。

实际毛利率 =（实际成交销售总金额 – 成本合计）/ 实际成交销售总金额 ×100%
$$=（84575-19900）/84575×100\%=76.5\%$$

其他几款的计算过程同上，结果如下（表 12-9）。

表12-9　某品牌产品销售记录　　　　　　　　金额单位：元

款号	零售标价	本季销售件数	以零售标价销售总金额（含税）	实际成交销售总金额（含税）	产品成本单价	产品成本合计	标价毛利率	实际毛利率
c1	398	250	99500	84575	79.6	19900	80.0%	76.5%
c2	889	300	266700	240030	177.8	53340	80.0%	77.8%
c3	469	240	112560	99053	93.8	22512	80.0%	77.3%
c4	679	160	108640	97776	135.8	21728	80.0%	77.8%
小计	—	950	587400	521434	—	117480	80.0%	77.5%

产品平均折扣率 = 实际成交销售总金额 / 零售标价销售总金额
$$=521434/587400=0.88$$

因此，产品的平均折扣率约为 88 折。

（九）坪效

在评估和比较店铺之间的销售额时，仅仅看销售额数值无法判断销售的好坏（表12-10），品牌 C 的销售额大于品牌 D 的销售额，但品牌 C 的面积远远大于品牌 D，因此，比较店铺生产力的时候需要将店铺面积考虑进去。坪效用来评估店铺单位面积的生产力，指单一时段店铺总销售额与店铺总经营面积的比值，公式如下：

坪效 = 单一时段店铺总销售额 / 店铺总经营面积 ×100%

某一时段一般是月或者年，计算的最小周期是月，为月度坪效，时间段为年，则为年度坪效。

表12-10　某商场竞品月均销售额

品牌	楼层	面积（平方米）	月均销售额
A	4F	107	700000
B	4F	94	600000
C	4F	156	550000
D	4F	59	350000

例题：请计算表 12-10 中各品牌的月度坪效。

例题解答：以品牌 A 为例：

月度坪效 = 月均销售额 / 店铺面积

=700000/107=6542（元 / 平方米）

其他品牌坪效的计算方法同上，具体计算结果如下（表 12-11）。

表12-11　某商场竞品坪效

品牌	楼层	面积（平方米）	月均销售额（元）	坪效
A	4F	107	700000	6542
B	4F	94	600000	6383
C	4F	156	550000	3526
D	4F	59	350000	5932

同一楼层竞争品牌之间的坪效具有强对比性，因此各品牌经常用同一个商场同一楼层的竞品坪效来比较业绩。同时，同一商圈的同一业态的坪效对比性强，不同商圈的同样业态对比稍弱，而不同商圈的不同业态没有可对比性。因为坪效具有对比性，当店铺位置发生变化，如同一店铺位置调整，可以进行前后差异的对比分析。坪效还可以用于新开店铺的销售预估上，比如某品牌在同一商圈的不同商场开新店，可以参考该品牌在同一商圈的其他商场的店铺坪效，乘以新店店铺面积，即可得到新店店铺的预估销售业绩。

三、库存 KPI 分析

库存数据方面，买手重点关注的指标为库存周转率、售罄率、库销比及库存结构这四个关键绩效指标。

（一）库存周转率

库存周转率是一定时间内库存被销售并且补充新货的次数，公式可以表示为：

库存周转率 = 销售额 / 平均库存金额

平均库存 =（期初库存 + 期末库存）/2

库存周转率因为使用的时间段不同，可以分为年周转率和月周转率。

例题：请计算下面某店铺的库存周转率（表 12-12）。

表12-12　某店铺销售记录

月份	天数	销售额（万元）	零售库存（万元）
6月	1	—	800
7月	31	380	890
8月	31	360	920
9月	30	450	1210
10月	31	510	1310

月份	天数	销售额（万元）	零售库存（万元）
11月	30	560	1290
12月	31	520	1210
合计	—	2780	7630

例题解答：首先计算平均库存，然后再计算库存周转率。

平均库存 =7630/7=1090（万元）

库存周转率 =2780/1090=2.55（次）

半年需要补充新货 2.55 次。

库存周转率反映存货周转速度，买手可以通过了解库存量的周转从而重新订货及调货，分辨某类型货品不足，应付销售而做出补货及调货决定，订立每周仓库应有数量，保持警觉性，不致货源不足。加速资金周转，减少库存积压。

（二）售罄率

售罄率是从货品上市日期 X 天起的销售数量和总进货数量的比值，公式可以表示为：

售罄率 = 从货品上市日起 X 天的销售数量 / 总进货数量 ×100%

售罄率表明了产品的畅滞销程度，可以计算不同的售罄率，了解产品的销售情况：尺码售罄率、颜色售罄率、面料售罄率等。一般而言，服装的销售生命周期为 3 个月，鞋子为 5 个月。如果在 1 个月内，不是因为季节、天气等原因，衣服的售罄率低于30%，则可判断此产品的销售是有问题的。

研究售罄率需要考虑时间因素，产品的上市时间会影响销售表现。另外，并非售罄率越高的款式越畅销，款式的畅销与否与买手的采购量有关，通常基本款买手会采购较多的数量。产品生命周期也会影响售罄率，一般推货 4—5 周是产品的成熟期，这时的售罄率非常有指导意义（表 12-13）。

表12-13 服装产品售罄率的一般数据参考

分级	月售罄率	周售罄率
非常（EXCELLENT）	29%—33%	6.7%—7.7%
好（GOOD）	25%—28.9%	5.8%—6.6%
一般（FAIR）	20.8%—24.9%	4.8%—5.7%
差（POOR）	16.6%—20.7%	3.8%—4.7%

新品推货后的第 1 个月需要注意其售罄率给予的提示：售罄率 <30%，库存积压，需马上采取促销手段，售罄率 >50%，出现脱销，说明订货深度出现问题。销售利润不能最大化，影响达成更高的生意增长。售罄率还为品牌未来产品的追单、翻单提供了有力的销售依据，新品上市半个月后，可以分析该产品的售罄率决定是否给予补货 / 追单，还是列入降价处理预警名单。

例题：请计算下面各类别的售罄率及成交毛利率（表12-14）。

表12-14　某品牌2019春季产品销售记录表　　　　金额单位：元

产品类别	款式数量	SKU数量（个）	进货件数	进货总成本（不含税）	累计销售件数	累计销售收入
T恤	46	115	3000	105000	1950	485550
衬衫	48	72	1560	101400	858	299442
卫衣	30	60	3600	288000	2448	1099152
连衣裙	44	88	3400	306000	2720	1493280
总计	168	335	11560	800400	7976	3377424

例题解答：以T恤为例，首先计算售罄率：

售罄率 = 累计销售件数 / 进货件数 × 100%

　　　 = 1950/3000 = 65%

其次计算成交毛利润，需要先计算销售成本：

含税销售成本 = 进货总成本 × 售罄率 × 1.13 = 100295 × 65% × 1.13 = 7713（元）

成交毛利率 =（累计销售收入 – 销售成本）/ 累计销售成本

　　　　　 =（485550–77123）/485550 = 84.1%

其他类别的计算方法同上，计算结果如下（表12-15）。

表12-15　某品牌2019春季产品销售记录表　　　　金额单位：元

产品类别	款式数量	SKU数量（个）	进货件数	进货总成本（不含税）	累计销售件数	累计销售收入	售罄率	成交毛利率
T恤	46	115	3000	105000	1950	485550	65%	84.1%
衬衫	48	72	1560	101400	858	299442	55%	79.0%
卫衣	30	60	3600	288000	2448	1099152	68%	79.9%
连衣裙	44	88	3400	306000	2720	1493280	80%	81.5%
总计	168	335	11560	800400	7976	3377424	69%	81.1%

（三）库销比

库销比指一个单位的销售额需要多少倍的库存来支持，反映的是资金使用效率问题，公式表示如下：

库销比 = 存货总件数（金额）/ 平均每月销售件数（金额）

库销比既可以是数值，如件数的比值，也可以是金额的比值。库销比是衡量当前存货健康水平的重要指标，买手在订货和补货时经常用到这个指标。每个公司的库销比值不同，库销比高，公司的库存周转慢，积压了较多库存；库销比高，则周转的速度快，可能会造成缺货，因此需要较多频次的补货。库销比是衡量企业库存健康状况的重要指标。库销比 1—1.5 是无效的指标，1—1.5 倍的库存太少，无法支持销售；库销比 4 以上，则公司的存货压力大，需要找到原因和方法加快商品的消化速度。

（四）库存结构

库存结构是商品库存总额中，各类商品所占的比重。它反映库存商品结构状态和库存商品质量。库存结构重点关注库存产品的新旧货品比、应季性、库存尺码的合理性、上下装比、大品类结构比等等。

库存可以按产品库龄区分，新品一般是上市 90—120 天内的产品，旧品一般是90—120 天以上的产品，折扣品是已经开始打折的货品。每个品牌产品的生命周期不同，对新品或旧品的定义也不同，如快时尚品牌，上市后 60 天则成为旧品。时尚产品的库龄越大，它的价值就越低。库存如按季节区分，可以将产品分为应季产品：符合季节气候特点的；过季产品：不符合季节气候特点的。

另外，买手还需关注库存尺码的合理性，可以用公式来计算：库存尺码合理性＝库存数量 / 库存 SKU 数 / 尺码 / 店铺数，比如：1000/50/5/3=1.3，而每个货号尺码有 5 个，故店铺肯定出现断码。

通过分析库存结构，可以了解库存中有没有多中有少的情况，即库存总量多，但是某些规格、品种少，和少中有多的情况，即总量少，某些规格、品种多，脱销与积压并存而供求不平衡的情况，进而对库存结构进行调整，减少库存，使库存结构更加合理，快速达成销售业绩，保持良好的资金周转。

四、盈亏平衡分析

盈亏平衡点的销售数据是店铺选择和开发的重要决策依据，是通过分析产品成本、销售量和销售利润之间的关系，来掌握盈亏变化的保本点而进行的选择的方法。在店铺选址时，可以将店铺的月估计销售额和盈亏平衡点的销售额进行对比，可以判断该店铺能否盈利。

（一）盈亏平衡点的计算

在盈亏平衡点，销售收入＝货品采购成本及所有运营费用，或者销售毛利＝所有运营费用，也就是说，销售毛利必须能够涵盖所有的运营费用，才能保证店铺的运营不亏损。

例题：假设某店铺面积是 100 平方米，店铺租金为 180000 元 / 月，装修预算为2400 元 / 平方米，装修费 1 年摊销，店铺员工工资总预算为 240000 元 / 年 / 店，水电、税金、仓储及物流、管理费用等合计 264000 元 / 年 / 店。该品牌的平均销售折扣为90%，进货折扣为 5 折，请预测该店要平均每个月做到多少销售收入才可以损益平衡？假设该店铺的平均客单价为 600 元 / 单，进店率为 20%，成交率为 10%，那么每月的客流量需要达到多少店铺能够达到盈亏平衡点？

例题解答：首先计算盈亏平衡点，根据公式，要计算出所有的运营费用。运营费用＝店铺租金＋装修预算＋工资预算＋其他费用 =180000+2400×100/12+240000/12+264000/12=242000（元）

在盈亏平衡点，销售收入 × 实际毛利率 = 所有运营费用

销售收入 = 所有运营费用 / 实际毛利率 =242000/0.9/0.5=538000（元）

因此，该店铺每月销售额需达 53.8 万元才能够达到盈亏平衡点。

其次，每月客流量可以通过零售恒等式来计算：销售额 = 客流量 × 进店率 × 成交率 × 客单价

客单价是 600 元 / 单，每个月需要成交 538000/600=897（单）

成交率为 10%，则需要 897/10%=8970 个客人进店。

进店率为 20%，则需要 8970/20%=44850 个客流量。

从 KPI 数据分析来看，传统的商品运营存在着运营效率低下的问题。如期货的订货模式要求企业提前大量备货，造成企业的高库存、低周转；传统的店铺只统计客流，缺乏对每个进店的消费者的精准画像；店铺的商品运营各自为政，无法实现商品库存共享等等。

（二）现代技术提升运营效率

随着互联网技术的不断更新迭代，智能手机的普及，人工智能技术的开发，以及大数据的广泛应用，极大地提升了企业的运营效率，解决了传统商品运营的痛点，甚至颠覆了现有的商业规则和生产模式。

目前线下门店仍是时尚品牌接触消费者的一个重要渠道，但线上渠道对消费者决策的影响程度已达到 70% 以上。一方面，顾客希望享受数字化的好处：广泛的选择范围、丰富的产品信息、来自其他顾客的评价和提示。另一方面，他们也不想放弃实体店的好处：个人服务，对商品的触摸和感知，以及把购物当成一种活动和体验等等。不同的顾客群注重购物体验的不同侧面，然而他们都希望能把网购和实体店购物两方面的体验完美地融合起来。为了应对这一挑战，企业通过全渠道零售布局已经成为必然选择。零售商通过多种场景与顾客互动，包括网站、实体店、服务终端、社交媒体、网络家电、上门服务、无人店铺等等，用最新的科技把各种迥然不同的渠道整合成一体化无缝式体验。

全渠道的运营模式可以大大提升买手的商品运营效率。首先，全渠道打破了各渠道间的界限，实现了各渠道共用一盘货，大大减少了备货，同时减少了各门店之间的商品调拨，加快了商品的周转。其次，买手可以通过线上对消费者数据进行采集，分析消费者行为，对接企业的线下客户关系管理系统，对消费者的分析和判断更加精准，从而增加了货品组合的精准度，降低了库存风险。再次，买手可以通过线上的预售模式，预测款式的畅销程度，减少预测误差和风险，这个是难以通过线下渠道来实现的。

通过全渠道运营，从线上到线下，全链条多维度进行引流和促销。以顾客喜爱的形式实现定制化推荐，从而构建起一站式的数字营销生态。基于顾客的兴趣、地理位置等大数据，向顾客投放精准广告，高效引流，并在线下利用 SKU 动态推荐进一步提升转化。打通线上线下渠道，实现数据、场景、营销和交易的闭环。智慧引客，从线上、线下及本地触点多维度进行消费者触达，实现售前—售中—售后阶段全覆盖，获得更多

高质量客流。通过消费者数字化、货品的数字化、导购的数字化、门店数字化，与消费者作更好的连接，能够给消费者提供个性化服务，对于内部，通过数字化可以提高运营效率，带给门店真正的利益。

第二节　制定销售预算

无论是何种零售业态，传统零售商还是电商新贵，归根到底，商品才是企业赖以生存的根本。时尚买手有很多职责，但最核心的任务莫过于为企业选择合适的商品，满足消费者的需求。和以往的零售环境相比，现在商品品种丰富多样，买手可选择的范围很广，买手必须从中精挑细选出最具销售潜力的商品。

一、销售预算的影响因素

对于时装业来说，最主流的采购模式是期货采购，买手需要提前6—12个月预测6个月之后将会流行什么产品，推测在一系列指定的条件下，消费者会做什么，预测消费者的需求是什么，销售以及所需存货水平。通过参加订货会观看样品，或者通过产品图册提前订购产品，提交提货订单，6—12个月的采购提前期大大增加了采购的不确定性。因此，虽然买手在采购过程中有很大的自由度，但是买手必须从许多信息来源，包括其他人所作的预测中收集信息并进行分析，并在公司的政策范围框架内做好采购计划并且加以实施，以降低采购风险。

采购计划（Procurement Plan）是一揽子计划，在产品生产之前，以财务和设计为基础，商业上具有可行性的采购范围。在实施中，采购执行一般不应该超过采购预算。但由于市场环境的多变，采购计划在执行中可能会进行调整。具体来讲，采购计划是销售季节内预计采购的一系列服装种类清单，包括以下规划：采购预算、采购时机、销售时机、采购种类（款式大类配比、价格配比、尺寸号型颜色配比等）、服装采购数量、每款服装订单量、每款服装所提供的面料及颜色、每款服装的成本、零售价、供应商等等。对于买手型公司，采购计划流程如下（图12-1）。

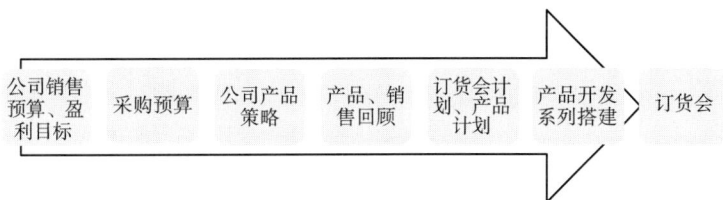

| 公司销售预算、盈利目标 | 采购预算 | 公司产品策略 | 产品、销售回顾 | 订货会计划、产品计划 | 产品开发系列搭建 | 订货会 |

图12-1　采购计划流程

在制定采购预算前，需要先制定销售预算，也就是盈利目标。销售预算是一切采购工作的基础，一旦销售预算的预测发生了偏差，整体的采购工作将会受到很大的影响。

通常，大型的时装公司有专门的销售预测部门，负责每年销售目标的制定。销售预算通常由高层管理人员、财务、买手部门及销售人员一起制定。在制定销售预算时，需要充分考虑外部环境和企业内部的实际情况，制定合理的盈利目标。

现在，买手身处的零售环境已经今非昔比，市场变化飞速，竞争异常激烈，而买手所处的时尚产业是受外部环境影响很大的产业。同时，在制定销售预算时，买手还需要充分分析企业的内部因素。

（一）外部环境因素

首先，买手需要考虑宏观经济因素。身处任何消费行业，对宏观经济的关注都是必需的，零售业受经济周期影响很大，2018—2019 年，受宏观经济影响，国内服装消费整体呈现下滑趋势，而童装行业则由于受益于二胎政策利好，市场急速扩张，童装需求加大，市场发展空间广阔。因此，了解国家相关政策、财经新闻应该是买手养成的习惯，以便客观地评估宏观经济对生意的影响。

其次，季节气候因素。服装零售是靠天吃饭，如果经常关注服装企业的年报，很多品牌在分析销售业绩时，都会拿天气说事儿，比如：春夏季销售业绩差的时候，很多品牌会归咎于天气过于炎热。天气对服装零售的影响很大，以羽绒服为例，在秋冬季节，羽绒服产品占比是非常高的，如果有一年是冷冬，而很多商家都没有预料到，羽绒服就会出现缺货现象，并在第二年加大羽绒服的定量，但是，如果第二年是暖冬，羽绒服的销售就会受到天气影响，产生库存。所以，有一些大的品牌会提前去了解天气情况，以降低订货风险。如果买手忽略了天气因素，会导致买货的偏差。

最后，商场及其他品牌的销售分析。商场同类服装品牌也是一个重要的经济风向标，绝大多数品牌都有销售下降的趋势，那么这是一个非常值得关注的问题，如果一些很好的品牌销售也下降了，买手需要分析是品牌个体问题，还是商场问题，甚至整个市场出现了某种趋势性的变化。

（二）内部因素

第一，服装品牌生命周期规律。和流行趋势一样，品牌也有生命周期，从引入期，成长期，成熟期到衰退期，在不同的品牌周期，企业的销售增长率有所不同。在品牌的成长期，品牌能达到 50%—100% 的年增长，有些电商品牌甚至能达到 200% 以上的增长，但是到了成熟期，品牌达到每年 20% 的年增长率已经是不错的业绩了，在品牌衰退期，有些品牌甚至是负增长。每个品牌的生命周期都不一样。有些品牌发展正好契合了市场急速扩张、需求加大的趋势，很快从引入期进入成长期，并且能够较长时间地保持较高的年增长率；例如，运动休闲服饰行业方面，国内行业正处于快速发展期。随着"全民健身计划"等政策提出，体育市场日趋成熟，消费者对专业运动产品的需求正逐步增加。近几年，国内行业运动休闲服饰市场的复合年增长率一直保持在 30% 左右。

第二，现有店铺销售业绩及新店扩张计划。对于时装公司来说，公司业绩的增长主要来自两部分，一部分是现有店铺业绩的增长，另一部分是新开店铺业绩的增长。现有店铺的销售业绩及新店扩张计划是下一季销售预算的主要依据。现有店铺的销售业绩是预测的基础数。新店扩张计划，店铺所在商圈，平均面积多大，可以基于同类现有店铺的业绩进行预测。客单价、坪效等 KPI 指标，这些对于预测新店业绩具有很重要的意义。

第三，品牌目前的库存状况。品牌目前的库存状况也是重要的影响因素之一。如果品牌目前的库存较多，新货的预算将会减少，库存越多，折扣越高，毛利越低，从而影响整体的销售走势。

第四，服装品牌销售周期规律。服装品牌销售周期规律就像心电图一样，具有波动性及规律性，比如，每逢节假日、店庆，销售会明显增长，秋冬季比春夏季明显增长，周末比平时销售有增长，具体的销售周期规律可以从历史销售数据中总结分析出来。

第五，财务预算。销售预算需要财务有良好的现金流支持，销售预算完成后，需要确认是否有足够的现金流支持拓展。

二、销售预算的具体测算

在销售影响因素分析的基础上，进行具体的销售预测，需要从以下几个原则出发：按月及按每家店铺进行预测；从实际出发，综合考虑内外部因素，选择合适的预测比例：增长或持平。以实体店铺为例，具体的测算步骤如下：

（一）为需要销售预测的实体店铺进行分类

假设某品牌的销售渠道为自营店、加盟商及电商渠道，以自营店铺为例，可以将店铺分为已开业店铺和计划新开店铺，因为两者的预测方法有所不同，所以需要将两者进行区分。对于已开店铺，进一步分为正价店及特卖场，其中，正价店需要标注是否经过改造，改造过的店铺和未改造过的店铺在销售增长率方面有所不同。已开业的店铺中由于某种原因而关店的店铺，不在此分类中。新开店铺则需要考虑店铺开张的可能性。具体的店铺分类如下（图 12-2）。

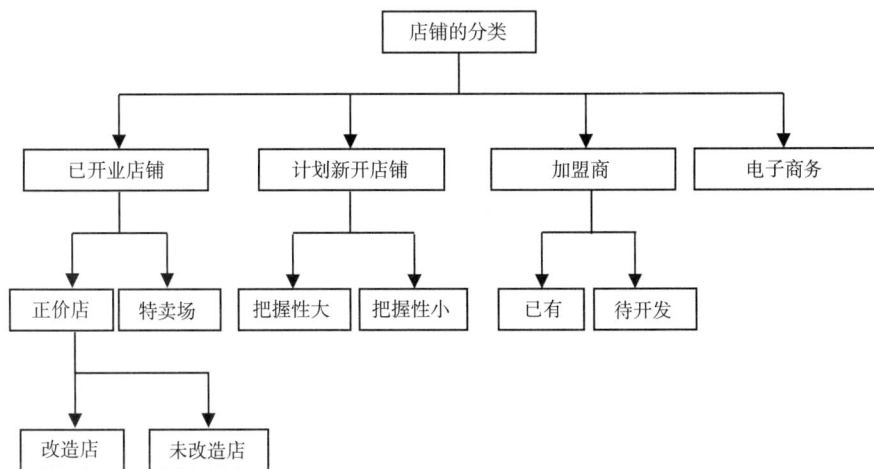

图12-2 店铺分类

（二）汇总店铺资料

汇总店铺资料，将已有店铺名称及资料，包括所在城市、店铺级别、面积和开店时间、已有店铺实际完成的去年同期月均销售额进行列表，并进行销售合计。在列表中需要标明一些特殊情况，如商场装修、团购等，在店铺销售预测中，需要考虑这些特殊情况，并将非常规的数据剔除。

对于新开店铺，列表标明新开店铺及店铺资料，包括城市、店铺级别、预计店铺面积和预计开店时间。预计开店的时间节点非常重要，买手备货是期货采购，买手会根据销售预算，给新开店铺提前采购相应数量的货品，新店铺如果没有按期开业，为新开店铺准备的货品就需要其他店铺帮助消化，造成意外的库存积压。

（三）对已有店铺新一季销售额进行预估

已有店铺新一季的销售额，按月、按每家店铺进行预估，可以用以下公式计算：

已有店铺销售额 = 以往店铺实际销售额 ×（1+ 预计增长比例）

采用这种方法计算时，预计增长比例是公式的核心，买手需要结合内外部因素的分析，来确定店铺的增长比例，预计增长比例应该根据每家店铺的实际情况进行调整，比如有店铺进行了新装修，那么这家店铺未来的增长比例应该高于店铺的平均增长率。

（四）对新开店铺新一季销售额进行预估

对于新开店铺，首先要预测新开店的开业把握性，确定是否需要为新开店进行备货，然后分别为把握性大的店铺和把握性小的店铺预估销售额。新开店铺的销售预算可以用以下几种方式预测：

根据坪效预估：根据新开店所处的城市级别、商圈，在已开店铺中找到同类商圈、同种业态店铺的坪效作为参照标的，确定新店的坪效和初始货品陈列金额，并根据新开店铺的面积，可用公式：新开店铺的销售额 = 店铺面积 × 预估坪效计算新开店铺的销售额。

依据以往店铺销售预估：新开店铺的销售额也可以参考已有同类店铺的往年同期销售额，再乘以一定的增长比例。

（五）汇总店铺销售总额

汇总店铺新一季的销售总额，即：

新一季销售额预测总额 = 已有店铺预测销售额 + 新开店铺预测销售额

例题：某国际休闲类服装品牌，于 2018 年 3 月进入中国市场，共计有 4 家商场店铺，店铺平均面积为 50 平方米。产品线为休闲女装，目标消费群为 20—30 岁青年女性，其零售标价范围在 200—1000 元。该品牌 2019 年春夏季的历史销售数据如下（表12-16、表 12-17），请结合该品牌定位以及上文所提供信息，预测其 2020 年 4 家店铺的销售目标。

表12-16　某品牌2019年春夏季产品KPI指标

KPI指标（含税价）	春夏季
平均售罄率	75%
平均零售单价	420元

续表

KPI指标（含税价）	春夏季
平均成交单价	267元
平均客单价	415元
平均标价毛利率	84%
平均成交毛利率	73%
平均出货折扣	6.8折
平均每月销售件数	740件

表12-17　某品牌2019年春夏季销售数据　　　　　　单位：千元

店铺编号	面积（平方米）	SPF坪效	1月	2月	3月	4月	5月	6月	合计
A001	50	5286	238	320	281	294	242	212	1586
A002	60	7571	413	600	465	469	382	398	2725
A003	30	5751	—	—	186	166	186	153	690
A004	45	7265	396	495	356	313	279	123	1961
合计	—	—	1047	1415	1287	1241	1089	885	6963

例题解答：在制定新一季销售目标时，针对现有店铺，问题的核心在于确定增长比例。首先分析外部因素：宏观经济方面，2019年整体经济较差，受宏观经济影响，国内服装消费整体呈现下滑趋势，因此2020年增长幅度不能预估太大。竞争品牌方面，类似定位的品牌年增长较为乏力，各品牌年增长率为5%—10%。

企业内部因素方面，售罄率75%属于健康水平，整体各项KPI指标都正常，表明公司整体运行良好。品牌刚登陆中国市场，处于发展的初级阶段，上升空间较大，一般的品牌增长率能达到30%—50%，有些甚至能达到100%。结合内外部环境分析，可以将2020年的销售增长率确定为25%。

销售周期方面，2019年春节假期是2月4日—2月10日，2020年春节假期是1月24日—1月31日，所以在预测时，需要调整销售周期，可以将2019年2月份的销售额作为2020年1月份的预测基础数据，将2019年1月份的销售额作为2020年2月份的预测基础数据。

在具体预测时，要注意异常数据，如A004号店6月的销售数据下降得很快，买手需要核实原因，经查，6月15—30日店铺装修，买手可以按照该店铺的平均每日销售额，补齐期间的销售数据，数据调整为246。

A003店铺在2019年3月份开店，缺少1、2月份的销售数据，可以采用坪效数据进行估算，同时考虑到1、2月份属于节日周期，可以在平均销售数据的基础上调高10%和30%的销售额作为2019年1月和2月的销售预估额，分别为190和224。

在此基础上，每个月的销售额乘以25%的增长率，2020年春夏的销售额预估如下

（表12-18）。

表12-18　2020春夏销售目标　　　　　　单位：千元

店铺编号	1月	2月	3月	4月	5月	6月	合计
A001	399	298	351	367	303	265	1982
A002	750	516	581	586	477	497	3407
A003	280	238	232	207	232	191	1380
A004	619	495	444	391	349	308	2606
合计	2048	1546	1608	1551	1361	1260	9375

第三节　制定买货预算

在销售目标的基础上，买手需要计算应该采购多少金额的商品，也就是买货预算OTB，即采购的成本金额。采购预算和销售目标呈正相关，销售目标越高，需要越多金额的货品来支持销售，但是采购预算并非没有上限，过高的采购预算很容易造成采购过多的商品，形成库存的积压，因此采购金额应该保持在合理的范围内，既能支持销售，又不造成库存。

一、买货预算考虑因素

为了确保采购预算的合理性，买手需要综合考虑销售目标、平均出货折扣、毛利率、库销比及期初库存这几个方面的相关因素。

（1）销售目标：销售目标是买手制定OTB的基础。

（2）平均出货折扣：在实际的运营中，由于激烈的竞争，各个品牌都会采取一些折扣方式，如季节性促销、VIP优惠、参加商场活动等，因此，买手在计算OTB时，必须考虑当季的平均出货折扣。

（3）毛利率：自有品牌的买手在制定OTB时，需要考虑品牌的平均标价毛利率；对于经销商型买手，毛利率则为1减去进货折扣率。

（4）库销比：对于实体店铺，除了支持销售的货品之外，还需要保留一定的产品陈列在卖场，另外，无论买手有多么厉害，也无法做到当季的新品100%售罄，只能尽可能减少库存。因此，一个单位的销售额需要一定倍数关系的库存产品来支持。库销比反映的是资金的使用效率，是实际经验值，每个公司的平均库销比都有所不同。

（5）期初库存：期初库存指采购产品季的期初库存，期初库存将与所采购的商品一起作为当季销售商品的库存。买手在实际采购过程中需要考虑期初库存的因素。

二、买货预算计算方法

销售目标计算法是买手最常用的 OTB 计算方法，是以销售目标为核心，考虑出货折扣、毛利率及库销比等因素的方法，具体公式如下：

OTB（以成本价计）= 销售预算（不含税）/ 平均出货折扣 × （1– 平均标价毛利率）× 目标库销比

当季采购成本1

采购成本2（OTB）

考虑销售折扣，按销售吊牌额计算需要订购金额为销售预算（不含税）/ 平均出货折扣，要将销售吊牌额转换为当季采购成本 1，需要再乘以成本所占比率（1– 平均标价毛利率），由于实际销售中，一个单位的销售额需要一定倍数关系的库存产品来支持，所以最终的采购成本 2 需要再乘以目标库销比。

考虑期初库存因素，当季新品的实际采购金额 = 当季采购（OTB）– 期初库存

以上是以采购成本金额计算 OTB，自有品牌买手经常使用这个公式。对于经销商型买手，只需将毛利率成本所占比率用进货折扣率代替即可。

OTB（以成本价计）= 销售预算（不含税）/ 平均出货折扣 × （1– 出货折扣率）× 目标库销比

当季采购成本1

采购成本2（OTB）

买手可以根据每月的销售目标计算每月采购预算，并可以根据季节、地区、折扣计划等实际情况对每月采购预算进行微调。

例题：假设某品牌某店新一年预算销售额为 1000 万元（不含税），目标平均出货折扣预算为 7 折，平均标价毛利率为 81%，目标库销比为 3∶1，计算货品的采购总金额。

例题解答：可采用 OTB 公式直接计算采购总金额。

所需货品采购金额 = 销售额预算 / 平均出货折扣 × （1– 标价毛利率）× 目标库销比 =1000/0.7 × （1–81%）× 3=814.4（万元）

鉴于时尚和设计的不断变化，时装产业需要始终跟上最新趋势并预测下一季的消费者偏好。在上述传统模式中，零售商现在做的就是根据历史销售数据、店铺业绩等其他数据指导下一步采购决策，但这并不总是准确的，因为销售会受到许多难以预测的因素影响。"没有谁能知道未来的流行趋势，"拉飞逸（Lafayette 148）总裁利兹·弗雷泽（Liz Fraser）曾经说过："某件衣服去年卖得好，不代表今年也会卖得很好。"

但是，人工智能可以更准确地预测库存需求，将预测误差降低 50%，欧美时装企

业部署了大量自动化应用，帮助其在促销、库存管理上提供更准确、更实时的预测，提升供应链管理。2019 年 8 月，耐克收购了需求预测和库存优化公司 Celect。该公司利用历史销售数据、全球天气趋势等各种数据，预测不同款式在不同市场，甚至不同独立门店的表现。因此，智能技术在匹配用户需求、计算库存、提升供给效率上都有实际的应用场景，在辅助商业决策上据有很大的发展前景和想象空间。

人工智能能否超越人类买手直觉？是否会取代传统的买手？关于这个问题，还存在争论。时尚业中的变量太多，即使是最精密复杂的机器学习技术可能也很难破解时装风格的密码，时装行业仍处于集成人工智能解决方案的早期阶段。比如：人工智能基本不可能预测到，梅根王妃穿了那双罗希（Rothy）平底鞋去澳大利亚海滩后，这双鞋的销量会翻上两番。因此，目前来说，使用人工智能并不意味着传统买手会被取而代之，更多的可能性是，买手还是手握总揽全局和控制库存的能力。对于买手来说，实际上有更多的人在帮助他们工作。

第十三章　商品企划管理

服装商品企划是基于服装的商品属性来研究（品牌）服装的规划、设计、开发、运营等，其最终目的是"解决为消费者提供什么产品"的问题，相当于时装企业的"主心骨"。企业在拟订商品企划框架时，根据销售目标，从消费者需求出发，收集和分析企业内外部相关信息，筛选适合公司品牌定位的流行趋势，拟订方向，确定企划的设计主题，以及"产品定位""趋势调研""主题设定""产品架构""产品开发""商品上市计划""生产采购计划""搭配陈列方案"等内容。

第一节　流行趋势研究

在互联网和社交媒体时代，流行趋势预测在时尚商业中变得越来越重要，它发展了一个高度竞争的商业环境。时尚的步伐加快，趋势周期的速度加快，造成对趋势信息的需求增加。好的流行趋势预测可以帮助买手更好地了解顾客的消费趋势，并据此开发能够满足顾客需求的产品。如果企业采取了错误的流行趋势，将会出现产品滞销，库存积压，打折销售而最终导致利润下降，从而为此付出高昂的商业代价。

一、流行周期的分类

流行趋势是一段时间内，时尚的发展趋势，普及是流行的重要特征。流行趋势的周期长短由购买人群的数量和人们对他的期待从开始到减退直至消失的快慢决定，小白鞋从 2015 年开始流行，已经流行了将近 5 年，但是热度依旧没有消退，因为市场还没有找到特别适合的替代品取而代之。另外，时尚潮流要有一定规模的受众群，如果没有人购买，根本就没有流行可言。

流行趋势研究在特定的时间，根据过去的经验，对市场、社会经济以及整体环境因素所做出的专业评估，以推测可能出现的流行趋势活动。一个时期买手利用流行趋势来帮助他们采购在新一季中即将热销的产品。预测通常用来判断顾客的行为以及未来他们可能购买的产品。流行趋势预测是一个复杂而长期的过程，包括深入的研究、观察及应用。

流行趋势根据流行时间的长短以及接受人群的数量，可以分为以下几类：第一，经典的流行，比如白衬衫、风衣、印花 T 恤等单品，接受的人群比较多，是经久不衰的产品。第二，一时的流行，即生命周期非常短暂的一类流行（Fads）。刚开始，该流行趋势接受的人群较少，但是增长很快，很快便达到顶峰，并开始消退，流行持续时间短，是风靡一时的狂热流行，很快便昙花一现。如 2018 年的透明塑料外套，在 2019 年几乎已经难觅踪迹。而流行（Fashion）的款式通常能够持续较长的时间，并且被更多的消费群体所接受。例如，宽肩夹克在 20 世纪 80 年代中期开始流行，一直持续到 90 年代开始消退，逐渐被小垫肩的夹克所替代。第三，周期循环的流行，利用时装的设计元素（如颜色、面料、廓型）提供新的流行产品，从而保持它的活力和最大化生命周期，如黑色小礼服。

无论是哪类时装产品，都有不同长短的生命周期。无论其存在的时间长短，都会经历引入期、成长期、成熟期及衰退期。任何潮流或者流行元素都可能面临最终逐渐消失或者逐步融入另一流行元素或者潮流的结果。例如：当下最畅销的颜色是紫色，那么从一个季节过渡到另一个季节的过程中，买手会不断重复使用或调整后使用紫色，直到这种颜色达到周期的顶峰为止。当消费者可能满柜子已经是某种颜色的服装，表明这种颜色已经过度饱和了。买手需要确定什么时候将新的趋势投入零售市场，什么时候全力以赴地挖掘这种趋势的潜力，什么时候对这种产品进行打折。

二、流行的运作机制

流行是一种复杂的社会现象，体现了整个时代的风貌，与社会变革、经济兴衰、文化发展、消费心理、科技水平、艺术思潮、生活方式等有着千丝万缕的关系，那么，流行具体是如何发生、发展、广泛传播的，谁是流行趋势的幕后推手？目前，主要有三种关于流行运作机制的学说。

（一）滴漏效应（Trickle-down Effect）

滴漏效应由 20 世纪初社会学家提出，时尚的传播途径是自上而下的，流行从具有高度政治权力和经济实力的上层阶级开始，依靠人们崇尚名流，模仿上层社会行为的心理，逐渐向社会的中下层传播，进而形成流行。当这种衣着被模仿、复制乃至普及，上层社会开始寻找新的事物以拉开等级差距。这种自上而下的传播模式在欧洲古代宫廷和近代工业社会早期是流行最主要的传播方式，传统的流行过程多为此种类型。

在现代大众消费社会中，消费者很容易被他们所处社会阶层的时尚领袖所影响，但这并不意味着滴漏效应失效了，很多消费者仍然从社会名人精英阶层那里了解最新的潮流趋势，并且会购买类似的时尚单品来模仿他们。

（二）泡泡效应（Bubble-up Effect）

1970 年费尔德（Field）提出了泡泡效应，认为时尚的传播有时是自下而上的。现代社会中许多流行是从年轻人、蓝领阶层等"下位文化层"兴起的，来自街头的时尚创新，如街头文化流行或亚文化，对主流文化形成了影响，由于强烈的特色和实用性而逐渐被社会的中层甚至上层所采用，最终形成流行。自下而上的流行样式大多因其独特的实用功能或审美功能而被人们认可和接受，并成为当今设计师以及其他时尚专业人士重要的灵感来源。

美国 1960 年代嬉皮亚文化是一场年轻人的运动，嬉皮风格，如长头发、牛仔裤，极大地影响了当时的主流文化。牛仔裤，原来是挖矿工人的日常衣着，标志着体力劳动，成为非常流行的休闲服装，在年轻人以及主流消费群中大行其道，成为现代生活最常用的实穿服装，并不断翻新变化形成独特的牛仔文化，成为引领时尚的重要元素。

时至今日，高级时装品牌街头化也已经不是新故事了，为了更多地吸引年轻消费者，更好地拥抱市场，高级时装品牌比以往更多地吸收了街头元素。巴黎世家（Balenciaga）是奢侈品品牌街头化的始作俑者之一，还有维特萌（Vetements）的异军突起，路易威登 × Supreme 的联名等等，街头时尚元素和高端时尚品牌的设计所推崇的时尚理念混杂在一起形成了新的风格，时尚越来越民主化及平民化。

（三）交叉原理（Trickle-across Effect）

时尚的流行不是自上而下的，而是水平传播，新的服装样式或者穿着方式在同一群体内部的横向扩散过程或不同类群体之间的多向、交叉传播过程，这是当代服装流行最重要的传播模式。在当今社会，发达的宣传媒介将大量的流行咨询同时向社会各个阶层传播，流行的渗透从社会各个阶层开始，社会的各个阶层可以根据自己的品位自由选择和采纳。例如，在数字时代，科技在时尚行业方面发挥了巨大作用，特别是增强现实和全息技术在秀场的应用，时尚界掀起了新潮流，网络直播将原来分明的地位等级彻底颠覆，每个有电脑及无线网的人，都可以得到一张时装秀第一排贵宾位置的入场券，对流行的传播方式以及参与方式产生了深远的影响。早在 2010 年麦昆的春夏秀场直播，收到超过 300 万次的点击率，令时装秀几百名的观众量黯然失色。服装的流行信息以前所未有的速度、广度和深度迅速普及到社会各阶层和群体。

各类时装公司用不同的价位将流行产品投入市场，也使得社会各个阶层的消费者能够同时购买到最新的流行款式。快时尚品牌如扎拉等，用极短的时间快速模仿设计师品牌在 T 台上展示的最新款式，为社会各阶层提供了多种选择的可能性。

三、时尚消费群体分类

消费者对流行趋势的接受程度有所不同，据此，时尚的消费群体可以划分为潮流先驱者，即购买潮流商品丰富，购买时间早；潮流跟随者，购买潮流商品不够，购买时期及时；大众消费者，购买潮流商品少，购买时期晚，以及潮流滞后者，通常他们对潮流漠不关心。根据 2018 年《第一财经周刊》和淘宝发布的潮流指数，潮流先驱者是潮流指数 TOP5% 的人群，追随者占 35%，而大众消费者和滞后者占了 60%。

不同的时尚群体在消费时有着不同的购买行为。以潮流单品小白鞋的消费为例，也许是在 2014 年思琳（Celine）的秀场上，设计师菲比·费罗（Phoebe Philo）让自己的模特们穿上了阿迪达斯的 Stan Smith 小白鞋，来搭配极简优雅的女装开始，小白鞋一夜之间成为了全世界混搭正装的最时髦配置。根据百度搜索指数，小白鞋搜索指数周期，从 2015 年单品热度搜索到 2017 年持续走热，小白鞋 2015 年进入蓄力期，经过 2016 年的爆发期，2017 年逐渐成熟，到 2018 年进入稳定期，在此过程中，潮流先驱者率先引领大众消费者，进入大众消费市场。在小白鞋流行初期，潮流先驱者进入市场速度明显早于追随者及大众消费者，且潮流先驱者领先大众消费者一年的时间达到购买高峰期。

买手需要剖析品牌的基础客群，对其目标消费者群体进行画像——基于人口统计学和消费心理学，整合顾客行为习惯、价值观及偏好等数据，完成对消费者行为的准确描述。对于买手而言，了解目标消费群体属于哪类时尚消费人群是非常重要的。买手必须确保，向他的目标顾客提供的时尚潮流的时间节点不早也不晚。

四、流行趋势信息分类

根据流行趋势的预测时间，可以将流行趋势的预测划分为远期季节预测、临近季节预测和当季市场调查。

（一）远期季节预测

远期季节与临近季节相对，是时装业对未来趋势做出提前预测和设计时应用的概念，提前量一般为 12—24 个月，主要涉及色彩、纱线、面料和款式的预测与设计。纤维和织物的预测至少提前 12 个月，通常差不多是 2 年的趋势。色彩预测通常提前两年，事实上更早一些时候各国流行色的预测机构便开始搜寻资料准备色彩提案了。款式的预测通常提前 6—12 个月，预测机构在掌握上一季畅销产品的典型特点，预知未来的色彩倾向，掌握纱线与面料发展倾向的基础上，可以对未来 6—12 个月服装的整体风格以及轮廓、细节等加以预测，并最终制作成更为详细的预测报告，推出具体的服装流行主题，包括文字和服装实物。

（二）临近季节流行

临近季节是时装生产与零售业的专用概念，英文是 Close-to-Season，意思是临近目标季的一个时间段，一般是 3—6 个月。Close-to-Season 的内在含义是"马上流行"，也就是说，把握临近季节的流行方向就把握了即将到来的市场流行。应用这些预测，买手将计划出他们所需购买的商品风格、颜色与款式等。

（三）当季市场调查

当季市场调查的目的是将市场动态与国际流行发布及趋势预测结合起来，提高流行趋势研究的应用性和实效性，从市场调查到秀场分析，再到超前预测，最终又回到市场，形成一个有效的流行因果关系链。

五、获取有关流行趋势的信息

（一）来自专业领域的远期信息

远期的专业领域流行趋势信息包括流行趋势预测组织及刊物，如国际流行色协会

（Intercolor）、国际羊毛局（IWS）、法国 Promostyl、贝可莱尔（Peclers）等发布的预测信息。

国际流行色协会是国际色彩趋势方面的领导机构，也是目前影响世界服装与纺织面料流行颜色的权威机构，国际羊毛局总部设在英国伦敦，女装部设在法国巴黎，总部和国际流行色协会联合推出适用于毛纺织产品及服装的色卡。

创立于 1966 年的法国 Promostyl 时尚咨询公司是一家全球性的流行趋势研究和设计项目开发的专业机构，是迄今为止成立时间最长的权威性流行咨询公司。Promostyl 每年推出 15 部流行趋势手稿，专门剖析未来的潮流趋势，提前 18—24 个月为客户提供明确而具体的解决方案。

贝可莱尔是一家法国的色彩趋势调查公司，由多梅尼克·贝可莱尔（Dominque Peclers）成立于 1970 年，成立之初将公司定义为风格经纪顾问（Styling Agency），以时装业为主要服务对象。1998 年加入了英美的品牌和趋势预测团体 Fitch，贝可莱尔巴黎今日已经从时装业跨足其他商品，并成为一家全球化的色彩趋势调查公司。该公司每一季都会依不同类别出版 19 本趋势报告书，每一本书都有不同的主题，内容有配色和能够激发灵感的摄影照片等。

（二）时装周

国际时装周是买手获取临近流行趋势信息的主要渠道。在时装周期间，买手一般有选择地参加自己公司店铺所需要的品牌时装秀和展示订货会（表 13-1）。时装周主要由 T 台秀和静态展组合而成。T 台秀包含了新一季的主题故事和理念，品牌方的展示订货会通常在发布会走完秀的几天或一周之后举行。随着国内时尚业的崛起，上海时装周、北京时装周、深圳时装周等时装周也吸引了越来越多的国内外知名设计师、品牌、展厅及各式服装品牌展会。

表13-1　最常见的时装秀类

秀场类型	主要形式
卖场秀（Trunk Show）	设计师在商场或品牌自己的旗舰店内，向购物者展示他们的设计系列，通常在很短的一段时间里
订货秀（Trade Show）	专门为零售商和买家举办的时装秀
主题秀（Thematic Shows）	主要表现为一组设计师共同展示他们的设计系列，这些系列可以归入某一主题（如泳衣）或者有一个共同的关注点（如生态）
慈善秀（Charity Shows）	为筹款而不是直接销售而举办的时装秀
高级（高等）时装秀（Haute "high" Couture Shows）	传统意义上，这是一个专有名词，用来描述那些在巴黎走秀的特定的奢侈品品牌。从历史来看，那些无法进行一年两次走秀展示的时装品牌被称为中级（中等）时装（moyenne "middle"）。高级女装秀通常会采用顶级的制作和精心设计的叙事形式

续表

秀场类型	主要形式
成衣秀（Prê-à-porter Shows）	成衣（Ready-to-wear）秀所展示的设计系列来自于那些以标准化的样式和尺寸进行工厂化生产，而不是一次只生产一件服装的品牌和设计师。该术语通常应用于那些因为质量好，而比大批量生产的商业品牌价格更高一些的品牌和设计师系列
展厅秀（Showroom Shows）	主要为买手，有时也为媒体而举办，是最接近传统沙龙走秀形式的一种秀。那些参加了展厅秀，接触到设计系列的小群体，能够帮助品牌和设计师去影响消费者的购买决策。相对于完全成熟的时装秀，这是一种低成本的替代方案
时装周日程秀（Scheduled Catwalk Shows）	在时装周这样一个特别的一星期左右的时间里，官方日程或者列表上，从始至终排满了设计师的时装秀。由于有大量的设计师参与时装秀，转场的时间非常快，导致场地就像一张"空白画布"，基本上保持着一种你方唱罢我登场的连续演出状态
时装表演秀（Spectacle Catwalk Shows）	通常选择与众不同的或充满创意的场地，这些华丽的演出也可以是时装周日程的一部分。这类耗资不菲且通常是标新立异的时装秀，其主要目的不是精心地展示设计系列，而是传递品牌信息或传播生活方式
趋势秀（Trend Shows）	一般是贸易或时装展览会的一部分，这类秀是以本季或未来时装季的时装趋势为主，代表了设计群体而不是单独的设计师。例如，围绕色彩、面料或款式进行流行趋势的发布。婚纱秀也是其中一种

资料来源：乔恩·卡普，丹尼斯·马洛尼（著）.钱婧曦，吴琪译（2017）

时装周通常有高级定制、成衣、度假三种系列。高定走秀只在巴黎举办，每年的春夏、秋冬系列高定周会在 2、9 月份的巴黎时装周晚一段时间。而度假系列，是一个经典品牌在每年最开始的一个系列，通常有 90 套以上的搭配，由此揭示和决定了当年及次年的世界流行服装趋势。从上面的时间表可以看出，从时尚新品到 T 台再到最终到达消费者手中，长达六个月之久，是一个漫长的过程。每季时装发布会，走秀产品仅受到杂志主编或者知名博主的青睐远远不够，必须获得顶级时尚买手的青睐才能证明他们真正的商业价值。

在过去，时装秀的传播主要依赖传统媒体，而今天，社交媒体使得时尚的传播更加扁平化。任何出席秀的人都可以分享关于秀的信息、图像以及他们的想法。由于社交媒体的主要功能是在兴趣共同体之间分享信息，时尚行业已经掌握了这一点，使其作为另一种营销机会。社交媒体在流行趋势传播中发挥了重要作用。它的即时性为品牌、设计师和公关人员提供了各种机会，令他们能够传播关于秀的一切，建立公众对时装秀的期待，再次发送关于秀的即时反应，使它成为一种趋势。

基于这个潮流趋势，各个时尚品牌也及时调整营销方案。2020 年时装周，因为全球疫情的缘故，大量的时装编辑、买手和时尚博主缺席时装周，迪奥在 2020 秋冬成衣秀采用微博线上话题页"云直播"的互动方式。奢侈品巨头乔治·阿玛尼也在 2020 秋冬米兰时装秀以"关门"的方式呈现了一场云秀场。现场没有看秀嘉宾，发布会完全通过网络直播进行。

　　当前，传统的时装周模式遇到了挑战。2016 年 2 月，巴宝莉在米兰时装周上推出"即看即买"的新秀场模式，大幅度缩短成衣上架周期，与消费者建立更为紧密的联系。以往秀场商品需要等待 6 个月才能出现在品牌零售店铺，而 2016 秋冬系列的秀场商品在秀场进行时，便在门店同步上架，从根本上改变了传统的纯粹性的时装秀的展示方法。"即秀即买"模式需要品牌压缩新一季产品的整个开发和铺货流程，提前在门店配置货源和库存，一旦秀场新款无法获得消费者的青睐，将会造成很大的库存压力和资金风险。

　　（三）综合类展示会（Trade Show）

　　典型的贸易展会以时尚品牌及其附属产业（如纺织品制造业）大型展览和陈列的形式出现。展会的主要目的是将生产者与零售商结合起来。一般而言，他们只面对买手和媒体开放。除了方便时装生产商展示产品之外，贸易展会还具备竞争对手研究，趋势分析以及招聘等多种职能，以下是十大主要国际时尚贸易展会（表 13-2）。

表13-2　十大最主要的国际时尚贸易展会

名称	类型	地点
意大利国际男装展（Patti Immagine Uomo）	男装	意大利
柏林时装展（Bread & Butter）	男装	德国
英国伦敦国际男装展（Jacket Required）	男装	英国
柏林运动用品展（Capsule）	女装、男装	法国、德国、美国
伦敦高级女装展（Scoop International）	女装	英国
法国第一视觉面料展（Premiere Vision）	纺织面料展	法国、美国、中国
伦敦国际服装服饰博览会（Pure）	女装	英国
伯明翰国际服装鞋类展览会（UK Moda）	女装、男装、鞋类	英国
柏林服装展览会（Panorama）	女装、男装	德国
巴黎时装展（Who'Next）	女装、男装	法国

　　展示会以其独特的专业性、针对性成为国际、国内买手直接面对面交流、展示品牌形象和产品的主要场所，以意大利著名的国际男装展（Pitti Immagine Uomo）为例，2019 年来自全球 100 多个国家和地区的 3 万名宾客，共计 18500 位买手参加了展会。在一个大型的纺织服装展会上，买手们可以在短时间内获得新的理念、款式、流行色彩或表达方式。买手可以根据自己产品或者潜在市场的需求，和面辅料制造供应商、服装供应商或者代理商进行接洽，或者选择适应自身品牌需求的产品。目前，作为设计师和买手达成交易的平台，展会受到了时装周周期缩短、直接面向消费者的 DTC 品牌的崛起和 B2B 数字化的挤压。一些展会同时提供数字化服务，给零售商更多的选择。

（四）展厅

时装周期间，除了 T 台热闹非凡之外，另一个人头攒动的地方就是品牌的展厅了。在这里，品牌展示更多的商品，也是世界各地买手签订订单的会议厅。展厅举办时间皆为各大时装周期间，旨在帮助设计师完成时装秀后，利用展厅空间接待来自世界各地的买手和媒体，便于业内专业人士选购货品，完成下一季订单，展厅目前已经成为时装产业链的商贸核心环节。时装周期间买手不会每个展馆、每个品牌都看，而是非常有目的的，主要看他们已经合作的品牌、感兴趣的品牌以及目前市场上比较火热的品牌。买手如果对某个设计师品牌感兴趣想要采购，需要提前预约，预约成功之后，在指定的时间带上自己公司的所有资料前去，会节省很多沟通时间，有利于顺利达成合作。

在时尚产业成熟的发达国家，展厅在产业链中起着非常重要的作用。2011 年，展厅作为一种新的商业模式引入国内。国内陆续出现了 DFO、Tudoo 等展厅，向国内买手提供商务运营，并逐渐发展为国内设计师品牌买手店进货的首选，而在国内展厅兴起之前，买手店进国外品牌货品都需要跑国外时装周或展会。以下是国内知名的展厅（表13-3）。

表13-3　国内知名展厅

名称	地点	特点
DFO	上海，布达佩斯	（1）在布达佩斯有办公室，在与很多国外品牌的洽谈中有较多优势。 （2）代理品牌多为国外成熟小众设计师品牌，定位中高档，也逐渐增加了国内服装设计师品牌。 （3）采取国际通行的集成式展厅操作模式，买手可以获得一站式服务。 （4）年龄和风格覆盖面广，品类及相关配饰较为丰富，并涵盖童装及艺术化服饰系列
Tudoo	北京，上海，广州	（1）欧洲品牌的比例较多，包含澳大利亚、泰国等国家的时尚设计品牌。 （2）引进品牌以适卖路线为主，周边搭配少量突破式独立时装设计品牌及亮眼的英国配饰品牌。 （3）公关资源强势，有自己的媒介中心
时堂	上海	（1）有很多高质量的国内服装独立设计师品牌及高质量的国际品牌。 （2）主理人有很广的人脉资源及商务洽谈能力。 （3）适合需要寻找可设计品牌的买手
ALTER	上海	（1）展厅行业的标杆，合作品牌是非常有个性、非常潮流以及街头的品牌 （2）有一个常年陈列而且地理位置极佳的实体概念店。 （3）提供专业的品牌上下游全方位的服务，为国际品牌提供分销、展示、咨询、采购代理、公关推广的服务，为中国客户提供零售专业支持。 （4）适合追求品位和格调的各种买手店

展厅大致分为品牌自营展厅及多品牌集成展厅。规模较大的品牌，客户群比较稳定，品牌定位清晰，所以一般有品牌独立自营的展厅，用于完成品牌的每一季订货工作。对于大多数设计师品牌来说，买手和客户资源并不丰富，也不太稳定，自营展厅成本较高，会选择入驻多品牌集成展厅，将品牌商务活动交给多品牌集成展厅管理，

展厅成为设计师品牌和买手之间的桥梁。

多品牌集成展厅作为买家和供应商之间的平台，一般有自己的场地且全年运营，并参加各类时装周和贸易展。展厅可以根据潮流趋势和消费者最新需求而灵活变更品牌，买手和零售商根据展厅展示商品决定订货需求，而品牌商则会根据展厅的订货状况给予相应佣金。对于买手店来说，展厅的商业模式能让订货更简便，也有更多品牌可以选择。多品牌集成展厅通常有较多的业务资源和市场经验，对买手的需求比较了解，当品牌进驻每一个不同属性的展厅时，会根据买手客户的店铺性质以及未来发展需求，适当建议以及推广合适的品牌。展厅则作为桥梁帮助品牌完成订货，随后时装周平台将展厅集聚形成订货季，最后由买手店完成采购并将产品输出给消费者。除此之外，展厅还有很多其他的项目和内容，比如替合作品牌挖掘国内市场，为国内市场部公关专员进行市场开拓，以及单品牌展会执行等等。订货会前期会和品牌沟通很多内容，后期则会落实到具体订单上，比如：订单确认，收定金、尾款，物流以及瑕疵跟踪等等。

（五）国内外纺织服装专业报刊及分类网站

国际杂志 *Collezioni* 每半年出一期，涵盖了各个时尚专业领域，包括秀场图片及最新流行趋势的各种细节。在数字时代，网络媒体传播最流行、最新锐和最前卫的服饰流行咨讯，受到时尚人士的追捧。专业的时尚咨讯网站不仅发布（包括近几年的）流行趋势，而且有服装设计大师近几年及下一季的最新发布作品，包括与时装相关的顶级品牌、时尚名品等内容，包括专业的趋势预测机构的网站，时尚杂志以及专门提供服装网络咨讯的网站，以下为部分流行信息网址（表13-4）。

表13-4　流行信息网址

名称	网址
普诺姆斯戴尔（Promostyl）	http://www.promostyl.cn
世界时尚趋势网（WGSN）	http://www.wgsn.com
中国纺织信息中心	http://www.ctic.org.cn
提供时尚网络咨讯的机构	www.fashiontrenddigest.com
	http://www.firstview.com
	http://www.wwd.com
	http://www.pop-fashion.com
	http://www.fashionresource.com.cn
	http://www.trends.com.cn/fashion
时尚杂志	http://www.vogue.com.cn
	http://bazaar.trends.com.cn
	http://www.ellechina.com

（六）社交媒体

社交媒体主要包括 Instagram、Pinterest、时尚微博、时尚博主的博客 / 微信公众号。

摄影师斯特克·舒曼（Scott Schuman）在 2005 年开始将街头时尚图片发布到网上，开创了街头时尚博客的先河。随后，社交媒体如 Instagram、Pinterest 等不断涌现出来自世界各地的知名时尚博主，如法国的吉娜·达姆思（Jeanne Damas）、美国的琪亚拉·法拉格尼（Chiara Ferragni）、宋艾米（Aimee Song）、瑞士的克里斯汀娜·巴赞（Kristina Bazan）等，并成为潮流的风向标，很多消费者在购买服装前，都会先刷一下 Ins 等社交媒体，获得时尚灵感。社交媒体也改变了流行趋势的局面，使得某些流行趋势的生命得以延长，以华伦天奴的铆钉系列产品为例，很多人预测只能流行一季，但它势头强劲，流行了八季之久，这一流行趋势靠社交媒体存活了下来，时尚博主们留住了它。但是，社交媒体上的过度曝光，也使得某些流行趋势失去了前卫性。

在数字时代，时尚品牌通过社交媒体与消费者进行沟通已经成为常态，社交媒体不但帮助品牌进行推广，还切切实实地推动和转化了销售，用各种创新的方式为品牌赋能。买手不仅可以在社交媒体上获取时尚咨讯，还可以在社交媒体上挖掘到很多新锐品牌。作为买手，应该拥有敏锐的时尚嗅觉，在这些品牌形成时尚影响力之前，提前沟通或者合作。与此同时，时尚圈、娱乐圈、社交圈重量级人物如知名的带货女王、潮流的引导者的造型变化，也值得买手多多给予关注。

（七）街拍

在时尚界，在纽约、伦敦和东京等城市观察街头时尚是为了捕捉那些消费者身上正在出现的东西，从而在还未流行的东西中识别出"下一件大事"。街拍一般选取目标地点或者目标城市的商业地段，定点拍摄来往人群，然后将图片按整体着装、外套（上衣）、裤子、裙子、色彩、面料、设计细节、配饰、发型等分类，总结照片中人物的穿着共性。每一季保持街拍习惯，可以积累大量的消费者衣着资料库，使之成为预测新一年度流行趋势报告的重要历史数据基础。

（八）购物旅行（Shopping Trips）

购物旅行也是买手获取时尚咨讯的主要渠道。买手去到一些主要时尚城市的服装商店及街区如：巴黎、纽约、伦敦、米兰、东京、马德里、哥本哈根等。对于买手来说，购物旅行非常有必要，买手可以通过购物旅行拍照或者购买下一季产品开发所需的样衣，获得新一季产品的灵感。

六、流行趋势预测

时装设计师和买手之间合作非常紧密，在大部分时装公司，收集完各种流行信息后，设计师有责任将多种流行趋势来源进行汇总、整合、翻译，应用这些趋势，确定品牌的流行主题，作为新一季产品的开发依据或者采购时的决策参考。通常买手也会参与讨论新的流行趋势，他们将会共同合作，从趋势的预测中获取最大的利润。

（一）流行趋势预测的内容

流行趋势预测的信息分析与提炼包括以下几个方面：辨别流行要素，包括色彩、轮廓、面料以及风格与细节；观察共同特征，把握流行趋势的方向，对咨讯进行概括，找到关注的兴趣点；分析事件，通过对消费者市场的观察，从诸多事件的蛛丝马迹中找到消费者已经表达或者还未表达的诉求点；对流行信息进行编辑，对所有的咨讯进行分析和归纳后，进一步对咨讯进行筛选，找出最符合特定企业目标的流行风格与新一季的促销要点；确定主题表述，主题是所有促销活动的中心理念，必须涵盖季节趋势，并且表述必须简单明了。

流行趋势预测报告的内容应该包括某一流行趋势的灵感来源，以及流行趋势所包含的基本元素。在色彩预测方面，对服装而言，必须结合面料及图案加以说明。颜色的描述需精准，并且要注意区分同色系色调的细微差别。同色系的不同色相的颜色，通常国内的消费者偏好灰度较低，不显脏，干净的颜色。买手需要为产品选择合适的用色，从而使消费者产生购物欲望。面料预测方面，包括即将流行的面料所具有的特点，原材料的创新，某种新科技的发明形成的面料，如纳米技术的新材料、新概念，以及近几年流行的可持续时尚，在此概念下推出的循环再生面料，有机面料等；面料的织法与质地，赋予面料不同的外观；面料的重量，面料的处理如褶皱、洗水效果、形成新的肌理效果；或者增加面料的新功能，保暖或者防风等。款式及设计细节预测主要涵盖流行款式总体的造型以及各细节的造型表现，如宽松型、紧身型及合体型等，细节包括领、袖、口袋、下摆的设计等。风格预测是捕捉服装的整体印象，如波西米亚风格、20世纪80年代复古风格等。服装的图案也可以形成直接的风格，例如，格子、波点、几何图案经典不衰，花卉图案、动物图案、各种民族风格的图案都可以加强服饰风格的印象。流行服装的T台推荐搭配形成搭配预测，例如，2019年秋冬，衬衫的流行搭配方式是衬衫作为外穿单品，内搭高领衫或者高领毛衣。结构预测包括设计比例的比例关系，如衣长、裙长、腰线位置等，通常对服装风格有显著影响。工艺预测方面需要列出特别的工艺处理，如绣花、钉珠、铆钉装饰、烫金工艺等。

（二）流行趋势应用

作为一名买手，在具体应用流行趋势进行产品开发时，需要考虑多方面的因素。

第一，判断流行趋势的大小。买手需要判断哪些是流行的宏观大趋势，辨别出微观小趋势，以便及时做出反应，更加精准地处理有关流行趋势的信息。

第二，买手应该选择符合品牌定位的流行趋势。买手应针对品牌所定位的目标顾客，明确目标顾户属于哪类时尚消费群体，选择符合品牌定位的流行趋势，将流行趋势适当地、有选择性地传递给顾客。洞察自己所在区域的消费群体的需求是非常重要的，而不是仅仅了解社交媒体上流行什么，巴黎流行什么，完全照搬照抄是行不通的。因为一些地域差异，有些趋势在国外很流行，但是在国内却未必能流行起来。同时，不同类的时尚消费群体，对于流行的理解和接受度有差异。买手应该不早也不晚，在目标顾客大规模接受这种趋势时，推出相关产品。

第三，买手需要灵活应用流行趋势元素。流行由一些具体元素组成，买手应该灵活地把流行趋势的元素应用到产品中，包括色彩、面料、尺寸和风格等。另外，流行元素在不同层次的服装中都会出现，例如，2020年春夏季流行的荷叶边、流苏，豹纹等，无论是高级女装还是大众成衣，都会运用这些流行元素，但是不同定位的品牌在材质使用、做工等方面有所区别。买手应该结合品牌定位及产品成本，合理运用各流行元素。

第四，买手应控制流行元素应用的比例。不把鸡蛋放在同一个篮子里，每一季针对某种趋势的产品要控制在合理的比例范围内。例如，2019年秋冬季各种动物图案、格子图案都非常流行，买手应该根据顾客对这些趋势的接受程度，筛选这些流行元素，组合成符合品牌风格的产品，进行合理的产品规划，以经受市场的考验。

在销售当季，买手可以通过分析市场反馈对流行趋势进行验证，如色彩、面料、细节和关键单品等，以便在下一季更精准地预测趋势。

（三）比较购物（Comparative Shopping）

在具体的产品开发工作前，买手经常性的工作还包括比较购物。买手在竞争对手当季的店铺中，比较一些具有可比性的产品，如相似的产品类别，类似价格的产品，除了实体店铺，还包括线上渠道，可以将竞争者品牌相互进行比较，也可以和本品牌进行比较。买手通过与竞争对手比较类似产品的异同点，在下一季的产品开发中可以有针对性地对产品进行改进。以下是一个童装买手对婴儿连体衣产品所作的比较（表13-5）。

表13-5 不同品牌婴儿连体衣产品比较

零售商	扎拉	盖璞
图片		
产品特点	100%棉，可机洗烘干，面料手感柔软	100%棉，可机洗烘干，面料厚度较厚，手感柔软
尺码	0—2岁	0—2岁
零售价	139元	179元
包装数量	2	1
零售单价	69.5元	179元
原产地	中国	中国

零售商	扎拉	盖璞
面料成分	100%棉	100%棉
产品结构	一款前开口按扣闭合，一款后开口按扣闭合	前开口按扣闭合，裤腿可以开合
连接扣	8个按扣	15个按扣
设计特点	1款印花+1款素色，前胸印花；全包缝，没有罗纹克夫，双罗纹，面料手感好；6—9个月（包括）以上孩童尺码，具有防滑脚底	有罗纹领及克夫，面料手感较厚，双罗纹，前胸有标志性小熊刺绣，臀部小熊刺绣，烫印式商标

（四）目标购物（Directional Shopping）

买手及设计师为了获得下一季新系列的灵感或者设计概念进行的购物。买手一般会和设计师同行，通过笔记和拍照，购买服装样板来帮助设计师们确定未来产品的开发方向和商品组合的范围。买手根据所需要开发的产品类型，去一些知名时尚城市的设计师品牌店、精品店或街头小摊，这些时尚城市都各具风格与时尚特色。巴黎是很多买手首选光临的城市，巴黎的各类产品非常全面，无论是男装、女装还是童装，有很多产品选择，并且风格各异，以女装为例，巴黎既有非常女性化的款式，也有年轻街头化的产品。日本是年轻街头潮流的发源地之一，纽约则美式休闲和商务风格兼具，买手具体所去的城市取决于买手所希望购买的产品类型。买手将通过目标购物重点关注流行趋势的各要素，如面料、款式、流行色等，比较同类的流行产品，并购买新一季样衣用于产品开发。如2019年秋冬，皮衣产品开始盛行。因此，针对2020年春夏季产品，买手在目标购物时，会重点关注并比较流行的皮衣品类。零售商会在目标购物方面花费较多，如差旅费、购买样板的费用。

第二节　商品系列规划

对于时装业而言，产品开发是非常重要的过程。产品开发通常指将时装设计概念、创意和趋势转化为商品的过程。在设计团队将最初的理念和趋势解析到主题、色彩和面料构思后，研发过程就开始了，然后这些构思将进一步转化为具体类型的时装产品和实物样衣来发展这些理念。产品开发必须围绕品牌定位，品牌定位决定了目标消费群，决定了产品风格，决定了产品的成本范围，设立产品品位的方向，确定技术品质的底线，是产品开发评价的最核心标准。

一、概念构思

在初始的概念构思阶段，设计师通常会使用情绪板展示概念和视觉效果，包括色彩趋势、面辅料选择和每种风格的主要廓型。结合时装品牌的定位，确定新一季产品的面料设计概念、色彩和大致的风格方向，然后，设计师和买手团队将进入下一个产品研发的关键阶段：系列规划。系列规划将设计概念、灵感转化为流行故事（Trends Story），通常在春夏秋冬各季会同时形成几个故事主题，并且，这些故事主题具有一定的延续性。品牌流行故事是整个产品系列搭建的核心，所有的产品开发都围绕品牌故事进行。品牌流行故事的命名，体现了灵感来源或者季节元素，例如，以航海风为灵感来源的水手主题（图13-1），这些根据品牌流行故事开发的系列产品，具有秩序化的美感。不同定位的品牌产品系列数量各有不同，一些以款式取胜的时尚品牌每年推出多达十几个产品系列，以丰富的产品组合满足消费者的核心需求。

图13-1　水手主题系列

在品牌故事中，包括了详细的面料、色彩、款式细节、款型、配饰及搭配等内容，明确了下一季的流行风尚。设计师在品牌流行故事的框架下，着手系列产品的开发。

以芝禾巴黎线产品开发为例，一切都开始于设计工作室，一个充满神奇灵感的地方，在沟通之后设计师会确立一个主题，开始收集各种图片以及其他可以带来灵感的资料。渐渐地，概念像蜘蛛网一般建立起来，第一批草图出现，细节慢慢加上去。接着，本季的色彩确定，创意引擎正式发动，在图片中寻找色彩、印花、轮廓、比例和面料等。这些组合在一起，新的系列就诞生了。

设计过程最后以选择面料、图案和印花结束。然后订购坯布，做样色，样色通过后，给板房绘制带详细说明的精确初稿图纸。通过立体剪裁，寻找适合的廓型，在裤子、连衣裙、半裙和上衣的小样上寻找可以表达本季的主题部分。设计师会研究工艺和细节，努力保持整个系列的一致性，在考虑到季节和风格（休闲、活动或鸡尾酒）因素的前提下，在套裙、球衣、毛织品之间，在连衣裙、夹克、大衣、裤子之间维持适当的比例。

把草图交到板房之后向设计师、制板师解释创作意图，由他们在人台上做出半坯，之后设计师做出体现工艺和主题的全坯和设计图。半坯的修改和调整完成后，用最接近的面料来做整个系列。这时可以开始做试衣，有时一个款式需要做两到三次试衣，而一个系列的服装通常有 300 件。最终面料到了之后，开始制作样衣，这个过程中会有修改。比如小的金属片、里布的颜色、拉链、纽扣等都需要确认。

当整个系列做完之后，开始进行搭配：哪件上衣配哪条裤子，外面套上什么样的外套，以向顾客和媒体展示这个系列的服装。这就是英文里所谓的"The Looks"。在这里，品牌要讲述一个故事，好像一本书写完了以后要将所有的章节收集汇总起来以便读者阅读。拍摄搭配手册（Look Book）是将系列整理成图像并使之永存。随着时间的推移，这些将成为档案并且可以增加品牌的识别性。

在进行具体的产品系列搭建前，买手需要和设计师，包括经验丰富的一线销售人员，一起回顾上一季销售情况，如畅销产品、滞销产品等，买手还将对各类销售数据进行不同维度的分析，这是产品系列构建至关重要的一部分，以便在新一季的产品搭建中吸取教训，创造良好的销售业绩。

二、消费者分析

对时尚业来说，有许多影响未来趋势的因素，如科技创新、艺术创意和政治格局等，但是真正改变时尚趋势的驱动力来自消费者。和以往相比，消费者发生了很大的变化。他们更加富裕，见多识广，在选购产品时更加专业而挑剔，注重产品的颜值，享受购买产品过程的体验。随着中产阶级迅速崛起，轻奢全民化，时尚消费群体潜力巨大，消费者从盲目崇拜大牌转向潮流个性化转型的体验式消费，认可设计师品牌背后的附加值，对潮流的追求催生了越来越多的新品牌，一些个性鲜明、小而美的品牌迎来了爆发期。

与此同时，消费者的生活方式一直在发生改变。时尚产业对自然环境造成的破坏，使得消费者越来越多地关注和消费绿色时尚。运动健身掀起的热潮，给运动品牌带来增长机遇，也给很多时尚品牌带来新的增长点。消费类型的结构随着消费者的生活方式持续改变。消费者的变化对新产品的发展及零售商带来了机遇和挑战。

电子商务社交化，社交媒体购物化，中国蓬勃发展的社交媒体生态系统围绕明星、KOL（Key Opinion Leaders，关键意见领袖，以下简称 KOL）和网红的狂热愈加放大，并且改变了消费者的购买行为，社交媒体成为与中国消费者打交道的宝贵资产。根据腾讯 BCG 的报告，只有 19% 的消费者忠于品牌，61% 的消费者极易被新奇内容种草，37% 的消费者表示自己极易被社群中的口碑种草。因此，一方面，多种传播工具和社交媒体的运用使品牌传播速度更快，能在短期内快速提升品牌知名度，另一方面，时尚企业必须设计出商业化的产品，产品能够在社交媒体上获得关注度，所有的产品决策受到数据驱动，或者说是必须市场化。

2020 年，是中国社交零售将重点转向零售的一年。在过去一年，见证了网络 KOL

的走向和过程：每一位消费者，由于其自带的社交属性和流量，都能对品牌的销售产生影响。并且，来自消费者的背书，即口碑传播，让品牌更具公信力，对于建立长远的信赖关系至关重要。

同时，年轻人群在我们的社会当中扮演着越来越重要的角色，并且这个趋势越来越强烈，而且越来越细分，很小众的东西都可以找到自己的圈层。一些品牌已经尝试去找一些小众的 KOC（Key Opinion Consumer，关键意见消费者）作为代言人，甚至是一些素人。找到这群有情绪上共鸣和心理上认同的群体，找到他们真正所属那个群体的意见领袖。例如，可持续时尚品牌 Klee Klee 以真实的素人来呈现品牌可持续的形象，每期的搭配模特都是与品牌理念相同的普通人，有从事可持续建筑设计的设计师，也有关注环保的编辑、瑜伽老师和公司员工，无所谓年龄和身材，平等而轻松地向消费者传达，可持续与每个人息息相关，通过情感而不是理解或道德说教来提升消费者的环保意识。

对于时装零售商来说，消费者的态度和观点往往对市场起着决定性作用。对于买手而言，成功的关键是能够预测和识别消费者的变化，并提前做出相应的改变。不同定位的时装品牌将根据公司的运营需求，制定产品开发计划的时间与内容。总体而言，品牌商越来越倾向于缩短采购时间，以增加每个季度的采购次数。因此需要缩短前期的开发时间，以创造更大的灵活性。需要规定整个开发环节的起止时间，包括款式设计以及样衣打样的时间安排，以保证产品开发能够在订货会前按时完成。

三、产品结构分析

产品结构是对新产品的品种和款式的规划，规定了所有产品品类的比例和数量，是产品开发品种和数量的依据。产品结构的维度包括产品品类、产品系列、上市波段维度。产品结构往往反映出品牌的实力，买手的难点是要在品类深度和宽度之间取得平衡，最大限度地满足顾客挑选的需求，又能保证资金和库存能够有效地周转。

（一）产品品类

产品品类是指根据商品属性及消费者需求确定的产品分类，对于品类的界定因品牌属性而有差异性。运动服、户外品牌的品类可分为服装、鞋类、装备；服装品牌的品类可以分为男装、女装、童装；多品牌店铺的品类可以直接按照每个品牌分类。

在产品品类维度下，还可以分为子品类。按类型可分为上衣：外套、棉服、衬衫、T恤、连衣裙、风衣、羽绒服等；下装可分为：裤子、裙子、牛仔裤等。在品类下可以进行产品款式的规划。同一种产品品类下有不同的款式，例如，裤子按长度可以分为长裤、九分裤、七分裤、中裤、短裤；按腰围可以分为低腰裤、中腰裤、高腰裤；按裤型可以分为直筒裤、瘦腿裤、阔腿裤、男朋友裤等。

季节是时尚产品本身的属性，品类是时尚品牌创立的基础，而子品类更加细化了品类属性，品牌应该提供什么样的产品品类，可以参考如下原则：

每个季节中目标消费者的穿着方式：在每个季节，消费者需要什么样的产品品类，品牌就提供相应的产品以满足消费者的需求。成熟的时装品牌可以为消费者提供丰富的各类产品满足消费者的常规穿着需求。

公司的优势品类：时装品牌应根据自身的设计优势及生产优势确定某类强势的产品品类，这同时也是一种有效的竞争策略。例如，绫致集团旗下的奥莉品牌，品牌的DNA是牛仔裤，所以牛仔产品是奥莉品牌的优势品类，买手在牛仔的面料、生产品质、款式设计及后期加工工艺（水洗、刺绣、印花、铆钉装饰等）上大作文章，并在零售终端用牛仔墙陈列，大力推广牛仔产品。绫致集团同一旗下的维莎曼（Vero Moda）品牌，定位于更成熟、优雅的女性，她的强势品类是连衣裙，每到春夏季节，连衣裙的销售便独占鳌头。

上一季的销售反馈：买手应针对上个销售季对品类进行销售分析。买手会分析同期各品类的销售数量和销售金额、买货占比和销售占比、SKU数量、售罄率等，通过数据分析比较预测新一季产品各品类的SKU数量、各品类买货占比等。

产品之间的搭配性：产品的搭配性包括两个方面：一个是横向搭配，即产品内外之间的搭配，如一件冬季大衣，需要搭配毛衣及打底衫；另一个是纵向搭配，即产品上下装的搭配，如一件冬季大衣，还需要搭配下装的裤子或者裙子。除此之外，还不可忽视鞋及配饰的作用，鞋和配饰往往能对服装产品起到画龙点睛的作用。产品品类之间具有良好的搭配性，才能充分满足消费者日常穿着的需求。

流行趋势：流行趋势往往决定了当季流行单品，或者某个产品类别特别受到市场的追捧。如2020年的流行趋势可以总结出几个不同的流派：模糊性别的女性力量，以大垫肩、中性色、利落剪裁为主要流行点，在这个趋势下，西装成为非常流行的品类，很多时装品牌都在西装品类上用不同面料、不同剪裁作各种趋势演绎，相应开发了很多产品，并且带动西装背心也受到热捧。

例题：某女装品牌公司2019年秋冬产品大类表如下，请分析其品类结构（表13-6）。

表13-6　某女装品牌2019年秋冬产品大类销售表　　　　金额单位：元

产品类别	采购SKU数量（个）	SKU买货占比	售罄率	总标价销售额（含税）	采购金额占比	实际成交销售额（含税）	实际销售占比	总平均出货折扣
毛衣	20	10%	70%	240240	9%	87447	9.4%	52%
大衣	18	9%	37%	567000	21%	117482	12.6%	56%
羽绒服	58	29%	58%	1080000	40%	451008	48.4%	72%
卫衣	29	15%	52%	231819	9%	90409	9.7%	75%
长袖T恤	9	5%	55%	26904	1%	12430	1.3%	84%
长袖衬衫	24	12%	40%	188538	7%	57316	6.2%	76%

产品类别	采购SKU数量（个）	SKU买货占比	售罄率	总标价销售额（含税）	采购金额占比	实际成交销售额（含税）	实际销售占比	总平均出货折扣
裤子	29	15%	44%	291416	11%	100014	10.7%	78%
牛仔裤	8	4%	27%	49390	2%	8535	0.9%	64%
连衣裙	5	3%	39%	22077	1%	6458	0.7%	75%
总计	200	100%	50%	2697384	100%	931098	100.0%	70%

例题解答：在分析产品结构时，需要先分析总体的产品结构是否合理。

首先，分析上下装的比例。一般来说，上装的款式可以比下装的款式多一些，下装的款式相对上装可以少一些，因为消费者的关注度更多在上装的时尚变化。不同的季节对上下装的比例也有影响，在夏季，消费者往往需要更多的下装与上装搭配，例如，同样的品牌，在秋冬，上下装比例是 1∶3，而在夏季，上下装的比例为 1∶2.5。在本案例中，上下装比例为：1∶4.4，下装的 SKU 数偏少，在 2020 秋冬季可以适当增加下装的 SKU 数量。

其次，分析各品类在 2019 秋冬季的具体销售表现，可以从销售占比最高的品类开始分析。品类销售占比越高，说明该品类具有一定优势，对生意的贡献越大，在新一季如果能把这些品类把握好，就有信心完成新一季的销售目标。

羽绒服品类：采购金额占比 40%，销售金额占比 48.4%，贡献了将近一半销售额，售罄率高于平均水平，出货折扣 7 折，整体销售表现较好。羽绒服是秋冬季的应季产品，并且零售金额较高，因此在 2020 秋冬季，可以略提高羽绒服的 SKU 数量，采购金额占比可以略微调高到 42% 左右的占比。

大衣品类：采购金额占比 21%，销售占比 12.6%，销售占比远低于采购金额，售罄率为 37%，低于整体平均水平，56% 的折扣水平也比较高，说明大衣品类在打折后销售的起色依旧不大，可能存在款式问题。买手需要具体分析大衣的每个款式，详细分析大衣品类的问题，再确定是否在 2020 秋冬季调低大衣的采购金额占比。

毛衣品类：采购金额占比 9%，实际销售金额占比 9.4%，基本持平，售罄率为 70%，远高于整体水平，但是 52% 的折扣率也较高，说明毛衣品类基本上是依靠打折销售出去的，可能的原因是毛衣的零售价定价偏高。毛衣是秋冬应季的品类，搭配性较强，销售周期也比较长，可以作为重点开发的品类，在 2020 秋冬采购季可以增加 SKU 数量，调高采购金额占比，但是要注意零售价不可以定得过高。

卫衣品类：卫衣的销售情况和毛衣相似，具体分析可以参考毛衣。

长袖 T 恤品类：采购占比 1%，销售占比 1.3%，两者基本持平，售罄率高于平均水平。长袖 T 恤在秋冬季并不是应季的类别，销售周期较短，主要作为搭配的类别，长袖 T 恤品类在 2020 年秋冬季可以保持目前的 SKU 数量和采购占比。

长袖衬衫品类：采购占比 7%，销售占比 6.2%，低于采购占比，44% 的售罄率低于平均水平，长袖衬衫在秋冬季不应季，虽然近几年流行将衬衫穿着在毛衣外这样的搭配，但在秋冬季，衬衫的总体需求并不大，所以在 2020 秋冬季可以减少长袖衬衫的 SKU 数量至 20 个或者更少，同时调低采购金额占比。

裤子品类：采购占比 11%，销售占比 10.7%，两者基本持平。44% 的售罄率低于平均水平，上面分析过，下装 SKU 数量偏少，需要增加 SKU 数量和采购占比，因此，买手需要具体分析裤子销售低于预期的原因，在 2020 秋冬季给予改进。

牛仔裤品类：采购占比 2%，销售占比 0.9%，27% 的售罄率远低于平均水平，该品类销售较差，买手需要具体分析产品方面的原因，在 2020 秋冬季予以改进。考虑到上下装比例，在 2020 秋冬季保持目前的 SKU 数及采购占比。

连衣裙品类：采购占比 1%，销售占比 0.7%，39% 的售罄率远低于平均水平。在秋冬季，连衣裙并不是应季的类别，这个类别更多考虑的是流行性及搭配性，买手可以根据流行趋势保留这个类别，同时在产品开发时，开发适合秋冬季节的连衣裙款式，比如毛针织类的连衣裙，以更好地满足消费者需求。

（二）产品系列

产品系列是从设计属性的分类。对于男、女装来说，按服装风格可以分为：时尚系列、街头系列、休闲系列、商务系列等。运动品牌的系列可以按照不同的运动项目划分为跑步系列、篮球系列、足球系列、运动生活系列等。一般品牌的系列划分具有稳定性，不会经常发生变化（表 13-7）。

表13-7　某时尚品牌产品系列划分

系列分类	分配比例	说明	陈列要求
新潮商品	20%	体现品牌时尚与潮流性	一般位于卖场前部，表现潮流性
畅销商品	50%	体现品牌特色，走量	正面陈列，突出视觉主导性
基本商品	30%	根据历史销售情况，低价走量，可提前准备面料	Table，挂通，单品聚集，易看，易摸，易挑选，强调陈列的丰富感

基础款是款式较为基本的款式，例如优衣库的 HeatTech 发热 T 恤，摇粒绒产品都是基础款，但即使是基础产品也需要随着趋势和季节不断更新设计，包括改进新型面料，改善舒适度，增加新的流行色彩或者新的装饰细节，与新一季的流行趋势相匹配，更好地迎合消费者的新需求。基础产品通常是安全而畅销的产品，针对大众市场，需求量较高，和时尚类产品相比，这类产品通常研发成本较低，但是利润较大，买手应该保证消费者能够方便买到。

畅销产品是既体现产品风格与特色，同时又能走量的产品，是当季货品的主力。畅销产品既要保证符合流行趋势，又有明确的卖点，如高的性价比、良好的功能性等。

紧追时尚潮流的款式通常是风险很高的款式，但是能够给消费者形成强烈的视觉冲击。因为每年流行趋势的不同，新潮产品的延续性较差，款式预测的风险也比较大，或者是新推出的功能性产品无法预测消费者的接受度，但最新潮流的产品通常零售价也最高，正所谓"高风险、高利润"，买手需要考虑消费者对最新流行趋势或功能的接受度，进行相应产品的开发。

通常在划分产品系列的同时，货品的陈列要求也基本呈现出来了。陈列部根据产品系列的划分及货品陈列要求，在陈列室仿真室进行模拟陈列，买手和陈列部对陈列方案达成共识后，可以将方案给各地区执行。

一般服装企业产品系列构成主要分为两种模型，金字塔型和枣核型。金字塔型模型多为大众化服装品牌采用，特别是一些个性化特征不明显的男装品牌；枣核型模型常见于个性化较强的女装品牌。与之类似的分类方式还有流行故事等，在每个品牌故事下可以再进行分类。服装品牌每个季节都有若干个故事主题，这几个故事主题也可称为几个系列。系列和设计师的灵感来源与设计主题相关，所以每一季可能会有变化。

(三) 产品组合的宽度和深度

产品组合的宽度是指每个产品品类成为一个产品项目，几个产品项目组成一条产品线，产品线的多少决定了产品组合的宽度。产品组合的宽度越宽，产品线越多，产品的种类越多，消费者在购买产品时选择的范围就越大，例如：消费者既可以购买到正式场合穿着的正装，也可以购买到日常的休闲装，还可以购买到内衣、运动装、配饰和鞋，真正做到一站式购物，给消费者带来极大的便利，也给产品销售创造了更多的市场机会。但这并不意味着产品线越宽越好，产品线之间需要兼顾每个产品品种自身的风格、质量以及他们相互之间的相关性。

长度组合是指每条产品线代表一个产品系列，在每一种产品系列中，包括具体的产品类别，这些产品类别的多少组成了产品组合的长度。每条产品线上，其规划的长度越长，需要开发的产品类别越多。产品线的长度越长，产品需要开发的品种越多，产品系列的变化越丰富，消费者选购和搭配的空间也就越大。

对于产品深度来说，产品线内的每一个类别组合成每一个产品类别的不同款式、花色、面料等，产品的多少就是它的深度。产品深度提供给顾客在选定特定的类别后，可以进行细节的比较和筛选。例如，对于半裙来说，消费者可以选择长裙、短裙、中长裙，并有不同的面料和颜色组合，这些变化构成了不同的设计。一般经典或者传统品牌的产品组合窄而深，时尚品牌的产品组合宽而浅。

（四）上市波段（Shop Delivery）

服装采购季一般针对 4 季，春季、夏季、秋季和冬季，春季一般指 2—4 月，夏季为 5—7 月，秋季指 8—10 月，冬季为 11 月到次年 1 月。但各销售季的起始时间并非一成不变，会根据店铺所在地区的气候特点和消费者生活习惯的不同而有所差异。此外，通常快时尚品牌的季节比其他品牌更加提前，在 12—1 月就开始上春季新款。

大部分店铺在冬季末上市新装，春末上市夏装，夏末上市秋装，秋末上市冬装。在换季时节，店铺内通常既有打折款，同时也有新款，这样平均下来才能保证在此期间店铺的毛利率是合格的。买手需要保证这一阶段上市的产品能够适应天气的变化。

上市波段是从时间性质上划分的，每季新品按照不同时间分批次上市就形成新品的不同上市波段，在同一季节的不同时间段上市的服装被称为不同波段的产品。上市波段和品牌的定位相关。快时尚品牌为了体现时尚性，提供了大量的款式，如扎拉每年有12000个款，基本每周上两次新款，通过不断上新刺激消费者消费；而运动品牌的一季上千个SKU，其上新波段以六个为主，每半个月上一次新品。还有一些走量的大众品牌，总体的SKU不多，基本上每个月上一次新品。上店波段多，店内的服装款式不断得到更新，能更好地满足和激发消费者的购物欲望。

无论是产品品类还是产品系列，规划越细，越有利于制定合理的产品结构。同时，服装品牌的产品结构并非一成不变，而是逐渐调整的。成熟的品牌为了寻求销售的增长点，会顺应潮流，挖掘新的市场机会，借机扩大产品的架构。比如，在运动风潮下，很多时装品牌拓展产品系列，开发运动系列，并取得了不俗的销售业绩。还有一些品牌，顺应绿色消费的潮流，开发可持续服装产品系列，如扎拉的Join Life环保系列。但通常这种变化并不会太大，否则容易对消费者造成困惑。买手对于品类结构的调整，通常在上一季的基础之上，根据销售反馈进行局部调整。但因为目前零售市场的变化太快，去年受到追捧的产品，今年并不一定热销，所以需要结合消费者需求及流行趋势分析，对每年的产品结构进行预测。

四、产品销售分析

为了更好地分析产品，买手会邀请设计师和一线的零售人员参加产品的销售回顾会议。买手从仓库调出去年同季的整个系列的大货产品，按照上店日期排列好各个款式，然后逐一过款。在销售回顾会议上，买手重点关注：销售最好的前20名款式及销售最差的后20名款式，退货及有大货质量问题的款式以及目前市场上新的关注点。一款产品是否畅销，有很多原因，买手重点从产品（商品属性）和订单两个角度来进行产品销售分析。产品的维度分析主要有五个：款式（包括细节）、价格、面料、颜色和尺码。

（一）款式

款式是设计风格的最小单位。买手需着重分析畅销款及滞销款的原因。通常，最新流行的款式有一个市场培育过程，买手在分析款式的时候尤其可以重点关注一些新的流行元素，这些新的流行元素往往具有较长的延续性，例如动物图案，豹纹、斑马纹、蟒蛇纹等，2018年秋冬开始流行，一直延续到2020年秋冬，还没有结束的迹象，消费者对于这些新的流行元素有一个接受过程，买手需要判断目标消费者接受的时间节点，并适时推出相应产品。

（二）价格

价格包括产品的零售价格，也就是吊牌价，以及实际销售价格和折扣率相关的分析。买手需要重点分析产品零售价的制定是否合理，是否存在因定价偏高而影响销售的情况。

（三）面料

面料分析是对服饰产品所用的主要面料的分析。买手重点分析面料销售的几种情况：首先是长期使用的面料销售情况，这类面料通常在一些基本款或长青款中使用，为了保证货期，买手一般提前预订这类面料的坯布，买手需要通过销售评估确定新一季是否需要继续预订面料。其次是关注消费者对最新流行面料的接受度，如近几年女装持续流行的条绒面料、金属效果面料、缎面质感面料等；对于运动品牌来说，新的面料品种多侧重功能性的开发，买手则要分析消费者对这些功能的接受度。再次，分析面料是否存在性能方面的问题，2018年秋冬非常流行雪尼尔纱线编制的毛衣，但是这种材质的毛衣很容易缩水，从而引起顾客投诉或者退货，买手在进行商品企划时需要在流行趋势和实用性之间权衡。

（四）尺码

尺码包括产品尺寸的大小和板型。每个品牌因为设计风格和板型的不同，会出现尺码的偏差。好的尺寸和板型是品牌具有竞争力的无形资产，消费者长期选择那些让自己穿着舒服并且美观的品牌，并成为这个品牌的忠实粉丝。因此，买手要关注消费者对板型的反馈，并了解消费者对新廓型的接受度。

（五）颜色

颜色在时尚买手的分析中称为色系分析。因为颜色的丰富性，买手不可能对色卡上的所有颜色进行分析，买手主要对当季产品中使用的颜色进行逐一分析。买手将颜色分类为基本色和流行色，对于国内市场来说，黑、白、灰、红色是基本色，市场的接受度较高，买手要重点关注消费者对流行色的接受度，以及流行色在当季销售中的订货占比和销售占比是否一致，当买手发现某个流行色的接受度较差时，会立刻采取行动，在下一季订单中降低其占比，甚至取消。

买手还会针对订单进行销售分析，主要从采购成本、采购数量、尺码比例和上店日期四个方面。

首先，采购成本方面，对于经销商型买手来说，商品的采购价是固定的，是该商品零售吊牌价的几折。对于自有品牌的买手来说，每个订单的采购成本都需要和供应商进行谈判。由于公司的零售价范围一般都是固定的，采购成本的高低直接决定了毛利的多少。自有品牌买手会经常回顾每个订单的采购价，分析比较订单的成本明细，以保证采购成本是最优的。

其次，采购数量方面，买手通过回顾每个订单的采购数量，对比销售数量及售罄率，分析订单的订量是否合理，以在下一季避免类似滞销款订量过大引起库存，或者畅销款订量过小损失销售机会。

再次，关于尺码比例，准确的尺码是销售成功的重要因素，尺码比例不准将会造成核心尺码不够卖，上市后很快断码或者某个尺码大量积压的情况。买手在订货时，各品类都会有各自的尺码分配逻辑分配所有SKU的尺码，买手需要分析这套尺码分配的逻辑是否依旧适用，在下一季是否需要进行调整。

最后，上店日期方面，上店日期常常会被忽略，由于服装具有很强的季节性和流行性，上店日期对销售的影响也很大。有些款式一旦晚于计划到店，错过最佳销售季节，可能因此而滞销。例如，北京的春季很短，风衣的销售期相应也很短，如果某个品牌的风衣产品在4月中下旬才开始上店销售，那么销售将大打折扣。买手要确定各个类别的最佳上店节点。

五、产品结构预测

买手们在产品销售回顾的基础上，对下一季的销售结构进行讨论。零售部门的意见很重要，但他们往往比较保守并且滞后；而设计部门的意见则带有直觉性和敏感性。买手们需要综合感性判断和理性分析，做出利益最大化的决策。产品结构的预测包括：新一季中每一系列产品的比例和均衡量，例如上装和下装的比例，通常的情况是上装数量多于下装，并且春夏和秋冬不同季节的比例有所不同。同时决定每一系列产品中的时尚款、经典款和基础款所占的比例；每个品类的采购占比及每个品类所需要的SKU数量，并依据趋势可用性和适宜性，确定每种风格的面料和颜色数量，尺码范围也需要达成共识，同时，买手根据大类表对采购预算OTB进行分配。假设某品牌在2020年秋冬季的OTB为5000万元，在产品类别销售分析的基础上，对该品牌秋冬大类OTB分配如下（表13-8）。

表13-8　某品牌2020秋冬大类OTB分配

产品类别	新一季SKU数量	新一季产品类别销售占比	OTB分配（千元）
毛衣	24	10.0%	500
大衣	15	14.5%	725
羽绒服	58	45.0%	2250
卫衣	29	9.5%	475
长袖T恤	10	1.3%	65
长袖衬衫	20	6.0%	300
裤子	32	11.0%	550
牛仔裤	12	1.5%	75
连衣裙	5	0.7%	35
配件	15	0.5%	25
总计	220	100.0%	5000

买手根据以往系列销售占比情况，完成每个系列 SKU 数的分配及新一季产品规划示例表（表13-9）。

表13-9　产品规划示例

流行主题	品类	SKU数	流行主题	品类	SKU数	流行主题	品类	SKU数	SKU合计
流行主题1（休闲系列）	毛衣	8	流行主题2（休闲系列）	毛衣	8	流行主题3（商务系列）	毛衣	8	24
	羽绒服	20		羽绒服	20		羽绒服	18	58
	大衣	2		大衣	2		大衣	11	15
	卫衣	15		卫衣	14		卫衣		29
	长袖T恤	4		长袖T恤	4		长袖T恤	2	10
	长袖衬衫	5		长袖衬衫	5		长袖衬衫	10	20
	牛仔裤	6		牛仔裤	6		牛仔裤	0	12
	裤子	8		裤子	8		裤子	16	32
	连衣裙	2		连衣裙	0		连衣裙	3	5
	配饰	5		配饰	5		配饰	5	15
SKU合计		70			67			73	220

产品规划表是新一季产品开发的依据，设计师需要在此框架下进行款式设计和开发，买手如果对款式有一些具体的要求，如流行主题1需要开发一款轻薄羽绒服，可加上具体的款式备注。在实际的产品开发中，也可以根据产品打样及买手所买的样板情况，对产品规划结构进行微调。

六、产品上市计划

季节的更替和服装周期的轮回，为消费者带来新的期盼。新品推出频率和品牌的定位，以及服装企业的开发力度有关。通常，有实力的时尚品牌会每周上新两次，吸引消费者的多次光顾，这需要丰富的设计资源和强大的快速销售反应系统。体育运动品牌的消费者通常追求快速时尚方面的要求较低，一般体育运动品牌每半个月上一次新货。新一季的上市计划需要明确什么时候上新款，每次上多少新款，上新节奏如何，买手在作上市计划时，需要考虑多方面的因素：

（1）季节和气候：换季的时间节点要把握好，因为是一个季节的开端。一旦第一批上市晚了，会影响后面货品的上市，从而影响整季销售。一般品牌的开季系列要安排多一些款式，让消费者明确地感到新的流行趋势，产生耳目一新的感觉，刺激消费者购买新一季的产品。

（2）提早卖原则：相比实际穿着的需求，消费者习惯提早购买，尤其是时尚消费者，比如大部分地区消费者在11月初开始有穿着羽绒服的需求，但消费者国庆节期间就开始购买羽绒服产品了，所以很多品牌在9月中下旬就开始安排羽绒服新款到店。

（3）节假日：节假日是重要的零售时间，一些时装公司会配合节假日推出有针对性的新品系列，如圣诞系列等。

（4）店铺数量及分布区域：店铺数量决定了产品规模，分布区域决定了产品多样性。中国地大物博，同一时间段不同地区由于气候不同，所需产品的品类及厚薄也相异。因此同一系列的产品在南方市场和北方市场上市的时间差别较大，对产品线的厚薄、设计、尺寸都有一定差异。

（5）品牌定位：低价品牌以款量丰富取胜，新品推出的频率很高，通过不断上新吸引消费者；而高端产品，主要靠单品销售，款量要求不高，上新的频率较低，每次上新的款式数量相比也较少。

（6）最大店铺面积及店铺平均面积：买手必须了解每平方米陈列容量及基本陈列原则，确定铺货款式数量的最低要求，这是款式数量必须满足的硬性指标，否则店铺内的款式不够陈列，店铺内看上去感觉很空。

当进入某个季节后，随着时间的推移，消费者对新产品的期待和要求也会有所不同。例如，刚进入夏季时，消费者倾向于购买更多新一季的产品，对新产品的接受程度较高，对价格的容忍力也较高。但是随着夏季新品不断上市，消费者的购买预算却在逐渐减少，消费者往往对新产品会比较挑剔，款式新颖别致，性价比高的产品才能得到认可。

无论零售组织采取何种形式，上店的时机对公司经营成功与否都起着决定性的作用。什么时候将商品陈列上柜台，什么时候将商品列入商品目录，是需要买手重点考虑的问题。如果商品过早地在消费者希望购买之前到货，会导致资金使用效率降低。相反，到货较晚则会导致潜在销售量的直接减少。

七、产品开发时间表及订货会计划

自有品牌的买手需要确定订货会计划（表13-10），某快时尚品牌春季订货会计划包括：订货会频率即一季开几次订货会；订货会时间安排，指订货会开始和截止时间；采购时机，何时向供应商下订单；销售时机，产品何时到达店铺销售。

表13-10 某快时尚品牌春季订货会计划节选

订货会	春季前单		春季快单1		春季主单		合计
订货形式	北京订货会		图片订货		北京订货会		
上店安排	2018-12-21	11					
	2018-12-23	6	2019-1-11	5			
	2018-12-28	12	2019-1-13	6			
	2018-12-30	14	2019-1-18	7			
	2019-1-3	13	2019-1-20	7	2019-1-28	9	
	2019-1-6	10	2019-1-25	7	2019-2-1	9	
	2019-1-11	8			2019-2-3	9	

续表

订货会	春季前单		春季快单1		春季主单		合计
订货形式	北京订货会		图片订货		北京订货会		
上店安排					2019-2-8	9	
					2019-2-10	8	
					2019-2-22	9	
					2019-2-24	9	
					2019-3-1	8	
					2019-3-3	6	
					2019-3-8	6	
					2019-3-10	6	
款式数量合计	74		32			88	194
款式数量占比	38%		16%			45%	100%
系列完成时间	2018-9-15		2018-10-15		2018-10-27		
订货会日期	9-22至9-25		2018-10-18		10-29至10-31		
订单截止日期	2018-9-27		2018-10-19		2018-11-2		
下单日期	2018-10-8		2018-10-20		2018-11-3		
工厂交货日期	10-30至12-30		12-29至2019-1-25		2019-1-25		
货期周期	68-99天		70-97天		83天		

大部分服装公司的订货会都以季节为单位，一年有春季、夏季、秋季和冬季四次订货会，并且在销售季6个月前召开订货会；也有一些体育品牌公司的订货会频率为一年两次。少数快时尚公司采用滚动式订货会的形式，每年召开9—10次订货会。尽可能在临近销售季前召开订货会，能够更加准确地预测市场需求，同时也能提高资金的使用效率，但同时要求供应链更具有柔性。订货会从前期的准备、召开到后期的订单汇总，需要花费一周甚至更长的时间。对于一些销售渠道都是自营的服装公司来说，取消订货会成为一种趋势，买手在构建产品系列的同时，直接确定每个款式的大货数量，可以缩短大量的前置时间。

第三节 系列搭建

系列搭建是买手确定最终的产品系列、款式、面料、设计细节、零售价及供应商等信息。进行系列搭建之前，买手需要在订货会计划的基础上，制定产品开发计划，并根据计划开发新一季产品，安排供应商制作样品，通过选样会，确定最终的新一季产品系列。

一、产品开发

在订货会计划的基础上，根据公司供应链所需的提前期，买手采用倒推时间表的方法，确定新一季产品开发的各主要时间节点，如新产品主题、款式设计、打样、选样等，形成最终的产品开发时间表，各相关部门根据开发时间表安排各自工作的进度。以下是某运动品牌公司的产品开发日历（表13-11）。

表13-11　某运动品牌产品开发日历

时间		进度	
2019年	1月	Q1、Q2（第1季度、第2季度）设计开发	
	2月	设计部：面料主题，设计方向	
	3月	产品部：商品策划	
	4月	材料部：新材料推荐	
	5月	Q1、Q2选样	Q3、Q4（第3季度、第4季度）设计开发
	6月	3次选样	
	7月	Q1、Q2订货会	
	8月	成衣：3—4个月货期 鞋子：4—5个月货期	
	9月		Q3、Q4选样
	10月		
	11月		Q3、Q4订货会
	12月		
2020年	1月	Q1、Q2新款上店	
	2月		
	3月		
	4月		
	5月		Q3、Q4新款上店

首先，根据买手提供的一系列方向性商品企划及流行趋势报告，买手和设计部门确定新一季设计主题和开发方向。设计师进行具体的款式构思和设计，绘制款式的草图，选择面料，款式描述，在此基础上，工艺师给出开发款式的完整尺寸规格及工艺要求，买手将开发款式的细节下发给供应商，供应商按要求制作产品样衣。

在传统的产品自主开发模式下，新产品的开发周期很长，一些体育运动品牌提前销售季一年开始进行产品规划。而在买手制企业中，以买手采购为主要产品开发源，企业设计师为主要设计者。在这种模式下，买手在目标购物中采买到样板，将这些信息形成文字、图片、实物等形式，发送给企业设计师，并且附上此款式设计的要求。设计师根据买手的具体要求，并结合企业惯有的产品风格进行相应的改动，这样就完成了产品开发的主体工作。

买手制运营模式可以有效地将前导期（包括服装的开发、设计、打样等）缩短6—9个月甚至更长时间，先导时间的缩短能够提升服装的动销比例，减少恶性库存，加快资金流动。这种模式优势明显，节省精力，缩短产品运作周期，降低了成本和风险，同时提高了市场反应能力。买手模式下的产品开发与生产表现为多款式，少批量。一般定位为快时尚的品牌普遍都采用买手运营模式，如扎拉及韩都衣舍等。

无论采取何种产品开发模式，买手都将对开发的样衣进行试穿，感受板型、面料的舒适度，并和设计师一起讨论款式是否需要修改，对面料进行性能测试。买手将开发样衣的修改意见传达给供应商，供应商按新的要求重新打样，在这样的打样回合中，会逐步淘汰一些效果不佳的开发样衣，不断提升最终产品的品质。

为了在商品组合中创造差异化，买手常常使用时尚IP联名，又称为采购特许商品（Licensed Products），即通过名人或者公司名称、标志、口号或者虚构角色的身份设计和销售的产品。支付一笔额外的费用，买手就立即能获得经过验证的品牌名称。对于孩子们，卡通角色和故事人物通常最受欢迎，米老鼠、小猪佩奇是非常重要的角色。近几年，这些角色受到快时尚品牌甚至奢侈品品牌的热捧，扎拉、优衣库集体销售迪士尼的授权产品，以及古驰×米奇、罗意威（Loewe）×小飞象等，都取得了不俗的销售业绩。根据第一财经数据发表的《时尚IP白皮书》数据，2018年的时尚IP授权联名款线上消费同比2017年呈倍数上涨。其中，玩转IP授权的迪士尼有最为亮眼的消费表现，至今仍保持着快速增长的趋势。

在评估特许产品时，买手需要寻找合适的品质、设计、价格以及寻求产品与店铺形象和顾客需求的相容性，并且评估这种特许产品的销售周期，以确定合适的销售时机。多年以来，迪士尼、漫威英雄的产品一直很热销，但是其他产品在销售达到顶峰之后就急剧转下。例如，阿迪达斯公司作为2008年北京奥运会的赞助商，带有奥林匹克标志的商品在奥运会结束后，销量出现了跳水，造成了很大的库存压力。

二、搭建系列

在临近订货会召开时，买手和设计师将进行最终的系列整合，汇集所有正确的开发样衣，由于打样的不确定性，有些样衣并不一定能够按时完成，买手将使用款式图片代替。所有的样衣按照计划的上店日期一款一款排列好，进行最终的选样会。

买手和设计师在选样会中，结合流行趋势、历史销售记录讨论和筛选每一个款式。对于保留在系列中的款式，还需确认款式最终的颜色、零售价、提供的尺码范围、供应商、货期、大货面料、板型、最小起订量等。少数取消订货会的快时尚品牌，买手会在这个选样会上直接确定每个款的大货生产数量。

买手在制定零售价时，要注意有所区分。一般来说，同一类型的服装为了增加可选择性，在颜色、细节上会有一些变化。但价格往往是一致的。体现了同类同价的原则，但有时也可以打破常规，给消费者耳目一新的感觉。例如：2016年秋季火爆的阿迪达斯Stan Smith小白鞋，在同款、同风格、同质量的情况下，绿尾小白鞋官网售价899元，白色尾部的鞋子官网售价829元，这种定价方式通过同品种商品进行颜色不同的区分，从而制定相异的定价方法。消费者往往会思考价格差异的缘由，从而让潮流的绿尾更受追捧，同时务实的消费者去购买经典白色款式，避免统一售价过程中经常出现的主打色畅销，普通色系滞销或者囤积的现象。确认完整个系列后，买手将每款产品信息进行汇总，形成订货目录册（表13-12），提供给参加订货会的零售商和代理商等。

表13-12 某品牌订货目录

款式图片	商品信息	
	名称	
	货号	
	面料	
	颜色	
	零售价格	
	尺码	
	上市时间	
	商品类别	
	商品系列	
	流行故事	
	搭配系列	
	陈列形式	
	商品卖点	

第十四章 采购的实施

订货即具体的采购下单的过程，也是买手的最核心职能，订货数量和订货质量决定了当年的销售业绩。因此，买手需要在订货前做好各项准备工作，并且在订货实战中逐步积累订货经验，以确保订货的质量。订货工作完成后，自有品牌的买手需要负责大货的生产，保证货品按时按公司要求的质量准时到店铺销售。而经销商型的买手主要负责大货货期的跟进、分货、调货及完成货品的促销计划。

第一节 订货会前的准备

买手在参加订货会前，需要作大量的准备工作，除了在买货计划中谈到的制定销售目标、制定 OTB、拆解 OTB、去年同期的买销分析之外，还需给各店铺分级，制定相关出差计划等。

一、订货会形式

在品牌实际运营中，不同品牌的订货会形式多样，大致可以分为以下几种：

（1）大型订货会：通常是零售店铺众多的品牌。由于参会人数众多，这类品牌的订货会经常需要各地经销商和买手集中到某个地方集中开会，如会展中心、酒店等。

（2）展厅订货会：分为品牌自营展厅和多品牌集成展厅订货会。规模较大的品牌，客户群比较稳定，一般有品牌独立的展厅，买手参加完品牌的时装秀，就在品牌的展厅中完成订货。一些规模较小、新创立的品牌，或者进入新市场的品牌，客户不稳定，通过时装展会上的多品牌集成展厅完成订货会。

（3）图片订货会：一些鞋类品牌、配件品牌，因为产品线比较稳定，以延续经典款为主，只向经销商买手寄送样品或发送当季产品目录册，买手看图订货。一些快时尚品牌在当季会临时加入最新潮流的系列，这些系列款式少，大货货期短，也采取图片订货的形式，以缩短订货时间。

（4）网络订货会：数字时代，一些品牌采用网络订货，买手在品牌的网站上，根据网站提供的款式图片及信息等进行订货。2020 年，受到新冠疫情的影响，很多品牌取消了实物订货会，采取这种云订货会形式。

对于多品牌时尚买手来说，到了订货季，由于各品牌的订货会都集中在某个时间段召开，出现扎堆现象，买手的订货行程安排得非常紧密。买手会根据所要采买的OTB的大小，确定参加哪些品牌的订货会。采购额较小的品牌，则采用产品目录册订货、网络订货会等方式。

二、店铺分级

目前，买手订货的工作越来越向精细化发展，买手从以前的为某个区域订货，逐渐转向单独为某家店铺订货。买手根据零售终端店铺的销售能力和重要程度将店铺分为A、B、C、D级，并将店铺的分级作为定货、销售、调配货的依据。下表为某运动品牌店铺结构级别划分（表14-1）。

表14-1　某运动品牌店铺结构级别划分

店铺	商圈	销售占比	月销售额（万元）	面积（平方米）	货品结构	店铺定位	作用
A	A/B	40%	100以上	250	应季、新货品90%以上商品，更新快	货品齐全，高科技、新锐一族、时尚另类，高中档价位	代表品牌领先时尚，满足大众需要，实现商品最大利润
B	B/C	30%	50—100	150—250	应季、新货品80%以上商品，同时与A级店铺货品互补	运动类、基础类产品，中高档价位，适应大众	满足大众消费，提高应季货品消化，减少库存，创造利润
C	C/D	20%	50以下	80—150	60%新款货品，同时接受A、B级店铺剩余货品	运动类产品，配以基础系列，专业性强	满足大众及专业人士需求，降低库存，加速资金周转
D（折扣店）	B/C/D	10%		50—300	折扣货品	过季货品	加速资金周转，挖掘潜在消费

月平均销售额是店铺分级的重要指标，除此之外，店铺分级还应考虑面积、所处商圈等。不同级别的店铺货品策略也有所不同。以往，买手订货往往根据OTB采购整盘货品，货到后再将货品分配给各家门店，现在，为了提升订货的精准度，一些品牌开始实施单店买货策略，这种更加精细化的订货逐渐成为发展趋势。完成所有的数据分析之后，买手即将开启繁忙的订货会之旅。

第二节　订货技巧

买手最核心的工作是参加订货会订货。公司在新一季能否达成盈利目标，大部分取决于买手订购的货品能否满足市场的需求。这是一项非常具有挑战性的工作，买手需要在很短的时间内花完公司一个季度或者半年高额的采购预算订购产品，然后等待市场验证自己的眼光和决策——但这也正是买手这个职业的魅力所在。

一、订货流程

不同品牌公司的订货会因为预算不同，规模会有差异，但是订货会的具体流程都大同小异。品牌方在订货会开始的第一天，首先会安排新品的时装秀。大型品牌的时装秀通常采用正式模特 T 台走秀的形式。也有一些品牌的时装秀更像时尚沙龙，试衣模特穿着最新的款式在买手们中间穿梭，试衣模特的身材更接近普通消费者，买手可以更直观地看到服装的实际穿着效果。通过时装秀，买手可以对新品的趋势、风格形成整体的概念。一般品牌公司的设计部或者销售代表在走秀时，向买手或者经销商介绍产品细节，买手可以重点关注模特穿着效果，对新品形成第一印象。

接下来品牌方的代表会回顾上季的业绩，并介绍新一季的市场推广计划或其他资源计划等，提升买手或经销商对品牌未来发展的信心。在自由订货时间，买手再进一步细致地、近距离了解新品，通过触摸面料、试穿服装板型、感受新品，推敲、确定款式订量。买手具体的各项订货工作如下（图 14-1）。

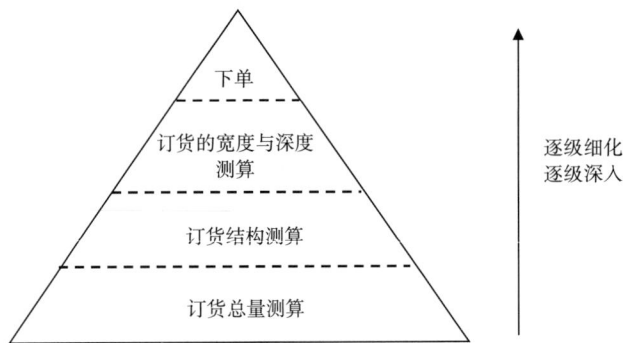

图14-1　订货各项工作关系

首先，订货总量的测算即采购金额 OTB 预算总金额的确定。

其次，订货结构的测算部分，通过对上一季货品的买销分析，确定新一季产品的买货结构。买手可以从多个维度进行产品的买销分析，如性别、上市月份、服装款型、品类、子品类、价格带等，具体的分析方法可参考本书之前章节的内容。通过买销分析，买手可以对新一季产品的订货结构进行调整，但是调整的幅度不宜过大。

再次，确定订货的深度和宽度。订货宽度是指订货的 SKU 数量，一般根据店铺的市场定位、面积及陈列展示面等确定。订货深度是指单个 SKU 的订货量。订货总量和营业规模不变的情况下，货品选择的宽度和深度有着此消彼长的密切的关系（图14-2）。

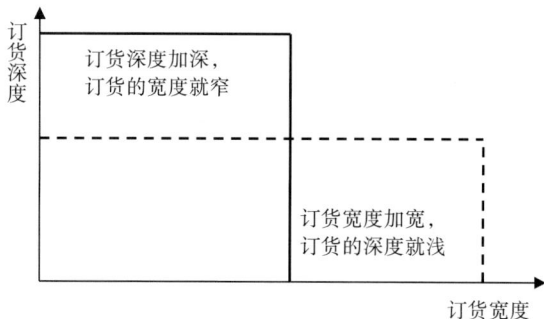

图14-2　订货总量关系

在店铺中，陈列感觉货品款式的多少和 SKU 的宽度相关，店铺陈列不下所有的 SKU，表明订货的 SKU 宽度过宽，店铺 SKU 满足不了陈列的需要，则 SKU 宽度过窄；店铺销售货品的速度和 SKU 的深度相关，如果店铺销售的畅销货品很快出现断码，表明订货的 SKU 深度过浅，而店铺的货品总销售不完，又到了新上市的货品，则表明 SKU 深度过深。

每一季，品牌方都会提供很多个 SKU 供参加订货的买手们选择，那么买手到底应该订多少个 SKU 呢？这个 SKU 数量既和店铺的容量有关，也有店铺销量有关。

（一）店铺销量计算法

销量计算法从某时间段内店铺的销售任务入手，求出店铺需要销售的件数，通过 SKU 的平均深度，求出 SKU 的需求数，公式如下：

销售件数＝服装销售额 × 时间 ÷（1-折扣率）÷ 平均零售价

SKU 需求数＝销售件数 ÷ 平均深度

例题：请根据表 14-2，计算各店铺的 SKU 需求数。

表14-2　某品牌各店铺的销售情况

店铺	月均销售额（元）	服装占比	售卖时间（月）	平均零售价（元）	折扣率	平均深度
A	200000	65%	6	340	5%	12
B	120000	70%	6	320	8%	10
C	60000	75%	6	300	10%	8

例题解答：以店铺 A 为例，计算 SKU 需求数，首先，要完成月均销售额 200000 元，店铺 A 在 6 个月内需销售的总件数为：

销售件数 =200000×6/(1–5%)/340=2415（件）

SKU 需求数 =2415/12=201

同理，可以计算出店铺 B 6 个月的 SKU 需求量为 171 个，店铺 C 6 个月的 SKU 需求量为 125 个。

（二）店铺容量计算法

在店铺中，店铺容量是有限的，陈列展示面也是确定的，按照一定的陈列规则，整个店铺铺货的 SKU 数量可以通过计算确定。如果一个店铺的陈列容量为 120 个 SKU，库存周转 4 次计算，每年有 12 个月，那么半年周转 2 次，需要的 SKU 就是 120×2=240SKU，公式如下：

SKU 需求数＝周转率 ÷12× 时间段 ×SKU 容量

销量计算法以销售额作为依据进行 SKU 的规划测算，周转率计算法以店铺内容量和产品周转时间为依据进行 SKU 的规划测算，但是店铺的大小与销售的多少并不是一个简单正比的关系，由此出现了两种测算方法的差异。服装业务是需要结合色系、搭配和故事陈列等的多种因素的组合，考虑订货会提供的每月上市产品的 SKU 数量，最终的 SKU 规划应该是两种方法测算的数字之间的值。

最后，下单。买手订货的第一原则是客观，很多初级买手常常抑制不住个人的偏好，将个人的服装喜好带入订货中，对销售业绩造成影响。其次，买手要立足当前，考虑 6 个月后目标顾客会接受什么样的产品，为未来的市场挑选产品。

具体的订货步骤如下：第一，准备好订货工具：包括订单表、产品目录册等；第二，初步选款：时装秀及产品介绍时，根据第一感觉标记产品的订货量范围，如 A：大量款，B：中等订量，C：低量及不确定等；第三，深度了解产品：自由订货时，重点了解款式面料的舒适性、板型、穿着效果等；第四，综合对比：初选款式与商品企划表总对比，确定所选定款式的深度、广度、款量等产品结构是否符合商品企划表（陈列容量），并结合实际的款式，对买货结构微调；第五，买手在订货时，需要与店铺陈列联系起来，形成所订产品清晰的陈列图；第六，填写订单草稿：按尺码及颜色输入各款订量；第七，汇总分析：订单汇总再根据采购预算、商品企划进行对比分析，确定最终订单。

二、选款考虑因素

买手在具体的订货过程中，选款是核心工作之一。精准的选款是订货质量的保证，同时也充分考验了买手的眼光和经验。买手在选款时，可以从以下几个方面进行分析和考量：

（一）地区差异

中国地大物博，南中北不同地区存在着地区差异、气候差异，形成了不同的消费偏好和消费行为，从而产生了不同的产品需求。连卡佛总裁刘玉英曾在一次访谈中，提到了北京、上海、成都、香港四地消费者的差异。相对内地消费者，香港的消费者比较成熟，他们洞悉时尚潮流，乐于接受新鲜事物，对小众品牌的接受度很高，也非常了解个人适合的风格，所以形成了一种独特的消费理念和时尚品位。北京的消费者比较偏重穿着的舒适度与实用性，注重店内的装潢及体验感。北京消费者相对来说对经典品牌、经典设计更加喜欢，但近年来，越来越多的消费者开始选购新的品牌，尝试新的风格，北京消费者对时尚的品位越来越年轻和多样化了。上海作为奢侈品品牌的汇集地，专卖店和各类买手店非常多，消费者对购买渠道也都非常了解，精打细算是很大的特色。上海的消费者很在意质量本身，包括材质和细节。除了特殊场合的穿着外，日常着装以低调和休闲为主。而成都消费者非常热爱生活，消费意识很强，也舍得购买自己喜爱的服饰。而且现在他们更加注重购物体验和过程，对美的追求也越来越高，更加注重生活品位。服装方面成都消费者会看重衣服的设计、板型和面料，也会受到时尚博主的影响，但不太在意品牌。

一件好的商品可能没有放在合适的店铺而导致销售业绩不佳，因此买手需要针对目标顾客，进行区位划分，选择合适的店铺，同时基于不同地区的气候、文化、消费水平和经济发达水平的差异，消费者体型方面的特征，在产品款式、尺码和品类上采取差异化采购和配货。

（二）消费习惯

中国的消费者普遍比较保守，因此，一些设计比较夸张的款式，消费者的接受度会差一些，如镂空或者面料透明的衣服、全身亮片的款式、露腰的短款上衣等。中国的消费者对颜色的消费习惯也有偏好，普遍偏好衬托肤色的服装颜色。

一般新技术、新潮流、新颜色等刚推出市场时，消费者的接受程度会差一些。但是，消费者的消费习惯有一个逐渐培养的过程，以前不好卖的，经过多年的市场培养，消费者的接受度会越来越高。比如，巴黎世家品牌刚刚推出老爹鞋的时候，很多消费者都觉得太夸张，难以接受，但是现在偏好这种厚底老爹鞋的消费者越来越多，买的人越来越多，甚至带动了厚底凉鞋的风潮。

（三）价格

每个品牌的各个品类都有核心价格带，偏离核心价格带的产品，即使款式再好，买手也要忍痛割爱，远高于价格带的产品，目标消费群体是难以接受的。而价格友好的产品，性价比高，总是深受消费者的欢迎。

（四）时尚款和基本款的平衡

很多买手在订货时过于保守，不敢尝试最新的产品，偏爱基本款，或者上季延续到下季的款式。顾客需要购买新的产品，买手们需要用最新、最潮流的产品在店铺中创造出令顾客兴奋的氛围，而时尚产品和创新产品给店铺带来客流，以及引发社交媒体上的话题。买手不愿意采购新的、没有尝试过的产品，最后的结果是销售区域毫无新意，暮气沉沉。所以买手要合理控制时尚款和基本款的比例，保证两者的平衡。

（五）搭配性

简单实穿、易搭配的衣服总是接受度高的，买手在订货的时候尽可能把能搭配的款式一起订下，保证系列完整，上下装比例平衡。同时也要关注颜色，不能太保守，只订黑、白、灰基本色，这样最终的系列到了店铺后，整体产品的陈列会比较灰暗，对消费者缺乏吸引力。

（六）如何下订量

很多初级买手在下订量时，很容易将每个订单的数量都下得比较平均，没有区分度，这样很容易造成畅销款很快就缺货，而滞销款库存过多。在实际运营中，服装的销售也遵循20%、80%法则，20%的款式销售能达到80%的销售占比，因此，买手既要有精准的眼光，也要"稳、准、狠"，一旦有看好的款式，就要下大订量。买手可以根据公司销售情况，确定订货数量的范围，比如A类款，订量2000件以上，B类款：订量1000件，C类款：订量500件，这样将订量做出区分。

一般情况下，针对具有某些特征的款式，买手可以考虑下大的订量：和往年爆款相类似的款式，POP海报款，品牌标志性的产品，非常有价格竞争力的产品。而容易引起消费者投诉的款式或者板型不好的款式，买手则考虑小的订单量或者删除款式。

买手下完订量后，需要进行汇总分析，将实际订货和采购预算进行对比，确保实际订货和计划的差异在合理范围内，根据货品和货源的实际情况，买手在保证预估销售额和预估利润的前提下，对采购计划和实际订单作相应的调整。

买手可以从各个角度进行比较，例如：订货总金额对比采购预算，确保订货总金额没有超过采购预算，或订货总金额低于采购预算，这样会造成订货不足，无法支持销售目标。按上市日期对比分析实际订货与计划订货，确保每个上市波段都有足够货品；按产品大类对比分析实际订货与计划订货，确保货品结构没有偏差。按零售价比分析实际订货与计划订货，保证订货的零售价在合理的范围内，不过高或者过低等等。

总之，买手需要从三个方面确保订货质量：订货总量即合理的订货预算，订货结构以及精准的选款。

三、大货的生产

订货会结束后，品牌的自有买手主要负责订单汇总，跟进大货生产，进行供应链管理。而经销商型的买手则负责跟进大货物流进度，安排好上货物流的波段，进行分货、配货和补货，以及销售跟进和制定促销计划。

自有品牌买手首先汇总订单，形成生产订单PO（Purchase Order，以下简称PO）。在大货生产中，款式的订单总数量可能会发生变化，如某款式总量没有达到生产的最小起订量，生产成本远超预算等，买手将会对订单进行删减。然后，买手挑选合适的供应商，进行大货的生产。买手在下大货订单前，需要作充分的准备，收集相关信息，进行询价、报价、比价，和供应商进行采购谈判，并将大货订单下给最合适的供应商。

下完订单后，买手给供应商提供准备色卡、面辅料品质样、面辅料工艺单等资料。供应商根据色卡打色样，寻找面辅料的品质样，如果供应商寻源不到买手要求的品质样，则需要定织面料的品质样，寄给买手确认。供应商还需安排款式的第一次样板，寄给买手确认尺寸、板型等。买手收到品质样及初样后，需要及时给予供应商确认意见，供应商根据买手意见再安排样板或者面料的确认样。在确认大货面料及样板的基础上，供应商可以进行大货的开裁和生产，经过大货的质量检验，供应商最后将大货运输到品牌的仓库。

在大货生产中，经常会出现各种问题，需要买手和供应商密切合作。很多时候，供应商出现的问题通常是因为买手没有及时做出决定，或者给予的指示不够清晰。而供应商要能够适应品牌公司的文化，了解品牌对供应商的要求和期待。

为了提升采购质量，品牌公司每年对买手进行业绩评估。买手评估的指标包括毛利、库存周转率、售罄率、货期、质量等。为了更好地管理供应商，买手会阶段性地对供应商进行评估。常规的评估指标包括采购成本、品质、交货期、生产技术、快速反应能力、财务状况等。

目前，消费者的观念影响并给零售商和他们的供应商施加了压力。市场对公平贸易、有机产品、原材料的可追溯性需求逐渐增加。很多时装零售商在供应链采购中制定了企业社会责任行为规范。很多时尚品牌在供应链的透明度及道德性方面采取了更多的实践措施，运用道德并将其转化为有价值的市场营销和企业战略，扩大企业影响力。

为了使供应商更好地符合企业的道德标准，买手必须和供应商紧密合作，制定供应商的道德规范标准，追踪供应商，并定期评估供应商，以减少风险，使得时尚企业既有效率又符合道德。这意味着企业的销售额的增加和利润率的提高。供应链中的道德规范包括：道德问题、公平交易、童工、工人的权益和报酬、工作条件、低碳化、动物保护、可回收和可降解面料、全球变暖、供应商关系等。

第三节　销售跟踪及市场活动支持

在服装生意的实际运营中，任何一个环节的疏漏都有可能造成过多的库存，对公司运营形成负担。如 OTB 预算超标、库存结构不合理、上货波段时间安排不合理、商品选款失败、开店未达成或者意外关店、店铺促销不及时、补货备货滞后、物流调拨周期太长、畅滞销品结构不合理等等，买手必须细节导向，及时跟进销售、制定促销计划，将库存控制在合理的范围内。

一、配货

买手对自己所采购的产品已经了如指掌，但这是远远不够的。在店铺中，一线销售人员的管理往往侧重于销售方法及运营流程，对于商品的信息了解有限。销售在销售季节真正到来之前，买手需要将最新的商品信息和产品知识及时传递给一线销售人员。对于时尚产业来说，每个新的销售季节，款式、颜色和面料都会出现新的变化。当出现重大变化的时候，尤其是当季的风格发生重点变化时，一线的销售人员必须具备解决消费者关心的所有问题的能力。最新的流行趋势如何，开发了什么最新技术，每个新款有哪些卖点，产品之间如何搭配，这些信息销售人员武装得越多，越能够为顾客提供全面的服务，越有利于商品的销售。

买手对销售的跟踪，包括货品调拨及销售跟进两个方面的内容。通过货品的调配，将资源进行归并整合，以提升店铺销售；同时在跟进销售的过程中，可以总结反馈货品的畅滞销原因，以便在下一季及时调整，买手的销售跟进周期如图14-3所示。

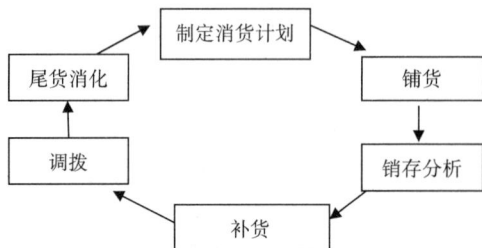

图14-3　买手的销售跟进周期

当大货产品到达总仓库后，买手开始为所管辖的店铺配货。首先，买手需要保证店铺订单至少95%以上SKU到店。其次，货品的分配和店铺的分级有关，如A类货基本所有级别的店铺都会配，而C类货一般只分配给A级店铺及B级店铺。买手在确定具体的配货数量时，需要参考历史销售数据、店铺面积和陈列原则确定配货数量，初次配货一定要保证齐码，但是可以分色。最后，买手在配货时，不要一次配出所有的货，可以保留一些补货，头尾码一定要有余量存放在总仓库作总调配。总体而言，买手具体的上货线路一般为将货品优先分配给早入季的地区，优先分配给等级高的店铺。

二、销存分析

买手通过分析各类销售报表，进行销售跟进，具体的报表包括：销售日报，通常以店铺为单位，主要分析店铺业绩；销售周报，如大单周报、畅销款及滞销款报表、周报分析、各店累计畅销品TOP10、新货销售跟踪周报等，通过报表分析，买手了解每款到货率、销售件数、平均出货折扣、售罄率等，以此作为补货的基础；销售月报，如零售月报、销售及库存滚动月报等，作为制定货品促销方案的依据；还有其他形式的报表，供买手分析整季产品的正价期及折扣期的总体销售表现（表14-3）。

表14-3　某品牌销售报表（2018年节选）

款名	类别	零售价（元）	上店波段	到货		销售（2018.5.1—2019.3.1）				全价销售(2018.5.1—2018.12.23)				打折期(2018.12.24—2019.3.1)				折扣率
				数量	金额（元）	数量	金额（元）	数量售罄率	金额售罄率	数量	金额（元）	数量售罄率	金额售罄率	数量	金额（元）	数量售罄率	金额售罄率	
1	皮衣	2799	3	5000	13995000	4350	6380654	87%	46%	763	1198928	15%	9%	3587	5181726	72%	37%	48%
2	皮衣	2799	3	5000	13995000	4386	6450493	88%	46%	816	1273430	16%	9%	3570	5177063	71%	37%	47%
3	夹克	1699	1	19245	32697255	15020	11268314	78%	34%	3877	4418250	20%	14%	11143	6850064	58%	21%	56%
4	皮衣	2499	3	5000	12495000	4542	6195579	91%	50%	1800	2652564	36%	21%	2742	3543015	55%	28%	45%
5	夹克	2799	2	4475	12525525	3857	6598429	86%	53%	1652	3400874	37%	27%	2205	3197556	49%	26%	39%
6	夹克	1199	1	9205	11036795	7372	5280710	80%	48%	2906	2539122	32%	23%	4466	2741588	49%	25%	40%
7	皮衣	2799	2	5980	16738020	5138	8407480	86%	50%	2299	4345990	38%	26%	2839	4061490	47%	24%	42%
8	裤子	499	3	12000	5988000	9547	2669498	80%	45%	3967	1341101	33%	22%	5580	1328397	47%	22%	44%
9	牛仔裤	499	2	5000	2495000	3608	955666	72%	38%	1352	430075	27%	17%	2256	525591	45%	21%	47%
10	羊毛大衣	1899	3	2800	5317200	2172	2605693	78%	49%	975	1423233	35%	27%	1197	1182460	43%	22%	37%
11	毛衣	699	3	18000	12582000	13262	5466610	74%	43%	5752	3066551	32%	24%	7510	2400059	42%	19%	41%
12	外衣衬料	1499	2	6610	9908390	5021	4563027	76%	46%	2315	2492610	35%	25%	2706	2070417	41%	21%	39%
13	牛仔裤	499	3	5000	2495000	3860	1092776	77%	44%	1837	612393	37%	25%	2023	480383	40%	19%	43%
14	毛衣	549	3	8100	4446900	5639	1727365	70%	39%	2366	849045	29%	19%	3273	878320	40%	20%	44%
15	卫衣	499	1	4000	1996000	2736	729507	68%	37%	1125	366556	28%	18%	1611	362951	40%	18%	47%
16	羊毛大衣	1699	1	11430	19419570	8801	9546118	77%	49%	4272	5634002	37%	29%	4529	3912116	40%	20%	36%
17	羊毛大衣	1699	1	4925	8367575	3286	3408709	67%	41%	1367	1715641	28%	21%	1919	1693068	39%	20%	39%
18	长袖衬衫	499	3	2006	1000994	1423	391703	71%	39%	642	209159	32%	21%	781	182544	39%	18%	45%
19	裤子	449	1	11000	4939000	7419	1929519	67%	39%	3152	997754	29%	20%	4267	931765	39%	19%	42%
20	长袖衬衫	449	3	3510	1575990	2622	665559	75%	42%	1278	384870	36%	24%	1344	280689	38%	18%	43%

三、货品调配

货品上店销售一段时间后，逐渐会产生断色断码的情况，这时买手需要作断码归并，合并同类，并尽可能保证全码，合并到少数几个店铺内进行销售。另外，同一款货在不同店铺销售可能差距很大，需要调并，将畅销款集中到好卖的地区，滞销款集中到特卖店或者折扣店，做滞销归并。买手在调货时，需要考虑成本原则，就近调拨，将货品集中。货品集中应以 A 类店为主，B 类店为辅；活动店铺为主，没有活动的 B 类店为辅，同时统筹考虑店铺的销售目标及总库存在安全库存以内，进行调并货。当买手发现某系列或某款库存量很多的情况时，则需要适当分散到多个店铺，分散消化库存。每个品牌公司的货品调配周期不同，通常为一周或者两周调配一次。所有调货的数量均不能太大，否则影响到被调店铺货品的结构及店铺的基础。

四、补货与促销

在货品控制流程中，订货与补货相辅相成，才能做到"畅销不断货、滞销无库存"。新品到店后，买手可设置商品管理期限，进行重点款管理。

买手每周分析总仓和品牌仓库存，一定要及时补入货品，熟悉区域内每家卖场所销售的款式、尺码、价格带，快速进行补货，让第一线销售人员能够抓住每一笔商机。买手还需要定期查看视觉营销的橱窗计划，保证橱窗陈列。临近大型活动之前两周，要把活动店铺的货的销量款列出，保证销量款从品牌仓采购。买手补货量的主要依据为：店铺内现有的库存量、库存能够周转的天数、店铺所需的铺货数量、店铺的日均销售量以及在途货品数量。

时尚行业不断鼓励追逐潮流，淘汰过时产品，一般服装上市后 2—5 个月、鞋类上市后 3—5 个月内为正价期，然后就进入了打折销售期。合理的正价期可以稳定市场价格，保持良好的品牌形象。随着市场竞争的加剧，服装产品的生命周期也越来越短，很多品牌在一年两次的打折基础上，增加了季中的促销活动，以及一些大型的购物节活动等，以获得高的库存周转率。买手在计划各类促销时，首先要明确促销的目的，做到有效促销（表14-4）。

表14-4　有效的促销

有效的促销	促销的作用
达到销售目标	促销的目标可能是销量的提高，还可能是购买的人数增加、单价增加等
挖掘潜在消费者	促销可以挖掘潜在消费者，并增加忠诚消费者
调整库存结构	通过调整库存结构，保证后期生意也能大幅增长
系统成本最低	通过促销加快产品周转，尽快回笼资金

其次，促销和毛利是互相矛盾的。一般来说，促销活动力度越大，越有利于提升销售量，但会伤害品牌的毛利率；没有促销活动，可能导致销售业绩不佳，所以买手要权衡利弊。买手应该促销哪些商品，以什么折扣促销的依据主要为：货品的畅销程

度、货品的毛利率和商场扣点，并且可以灵活地使用促销方案，以下是具体促销方案的展开（表14-5）。

表14-5　促销方案框架

项目	具体内容
为什么	为什么打折？提高销售还是调整库存结构
是什么	参加打折的产品是什么？库存状况如何
何时	何时开始打折？与天气、市场有关；与商场活动相配合；与竞争对手打折活动相抗衡
何地	在哪里销售打折产品？集中处理？分散销售
如何实施	如何打折？折扣率为多少？以何种方式打折？打折持续多久？关于促销主题的建议

除了打折，也有一些其他的促销方式，既不影响毛利，还能够扩大销售，并提高品牌影响力。很多时装零售商之间都进行品牌合作，奢侈品或轻奢品牌的设计师通过合作推出平价产品以吸引更多的消费者。在时尚领域，品牌联名已经成为热潮。虽然这种合作被认为破坏了高价品牌的品牌形象，但给买不起高价产品的消费群提供了购买机会，扩大了平价品牌的影响力，对于联名双方都是双赢。为了使产品更具有独特性，零售商和设计师合作推出胶囊系列或特供产品。比如，连卡佛160周年庆的时候，和伊莎贝尔·玛兰（Isabel Marant）、王大仁（Alexander Wang）合作推出全球独家合作系列，借此推动和激励消费者。

在社交媒体时代，零售商考虑KOL的时尚魅力及购买的号召力，和自带流量的意见领袖合作推出独家产品，带给消费者更多样化的个性选择，并借此扩大品牌影响力。2015年，优衣库和法国时尚主编卡琳·洛菲德（Carine Roitfeld）合作推出限量产品，优衣库和法国时尚达人伊娜·德拉弗拉桑热（Ines de La Fressange）推出2014春夏系列，并一直合作至今。

在现在的零售领域，买手的职责范围发生了很大的变化。上述的各种联合项目虽然不需要买手亲自创造出新的款式，但是，由于买手具有丰富的商品经验，他们通常能在项目发展过程中发挥至关重要的作用，为公司谋取最大化的利润。

参考文献

[1] 陈蕾 . 哥特式服装现代性的三个特征 [J]. 湖南包装，2017，（3）：53-56，87.

[2] 周怡，施捷 . "哥特式"与"新艺术运动"艺术影响下的女装形态比较 [J]. 国外丝绸，2009，（6）：27-28.

[3] 肖新 . 浅析哥特式风格在服装中的应用 [J]. 民间故事，2019，（15）:92.

[4] 顾庆良 . 时尚产业导论 [M]. 上海：格致出版社，2010.

[5] 李当岐 . 西洋服装史 [M]. 北京：高等教育出版社，1995.

[6] 王雪华 . 日本服装的发展轨迹 [J]. 江苏丝绸，2005，（6）：45-47.

[7] 卞向阳 . 论当代中国风格服饰设计的文化逻辑与设计思维 [J]. 服装设计师，2020，（2）：92-99.

[8] 杰·戴孟德 . 时尚买手实务（原书第 9 版）[M]. 杨洁，弓卫平，译 . 北京：中国纺织出版社，2015.

[9] 大卫·肖恩，迪米特里·科比 . 时尚买手：从趋势预测到店铺运营（原书第 2 版）[M]. 任力，译 . 北京：中国纺织出版社，2019.

[10] 冷芸 . 时装买手实用手册 [M].2 版 . 北京：中国纺织出版社，2016.

[11] 杰伊·戴蒙德，艾伦·戴蒙德，谢里·利特 . 时尚零售——全渠道模式 [M]. 方刚，译 . 上海：东华大学出版社，2017.

[12] 李定娟 . 时尚买手实战技巧 [M]. 北京：机械工业出版社，2019.

[13] 孙菊剑 . 服装零售终端运营与管理 [M]. 上海：东华大学出版社，2012.

[14] 杨荔 . 如何成为服装买手 [M]. 北京：中国纺织出版社，2019.

[15] 叶琪峥，周志鹏，邵丹 . 如何开家设计师品牌买手店 [M]. 上海：东华大学出版社，2018.

[16] 穆慧玲 . 服装流行趋势 [M]. 上海：东华大学出版社，2016.

[17] 吴晓菁 . 服装流行趋势调查与预测 [M]. 北京：中国纺织出版社，2009.

[18] 李俊，王云仪 . 服装商品企划学 [M]. 北京：中国纺织出版社，2010.

[19] 洪晃 . 之禾的秘密 [M]，上海：东华大学出版社，2007.

[20] 乔恩·卡普，丹尼斯·马洛尼 . 国际时尚营销推广与实践 [M]. 钱婧曦，吴琪，译 . 北京：中国青年出版社，2017.

[21] 杨震.时尚流行趋势在产品设计中的应用研究 [J]. 包装工程，2011，（6）：79–81.

[22] 薛冰清，唐新玲.浅析现代流行趋势及预测的发展变化 [J]. 经济研究导刊，2015，（22）:72–73.

[23] 迈克尔·利维，巴顿·韦茨.零售管理 [M]. 俞利军，译.北京：人民邮电出版社，2018.

[24] 苏尼尔·乔普拉，彼得·迈因德尔.供应链管理 [M]. 陈荣秋，等译.北京：中国人民大学出版社，2017.

[25] First Insight. Z 世代消费者与可持续零售 [R]. 2019.

[26] 托尼·摩根.视觉营销：橱窗与店面陈列设计 [M]. 毛艺坛，译.北京：中国纺织出版社，2015.

[27] 郭景萍.消费文化与当代中国人生活方式流变 [M]. 北京：社会科学文献出版社，2017.

[28] 刘小红，李雅晶.服装零售运营管理 [M]. 北京：化学工业出版社，2018.

[29] 许谢艺.日本时尚零售业发展模式及其对中国的启示 [J]. 浙江纺织服装职业技术学院学报，2020，（2）：58–60.

[30] 房晶，黄昕.全渠道背景下新零售的消费驱动与演化路径 [J]. 商业经济研究，2019，（12）：12–15.

[31] 开云集团.2025 可持续发展进展报告 [R].2020.

[32] 麦肯锡咨询公司.时尚产业新要素：大规模可持续采购 [R].2019.

[33] 黄能馥.中外服装史 [M].武汉：湖北美术出版社，2002.